本成果受到中国人民大学2020年"中央高校建设世界一流大学（学科）和特色发展引导专项资金"经费的支持

中国人民大学"统筹支持一流大学和一流学科建设"经费资助

北方民族考古
THE ARCHAEOLOGY OF NORTHERN ETHNICITY

第9辑

中国人民大学北方民族考古研究所 编
中国人民大学历史学院考古文博系

科学出版社
北　京

内 容 简 介

《北方民族考古》是由中国人民大学北方民族考古研究所、中国人民大学历史学院考古文博系主办的集刊，迄今已出版八辑。本辑内容包括考古新发现、研究与探索、北域撷英、碑铭考释四个栏目，收录论文21篇，以中国北方地区的考古学探索为重心，也包括一些重要境外考古发现的个案研究，在一定程度上反映了学术界在北方民族考古研究方面的前沿动向和重要成果。

本书适合文物考古研究工作者及大专院校师生阅读参考。

图书在版编目（CIP）数据

北方民族考古. 第九辑 / 中国人民大学北方民族考古研究所，中国人民大学历史学院考古文博系编. —北京：科学出版社，2020.7
ISBN 978-7-03-066492-1

Ⅰ. ①北… Ⅱ. ①中… ②中… Ⅲ. ①古代民族–民族考古学–中国–文集 Ⅳ. ①K874-53

中国版本图书馆CIP数据核字（2020）第204757号

责任编辑：王琳玮 / 责任校对：邹慧卿
责任印制：张 伟 / 封面设计：张 放

科学出版社 出版
北京东黄城根北街16号
邮政编码：100717
http://www.sciencep.com

北京厚诚则铭印刷科技有限公司 印刷
科学出版社发行 各地新华书店经销

*

2020年7月第 一 版　开本：787×1092　1/16
2020年7月第一次印刷　印张：23　插页：1
字数：550 000

定价：168.00元
（如有印装质量问题，我社负责调换）

《北方民族考古》编辑委员会

主　任：魏　坚
副主任：吕学明
委　员（以姓氏笔画为序）：
　　　　王子今　王建新　王　巍　白　岩　吕学明
　　　　朱　泓　乔　梁　齐东方　李文瑛　李延祥
　　　　李梅田　陈胜前　杨建华　林梅村　徐光辉
　　　　高　星　韩建业　霍　巍　魏　坚

特约编委：查干·特尔巴图（Tsagaan.Turbat）
　　　　　阿列克谢·阿拉克塞维奇·提什金
　　　　　（Aleksey.Alakseevich.Tishkin）

主　编：魏　坚
副主编：李梅田
编　辑：陈晓露　仪明洁　魏离雅　常　璐

目　录

考古新发现

山西省大同市吉家庄遗址 2018 年发掘简报

　　……………………山西省大同市考古研究所　中国人民大学北方民族考古研究所（1）

山西省大同市吉家庄遗址地质调查………………………………………………赵　鑫（33）

辽宁省建平县老哈河流域红山文化遗存调查简报

　　…………………………………………于怀石　熊增珑　樊圣英　蔡　强（42）

辽宁省本溪市本溪满族自治县李家堡子山城调查报告

　　………………………………吴炎亮　卢治萍　乔　程　刘　宁　梁志龙（57）

景德镇银坑坞窑址群白庙下——草坦上段调查简报

　　………江西省文物考古研究院　中国人民大学历史学院　北京大学考古文博学院（71）

研究与探索

试论先秦时期西北地区出土的圆铜泡…………………………张文珊　邵会秋（93）

新疆古代儿童头骨年龄间比较…………………王　龙　刘力铭　郝双帆　李海军（128）

新疆伊犁河流域青铜时代墓葬试析………………………………………阮秋荣（138）

石板墓文化与中国北方考古学文化的交流及其意义………………金东一　杨建华（159）

汉塞外列城与西夏长城的考古学观察…………………………魏　坚　白晓璇（171）

中古时期贵州所出大口釜研究……………………………………………吴小平（205）

北朝邺城及周边地区造像佛衣类型及风格分析……………………………陆　一（218）

中国辽金考古研究四十年（上篇）………………………………丁利娜　魏　坚（240）

吉林省西部几处辽金遗存年代问题再探讨………………………………孟庆旭（257）

哈拉和林遗址出土瓷器及相关问题………………………………………郝柯羽（265）

北域撷英

叶尔盖尼丘陵古代墓葬………………………玛丽亚·敖其尔·戈尔亚耶娃

　　奥列弗列德·哈斯诺维其·哈列科夫著　桑仁青格里译（277）

蒙古高原青铜时代石板墓的变迁和发展……………………宫本一夫著　戴　玥译（289）

哈拉和林"兴元阁"装藏遗迹的发现

　　………У.额尔德尼巴特　К.弗兰肯　Т.巴图巴依尔等著　特尔巴依尔译（309）

哈拉和林发现的中国古代瓷器···
·················· Л.А.叶弗楚霍娃著　孙　危译　郝柯羽校注（326）

碑铭考释

世族意识与国家政治视角下的北魏《元显魏墓志》研究··············王　萌（340）
明大同镇威远路长城本体辖区研究··尚　珩　赵　杰（353）

山西省大同市吉家庄遗址 2018 年发掘简报

山西省大同市考古研究所　中国人民大学北方民族考古研究所

内容摘要：2018 年 7 月中国人民大学北方民族考古研究所在山西省大同市吉家庄遗址展开发掘工作，出土有灰坑、窑、墓葬等遗存，以及石镞、石刀、石斧、石环、骨镞、骨锥、陶环、陶罐、陶鬲、彩陶等遗物。从目前的发掘成果看来，吉家庄遗址应属于仰韶与龙山时代文化，和山西忻州游邀遗址有关联。期待在接下来几年的工作中能够较完整的揭露遗址面貌，寻找墓葬区、城墙等遗存，厘清遗址布局，并对其文化面貌有更深刻的认识。

关键词：吉家庄；仰韶；龙山

吉家庄遗址位于山西省大同市大同县西南部的吉家庄乡吉家庄村（图一），此地也是桑干河的上游地区。遗址距离桑干河南岸约 150 米，南则有殿山和马头山。地形为黄土高原堆积，因河水切割故多有沟壑分布，地表则种植有具固沙作用的柠条等灌木植物。遗址分布面积约为南北长 1250 米，东西宽 750 米，地势倾斜，南高北低。2018 年 8

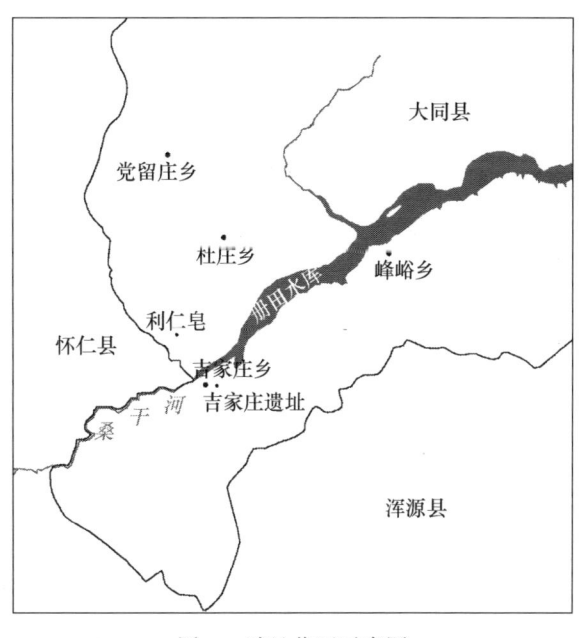

图一　遗址位置示意图

月初~9月初，中国人民大学北方民族考古研究所与大同市考古研究所合作，对此遗址进行试掘。发掘地点位于整个遗址的东北部分，发掘面积为250平方米，计10个探方，共发现有13座灰坑，2座窑址，1座墓葬。由于地表种植有柠条等根系长的植物，对地下遗存扰动较严重，因此未出土有完整的陶器；可复原陶器有13件，陶片标本288件，小件器物304件，以及兽骨1000余件，蚌壳280余件。小件器物中包含石器200余件，骨器50余件，蚌质、陶质等其他质地的小件若干。

此外，也对遗址范围内的15个地点进行了勘探（图二），以了解遗址的堆积情况，为未来的发掘选址作准备。以吉家庄文物保护标志为中心，在半径500米的圆形区域进行勘探，使用探铲和RTK进行工作，探法为普探，总勘探面积约为24667平方米，分为15个区域，共勘探746个孔。其中灰土孔共216个，最深孔为2米以上。孔中发现灰土、烧土、白灰、陶片等文物。RTK测绘记录后，使用电脑南方CASS、CAD等软件进行后期制作，绘制出详细的勘探图。

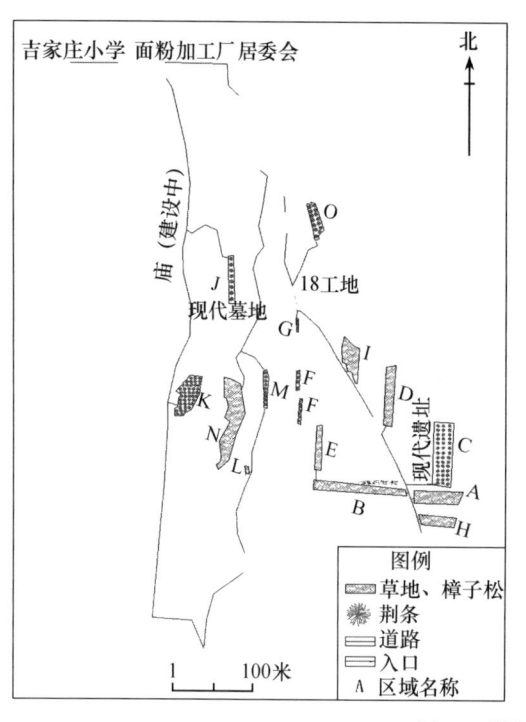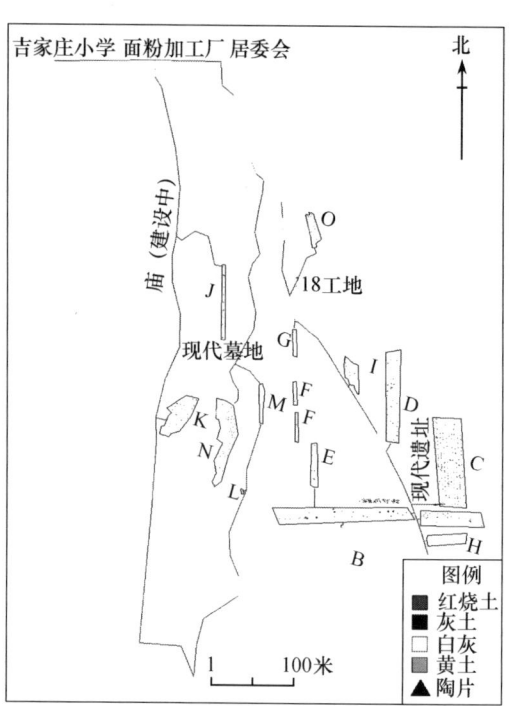

图二　勘探总平面图

一、地层堆积

发掘区的地层堆积较浅，可分为2层（图三），因为地势倾斜、南高北低的缘故，整体为坡状。第1层：现代扰土层，黄褐色土，土质疏松，厚度15~25厘米，此层包含物有陶片、石器、骨器、动物骨头、蚌壳、铁钱等。第2层：文化堆积层，灰褐色土，土质疏松，此层包含的遗物较多，有陶片、石器、骨器、蚌器、动物骨头、蚌壳等；此地层大致平铺于整个发掘区中，结束于最北边的 2 个探方 2018SDJIT0401、2018SDJIT0402 中部，（以下遗迹和遗物所涉及编号中皆省略 2018SDJI），这 2 个探方的南部耕土层下为生土。发掘区南部的 T0101、T0102、T0201、T0202、T0301、T0302、T0501、T0502 文化层较厚，最北边的 2 个探方 T0401、T0402 则较浅。

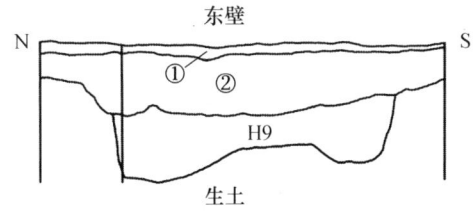

图三 T0102 东壁剖面图

二、遗　　迹

发掘区共有 13 座灰坑，2 座窑址，1 座墓葬（图四），以下试举遗迹中较具代表性者详加说明。灰坑中的 H1、H5、H7、H13 为 1 层下开口，并且除 H13 外，其余三个 1 层下开口的灰坑皆分布在发掘区的较北部；H2、H3、H4、H6、H8、H9、H10、H11、H12 为 2 层下开口，其分布则集中于发掘区中部和南部。灰坑大致可分为三种平面形状，其中 H2 近似圆形，H3、H6、H10 为圆角长方形，其余皆为不规则形状。2 座窑址皆位于发掘区南部，Y1 被第 1 层所叠压，打破 H10；Y2 被叠压在 H12 的第 3 层之下。发掘区中唯一的墓葬 M1，开口于 1 层下，结束于 2 层，没有墓框，人骨保存较差，仅残存有头骨、肋骨、盆骨、肢骨等，颈部周围散落有石质和蚌质的串珠，除此之外没有别的随葬品。

以下列举发掘区中较为重要的遗存：

H3　位于 T0202 的东部，开口在第 2 层下，被 H2 打破，结束于生土层（图五）。灰坑开口呈圆方形，直壁，平底，坑口长 3.16 米，宽 1.9 米，坑底长 1 米，宽 1.84 米，坑深 1.1 米。坑内有 1 层堆积，土色为黑灰色，土质致密，厚度约为 1.1 米；包含物中有大量

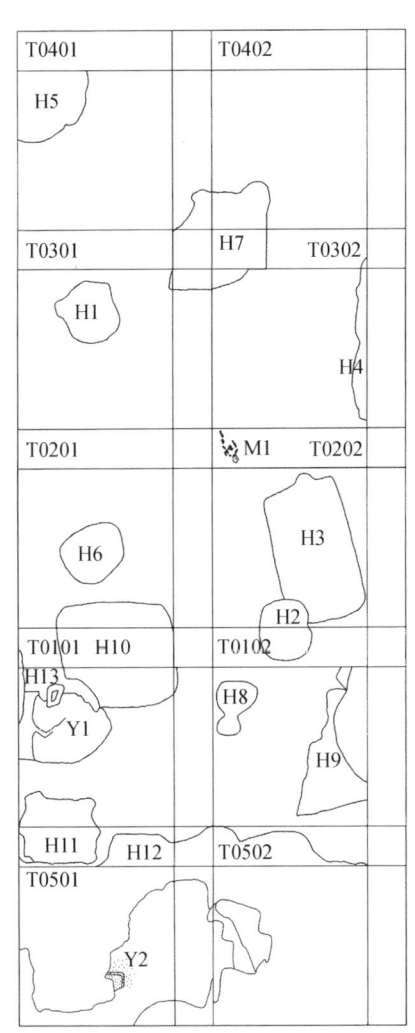

图四　遗迹分布图

陶片，泥质较夹砂多，以灰陶为主，少量红陶，纹饰有素面、绳纹、篮纹、磨光、网格纹等，可辨器形则有罐、钵、碗、盆、尊形器、鬲等；此外，还有动物骨头63件，蚌壳2件。此灰坑中出土较完好、具特色的小件器物有青绿色的玉环、陶纺轮、陶网坠、石箭头等。

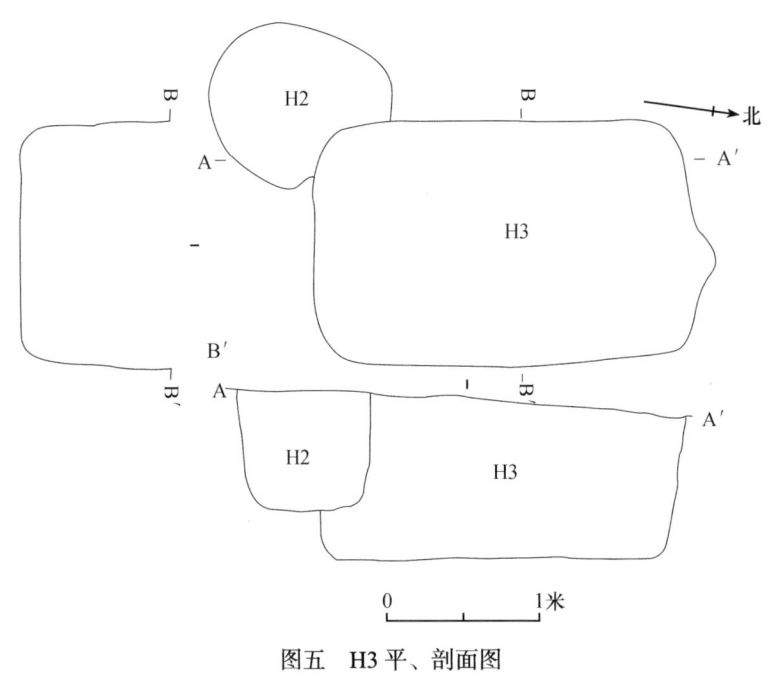

图五　H3平、剖面图

H8　位于T0102西北角，开口在第2层下，结束于生土层（图六）。灰坑平面形状为葫芦形，坑壁倾斜，圜底，坑口长1.4米，宽1~0.6米，坑深0.45米。坑内仅1层堆积，土色为灰色，土质偏疏松，厚度为0.45米左右，出土陶片多为泥质，少量夹砂；陶色多为灰色；纹饰以绳纹为主，另有少量篮纹、素面、磨光和彩陶；可辨器形有钵、壶。

H10　位于T0101的北部和T0201的南部，开口在第2层下，被Y1打破，结束于生土层（图七）。灰坑开口呈不规则形，坑壁为略微倾斜的直壁，平底，坑口长2.84米，宽2.6米，坑底长2.8米，宽2.55米，坑深0.8米。坑内共有2层堆积，第1层土色为浅灰色，土质较松软，厚度为0.44米左右；出土陶片中泥质陶和夹砂陶数量差不多，陶色多为灰陶，少量红陶，纹饰以素面为主，另有少量绳纹和篮纹，可辨器形有豆、罐。第2层土色为较深的灰色，土质较硬，厚度约为0.3米，包含有陶片、石斧、骨器等遗物，并出有人类盆

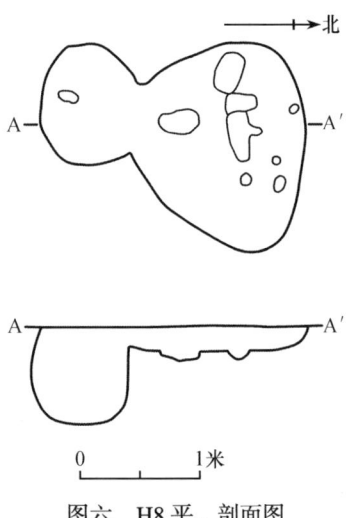

图六　H8平、剖面图

骨、肢骨共20件；其中，陶片以夹砂较多、泥质较少；陶色多为灰陶，也有少量红陶；纹饰有绳纹为主，也有少量素面、篮纹；可辨器形有罐。

H12 位于T0501和T0502的整个探方，此灰坑面积较大，因此有部分延伸至探方的东西壁中尚未揭露，灰坑开口在第2层，结束于生土层（图八）。灰坑开口呈不规则形，坑壁较直，坑底自北向南呈斜坡状，已发掘部分的坑口长4米，坑底长4米，坑深2.1米。坑内共有四层堆积，第1层土色为黄色，土质致密，厚度约为1.15米；其中所包含的陶片泥质多于夹砂，陶色以灰陶为主，少有红陶，纹饰以绳纹、篮纹、磨光略多，也有素面和极少量凹弦纹、彩陶。第2层土色黑灰相间，土质疏松，最厚处达到0.6米，仅分布于东、北、东南部；其中所包含的陶片泥质多于夹砂，陶色多为灰陶，仅有少量红陶，纹饰则以绳纹、篮纹、磨

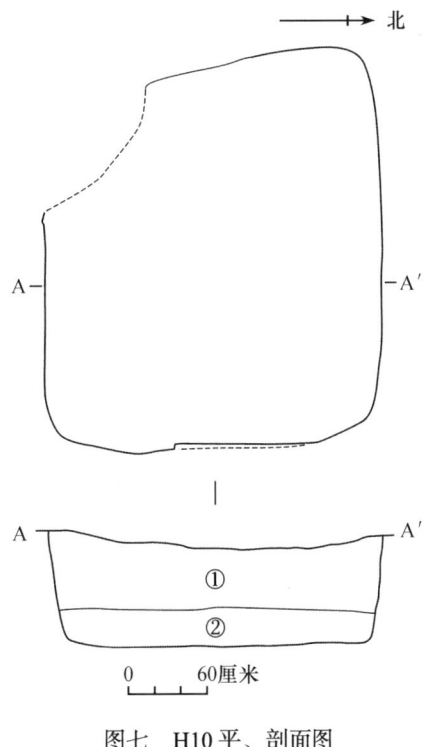

图七 H10平、剖面图

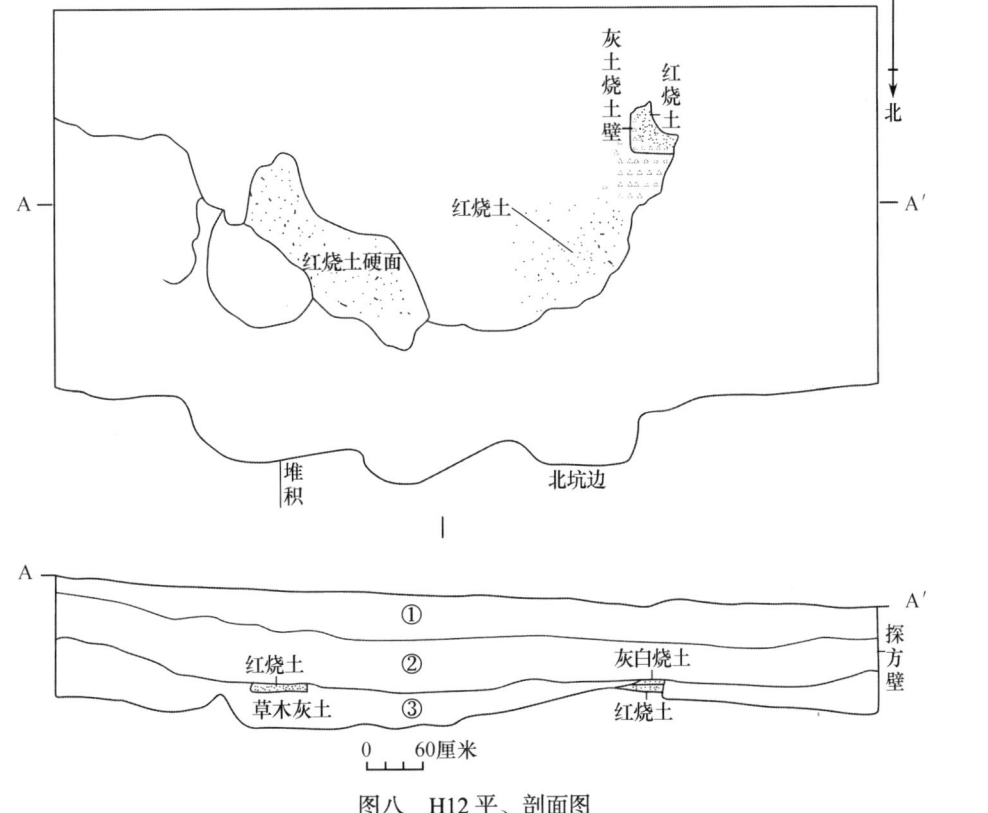

图八 H12平、剖面图

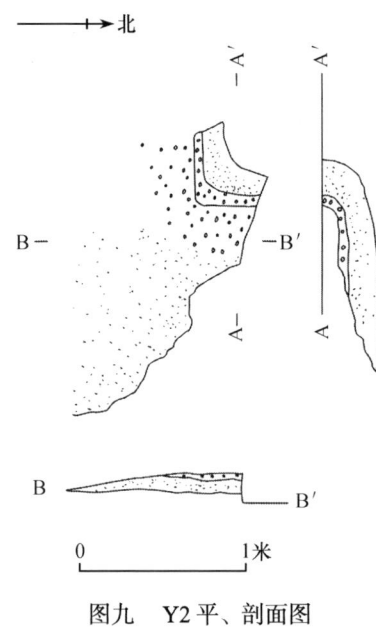

图九 Y2平、剖面图

光数量较多,也有少量素面、划线纹、彩陶。第3层土色为灰色,厚度约为0.75米,未出土有陶片,仅有2件石质小件。第4层土色为黄褐色,土质致密,厚度约为0.3米;其中所包含的陶片泥质多于夹砂,陶色以灰陶为主,少量红陶,纹饰有绳纹、篮纹、素面。H12第4层的中部不连续分布有红烧土硬面,命名为Y2。H12的出土物中,可辨器型有罐、鬲、钵、瓮、碗等,并有石环、骨锥、圭形器、石璜、陶纺轮、蚌壳、石刀、饼形器、石磨棒等小件,以及114件动物骨头。

Y2位于T0501、T0502这两个探方的中部,叠压在H12第3层之下,窑口残宽0.7米,残长1.1米,窑壁厚7~10厘米(图九)。Y2仅有1层堆积,土色为灰色和红色烧土硬面,土质疏松,位于西侧的窑壁为灰白色烧土。未有遗物出土。

壹 出 土 遗 物

出土遗物以陶片和陶器为最大宗,由于遗存所受扰动严重,故出土的陶质遗物多为陶片,仅有少量可进行复原,另也有少数非容器的陶质器物。整个发掘区中,泥质陶占总数的54.8%,略多于占总数45.1%的夹砂陶,并以灰陶为主,另有少量红陶,灰陶约占总数的88.1%,红陶则为11.8%。其中泥质陶纹饰以篮纹、素面、磨光为主,另有少量彩陶;夹砂陶纹饰绝大部分是绳纹和素面,也有少量篮纹、条形纹。另也有大量石器和少量骨器、蚌器。以下将分层叙述之。

一、第 1 层

(一)陶 器

陶器 第1层中出土陶片标本较少,其中能辨识器形者如下:H5①:1,为筒形罐口部残片,夹砂外黑褐内黄褐陶,口微敛,方唇,唇外叠,斜直腹稍外弧。唇部饰交叉细绳纹;叠唇下饰一周附加堆纹加指压纹,两端相接处,其中一段斜出;腹部饰交叉绳纹,口径32厘米,残高18.4厘米。H7①:2,为彩陶钵口残片,泥质红陶,敛口,圆唇,斜弧壁。口沿下饰一道黑彩宽带纹,残宽6厘米,残高4.2厘米。H7①:3,为罐的口部残片,夹砂红褐陶,敞口,方圆唇,束颈,溜肩。唇部饰指甲纹,颈肩交接处饰一匝附加堆纹加指压纹,肩部饰网格纹,口径16.4厘米,残高3.8厘米(图一〇,1~3)。

陶纺轮　H7①:1,由泥质灰陶篮纹陶片改制而成,近圆形,中部对钻一孔,直径3.9厘米,孔径0.5厘米,厚0.4厘米,宽1.7厘米(图一〇,4)。

(二)石　器

石器的数量较多,多为磨制,个别标本局部为打制。器形主要有石片、刮削器、石刀、石镞、石钻、石锛、石磨棒、石璧、石环等。

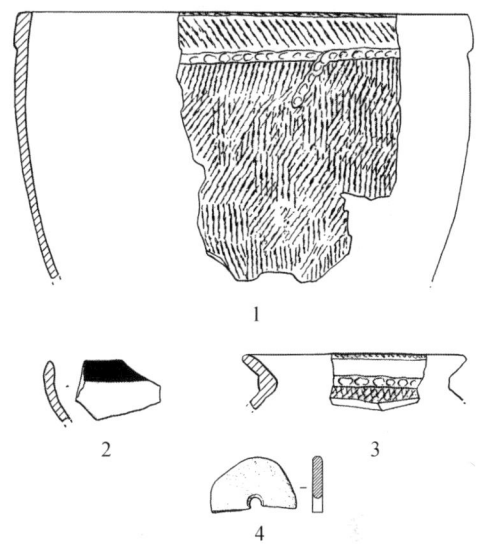

图一〇　第1层出土陶器
1.筒形罐(H5①:1)　2.彩陶钵(H7①:2)
3.罐(H7①:3)　4.纺轮(H7①:1)

石片　T0302①:2,青灰色,打制,一面平滑,一面起脊,长2.2厘米,宽1.7厘米,最厚0.5厘米。T0302①:6,青灰色,打制,一面平滑,一面圆弧,长2.3厘米,宽2.3厘米,最厚0.3厘米(图一一,1、2)。

刮削器　T0302①:13,深紫色,打制,两侧起刃,横剖面呈橄榄形,长3.2厘米,宽1.3厘米,最厚0.5厘米(图一一,3)。

石刀　T0301①:4,灰黑色,磨制,残存的一侧起刃,顶部呈圆方形,横剖面呈长三角形,残长5.9厘米,宽4.4厘米,最厚0.5厘米(图一一,4)。

石镞　H1①:3,灰色,打制,锋部残缺,底部上凹,两侧、底部皆起刃,横剖面呈橄榄形,残长2.2厘米,宽0.9厘米,最厚0.3厘米。T0102①:5,灰色,压制,呈三角形,U形凹底,两侧起刃,长2.7厘米,宽1.3厘米,最厚0.3厘米。T0102①:8,彩石,压制,平面呈三角形,平底,横剖面近菱形,残长2.9厘米,厚0.5厘米,残宽0.4厘米,外径3厘米,内径2.5厘米(图一一,5~7)。

石钻　T0301①:1,黄褐色,打制,锋部呈圆锥形,两侧起刃,长3.3厘米,宽1.1厘米,最厚0.7厘米(图一一,8)。

石锛　T0302①:12,青灰色,磨制,平面近梯形,两侧边平直起棱,弧顶,直刃,长2.9厘米,宽2.5厘米,最厚0.8厘米(图一一,9)。

石磨棒　T0302①:1,青灰色,磨制,横剖面呈椭圆形,长5.9厘米,宽4.8厘米,最厚4.2厘米(图一一,10)。

石璧　T0301①:21,灰白色,磨制,外环刃,内壁圆弧,横剖面呈圆弧三角形,残长4.8厘米,厚2.2厘米,宽0.6厘米,外径3.5厘米,内径2厘米(图一一,11)。

石环　依剖面形态可分为三型二式。

A型 依剖面长度可分为二式。

A型Ⅰ式：剖面近似圆角方形。T0101①：2，青灰色，磨制，横剖面近圆角长方形，残长2.9厘米，厚0.5厘米，宽0.6厘米，外径3.5厘米，内径2.5厘米。T0202①：1，磨制，残圆弧形，内壁和两侧面平直，外壁外弧，内缘起棱，横断面为一面弧的长方形，残长4.5厘米，宽0.5厘米，厚0.4厘米，内直径5厘米，外直径5.8厘米（图一一，12、13）。

A型Ⅱ式：剖面近似圆角长方形。T0102①：9，灰白色，磨制，外壁圆弧，内壁

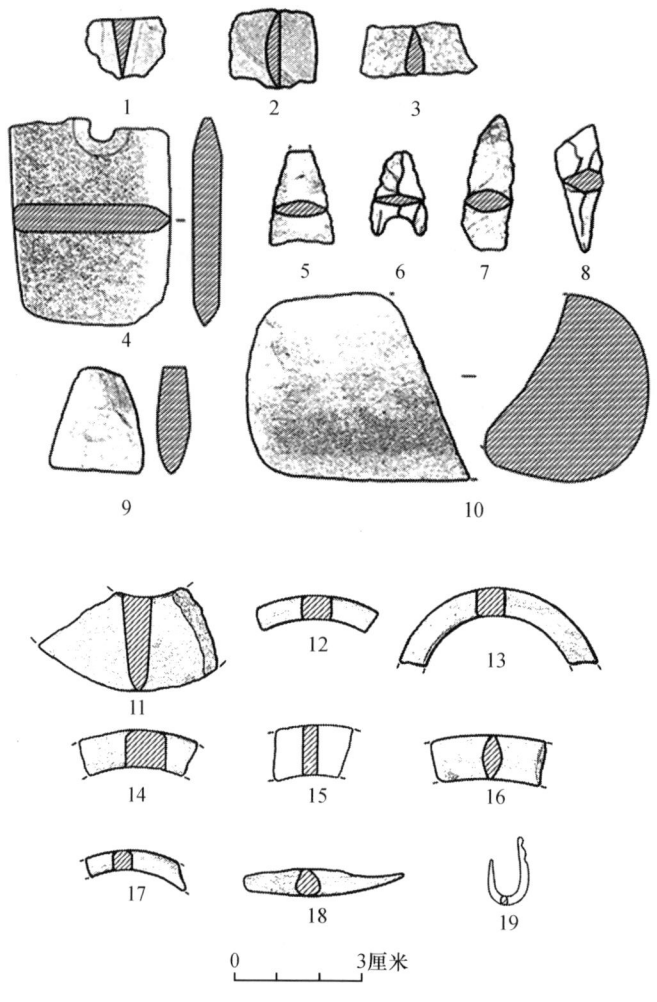

图一一 第1层出土石器与骨器

1、2. 石片（T0302①：2、T0302①：6） 3. 刮削器（T0302①：13） 4. 石刀（T0301①：4） 5~7. 石镞（H1①：3、T0102①：5、T0102①：8） 8. 石钻（T0301①：1） 9. 石锛（T0302①：12） 10. 石磨棒（T0302①：1） 11. 石璧（T0301①：21） 12、13. A型Ⅰ式石环（T0101①：2、T0202①：1） 14、15. A型Ⅱ式石环（T0102①：9、T0402①：1） 16. B型石环（T0302①：19） 17. C型石环（T0302①：23） 18. 骨锥（T0102①：2） 19. 鱼钩（H1①：1）

平，两侧面平，横剖面近外弧边方形，残长2.6厘米，厚0.8厘米，宽1厘米，外径3厘米，内径3.5厘米。T0402①：1，青绿色，磨制，横剖面近圆角长方形，残长5厘米，残宽1.7厘米，最厚0.9厘米（图一一，14、15）。

B型　剖面为橄榄形。T0302①：19，灰白色，磨制，横剖面呈橄榄形，残长2.7厘米，厚0.9厘米，宽0.5厘米，外径5.5厘米，内径4.5厘米（图一一，16）。

C型　T0302①：23，灰色，磨制，外壁圆弧，内壁较平，横剖面近半圆形，残长2.8厘米，厚0.5厘米，宽0.6厘米，外径3厘米，内径2.5厘米（图一一，17）。

（三）骨　　器

骨锥　T0102①：2，以动物的牙磨制而成，锋部呈圆锥状，长3.7厘米，宽0.3厘米（图一一，18）。

鱼钩　H1①：1，磨制，U形，圆铤尖钩，柄上部外侧有两条横向凹槽，长1.5厘米（图一一，19）。

二、第 2 层

（一）陶　　器

1. 夹砂灰陶器

器形有罐、筒形罐、瓮、钵、碗、甗、豆盘、鬲、鬲足、鸡冠状鋬耳等。

罐　依陶色、口沿和颈部形态可分为四型。

A型　陶色为褐色，外折沿，无颈。H3①：16，夹砂灰陶，外折斜沿，方唇，弧腹，腹部饰网格纹，口径14厘米，残高7厘米。H3①：18，夹砂灰陶，敞口，方圆唇，弧腹，腹部饰篮纹，口径18厘米，残高8.8厘米。H3②：44，夹砂（少量）灰陶，敞口，圆唇，矮领，弧腹，唇部饰绳纹，领、腹相接处饰一匝绳状附加堆纹，残宽8厘米，残高5.4厘米（图一二，2、3、5）。

B型　无折沿，敛口。H12②：77，夹砂灰褐陶，敛口，弧腹，下部存附加耳痕，口沿下饰一圈绳状附加堆纹，腹部饰篮纹，口径24厘米，残高20.8厘米（图一二，1）。

C型　敞口，唇外叠，无颈。H10②：10与T0502②：63（2片来自不同单位的陶片拼接在一起），夹砂黑褐陶，直口，圆唇外叠，弧腹，肩部饰一匝凹旋纹，腹部饰竖向绳纹，残宽17.4厘米，残高5.6厘米（图一二，4）。

D型　口沿向下倾斜，无颈。H12①：45，夹砂灰褐陶，侈口，尖唇，唇外叠，矮领，弧腹，领、腹相接处饰一圈绳状附加堆纹，腹饰竖向绳纹，口沿残宽9厘米，残高

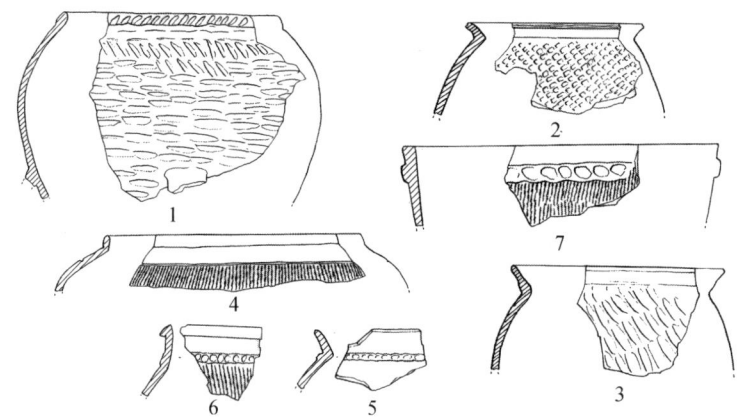

图一二　第 2 层出土夹砂灰陶器
1. B 型罐（H12②：77） 2、3、5. A 型罐（H3①：16、H3①：18、H3②：44）
4. C 型罐（H10②：10 与 T0502②：63 拼接） 6. D 型罐（H12①：45） 7. 筒形罐（H2①：8）

7.8 厘米（图一二，6）。

筒形罐　H2①：8，夹砂灰陶，敞口，方唇，斜直腹，口沿下饰一圈附加堆纹加指压纹，其下饰竖压绳纹，口径 28 厘米，残高 7.1 厘米（图一二，7）。

瓮　依口沿和纹饰形态可分为二型。

A 型　直口，矮领。T0302②：47，夹砂灰褐陶，直口，外叠圆唇，矮领，溜肩，领、肩部饰篮纹，领肩相接处饰一圈绳状附加堆纹，口径 24 厘米，残高 5.8 厘米（图一三，6）。

B 型　敛口，无领，附加堆纹拍平。H12①：53，夹砂灰褐陶，敛口，方唇，弧腹，口沿下饰二圈绳状附加堆纹，腹部饰篮纹，口残宽 12.6 厘米，残高 7 厘米。T0502②：21，夹砂（少量）灰陶，敛口，方唇，弧腹，口沿下饰一圈指压纹和一道绳状附加堆纹，腹部饰篮纹，残宽 8.4 厘米，残高 8.8 厘米（图一三，7、8）。

钵　H3①：21，夹砂（少量）灰黑陶。敞口，斜壁稍内弧，平底。素面，口径 14.6 厘米，底径 10 厘米，高 6.7 厘米。H3①：38，夹砂灰陶，侈口，尖唇，折腹，素面，口径 13 厘米，残高 5.6 厘米。T0501②：34，夹砂灰陶。敞口，方唇，斜直壁，平底稍内凹，饰篮纹，口径 15 厘米，底径 10.4 厘米，高 5.8 厘米。T0501②：44，夹砂灰陶，局部呈红褐色，直口尖圆唇，折壁，素面，残高 5.4 厘米，残宽 10.4 厘米（图一三，1、3、5、10）。

碗　T0501②：50，夹砂黑褐陶，敞口，圆唇，斜直壁，假圈足，素面，口径 16.4 厘米，高 4.6 厘米，底径 10 厘米（图一三，9）。

甗　T0302②：43，为甗裆部残片，夹砂灰褐陶，宽平裆，袋足，饰绳纹，残长 14.6 厘米，残宽 9.5 厘米（图一三，11）。

豆盘　T0102②：35，夹砂（少量）灰陶。外折平沿，尖唇，斜弧壁，柄部以下残

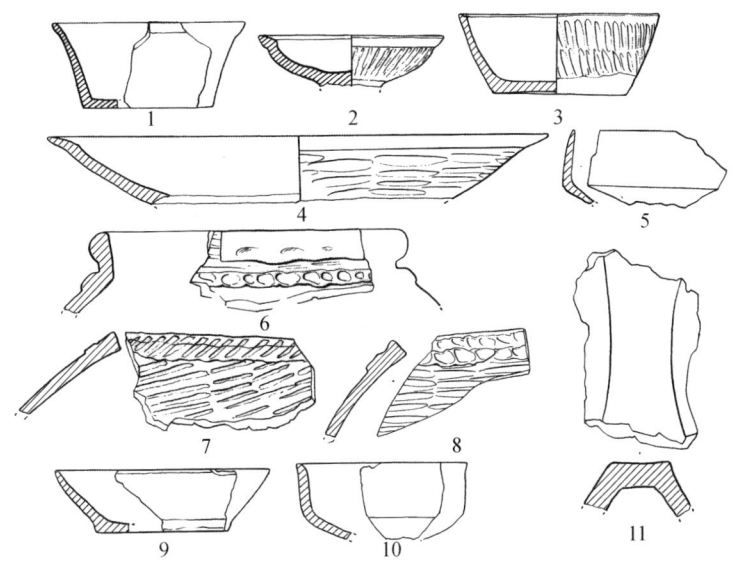

图一三　第 2 层出土夹砂灰陶器

1、3、5、10.钵（H3①：21、H3①：38、T0501②：34、T0501②：44）　2、4.豆盘（T0102②：35、T0502②：36）
6.A 型瓮（T0302②：47）　7、8.B 型瓮（H12①：53、T0502②：21）
9.碗（T0501②：50）　11.甗（T0302②：43）

缺。内壁磨光，外壁饰篮纹，口径 14 厘米，残高 3.6 厘米。T0502②：36，由豆盘改制，属二次利用。夹砂（少量）灰陶。外折小平沿，斜弧壁，假圈足。外壁饰篮纹，内壁磨光，口径 14 厘米，高 4.2 厘米，底 5 厘米（图一三，2、4）。

鬲　依壁厚、陶色、颈部、肩部、纹饰形态可分为五型。

A 型　壁薄，矮领，绳纹较细。H3①：19，夹砂灰褐陶，敞口，方唇，矮领，弧腹，唇部斜压短绳纹，腹部饰绳纹，口径 21 厘米，残高 9.3 厘米。H12①：38，夹砂灰褐陶，敞口，尖唇，矮领，袋足，唇部饰指甲纹，领部饰绳纹后抹平，袋足饰竖向绳纹，残宽 9.6 厘米，残高 11.3 厘米。H12①：44，夹砂灰褐陶。小盘口，方唇，唇外叠，矮领，袋足。唇部斜压短绳纹，袋足饰绳纹，口残宽 10.4 厘米，残高 6.4 厘米。H12④：81，夹砂灰陶。侈口，圆唇，斜直领，弧腹。腹部饰绳纹，口径 12.8 厘米，残高 9 厘米。Y1：1，夹砂灰褐陶，敞口，方圆唇，矮领，袋足，唇部斜压绳纹，袋足竖压绳纹，口径 16 厘米，残高 9.4 厘米。T0502②：22，夹砂灰褐陶。敞口，斜直领，弧腹。腹部饰绳纹，残宽 7.4 厘米，残高 7 厘米。T0502②：65，夹砂灰褐陶，敞口，斜直矮领，袋足，足部存残耳，唇部饰指甲纹，袋足饰绳纹，耳根部饰 4 个指甲纹，口径 12 厘米，残高 11.8 厘米（图一四，1~7）。

B 型　壁厚，矮领，饰附加堆纹。T0502②：60，夹砂灰陶，小盘口，方圆唇，矮领，唇部饰指甲纹，领部饰篮纹，腹部饰绳纹，领、腹交接处饰一圈绳状附加堆纹，口沿宽 9 厘米，残高 8 厘米（图一四，9）。

C型 壁厚，矮领，肩部平缓。H12④:84，夹砂灰陶。敞口，圆唇，唇外叠，矮领，袋足。袋足饰绳纹，残宽9.2厘米，残高7.8厘米。T0501②:63，夹砂灰陶，敞口，圆唇，矮领，内壁口沿下饰一道凹弦纹，外壁领部磨光，其下饰绳纹，残宽17.4厘米，残高7厘米。T0502②:23，夹砂黑褐陶，小盘口，唇外叠，矮领，袋足，裆上部存一残耳，口沿斜压绳纹，袋足饰竖向绳纹，耳根部饰横向绳纹，残宽16.5厘米，残高16.2厘米（图一四，8、10、11）。

D型 陶色黑，肩部平缓，绳纹粗。T0501②:66，夹砂黑褐陶，小盘口，圆唇，饰粗绳纹，残宽12厘米，残高13厘米（图一四，15）。

E型 壁厚，唇外叠，矮领，绳纹较粗。H12①:36，夹砂灰褐陶，小盘口，方圆唇，矮领，袋足，口沿饰斜压短绳纹，袋足饰竖压绳纹，残宽13.6厘米，残高10.7厘米。H12①:46，夹砂灰陶，小盘口，方唇，唇外叠，矮领，袋足，唇部斜压短绳纹，足部饰竖压绳纹，口残宽13厘米，残高5厘米。T0501②:78，夹砂灰陶，小盘口，方唇，矮领，方唇斜压绳纹，袋足饰竖向绳纹，残宽12.7厘米，残高8厘米。T0501②:85，夹砂灰褐陶，直口，尖圆唇，唇外叠，矮领，弧腹，腹部饰竖向绳纹，残宽9厘米，残高9.5厘米。T0502②:61，夹砂灰褐陶，小盘口，唇外叠，矮领，腹部饰竖向绳纹，口沿残宽16厘米，残高6.5厘米（图一四，12~14、16、17）。

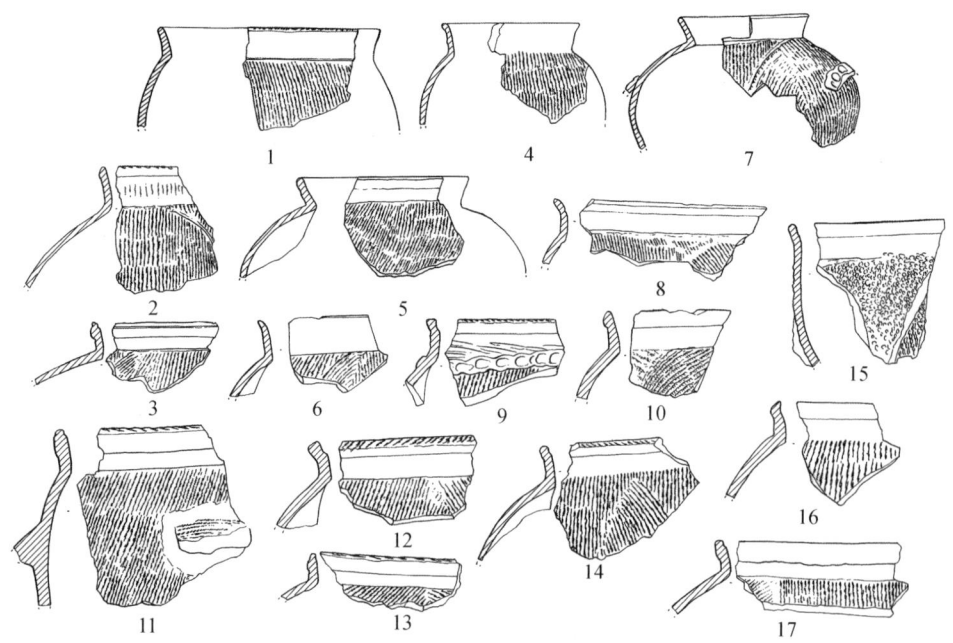

图一四 第2层出土夹砂灰陶鬲

1~7.A型（H3①:19、H12①:38、H12①:44、H12④:81、Y1:1、T0502②:22、T0502②:65）
8、10、11.C型（H12④:84、T0501②:63、T0502②:23） 9.B型（T0502②:60）
12~14、16、17.E型（H12①:36、H12①:46、T0501②:78、T0501②:85、T0502②:61）
15.D型（T0501②:66）

鬲足　依足的形态可分为四型。

A型　袋足下接圆锥状实足根，饰绳纹。Y1∶2，夹砂灰褐陶，敞口，方圆唇，矮领，袋足，唇部斜压绳纹，袋足竖压绳纹，残高8厘米。T0101②∶35，夹砂黑褐陶，袋足下接圆锥状实足根，足尖磨平，饰竖压绳纹，残高11.4厘米（图一五，1、2）。

B型　袋足下接圆锥状实足根，实足跟较短小，实足跟部分饰篮纹。H12①∶34，夹砂黑褐陶，袋足下接圆锥状实足尖，饰绳纹，残高10.8厘米。T0501②∶86，夹砂黑褐陶，袋足下接圆锥状实足跟尖，饰篮纹，残高7.1厘米（图一五，3、4）。

C型　袋足下接锥状实足根，实足跟较狭长，实足跟部分饰篮纹。H3①∶17，夹砂黑灰陶。袋足下接锥状实足根，素面，残高8.5厘米（图一五，5）。

D型　圆锥状空足下接实足尖。H12④∶85，夹砂灰褐陶。圆锥状空足下接实足尖，饰绳纹，残高7.8厘米（图一五，6）。

鸡冠状錾耳　依形状可分为二型。

A型　依厚薄差异可分为二式。

A型Ⅰ式：较厚，呈饼状。耳上饰指压纹。H12②∶59，夹砂灰陶，附加于腹部，饰绳纹，耳根部饰一排三个指压纹，残宽9厘米，残高12厘米。T0501②∶75，夹砂灰褐陶，附加于腹部，上部斜压一排三个三角形凹槽纹，腹部饰篮纹，残高7.6厘米，残宽12.6厘米。T0502②∶20，夹砂灰褐陶，附加于腹部，腹部饰绳纹，残宽11.5厘米，残高11厘米（图一五，7~9）。

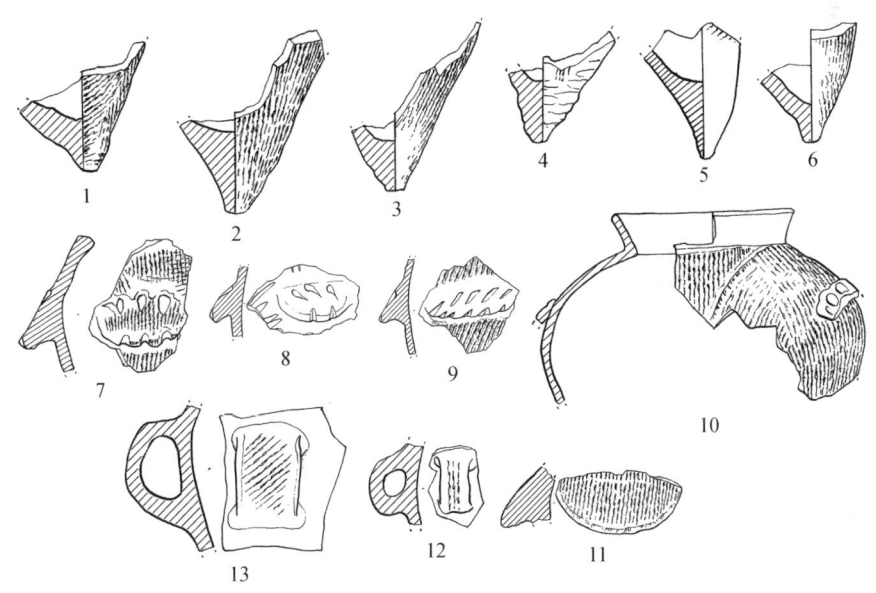

图一五　第2层出土夹砂灰陶器

1、2.A型鬲足（Y1∶2、T0101②∶35）　3、4.B型鬲足（H12①∶34、T0501②∶86）　5.C型鬲足（H3①∶17）　6.D型鬲足（H12④∶85）　7~9.A型Ⅰ式鸡冠状錾耳（H12②∶59、T0501②∶75、T0502②∶20）　10.A型Ⅱ式鸡冠状錾耳（T0502②∶65）　11.B型鸡冠状錾耳（T0101②∶29）　12、13.桥形耳（H8①∶5、T0202②∶34）

A型Ⅱ式：较薄。T0502②：65，夹砂灰褐陶，敞口，斜直矮领，袋足，足部存残耳，唇部饰指甲纹，袋足饰绳纹，耳根部饰4个指甲纹，口径12厘米，残高11.8厘米（图一五，10）。

B型 半圆形，饰绳纹。T0101②：29，夹砂灰陶，呈半圆形，附加于腹部，耳饰绳纹，宽11.8厘米，高5.8厘米（图一五，11）。

桥形耳 H8①：5，夹细砂黄褐陶，桥形竖耳附加于腹部，耳饰绳纹，长4厘米，宽2厘米。T0202②：34，泥质灰陶。桥形耳附加于腹部。耳斜压细绳纹，耳长6.5厘米，耳宽4.2厘米（图一五，12、13）。

2. 夹砂红陶器

器形有瓮、鬲、鬲足、鋬耳、桥形耳等。

瓮 H12①：37，夹砂红褐陶，敛口，方唇，弧腹，口沿下饰二匝绳状附加堆纹，腹饰篮纹，残宽10.8厘米，残高6.6厘米（图一六，1）。

鬲 依颈部形态可分为二型。

A型 无领。H12①：32，夹砂红陶，敞口，圆唇，袋足，饰绳纹，口残宽6.8厘米，残高12.6厘米。H12②：58，夹砂红陶，敞口，方圆唇，直领稍内弧，袋足，饰绳纹，口残宽9.2厘米，残高13.2厘米（图一六，2、3）。

B型 矮领。T0501②：84，夹砂红褐陶，敞口，尖圆唇，矮领，袋足，唇部斜压

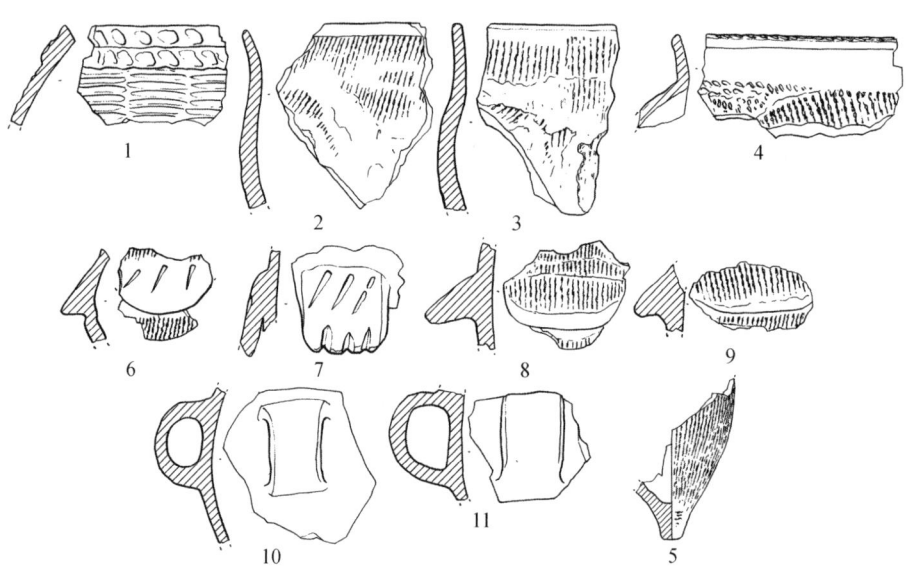

图一六 第2层出土夹砂红陶器

1.瓮（H12①：37） 2、3.A型鬲（H12①：32、H12②：58） 4.B型鬲（T0501②：84） 5.鬲足（H12②：71）
6、7.A型鋬耳（Y1：3、T0501②：69） 8、9.B型鋬耳（H12①：31、T0501②：79）
10、11.桥形耳（T0501②：67、T0501②：80）

指甲纹，袋足饰绳纹，残宽15.3厘米，残高7厘米（图一六，4）。

鬲足　H12②：71，夹砂红褐陶，袋足下接锥状实足尖，饰绳纹，残宽8.5厘米，残高7.3厘米（图一六，5）。

鋬耳　依形态可分为二型。

A型　饰短凹槽纹。Y1：3，夹砂红褐陶。附加于腹部。腹部饰绳纹，耳根部斜压1排3个长三角形纹，耳残宽7厘米，长4厘米。0501②：69，夹细砂红褐陶，呈鸡冠状。上部斜压一排三道短凹槽纹，长6.6厘米，宽7厘米（图一六，6、7）。

B型　半圆形，饰绳纹。H12①：31，夹砂红褐陶，附加于腹部，饰绳纹，宽9厘米，长4.5厘米。H12②：60，夹砂红褐陶，鸡冠状鋬耳附加于腹部，饰绳纹，残宽9厘米，残高11.6厘米。T0501②：79，夹砂红褐陶，附加于腹部，满饰绳纹，长7厘米，宽8厘米（图一六，8、9）。

桥形耳　T0501②：67，夹砂红褐陶，腹片，附加桥形耳，素面，残宽10.6厘米，残高11厘米。T0501②：80，夹砂红陶，桥形耳，附加于腹部，素面，耳长7厘米，耳宽4.4厘米（图一六，10、11）。

3. 泥质灰陶器

器形有罐、瓮、鬲足、尊、钵、彩陶钵、盘、斝、豆盘、豆柄、鋬耳、圈足、甑、流、器底座等。

罐　依壁厚、口沿、颈部、肩部形态可分为五型。

A型　斜直领，斜肩。H12①：55，泥质灰陶，盘口，圆唇，斜直领，斜肩，肩部饰竖向绳纹，口径15厘米，残高6.8厘米。T0202②：27，泥质灰陶，敞口，圆唇，斜直领，溜肩，领以上磨光，肩部饰篮纹后抹平，口径18厘米，残高8.2厘米（图一七，1、2）。

B型　折肩。H3②：48，泥质灰陶，外折斜沿，矮直领，折肩，领部饰斜向条形纹，肩腹部磨光，口径20厘米，残高9.6厘米。H12④：82，泥质黑陶，敞口，圆唇，斜直领，折肩，腹部戳压一圈长圆点纹，其下饰篮纹，口径18厘米，残高13.2厘米（图一七，3、4）。

C型　直领，外折沿，饰划线纹。H9①：13与H12②：63（两片来自不同单位的陶片拼接在一起），泥质灰陶，外折平沿，直领，溜肩，领部饰一圈斜向短划线纹，口径21厘米，残高4.4厘米。T0501②：37，夹砂黑褐陶，外折平沿，尖圆唇，直领，领部饰斜向划线纹，内壁磨光，残宽7.2厘米，残高4厘米（图一七，5、6）。

D型　壁厚，矮领。T0302②：49，泥质黄褐陶，敞口，圆唇，矮领，溜肩，肩部饰篮纹，残宽8厘米，残高5厘米（图一七，7）。

E型　壁薄，斜领。T0202②：29，泥质灰陶，敞口，外叠圆唇，斜领稍内弧，鼓腹，肩、腹部存三个残孔，孔呈三角形布列，肩部两个，腹部一个，孔径约2.5厘米，

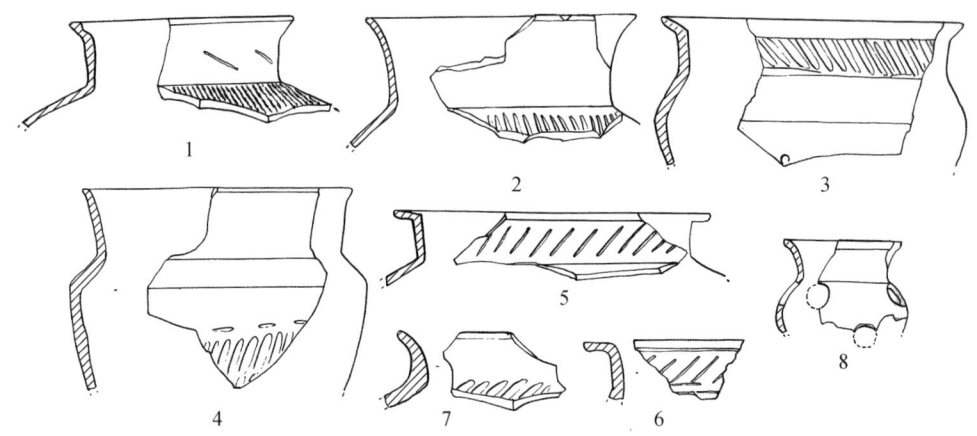

图一七 第2层出土泥质灰陶罐

1、2. A型（H12①：55、T0202②：27） 3、4. B型（H3②：48、H12④：82） 5、6. C型（H9①：13与H12②：63拼接、T0501②：37） 7. D型（T0302②：49） 8. E型（T0202②：29）

磨光，口径8厘米，残高6厘米（图一七，8）。

折腹罐 T0501②：54，泥质灰陶，侈口，尖圆唇，矮领，折腹，下腹斜直稍内弧，平底，磨光，口径13.6厘米，底径10.4厘米，高6.8厘米（图一八，1）。

瓮 H12④：80，泥质灰陶，敛口，方唇，弧腹，口沿下饰两圈绳状附加堆纹，腹部饰篮纹，残宽16.8厘米，残高15厘米。T0302②：51，泥质灰陶，敛口，方唇，弧腹，口沿下饰三圈绳状附加堆纹，残宽12.5厘米，残高5厘米（图一八，2、3）。

鬲足 依足的形态可分为三型。

A型 基本整体皆是圆锥状袋足，实心部分较少。T0502②：26，泥质灰陶，夹少量细砂，袋足下接圆锥状足尖，饰竖向绳纹，残高5.5厘米（图一八，4）。

B型 兽首形袋足。T0502②：19，泥质灰褐陶，夹少量细砂，兽首形空足下接锥状实足尖，饰细绳纹，残高6.6厘米（图一八，5）。

C型 圆锥状袋足，但形态较矮小。T0501②：43，泥质黑褐陶，夹少量细砂，寰底，圆锥状空足，实足尖磨平，表面磨光，残高5.4厘米（图一八，6）。

尊 依肩部、腹部形态可分为二型。

A型 素面。斜直领，H3②：46，泥质灰陶，侈口，斜直领，折肩，磨光，残宽7.3厘米，残高7.2厘米。T0501②：52，泥质灰陶，侈口，圆唇，长颈稍内弧，折肩，磨光，残宽7.8厘米，残高11厘米（图一八，7、8）。

B型 H12②：79，泥质灰陶，外折斜沿，直领，折肩，领部饰条形纹，腹部存两个凹坑纹，口径28厘米，残高10.8厘米（图一八，9）。

钵 依口沿、腹部形态可分为三型。

A型 依口沿可分为二式。

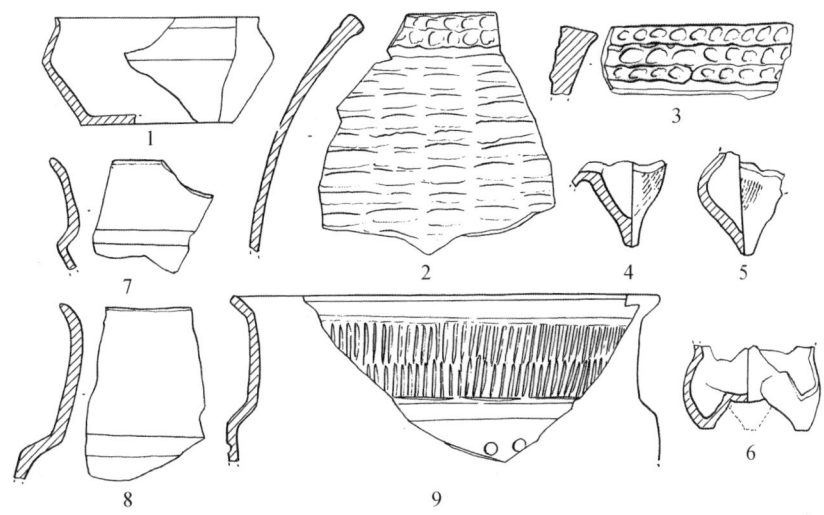

图一八　第 2 层出土泥质灰陶器

1.折腹罐（T0501②∶54） 2、3.瓮（H12④∶80、T0302②∶51） 4.A 型鬲足（T0502②∶26） 5.B 型鬲足（T0502②∶19） 6.C 型鬲足（T0501②∶43） 7、8.A 型尊（H3②∶46、T0501②∶52） 9.B 型尊（H12②∶79）

A 型Ⅰ式：折腹角度较大。H12①∶54，泥质灰陶，直口，圆唇，折壁，磨光，口径 16 厘米，残高 4.8 厘米。T0302②∶45，泥质灰陶，敞口，圆唇，折腹，磨光，口径 18 厘米，残高 6.5 厘米。T0502②∶44，泥质灰陶，敛口，圆唇，折壁，磨光，残宽 6.6 厘米，残高 3.6 厘米（图一九，1~3）。

A 型Ⅱ式：折腹角度较大，叠唇。H3②∶49，泥质灰陶，敛口，圆唇，折腹，磨光，口径 28 厘米，残高 4.4 厘米（图一九，4）。

B 型　折腹角度较小。H3①∶15，泥质灰陶，敛口，方圆唇，折腹，磨光，口径 22 厘米，残高 7.2 厘米。H3①∶32，泥质灰陶，敛口，尖圆唇，折腹，磨光，口径 18 厘米，残高 5.4 厘米（图一九，5、6）。

C 型　弧壁，没有折腹。H2①∶15，泥质黑陶，敞口，圆唇，弧壁，磨光，壁下部饰一匝凹弦纹，残长 4.8 厘米，残高 3.1 厘米。T0101②∶33，泥质灰陶，敛口，弧壁，素面，残宽 8 厘米，残高 5 厘米。T0202②∶30，泥质灰陶，敞口，尖圆唇，斜弧壁，内、外壁磨光，口径 14 厘米，残高 3.2 厘米。T0502②∶45，泥质黑陶，直口，弧壁，侧边和底边各存一对钻圆孔，磨光，饰一匝凹旋纹，残宽 4.5 厘米，残高 3.8 厘米。T0502②∶51，泥质灰陶，口微敛，圆唇，斜弧壁，磨光，口径 11 厘米，残高 5.4 厘米（图一九，7~11）。

彩陶钵　H3①∶34，泥质黄褐陶。敛口，圆唇，斜弧壁。口沿下饰一道黑彩宽带纹，残宽 6.6 厘米，残高 3 厘米。H3②∶52，泥质灰陶，饰一组三道斜向平行条形红彩，残宽 8 厘米，残高 4.1 厘米。H12④∶88，泥质黄褐陶，敛口，尖圆唇，斜弧壁，饰一组五道斜向平行红彩纹，残宽 6.1 厘米，残高 3.5 厘米。T0202②∶35，泥质灰陶，

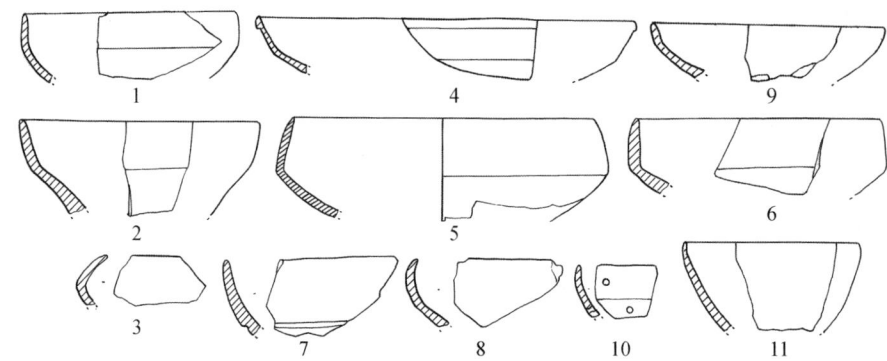

图一九　第 2 层出土泥质灰陶钵

1~3. A 型 I 式（H12①：54、T0302②：45、T0502②：44）　4. A 型 II 式（H3②：49）　5、6. B 型（H3①：15、H3①：32）　7~11. C 型（H2①：15、T0101②：33、T0202②：30、T0502②：45、T0502②：51）

敞口，方唇，斜弧壁，边缘存一圆形锔口，红顶，口沿下饰两道红彩竖条纹，残宽 4 厘米，残高 3.2 厘米。T0502②：56，泥质灰陶，敞口，圆唇。磨光，口沿下饰红彩纹带，其下饰红彩网格纹，残宽 4.1 厘米，残高 3.7 厘米（图二〇，1~5）。

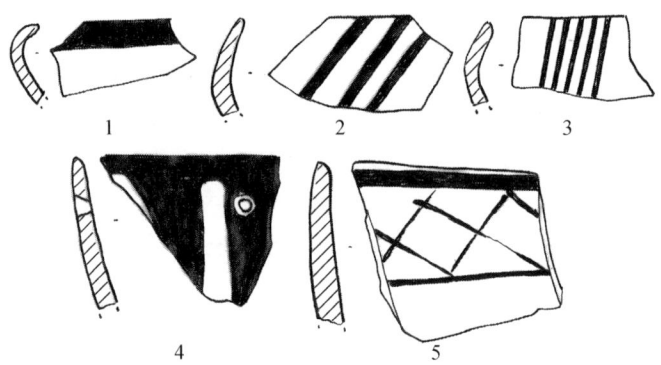

图二〇　第 2 层出土泥质灰陶彩陶钵

1. H3①：34　2. H3②：52　3. H12④：88　4. T0202②：35　5. T0502②：56

盘　依口沿形态可分为三型。

A 型　外折斜沿较宽。T0501②：28，泥质灰陶，外折平沿，圆唇，斜弧壁，内壁磨光，外壁饰篮纹，口径 28 厘米，残高 4.4 厘米。T0501②：30，泥质灰陶，夹少量砂，外折斜沿，斜弧壁，内壁磨光，外壁饰篮纹，口径 38 厘米，残高 4.6 厘米（图二一，1、2）。

B 型　外折斜沿较窄。T0501②：29，泥质灰陶，夹少量砂，内叠圆唇，敞口，斜弧壁，内壁磨光，外壁素面，口径 29 厘米，残高 4.4 厘米。T0501②：31，泥质灰陶，外折斜沿，斜弧壁，内壁磨光，外壁饰篮纹，口径 16 厘米，残高 4.4 厘米（图二一，3、4）。

C型　无折沿。T0501②：27，泥质灰陶，敞口，方圆唇，斜弧壁，矮圈足，壁上部饰一组二匝凹弦纹，内、外磨光，口径30.8厘米，底径19厘米，高5.4厘米（图二一，5）。

杯　T0201②：38，泥质灰陶，敞口，圆唇，斜弧壁，平底，素面，口径9厘米，底径7.5厘米，高5.8厘米（图二一，6）。

斝　T0501②：42，泥质灰陶，圆锥状空足下接圆锥状短实足尖，外侧出桥形竖耳，磨光，残高6.2厘米（图二一，7）。

豆盘　T0302②：41，泥质灰褐陶，外折平沿，圆唇，斜弧壁，内壁磨光，外壁饰篮纹，口径17厘米，残高5.6厘米。T0501②：51，夹细砂灰陶，外折平沿，敞口，斜弧壁，下部断茬存接茬痕，内壁磨光，外壁饰绳纹，口径20厘米，残高4.7厘米（图二一，8、9）。

豆柄　H10①：4，泥质黑陶。管状，中部细向两端渐粗。磨光，残高7.6厘米。T0501②：33，泥质黑陶。束腰筒形，上、下呈喇叭口状。外壁磨光，残高11.2厘米（图二一，10、11）。

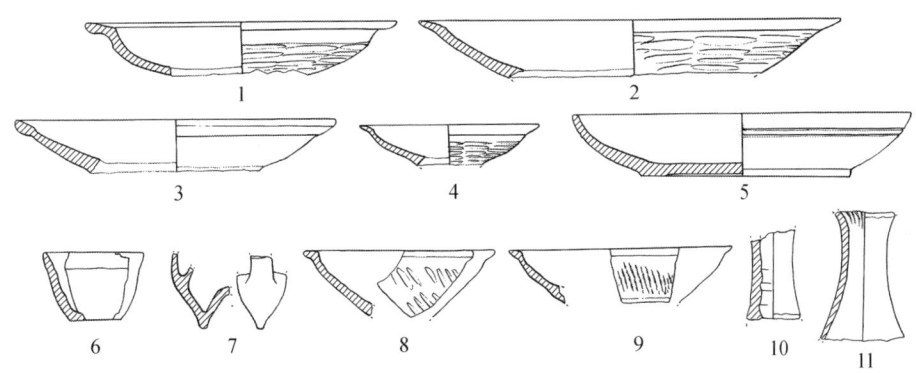

图二一　第2层出土泥质灰陶器

1、2. A型盘（T0501②：28、T0501②：30）　3、4. B型盘（T0501②：29、T0501②：31）　5. C型盘（T0501②：27）
6. 陶杯（T0201②：38）　7. 陶斝（T0501②：42）　8、9. 豆盘（T0302②：41、T0501②：51）
10、11. 豆柄（H10①：4、T0501②：33）

錾耳　鸡冠形。H12①：42，泥质灰陶，耳呈鸡冠状，附加于腹部，耳上部饰七道并排短凹槽纹，腹部饰篮纹，耳长8.6厘米，耳宽3厘米。T0501②：36，泥质灰陶。弧壁，存一鸡冠状錾耳。壁饰篮纹，耳饰篮纹加压凹槽纹，残长13厘米，残宽6.4厘米。T0501②：77，泥质灰褐陶，附加于腹部，上部斜压一排四道短凹槽纹，残宽12厘米，残高5.8厘米（图二二，1~3）。

圈足　T0502②：31，泥质灰陶，底座呈喇叭口形，存二个圆孔，磨光，中部饰一组二道凹旋纹，口径7厘米，高6.4厘米（图二二，4）。

甑　T0502②:41，泥质灰陶，斜弧壁，弧腹，平底，底存5个圆孔，腹部饰篮纹，底径11厘米，残高4厘米（图二二，5）。

流　H12①:49，泥质灰陶。敛口，方唇，口沿下出管状流，前细后粗，流口为斜面。口沿下饰一匝凹弦纹，磨光，流长2.7厘米。T0101②:34，泥质黑陶，敛口，方唇，一侧口沿下出椭圆柱状流，流口呈斜面，磨光，残宽14厘米，残高5.2厘米，流长4厘米，流口径2.4~2.9厘米。T0502②:28，泥质灰陶，敛口，方圆唇，口沿下一侧出柱状流，磨光，残高4.4厘米（图二二，6~8）。

器底座　T0502②:40，夹砂（少量）灰褐陶，底座呈喇叭口形，素面，底座直径4.6厘米，残高3厘米。H12①:35，夹砂灰陶，呈覆钵形，素面，底座口径5.2厘米，残高2.1厘米（图二二，9、10）。

盆　H3①:26，泥质灰陶，外折斜沿，方唇，斜弧壁。磨光，口径30厘米，残高7.5厘米（图二二，11）。

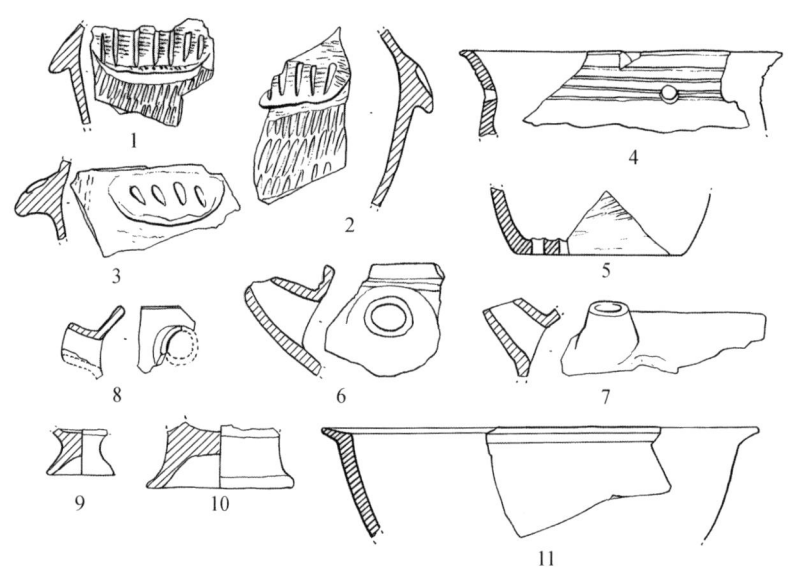

图二二　第2层出土泥质灰陶器
1~3. 鋬耳（H12①:42、T0501②:36、T0501②:77）　4. 圈足（T0502②:31）　5. 甑（T0502②:41）
6~8. 流（H12①:49、T0101②:34、T0502②:28）　9、10. 器底座（T0502②:40、H12①:35）
11. 盆（H3①:26）

鬲　依大小可分为二型。

A型　H3②:51，泥质灰陶，敞口，尖圆唇，斜直矮领，袋足，口沿下饰一匝凹弦纹，领部磨光，袋足饰绳纹，残宽6.6厘米，残高6.6厘米。T0101②:32，泥质灰陶，侈口，外卷圆唇，斜直领，袋足，领、口部磨光，袋足饰弦断绳纹，残宽6.8厘米，残高6.2厘米（图二三，1、2）。

B 型　H12①：16，泥质灰陶，侈口，直领，折腹，寰底，三鸟首形空足下接锥状实足尖，足尖磨平，磨光，口径 10.2 厘米，高 8.2 厘米。H12②：62，泥质灰陶，敞口，外叠圆唇，斜直领，寰底，三圆锥状空足，磨光，口径 11.6 厘米，高 9.3 厘米（图二三，3、4）。

桥形耳　依纹饰可分为二型。

A 型　饰二至三道凹弦纹。H10②：8，泥质灰陶，桥形横耳附加于颈部，耳部饰两匝凹弦纹，长 6 厘米，宽 3 厘米。T0501②：35，泥质灰陶，桥形，外表磨光，压划 3 道条形纹，长 9.2 厘米，宽 4 厘米（图二三，5、6）。

B 型 Ⅰ 式：中间凹陷。H12②：69，泥质灰陶，桥形竖耳附加于腹部，腹部饰篮纹，残高 10 厘米，残宽 7.8 厘米（图二三，7）。

B 型 Ⅱ 式：素面或饰些微的篮纹。H3②：47，泥质灰陶，侈口，尖圆唇，斜直领，折腹，唇至折腹附加一竖向桥形耳，磨光，残宽 9 厘米，残高 7.2 厘米。H10①：6，泥质黑褐陶，桥形竖耳附加于腹部，腹部饰篮纹，耳长 8.5 厘米，耳宽 4 厘米。H12②：41，泥质灰陶，附加于腹部，桥形竖耳，素面，耳长 8.4 厘米，耳宽 3.2 厘米（图二三，8～10）。

壶　H2①：7，泥质黑陶，敞口，圆唇，长颈，磨光，口径 13 厘米，残高 12 厘米。H2①：12，泥质灰陶，敞口，圆唇，唇外叠，束颈，磨光，口径 9 厘米，残高 4.6

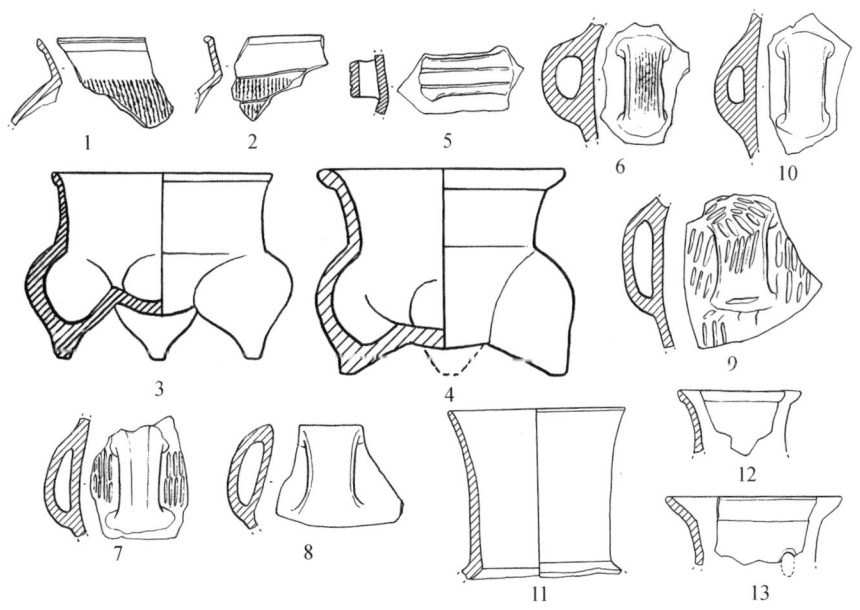

图二三　第 2 层出土泥质灰陶器

1、2. A 型鬲（H3②：51、T0101②：32）　3、4. B 型鬲（H12①：16、H12②：62）　5、6. A 型桥形耳（H10②：8、T0501②：35）　7. B 型 Ⅰ 式桥形耳（H12②：69）　8～10. B 型 Ⅱ 式桥形耳（H3②：47、H10①：6、H12②：41）　11～13. 壶（H2①：7、H2①：12、H8①：4）

厘米。H8①：4，泥质黑陶，盘口，尖圆唇，斜直颈，颈下部存一圆孔，孔径约为1.3厘米，磨光，口径13厘米，残高4.8厘米（图二三，11～13）。

4. 泥质红陶器

器形有钵、彩陶钵等。

钵　T0101②：27，泥质红陶。敛口，圆唇，弧壁。磨光，残宽6厘米，残高6.6厘米。T0302②：52，泥质红陶。敞口，圆唇，斜弧壁。磨光，残宽3.7厘米，残高3.2厘米。T0501②：60，泥质红褐陶，敞口，圆唇，斜弧壁。内、外壁磨光。泥质红陶。敛口，圆唇，弧壁。磨光，残宽3.9厘米，残高4.5厘米（图二四，1～3）。

彩陶钵　依纹饰可分为四型。

A型　H12①：48，泥质红陶。敞口，尖圆唇，斜弧壁。内、外壁磨光，外壁口沿下饰黑彩窄长三角形纹，口残宽3.1厘米，残高2.7厘米。T0202②：31，泥质红陶，敛口，圆唇，斜弧壁，口沿下饰黑彩宽道纹，残宽3.8厘米，残高3.4厘米。T0302②：50，泥质红陶。敛口，圆唇，弧壁。口沿饰黑彩宽带纹，残宽2.5厘米，残高2.6厘米。T0302②：54，泥质红陶，敞口，尖圆唇，斜弧壁，口沿下饰黑彩宽带纹，残宽3.6厘米，残高4.1厘米。T0402②：3，泥质红陶，口沿下饰一道黑彩纹带，残宽5.4厘米，残高3.9厘米。T0501②：47，泥质红陶，敛口，圆唇，斜弧壁，内、外磨光，外壁口沿下饰褐色宽带纹，残宽6厘米，残高3厘米。T0501②：48，泥质红陶，敛口，圆唇，斜弧壁，内、外磨光，外壁口沿下饰黑色宽带纹，残宽4.3厘米，残高2.6厘米。T0501②：58，泥质红陶，敛口，圆唇，斜弧壁，磨光，口沿下饰多道黑彩窄条纹，残宽8.5厘米，残高4厘米。T0502②：57，泥质红陶，敛口，圆唇，斜弧壁，磨光，口沿下饰一道黑彩纹带，残宽4.6厘米，残高3.2厘米。T0502②：58，泥质灰陶，敞口，圆唇，斜弧壁，磨光，饰三道平行红褐彩纹带，残宽5厘米，残高3.8厘米（图二四，4～13）。

B型　T0302②：56，泥质红陶。敞口，圆唇，斜弧壁。红顶，残宽2.9厘米，残高4.2厘米（图二四，14）。

C型　H12①：51，泥质红陶。敞口，圆唇，弧壁，磨光，口沿下饰黑彩宽带纹，口沿残宽4厘米，残高4厘米，口沿残宽4厘米，残高4厘米（图二四，15）。

D型　H3①：35，泥质红陶。直口，尖唇，弧壁。口沿下饰一圈黑彩三角形纹，残宽5厘米，残高3.2厘米。H3①：39，泥质红陶。敛口，圆唇，弧壁。口沿下饰一圈黑彩竖条与三角相间纹，残宽4厘米，残高3.6厘米（图二四，16、17）。

碗　T0502②：50，泥质红褐陶。敞口，尖唇，斜直壁，假圈足，饰竖向绳纹，口径12厘米，底径5厘米，高5厘米（图二四，18）。

罐　T0501②：45，泥质红陶，泛黄，外叠圆唇，侈口，斜直颈，素面，口径7厘米，残高4厘米（图二四，19）。

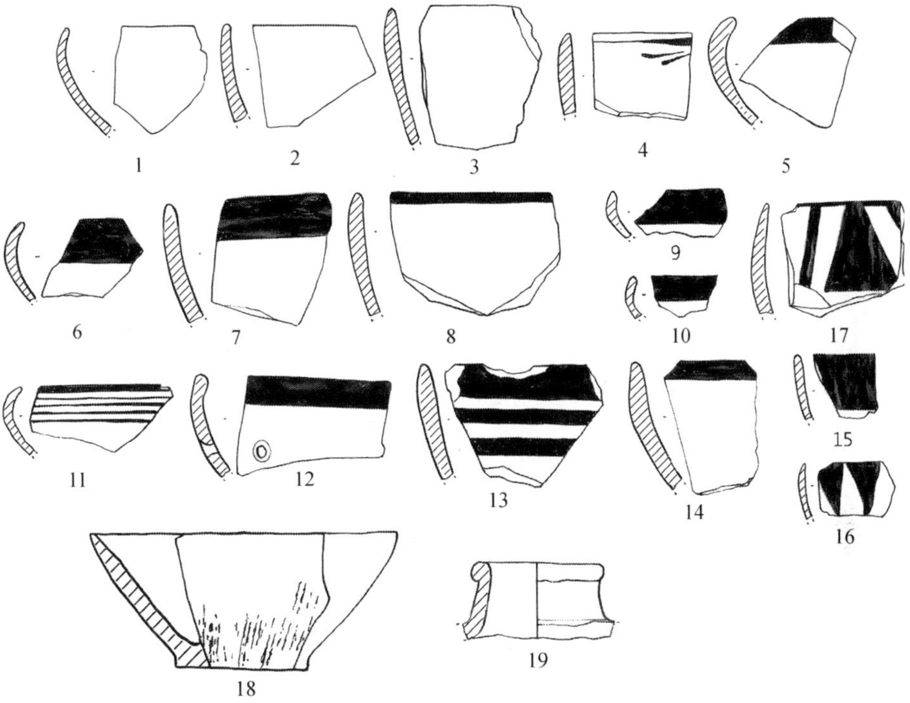

图二四　第 2 层出土泥质红陶器

1～3. 钵（T0101②：27、T0302②：52、T0501②：60）　4～13. A 型彩陶钵（H12①：48、T0202②：31、T0302②：50、T0302②：54、T0402②：3、T0501②：47、T0501②：48、T0501②：58、T0502②：57、T0502②：58）　14. B 型彩陶钵（T0302②：56）　15. C 型彩陶钵（H12①：51）　16、17. D 型彩陶钵（H3①：35、H3①：39）　18. 碗（T0502②：50）　19. 罐（T0501②：45）

5. 陶器小件

刀　T0202②：13，由泥质灰陶片改制而成，残件为长方形，中间偏一侧有一穿孔，弧背弧刃，残长 3.8 厘米，宽 4.2 厘米，厚 0.5 厘米（图二五，1）。

纺轮　H2①：2，由泥质灰陶篮纹陶片改制而成，圆形，中间有一穿孔，直径 3.5 厘米，厚 0.4 厘米（图二五，2）。

箍形器　T0202②：33，夹细砂灰陶，呈倒圆台筒状，素面，上口径 4.4 厘米，下口径 3.3 厘米，高 2.9 厘米（图二五，3）。

环　T0101②：10，泥质灰褐陶，磨光，外壁较平，内壁外弧，横剖面呈内弧边长方形，长 2.3 厘米，宽 2.9 厘米，最厚 1 厘米。T0502②：15，泥质红陶，横剖面成椭圆形，残长 2.9 厘米，宽 0.9 厘米，厚 0.4 厘米，外直径 6 厘米，内直径 6.8 厘米（图二五，4、5）。

饼形器　T0201②：22，以陶片磨制而成，呈饼状，横剖面近方形，直径 2.5 厘米，厚 0.7 厘米（图二五，6）。

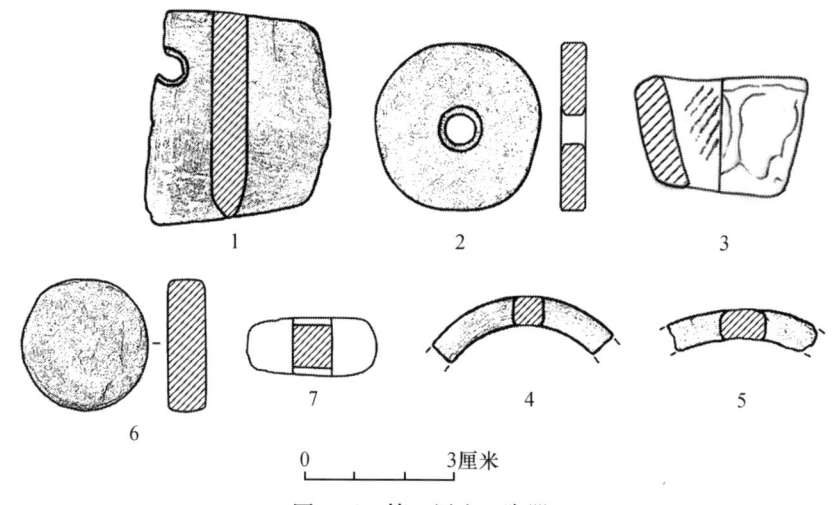

图二五　第2层出土陶器

1. 刀（T0202②：13） 2. 纺轮（H2①：2） 3. 箍形器（T0202②：33） 4、5. 环（T0101②：10、T0502②：15） 6. 饼形器（T0201②：22） 7. 网坠（H3①：5）

网坠　H3①：5，由泥质红褐陶片改制而成，圆角长方形，中间有一圈凹槽，残长2.5厘米，宽1厘米，厚0.55厘米（图二五，7）。

（二）石　器

石器的器形主要有石片、刮削器、弧刃刮削器等。

石片　T0101②：6，红白色夹杂，打制，一面平滑一面起脊，长2.3厘米，宽2.9厘米，最厚1厘米。T0101②：19，红褐色，打制，一面平滑一面起脊，横剖面呈三角形，长2.2厘米，宽1.2厘米，最厚0.1厘米。T0502②：17，灰色，形状近菱形，一面平，一面中间起一脊，一边有刃，长6.5厘米，宽4.5厘米，厚0.8厘米（图二六，1~3）。

刮削器　H9①：8，紫褐色，打制，呈长三角形，一面较平，一面起脊，长2.8厘米，宽1.9厘米。T0102②：21，灰色，打制，两侧、锋部起刃，横剖面呈橄榄形。T0502②：2，灰色燧石质地，打制，呈近三角形，一面平，一面起脊，中间厚两侧薄，长3厘米，宽1.6厘米，厚0.1厘米（图二六，4~6）。

饼状石器　H9①：4，灰色，打制，呈饼状，横剖面一侧较厚，向另一侧渐薄（图二六，7）。

球形石器　H2①：5，石质，磨制，扁圆形，横断面近椭圆形（图二六，8）。

砍砸器　T0302②：25，青灰色，琢制，横剖面近圆角三角形（图二六，9）。

杵形器　T0501②：15，青灰色，琢制，平面近圆锥状，下端较直，使用痕迹明显，横断面近椭圆形，残长8厘米，宽2.8厘米（图二六，10）。

刀　H9①：1，灰白色，磨制，两大面外弧，一侧起刃，残存一两面钻圆孔，横剖面呈橄榄形，残长 2.1 厘米，宽 3.3 厘米，最厚 0.7 厘米。T0101②：11，灰褐色，磨制，直背弧刃，两大面稍外弧，中部存一圆孔，横剖面呈长三角形，残长 5.2 厘米，宽 5.6 厘米，最厚 0.9 厘米。T0101②：21，青灰色，磨制，直背弧刃，横剖面呈长三角形，断裂处存一圆孔，残长 5.9 厘米，宽 4.6 厘米，最厚 0.7 厘米。T0202②：8，黑色，磨制，近圆角长方形，直背直刃，中间穿一孔，中间厚两侧薄，横断面为细橄榄形，残长 4.4 厘米，宽 3.7 厘米，厚 0.4 厘米。T0202②：22，灰黑色，磨制，残为长方形，中间厚向四周渐薄，弧背直刃，中间有一穿孔。横断面成橄榄形，残长 4.9 厘米，宽 3 厘米，厚 0.5 厘米。T0502②：1，粉色，磨制。近圆角长方形，中部对钻一圆孔，弧背，直刃，两侧边一侧起刃较锋利，长 9 厘米，宽 4.3 厘米，厚 0.4 厘米。T0502②：12，灰白色，磨制，直背，弧刃，残长 6.5 厘米，宽 4.3 厘米，厚 0.5 厘米（图二六，11～17）。

镞　H12②：30，粉色燧石质地，压制，呈长三角形，两面中部起脊，凹底，长 3.3 厘米，宽 0.6 厘米，厚 0.1 厘米。T0102②：11，灰紫色，压制，平面呈三角形，凹底，长 2.1 厘米，宽 1 厘米，最厚 0.2 厘米。T0102②：30，褐色，压制，平面呈三角

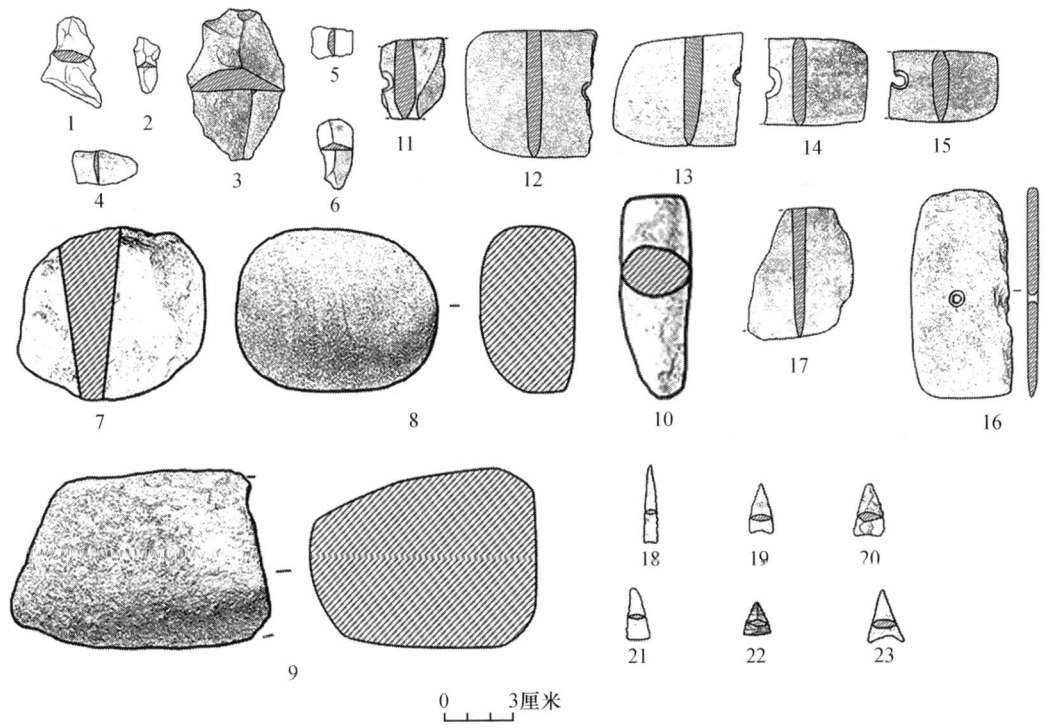

图二六　第 2 层出土石器

1～3. 石片（T0101②：6、T0101②：19、T0502②：17）　4～6. 刮削器（H9①：8、T0102②：21、T0502②：2）
7. 饼状石器（H9①：4）　8. 球形石器（H2①：5）　9. 砍砸器（T0302②：25）　10. 杵形器（T0501②：15）
11～17. 刀（H9①：1、T0101②：11、T0101②：21、T0202②：8、T0202②：22、T0502②：1、T0502②：12）
18～23. 镞（H12②：30、T0102②：11、T0102②：30、T0202②：16、T0501②：1、T0501②：8）

形，凹底，长 2.2 厘米，宽 1.2 厘米，最厚 0.5 厘米。T0202②：16，燧石质地，白色透明，压制，中部起脊，三角形，平底，中间厚两边薄，两侧边压制成刃，长 2.2 厘米，宽 1 厘米，厚 0.1 厘米。T0501②：1，红色燧石质地，压制。两面中间起脊，中间厚，向两侧渐薄，尖部为三角形，下部残缺，横断面为橄榄形，长 1.4 厘米，宽 1.2 厘米，厚 0.1 厘米。T0501②：8，灰白色燧石质地，压制。呈凹底三角形，中间厚，向四周渐薄，长 2.4 厘米，宽 1.6 厘米，厚 0.1 厘米（图二六，18～23）。

磨棒　H12①：23，青灰色，琢制，两侧平直，中粗，向一端渐细，横断面为椭圆形，残长 7.5 厘米，宽 5.5 厘米，厚 3.4 厘米。T0502②：5，灰色砂岩，琢制，平面近长方形，横断面为一边较平的椭圆形，残长 6.6 厘米，宽 5.8 厘米，厚 3 厘米（图二七，1、2）。

磨盘　T0302②：29，灰褐色，磨制，近方形，六个面均为使用面，横剖面呈长方形，长 9 厘米，宽 7.2 厘米，最厚 2.2 厘米。T0302②：31，红褐色，磨制，残存部分呈长方形，两面内凹，长 11 厘米，宽 9.5 厘米，最厚 3 厘米（图二七，3～4）。

斧　H10①：2，灰黑色，磨制，弧刃，纵剖面呈楔形，断裂处存一残孔，长 5.3 厘米，宽 5.5 厘米，最厚 0.8 厘米。H12①：24，灰色，琢制，平面近梯形，平顶，弧刃较钝，长 11 厘米，宽 5.5 厘米，厚 2.9 厘米。T0202②：11，灰黑色，斧身琢制，刃部磨光，平面近梯形，顶部圆弧，两面直刃，斧身横断面近椭圆形，长 9.7 厘米，宽 3.7 厘米，厚 3 厘米。T0401②：1，青绿色，磨制，残长 5 厘米，残宽 1.7 厘米，最厚 0.9 厘米。T0501②：16，青灰色，琢制，下部残缺，平面近梯形，圆弧顶，横断面为椭圆形，残长 9.3 厘米，宽 5.5 厘米，厚 3.3 厘米。T0502②：9，青白色大理石，通体磨光，平面近方形，两侧边圆弧，弧刃，双面刃，横断面为圆角长方形，残长 5.3 厘米，宽 5.2 厘米，厚 1.5 厘米（图二七，5～10）。

锤斧　H12③：89，灰色，琢制，局部磨制，平面近长方形，弧顶，下端为斜面，横剖面近圆角长方形，残长 10 厘米，宽 4.5 厘米，厚 2.5 厘米（图二七，11）。

钻　T0101②：18，用河磨石打制而成，灰白色，一侧保存有石皮。三棱形钻头，近长方形钻柄，一面较平一面起脊，长 5.2 厘米，宽 2.6 厘米，最厚 1.8 厘米（图二七，12）。

凿　T0102②：20，灰色，磨制，平面近梯形，弧刃，长 4.2 厘米，宽 2.1 厘米，最厚 1.1 厘米（图二七，13）。

璧　T0101②：14，彩石，磨制，外壁方圆，孔两面钻，中部起棱，两大面较平，基本完整，部分剥落，外径 3.5 厘米，孔径 1 厘米，厚 1.2 厘米。T0202②：12，灰色，磨制，残圆弧形，外壁、两侧面平直，内壁外弧，横断面为内弧边的长方形，残长 6.2 厘米，宽 0.9 厘米，厚 2.7 厘米，内直径 6 厘米，外直径 10.4 厘米（图二七，14、15）。

环　依横剖面形态不同可分为四型。

A 型　横剖面近似圆角方形或圆角长方形。H3①：2，青白色大理石，磨制，残圆

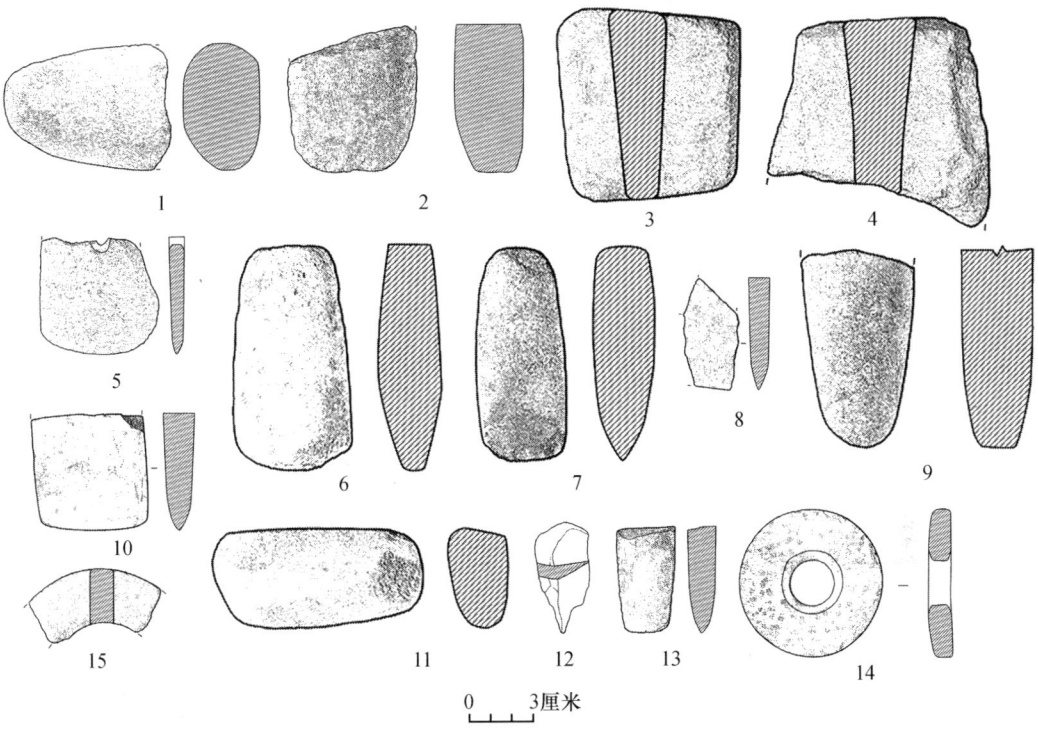

图二七 第 2 层出土石器

1、2. 磨棒（H12①：23、T0502②：5） 3、4. 磨盘（T0302②：29、T0302②：31） 5～10. 斧（H10①：2、H12①：24、T0202②：11、T0401②：1、T0501②：16、T0502②：9） 11. 锤斧（H12③：89） 12. 钻（T0101②：18） 13. 凿（T0102②：20） 14、15. 璧（T0101②：14、T0202②：12）

弧形，内壁和两侧平直，外壁圆弧，横断面为一边弧的长方形，残长 4.3 厘米，宽 0.5 厘米，厚 0.5 厘米，内直径 6 厘米，外直径 7 厘米（图二八，1）。

B 型　横剖面近似圆形。T0102②：18，灰白色，磨制，外壁圆弧，内壁稍外弧，两侧有平面，残长 3.6 厘米，厚 0.6 厘米，宽 0.5 厘米，外径 2.5 厘米，内径 2 厘米（图二八，2）。

C 型　横剖面呈上部窄、下部宽的形状。H9①：2，灰色，磨制，外环刃，内壁圆弧，横剖面呈弧底三角形，残长 3.9 厘米，厚 0.8 厘米，宽 0.3 厘米，外径 3 厘米，内径 2 厘米（图二八，3）。

D 型　横剖面呈梯形。T0201②：34，灰色，磨制，外环刃，内壁较平，两侧面一面平直，一面从中部向边缘磨成坡状，横剖面半梯形，残长 2.3 厘米，厚 0.6 厘米，宽 0.3 厘米，外径 3 厘米，内径 2.5 厘米（图二八，4）。

璜　H12①：10，灰白色，磨制，圆弧形，两端磨圆，两侧边平直，外壁外弧，内壁略外弧，横断面为圆角长方形。一端钻有一孔，长 5.2 厘米，宽 0.5 厘米，厚 0.6 厘米，内直径 6 厘米，外直径 7.2 厘米（图二八，5）。

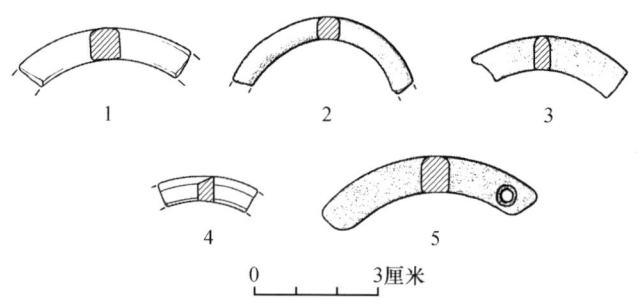

图二八　第2层出土石器
1.A 型环（H3①∶2）　2.B 型环（T0102②∶18）　3.C 型环（H9①∶2）
4.D 型环（T0201②∶34）　5.璜（H12①∶10）

（三）骨　　器

器形主要有骨锥、骨针、骨铲、骨棒、鱼钩、骨镞、骨笄、骨环、穿孔骨饰、匕形器、圭形器、带有刻符的肢骨。

锥　H9①∶9，以小动物的肢骨磨制而成，顶部保存关节，并横穿小圆孔，铤部呈圆锥状，尖部锋利，长3.1厘米。H12①∶4，系动物肢骨磨制，上端保留有骨头原状，尖部磨成圆锥状，长6.7厘米，宽0.6厘米。H12①∶11，动物肢骨制成，上端保留骨节，下端磨成斜尖，尖部呈三角形，长7.5厘米，宽2.5厘米，厚1厘米。H12①∶13，由骨片磨制，扁平，锥身呈长方形，尖部为三角形，长6.5厘米，宽0.8厘米，厚0.1厘米。T0502②∶6，磨制，整体呈枣核形，长7.2厘米，宽0.4厘米（图二九，1~5）。

针　T0101②∶23，由小动物肢骨磨制而成，圆铤，尖部较钝，长2.2厘米，宽0.05厘米（图二九，6）。

铲　H10②∶3，动物肢骨磨制而成，平面近梯形，弧刃，较锋利，长9厘米，宽4.1厘米，最厚1.2厘米（图二九，7）。

棒　T0102②∶22，以动物肢骨磨制而成，柱状，两端圆浑，横剖面近椭圆形，长5厘米，宽1.1厘米（图二九，8）。

鱼钩　H12②∶27，动物肢骨磨制而成，经火烧，整体呈一边长的V字形。钩柄端刻一圈横向凹槽，应为系绳，长4.8厘米，宽0.7厘米，厚0.2厘米（图二九，9）。

镞　T0102②∶32，磨制，锋部呈锥状，一侧起刃，长2.5厘米，宽1.2厘米，最厚0.1厘米（图二九，10）。

笄　T0501②∶14，通体磨光，一端圆弧，另一端残缺，中部粗，向一端稍细，整体刻螺旋形凹线纹。横断面为圆形，残长6.5厘米，宽0.5厘米（图二九，11）。

环　T0501②∶7，磨制，残圆弧形，内壁平直，外壁环刃，一侧面为弧面，一侧面平直，残长3.5厘米，宽0.1厘米，厚0.5厘米，内直径4厘米，外直径5厘米（图二九，12）。

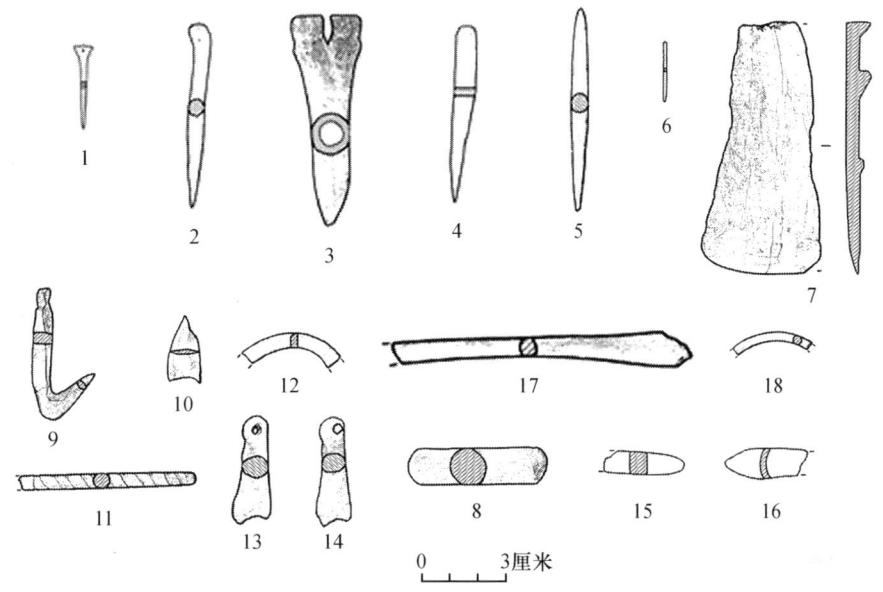

图二九　第 2 层出土骨器和蚌器

1~5. 骨锥（H9①：9、H12①：4、H12①：11、H12①：13、T0502②：6）6. 骨针（T0101②：23）7. 骨铲（H10②：3）8. 骨棒（T0102②：22）9. 鱼钩（H12①：27）10. 骨镞（T0102②：32）11. 骨笄（T0501②：14）12. 骨环（T0501②：7）13、14. 穿孔骨饰（H2①：1、T0102②：28）15. 匕形器（H3①：13）16. 圭形器（H4①：6）17. 肢骨（T0502②：10）18. 蚌环（T0102②：13）

穿孔骨饰　H2①：1，由动物趾骨制成，一端关节头有一穿孔，长3.9厘米，宽1.4厘米。T0102②：28，由动物趾骨制成，一端关节头有一穿孔，长4厘米，宽1厘米，最厚0.6厘米（图二九，13、14）。

匕形器　H3①：13，磨制，尖部为三角形，横断面为橄榄形，残长2.5厘米，宽0.5厘米，厚0.1厘米（图二九，15）。

圭形器　H4①：6，由动物肢骨磨制而成，上端呈三角形，身部呈梯形，残长3.1厘米，宽1.1厘米（图二九，16）。

肢骨　T0502②：10，黑褐色，系动物肢骨制作，磨制光滑，保持上粗下细的肢骨的形态，带有刻符，长11厘米，宽0.6厘米，厚0.3厘米（图二九，17）。

（四）蚌　器

穿孔蚌壳　H12①：14，天然蚌壳上穿有一孔，长4.8厘米，宽2厘米。T0501②：18，天然蚌壳上穿有一孔，长1.8厘米，宽1.5厘米。

蚌环　T0102②：13，磨制，似为一环，外、内壁皆圆弧，横剖面近圆形，残长3厘米，厚0.2厘米，宽0.3厘米，外径2.5厘米，内径2厘米（图二九，18）。

贰　结　语

吉家庄遗址自20世纪50年代开始陆续受到研究者的关注。1957年山西省文物普查队首次发现吉家庄遗址，后有大同市博物馆和雁北地区文物工作站对此遗址进行调查；1965年吉家庄遗址被公布为山西省文物保护单位；1989年张德光先生也展开调查，著有《临水和吉家庄遗址的调查》[①]；1991年北京大学考古系和雁北地区文物工作站进行调查，1994年发表《山西大同及偏关县新石器时代遗址调查简报》[②]。2017年4月开始，大同市考古研究所（原为雁北地区文物工作站，1995年改现名）和山西大学历史文化学院对吉家庄遗址进行考古发掘，发掘面积共365平方米，发现了30多处遗迹，出土可复原陶器40余件，小件器物200余件，为大同地区新石器时代晚期的文化面貌和文化交流提供了重要的研究材料。

吉家庄2018年的发掘材料，大致可以分前后二个阶段。

以H12为代表的，敛口钵、折腹钵，灰陶彩绘花纹比较特殊，与太原义井、汾阳任家堡和杏花村第二段彩陶非常相似，时代为仰韶晚期。

吉家庄遗址的陶器具备比较典型的龙山时代的特征，从出土文物上的比对看来，吉家庄遗址的鸡冠形鋬耳、瓮、碗和山西忻州游邀遗址[③]早期、晚期的文物有所相似（图三〇，1～5），可能和忻州游邀的关联较密切。游邀遗址位于山西忻州盆地，属于龙山时代中晚期。

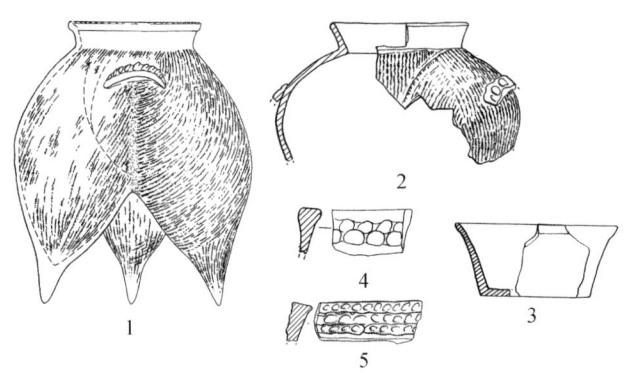

图三〇　吉家庄遗址和忻州游邀遗址出土的陶器
1.忻州游邀双鋬鬲（H3：1）　2.吉家庄鬲（T0502②：65）　3.吉家庄碗（H3②：21）
4.忻州游邀无领瓮（H198：1）　5.吉家庄瓮（T0302②：51）

[①] 张德光：《临水和吉家庄遗址的调查》，《文物季刊》1998年2期。

[②] 戴向明：《山西大同及偏关县新石器时代遗址调查简报》，《考古》1994年12期。

[③] 忻州考古队：《忻州游邀考古》，科学出版社，2004年。

从地理位置上看来，吉家庄遗址位于大同地区，属于老虎山文化分布范围的中心位置，从出土文物看来，吉家庄遗址的陶器的确也具备比较典型的龙山时代的特征。目前初步看来，和老虎山文化中的老虎山遗址联系较密切，二者的大口瓮、篮纹罐形态较接近，和西白玉、面坡遗址之间也可能存在关联性，故推断吉家庄遗址的年代相当于老虎山文化的晚期阶段[①]。因此我们认为吉家庄遗址应该是一个以龙山时代为主体的考古学文化，其和老虎山之间联系紧密，和周边的永兴店文化、朱开沟文化也有着联系，并具有吉家庄遗址代表文化自身的特征。以上的结论只是根据2018年试掘所得出的结果。期待在接下来几年的工作中能够较完整的揭露遗址面貌，寻找墓葬区、城墙等遗存，厘清遗址布局，并对其文化面貌有更深刻的认识。

叁 致 谢

2018年7月~10月，在国家文物局的资助下，中国人民大学北方民族考古研究所与大同市考古研究所联合启动了为期6年的吉家庄遗址的考古发掘及实习基地建设。

参与2018年发掘工作的主要有：大同市考古研究所的张志忠、李树云、张印、赵银仁、张洋；中国人民大学的教师王晓琨、张林虎，博士研究生张倩，硕士研究生郝沁源、董耘、介颖、高军民、陈地成、赵肖霞；邱国斌（考古技术支持）、张文治（考古技术支持），南京大学硕士研究生方晴（负责数据处理），中国地质大学本科生赵鑫（负责地质调查），呼伦贝尔学院本科生杨成昊（负责测绘）等。感谢山西省文物局、山西省考古研究所、山西大学、大同市文物局、大同市考古研究所、中共云州区区委、云州区政府、云州区文化局、云州区教育局、吉家庄乡政府、吉家庄中心小学、吉家庄村委会等部门、领导及同仁们的支持与协助。

领队：王晓琨

执笔：李树云 王晓琨 董 耘

绘图：张文治 刘海文 邱国斌

---

① 内蒙古文物考古研究所：《岱海考古（一）老虎山文化遗址发掘报告集》，科学出版社，2000年。

Excavation Report of Jijiazhuang Site in Datong, Shanxi Province

Institute of Archaeology of Datong Municipality, Shanxi Province
The Archaeology of Northern Ethnicity Research Institute

Abstract: In July 2018, the Jijiazhuang Site in Datong, Shanxi was excavated by the Department of Archaeology and Museum Studies of Renmin University of China. The remains of pits, kiln and tombs were uncovered, as well as stone arrowheads, stone knives, stone axes, stone bracelets, bone arrowheads, bone awls, pots, pottery bracelets, pottery three-legged vessels, and coloured pottery. From the excavation results, the Jijiazhuang site belongs to the archaeological culture of the Yangshao and Longshan eras. The Jijiazhuang site is related to the Xibaiyu site and the Mianpo site of the Lauhushan culture. We look forward to gaining a more complete understanding of the site in the next few years. The next steps of the excavation include looking for remains of tombs and fortifications, clarifying the layout of the site, and having a deeper understanding of its culture.

Keywords: Jijiazhuang site; Yangshao culture; Longshan culture

山西省大同市吉家庄遗址地质调查

赵 鑫

（中国地质大学地球科学与资源学院，北京，100083）

内容摘要： 大同市吉家庄遗址是雁北地区重要的考古发现之一，这里出土了大量龙山时期的文物，说明人类很早以前就在这一地区生活。作为龙山文化的重要遗址，吉家庄遗址的发现与发掘填补了本区新石器时期研究的空白。随着遗址发掘工作的进行，我们开始对这一遗址周边展开地质调查，发现吉家庄遗址的选址是非常考究的，有很多非常优越的条件，比如可以规避洪涝及崩塌滑坡等自然灾害，生活生产便利，交通通达等有利条件。

关键词： 吉家庄遗址；龙山文化；地质调查；大同

2018年8月，受中国人民大学王晓琨副教授的邀请，我对山西省大同市吉家庄遗址周边进行了地质调查，简报如下。

一、引　言

龙山文化是中国北方地区最重要的新石器遗址文化遗存之一，同时期南方的良渚文化与之一南一北遥相呼应，共同构成中华文明悠久的历史源头。龙山文化的遗址发掘中往往又能看到大量的黑陶产出作为特征，同时产出的黑陶成品做工精致，外观精美，因此也被称之为黑陶文化。龙山文化的命名源于1928年城子崖遗址最初的发现地点位于山东省章丘县龙山镇，时间为距今约4400～3900年[1]。龙山文化也是北方地区分布最为广泛的一种文化，曾经覆盖黄河中下游地区。吉家庄遗址位于山西省大同市大同县吉家庄乡吉家庄村南侧，北临桑干，南倚殿山，主要分布在高出桑干河现在水面约10米的二级阶地上，地理位置优越[2]。吉家庄遗址的发现，填补了这一地区新石器时期遗址的

---

[1] 杨天佑、程龙保：《龙山文化玉记》，武汉理工大学出版社，2017年，1～127页。
[2] 大同县吉家庄乡政府：《山西黑陶艺术的原点——大同县吉家庄新石器文化遗址再发现》，《陶瓷科学与艺术》2017年7期，5～76页。

研究空白，尤其是窑址的发现，而这些发现都属于龙山文化时期。中国人民大学北方民族考古研究所于2018年牵头主持了对吉家庄遗址进行了正式考古发掘，出土大量陶片、石制品和些许动物化石。笔者跟随发掘队伍对周边进行的地质调查，按2条路线7个调查点，通过对遗址周围这几个点的观察和描述，发现吉家庄遗址产生的位置恰好有许多有利因素，并且一些石器也可能是就地取材制作的。

二、调查背景

吉家庄遗址位于大同市江南的云州区。大同地区自古以来便是雁北地区重要的交通要塞和历史文化名城，尤其在南北朝时期一度成为北朝的都城，成为北方地区最重要的中心城市。而吉家庄遗址的发现和发掘更是说明更久远的时期，这里便拥有了文明的曙光。大同市境内不仅仅有丰富的人文景观例如云冈石窟、悬空寺等。大同在地质历史上还曾经历过许多复杂的地质构造运动，这些丰富的地质活动也为大同带来了火山地质公园这样的自然景观，也带来了丰富的资源矿产。正是由于这些因素，大同在自然资源方面也得天独厚（图一）。

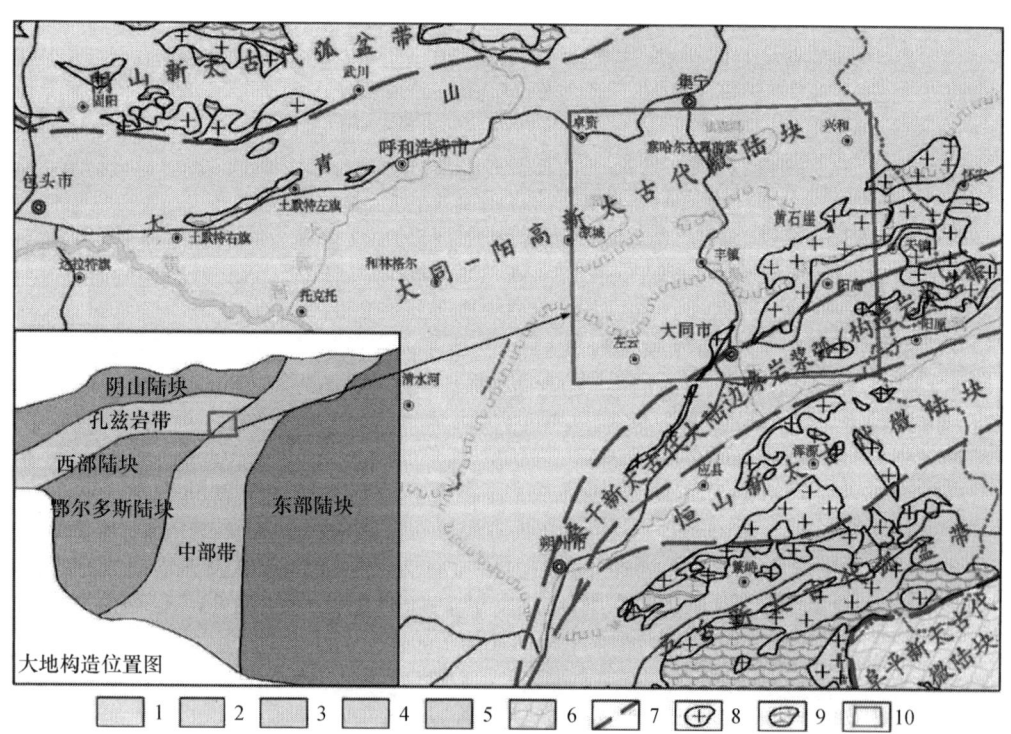

图一 图幅新太古代构造单元划分简图（根据张兆琪等，2017）
1. 阴山新太古代弧盆带 2. 大同—阳高新太古代微陆块 3. 桑干新太古代大陆边缘岩浆弧（构造岩浆岩带）
4. 恒山新太古代微陆块 5. 五台新太古代弧盆带 6. 阜平新太古代微陆块 7. 构造单元界线
8. 新太古代变质深成岩出露范围 9. 新太古代变质表壳岩出露范围 10. 调查区位置

大同地区的地质构造演化可以划分为早前寒武纪、中元古代—晚古生代、中—新生代3大演化阶段[1]（根据张兆琪等，2017）。早前寒武纪这里形成变质岩基底，多期复杂变质作用并且形成相应的结晶基底，太古代的岩层普遍遭受混合岩化作用。中元古代后发育沉积盖层，中元古代—晚古生代，本区处于构造稳定期，多为纵向上构造运动。早古生代，这里发育大量碳酸盐岩，中奥陶世到中石炭世这里抬升为陆地并且接受剥蚀作用，石炭到二叠纪是本区第一个重要的聚煤期，连续沉积了滨海相的石炭-二叠系含煤建造。直到晚二叠世气候变得火热干燥，植物难于生存，结束了煤系地层的沉积，同时二叠纪末也是古亚洲洋闭合，华北与西伯利亚板块拼合的时期。进入中生代，印支运动和燕山运动的作用强烈，三叠纪的地层本区普遍缺失，可能是被抬升剥蚀了。同时形成侏罗纪白垩纪新生陆相盆地，侏罗纪本区也是第二个重要的聚煤期，植物繁盛，气候温暖。进入新生代，这里少数地区接受上新世静乐组红色黏土沉积。到了第四纪喜马拉雅运动作用下，本区间歇性抬升。大量黄土被西北风带来这里，并被水流搬运沉积。也就形成了本次发掘的遗址主要分布的主要地层。新生代的新构造运动仍然持续，新构造运动让这里形成断陷盆地，大量断层出现使得原本埋藏在黄土层下的遗址和文化层暴露，让我们得以发现。也形成了大同火山群[2]。

　　正是由于大同地区有这样丰富的地质构造运动及文化遗产，因此，针对吉家庄遗址周围的地质状况，我们需要进行考察。考察路线共分为两条，一条顺吉家庄遗址东西向，另一条路线则是穿过吉家庄遗址南北向、东西向考察路线主要沿河流进行，考察河流对遗址生活年代时人们的影响，在本次调查中为路线L02。南北向的调查则是从遗址到山里，调查这条路线沿途的地质现象与当地古人生活之间的关系，编号为L01。

三、调查内容

路线编号：L01

路线描述：自考古工地到南米窑旧村

目的任务：地质状况观察

图幅名称：无

图幅编号：无

记 录 者：赵鑫

同 行 者：无

---

[1] 张兆琪、王权、卫彦升等：《1∶25万大同幅区域地质调查项目成果》，《中国地质调查》2017年4期，50~59页。

[2] 高丽洁、田鹏飞、李金松：《大同煤田区域地质发展演化简史》，《江西煤炭科技》2018年3期，33~36页。

图二　地质点号 D0101

日期：2018年8月12日星期日

地质点号：D0101（图二）

点位：考古工地以北约150米处，39°50.614′N 113°28.341′E

点性：岩性控制点

微地貌：地堑

风化程度：强

岩性：砾石层

描述：此处可见寺峪组黄土盖层夹大块砾岩，为洪流沉积或河流沉积，砾石呈叠瓦状排布指向下游，河流大致东南西北流向，剖面方向223°，粒径5～25厘米磨角度为次棱角状，是由于砾石离物源区较近。此处为一断层，形成的一处构造薄弱带，因此出露黄土剖面。

地质点号：D0102（图三）

点位：考古工地以北，高压电线塔下。39°50.495′N　113°28.553′E

点性：岩性控制点

微地貌：地堑

风化程度：强

岩性：黄土

描述：此处可详细观察河流沉积作用，岩层产状为水平，岩层为递变层理，颗粒由细变粗，可见两组沉积旋回，反映水流由弱变强再变弱的为一次旋回的变化。这是河流沉积的二元结构。表明这里曾经有河流。并且可以看到砾石成分有花岗岩、石灰岩。由于这些岩石和吉家庄遗址发现的部分石器岩性相似，所以推测这里一些大小合适的岩石块体可以用作石器制造。

地质点号：D0103（图四）

点位：距上一个点以南约1.5千米路旁 39°47.763′N　113°28.748′E

点性：河流地貌观察点

微地貌：河谷

风化程度：强

岩性：黄土

图三　地质点号 D0102 的地层情况

图四 地质点号 D0103 的河流地貌

描述：此处可见现生环境中正在沉积模型，河道中央为砾石，流水强烈，向边缘逐渐过渡为细沙粉砂到黏土，反映水流变弱，此处可见的两级河流阶地，反映此处两次抬升作用。遗址所处的位置为二级阶地，有助于规避洪涝，而在一级阶地上则可以种植粮食，取水方便。

地质点号：D0104（图五）

点位：瓮城口旧村村口 39°49.212′N113°28.748′E

点性：地貌观察点

微地貌：陡崖

风化程度：强

岩性：黄土

描述：此处可见滑坡剖面，可见滑坡体，坡上有树根部近水平，树干直立，为滑坡

图五 地质点号 D0104

后继续生长形成。说明这一区域相对构造运动更加剧烈，也就更容易发生地质灾害。说明靠近山区的地方，可能由于易发生滑坡，地理位置条件差于遗址附近。滑坡以后暴露出一套河流沉积序列，且此区域也是一片河谷，河谷切割了附近连续的山脉，也使得不远处的吉家庄遗址生活的年代的古人可以扼守此条重要通道。

地质点号：D0105（图六、图七）

点位：南米窑旧村东南口 39°48.921N　113°28.748′E

点性：岩性控制点

微地貌：山坡

风化程度：一般

岩性：岩浆岩

描述：此处可见红色伟晶岩夹黑色辉长岩条带，通过伟晶岩中发现黑色包体判断伟晶岩形成晚于辉长岩，并发生混合岩化，黑色岩石被同化为岩浆并与母岩浆混染。同时与构造作用形成揉流构造。伟晶岩中主要成分为长石约占60%，黑云母30%，石英10%。长石高岭土化，辉长岩中主要成分为辉石55% 长石40% 石英5%。发育逆断层及剪节理。点西发育V型谷。为抬升作用形成谷底为基岩，侵蚀作用强烈。基岩的露头情况一般，基岩中大量包含的节理可以使岩石被分割成更小的块体，方便古人就地取材打制石器。基岩中高岭土化的长石则有助于提供烧制陶器的部分原材料，破碎的节理还有助于让雨水顺节理渗透进去，带走岩石中易溶于水的金属阳离子，加速风化作用，加速长石的高岭土化。同样由于构造运动相对活跃，节理较为发育，以及顺节理方向上的风化作用，导致可能容易在这一区域发生崩塌这样的地质灾害，并不适合古人类居住，却方便古人类就地取材提供原材料制造器物。山里生长的森林

图六　地质点号D0105附近发育剪节理示意图　　　　图七　地质点号D0105

也可提供生活物资，比如木头可以砍柴，一同栖息的动物可以提供另一种形式的食物来源。

路线编号：L02

路线描述：桑干河沿岸

目的任务：地质状况观察

记　录　者：赵鑫

日期：2018年8月12日星期日

地质点号：D0201（图八）

点位：桑干河桥头 39°51.204′N　113°27.088′E

露头信息：一般

点性：河流地貌观察点

风化程度：强

岩性：砂

描述：水流较弱在边缘形成沙滩，水流定向流动形成波痕，远岸处波痕陡坡指向岸边，因为水流向岸边流动。近岸处以对称波痕为主，因为水流遇岸边阻力产生回流。由于河流的沉积作用，在河流的岸边产生一片相对较为平坦肥沃的土地便于农耕。

图八　地质点号 D0201

地质点号：D0202（图九）

点位：桑干河桥头以东约 30 米处 39°51.266N　113°27.148′E

露头信息：一般

点性：河流地貌观察点

微地貌：河流

风化程度：强

图九 地质点号 D0202

岩性：泥，砾石

描述：此处出现心滩沉积，岸边泥质基底可见鹬的足迹，水体表层可见鲤科鱼类，底层有底栖生活鳅类及虾，虾以鱼类尸体为食。心滩沉积由于洪水来临，水面中央凸起，水位较高，水流向两侧分散形成回流最终在中央堆积形成心滩。广泛分布的心滩使河流相对其他流经的位置变浅和变宽，让遗址附近河流两岸的人能更方便的跨过河流这一阻碍交流的因素。丰富水中生物类型，可以提供丰富的额外食物来源。

四、结 论

（1）桑干河流域广阔的冲积平原给这里农耕生产事业带来便利，遗址在桑干河河畔，农业生产灌溉捕鱼都会得到相应的便利。同时，这样一个洪泛平原还可以因为河流的搬运沉积作用带来一些有利于植物生长的营养物质。背后的大山也可以为生活在吉家庄遗址的人提供烧火燃料的便利，这些山上由于差异风化，一些地方产生土壤可以生长大量树木。

（2）遗址位于河流阶地上的选址非常有利于规避突发的极端的自然灾害的影响，比如在河流的二级阶地上地势较高，当洪水来临时，可确保相对安全。而在平时正常的时候这里又因为临近河道取水方便，一个断层剖面中就显示这里曾经有过洪流搬运的砾石，说明这里是可以发生大规模洪水的。

（3）如果发生地震，不远处山区发生的崩塌滑坡也难以影响到这里，山上的岩体发育剪节理，如果发生地震暴雨便可能发生一些崩塌滑坡灾害，规避灾害的同时，适中的距离也可以放心开发山里的资源。

（4）遗址的选址在地理位置上非常方便，河流到此处是宽而平缓，可以形成一个过河点。顺流而下或逆流而上都能沟通其他可能存在的相似聚落。桑干河以南的那座山规模相对较大，恰好在对着吉家庄遗址方向上有个河谷，那里现在是南米窑旧村，水流冲击之下河谷旁边又形成一条平坦的道路，河谷和旁边这条道路可以沟通山南的其他聚落，而整个遗址周围没有其他穿过这个山的道路。因此我们可以想象当时东西向顺河流可以产生一条路，南北向穿过桑干河，到山间河谷又有一条路交汇在这里。吉家庄遗址的位置恰好扼守进山的唯一要道，所以这里足以形成一个重要而繁荣的聚落。优越的地理位置，使这里即便出现生产生活资料的短缺，也可以迅速凭借其交通的通达便利从其他同时代的聚落那里得到其所需。

（5）烧制陶器需要的原料是一些黏土矿物或者高岭土[①]，这些都需要水流的作用参与风化，而形成高岭土需要长石被流水冲刷带走里面易溶于水的钾和钠离子，山南的大面积出露的花岗岩形成的山体恰好里面含有长石成分，因此我们可以猜想可能流水会在某处沉积堆积或者山体上某处可以有这样的原料。

（6）一些石器的原料也可能在河道中发现并加工，虽然没有看到出露的原生层位，但是河滩中可以发现竹叶状灰岩形成的砾石，这时本区古生代海相沉积形成的产物，意味着原生层位在上游可能可以发现。而且灰岩风化后形成一些黏土也可以烧陶。石灰岩中可以形成燧石结核以及一些由于破碎节理剥落的岩浆岩，也能提供一些制石器的原料。

Geological Survey of the Jijiazhuang Site in Datong City, Shanxi Province

Zhao Xin

Abstract: The Jijiazhuang site is among the important archaeological discoveries in the Datong area, where large numbers of artifacts from the Longshan period have been unearthed. The site shows that the region was inhabited since prehistoric times. The discovery and excavation of the Jijiazhuang site, an important representative of Longshan culture, filled blanks for the Neolithic period in this area. During the excavation, we started a geological survey around the site, which revealed unique qualities that lead to the selection of Jijiazhuang by ancient settlers. Many advantageous conditions include protection from natural disasters such as floods, collapses and landslides, the fertile soil and the convenient location for transportation.

Keywords: Jijiazhuang site; Longshan culture; geological survey; Datong

---

[①] 陆青玉、王芬、栾丰实、文德安、伊莎贝尔·德鲁克、孙波：《丁公及周边遗址龙山文化白陶的岩相和化学成分分析》，《考古》2019年10期，106~120页。

辽宁省建平县老哈河流域红山文化遗存调查简报

于怀石[1]　熊增珑[2]　樊圣英[1]　蔡　强[3]

（1.辽宁省文物考古研究院，沈阳，110000；2.暨南大学历史学系，广州，510632；
3.朝阳市文物考古研究所，朝阳，122002）

内容摘要：2018年辽宁省文物考古研究院联合朝阳市文物考古研究所、建平县博物馆在朝阳市建平县老哈河流域开展了红山文化遗存考古调查。发现红山文化遗址和墓地（积石冢）共187处，169处为本次调查新发现。为进一步探讨红山文化遗存分布、源流、宗教仪式等提供了材料基础。

关键词：建平县；老哈河；红山文化；考古调查

一、引　言

老哈河，是辽河西源西辽河上源，发源于河北省七老图山海拔1490米的光头山，向东北流入内蒙古自治区赤峰市境内，于翁牛特旗与奈曼旗交界处与自西向东流的西拉木伦河汇合后成为西辽河，全长约425千米（一说445千米），流域面积约3.3万平方千米。老哈河由内蒙古自治区宁城县天义镇进入建平县三家乡西胡台村，北流太平庄乡、八家农场、昌隆镇、黑水镇、热水农场，西北流向后，进入老官地镇太平庄村，转入东北流向，至哈拉道口镇四家村与英金河汇流，从哈拉道口镇嘎岔村出界。建平县境内支流有沙海河、海棠河、黑水河、蹦河。流域内地形主要为低山、丘陵地貌，山地地势比高变化大，丘陵呈圆弧状，坡势平缓，多形成U字形谷底[①]。

老哈河流域是红山文化重要的分布区域之一。该地区有关红山文化最早开展的工作即日本学者对赤峰红山后遗址[②]的发掘，之后陆续对蜘蛛山[③]、西水泉[④]、四棱

---

① 辽宁省建平县县志编纂委员会：《建平县志》，辽海出版社，1999年，63～66页。
② 〔日〕东亚考古学会：《赤峰红山后—热河省赤峰红山后史前遗迹》，内蒙古大学出版社，79～101页。
③ 中国社会科学院考古研究所内蒙古工作队：《赤峰蜘蛛山遗址的发掘》，《考古学报》1979年2期，215～242页。
④ 中国社会科学院考古研究所内蒙古工作队：《赤峰西水泉红山文化遗址》，《考古学报》1982年2期，183～198页。

山[①]、上机房营子[②]、哈拉海沟[③]、魏家窝铺[④]等遗址进行了考古发掘。此外,老哈河支流半支箭河中游地区[⑤]、蚌河下游地区[⑥]系统性区域考古调查和赤峰市喀喇沁旗红山文化积石冢调查[⑦]也相继发现了一批丰富的红山文化遗存材料。2018年,辽宁省文物考古研究院联合朝阳市文物考古研究所、建平县博物馆在朝阳市建平县老哈河流域开展了红山文化遗存考古调查[⑧],本文将对该地区调查发现进行简要报道。

二、调查和整理方法

野外调查采用常规考古调查方法进行地面踏查,全程使用奥维地图,按照自然地貌设计路线。野外调查共分4组,每组3~4名调查队员,设组长1名,调查时每组队员之间保持一定距离,发现遗址后,调查队员汇集到遗址位置,观察遗址周边是否有自然断面,断面处是否有文化层、遗迹现象,然后确定遗址范围,采集标本、照相、记录、在奥维地图上登记遗址点等。

调查根据地表遗物的分布范围以及遗址地表、周边断面可见的地层、遗迹的分布范围来判断遗址面积。根据采集遗物(陶器标本)特征判断遗存年代和文化属性,总结以往发现和研究结果,红山文化生活遗址和墓地出土陶器器物类型和器物组合迥异。生活遗址出土的陶器主要为日用陶器,有夹砂陶和泥质陶两种,夹砂陶数量较多,器形主要有陶筒形罐、陶钵、陶盆等。墓地出土陶器主要为祭祀陶器,泥质红陶占大宗,器形

---

① 李恭笃、高美璇:《内蒙古敖汉旗四棱山红山文化窑址》,《史前研究》1987年4期,52~66页。

② 吉林大学边疆考古研究中心等:《内蒙古赤峰市上机房营子遗址发掘简报》,《考古》2008年1期,46~55页。

③ 内蒙古文物考古研究所、赤峰市博物馆:《元宝山哈喇海沟新石器时代遗址发掘报告》,《内蒙古文物考古》2008年1期,1~19页。

④ a. 段天璟、成璟瑭、曹建恩:《红山文化聚落遗址研究的重要发现——2010年赤峰魏家窝铺遗址考古发掘的收获与启示》,《吉林大学社会科学学报》2011年4期,18~21页。

b. 成璟瑭、塔拉、曹建恩、熊增珑:《内蒙古赤峰魏家窝铺新石器时代遗址的发现与认识》,《文物》2014年11期,47~52页。

⑤ 中国社会科学院考古研究所、内蒙古自治区文物考古研究所、吉林大学边疆考古研究中心:《半支箭河中游先秦时期遗址》,科学出版社,2002年。

⑥ 中国社会科学院考古研究所内蒙古工作队、内蒙古自治区敖汉旗博物馆:《内蒙古敖汉旗蚌河、老虎山河流域新石器时代遗址调查简报》,《考古》2005年3期,7~20页。

⑦ 李凤举:《内蒙古喀喇沁旗红山文化积石冢调查简报》,《北方文物》2013年1期,3~9页。

⑧ 熊增珑等:《大凌河中上游地区红山文化考古调查取得阶段性成果》,《中国文物报》2019年7月16日2版。

有陶筒形器、陶塔形器、彩陶盖罐等，这类祭祀陶器不见于居住址中。通过对调查采集红山文化陶器标本的仔细观察、辨别，我们发现出红山文化日用陶器的地方不见祭祀陶器，相反，出祭祀陶器的地方也基本不见日用陶器。所以，基于以往材料和研究成果，根据调查采集陶器标本表现出来的共性和差异，本文将调查发现的红山文化遗存区分为遗址和墓地（积石冢）。仅出日用陶器的定为遗址，仅出祭祀陶器的定为墓地或积石冢，墓地和积石冢命名则是根据是否见有积石迹象，未见有积石迹象的暂时命名为墓地，因破坏见有明显积石迹象的命名为积石冢。

三、调查收获

调查在建平县老哈河流域发现红山文化遗址和墓地（积石冢）共187处，169处为本次调查新发现，其中遗址168处，墓地（积石冢）20处（图一）。168处红山文化遗址中，文化内涵单一的红山文化遗址141处，占83.9%，其余27处为包含多种文化内涵的遗址，占16.1%。遗址面积最大者约10万平方米，面积最小者约1500平方米。下面对调查发现的具有代表性的遗址和墓地（积石冢）作举例介绍。

1. 门腰子梁顶遗址

位于辽宁省朝阳市建平县哈拉道口镇哈拉道口村的一处山梁顶部及东坡上，面积约30000平方米。当地人称该山梁为"门腰子梁"。遗址地势开阔平坦，梁顶及南坡靠上位置种植苜蓿和玉米。表土层沙化严重，土质极其疏松，土色灰。遗址因平整耕地遭到一定破坏，地表遗物丰富，散布有较多的陶片和石器。陶片有夹砂灰陶饰席纹器底，夹砂灰陶饰之字纹口沿、泥质红陶饰之字纹陶片、泥质红陶钵口沿等；石器有石铲、石磨棒、石耜等。

采集红山文化陶片标本30件，可复原陶器1件，门腰子梁顶遗址：15，陶钵，泥质红褐陶，手制。敛口，圆唇，弧腹，平底，素面。复原口径17。复原底径6.7、高9.4、壁厚0.5、底厚0.4厘米（图二，1）。口沿12件，门腰子梁顶遗址：22，泥质红陶，手制。敛口，方唇，唇部加厚，折腹，下腹斜收，素面。残高3.4、壁厚0.24～0.39厘米（图二，5）。门腰子梁顶遗址：24，夹砂黑陶，手制。直口，尖唇，唇内抹斜，口沿饰一周压印指甲纹，器表饰刻划纹。残高5.1、壁厚0.6厘米（图二，9）。门腰子梁顶遗址：29，夹砂灰褐陶，手制。敛口，圆唇，口沿饰一周附加堆纹，附加堆纹上饰压印指甲纹，附加堆纹下饰压印之字纹。残高3.8、壁厚0.8厘米（图二，4）。门腰子梁顶遗址：34，泥质红陶，手制。口微敛，尖唇，折腹。口沿处饰黑彩，纹饰为三角纹和斜线纹（图二，8）。腹片9件，门腰子梁顶遗址：12，夹砂红陶，手制。弧腹微鼓，器表饰黑彩，纹饰为宽条带纹。残高4.1、壁厚0.4厘米（图二，10）。门腰子梁顶遗址：13，泥质黄褐陶，手制。弧腹，器表饰黑彩，纹饰为长三角条带纹。残高7.8、壁厚0.5厘

图一 辽宁建平县老哈河流域典型红山文化遗存分布图

1. 小嘎岔东南山遗址 2. 小嘎岔西南山坡遗址 3. 小嘎岔西山西坡遗址 4. 嘎岔村东南坡遗址 5. 小嘎岔南山坡遗址 6. 嘎岔村南山坡遗址 7. 门腰子梁顶遗址 8. 嘎岔村南山坡西遗址 9. 嘎岔东南山遗址 10. 哈拉道口东山遗址 11. 上新井西梁遗址 12. 西营子南遗址 13. 西营子东南遗址 14. 首宿地遗址 15. 温泉西山遗址 16. 温泉东南山梁遗址 17. 五家东南坡遗址 18. 石碑西南坡遗址 19. 上新井西梁遗址 20. 小五家南坡遗址 21. 花果山东南坡遗址 22. 杨家营子东南坡遗址 23. 老官台地梁遗址 24. 上地村东北台地遗址 25. 上地村东山遗址 26. 马架子村东北坡地遗址 27. 老西沟西北坡遗址 28. 大荒东遗址 29. 景山墓地 30. 大荒东遗址 31. 水泉东遗址 32. 水泉沟西南遗址 33. 水泉沟东南遗址 34. 大陶窑铺西遗址 35. 上朝阳沟西北坡遗址 36. 朝阳山村西遗址 37. 九间房西北遗址 38. 张家湾村东遗址 39. 天成号南大连遗址 40. 木头营子东南山根遗址 41. 木头营子东南山根遗址 42. 小房身东北梁遗址 43. 西梁地遗址 44. 上羊草沟西梁遗址 45. 水泉沟顶梁遗址 46. 大红梁梁顶遗址 47. 热水东遗址 48. 小房身南梁遗址 49. 小房身南山坡遗址 50. 乃风水沟遗址 51. 山凹梁遗址 52. 西梁顶遗址 53. 石匠沟北梁遗址 54. 羊圈子西南坡遗址 55. 老西营子北梁遗址 56. 小风水沟西南遗址 57. 水泉沟北梁遗址 58. 小风水沟 59. 山明 北梁遗址 60. 上崔家西北山顶遗址 61. 七贤营子东南山遗址 62. 拉碾沟里梁阳坡遗址 63. 小风水沟东南遗址 64. 化匠沟里梁阳坡遗址 65. 山明 西梁遗址 66. 西水沟南山顶遗址 67. 新生屯南里北山顶坡地遗址 68. 两家西北坡 69. 水泉沟西南合子遗址 70. 下朝阳沟西北遗址 71. 下朝阳沟西梁遗址 72. 下朝阳沟西南遗址 73. 下朝阳沟西梁遗址 74. 大地西北山 75. 大地北山遗址 76. 小地北里沟东南遗址 77. 万家营子西梁墓地 78. 井上西梁遗址 79. 大长岭北遗址 80. 二道梁北遗址 81. 小营子西梁遗址 82. 毛巾坦北梁遗址 83. 小房身 南遗址 84. 窝风沟东北遗址 85. 窝风沟北遗址 86. 新窝铺村遗址 87. 汤土沟西南遗址 88. 尖山子西南遗址 89. 二道梁西南遗址 90. 房身沟西南遗址 91. 平房子南 遗址 92. 小张窝铺南遗址 93. 柴杖子西南遗址 94. 柴杖子南山遗址 95. 房身沟西北遗址 96. 建平大桥东南遗址 97. 仓子梁遗址 98. 房身沟马鞍桥山墓地 99. 下水泉东北遗址 100. 下水泉东山遗址 101. 尧郝地遗址 102. 姜家营子西南遗址 103. 芦营子西南山墓地 104. 芦营子南山遗址 105. 山根北山遗址 106. 山根东山遗址 107. 胡家铺营子南山墓地 108. 平房子东南 南遗址 109. 魏家营子东山遗址 110. 新魏家营子北山墓地 111. 新房身子北山遗址 112. 石台沟东北山墓地 113. 河北村北山遗址 114. 六家南山墓地 115. 石台沟马鞍桥山墓地 116. 和 乐村部后山遗址 117. 和乐东北山遗址 118. 姜营子北北山遗址 119. 谢家连北山遗址 120. 小炮手东山遗址 121. 高家东南遗址 122. 靳家营子东北遗址 123. 司杖子南山墓地 124. 大 乃风东山遗址 125. 小乃林东北遗址 126. 郎营子北山顶遗址 127. 朝里胡同北山遗址 128. 江营子东南遗址 129. 郎营子西南山遗址 130. 小刀把山山遗址 131. 上家皮杖北遗址 140. 小 132. 南梁西坡遗址 133. 大北沟西北山遗址 134. 郎营子北北山遗址 135. 唐杖子东北遗址 136. 北水泉北山遗址 137. 三义庙北山遗址 138. 北水沟山山遗址 139. 上七营子东北山遗址 140. 小 转山遗址 141. 吴家山山遗址 142. 黄家窝铺南山墓地 143. 黄家窝铺南遗址 144. 北水泉南山遗址 145. 北水沟山山遗址 146. 万家山山遗址 147. 坡兑东南子东北山遗址 148. 青山村北山山墓地 149. 东山里西北坡地遗址 150. 黑石砬子东北坡遗址 151. 南山头西南坡遗址 152. 北窝铺西北山遗址 153. 西连南山遗址 154. 西南山南遗址 155. 高板城西北墓地 156. 窑洞叶山遗址 157. 水泉西南山墓地 158. 水泉沟后山遗址 159. 下窝铺西南遗址 160. 小南山城遗址 161. 中敬泉山遗址 162. 乌荟路遗址 163. 敖包山遗址 164. 土坡城跎跨子遗址 173. 小房身 遗址 165. 上水泉西南遗址 166. 扫虎营东南遗址 167. 扫虎营沟东南积石冢 168. 丁排虎沟东南遗址 169. 王台营沟西南遗址 170. 下窝铺西山遗址 171. 丁家铺西北遗址 172. 丁家铺西北杏树林遗址 173. 小房身 174. 八宇沟沟东北杏树林遗址 175. 扫虎西北遗址 176. 喇嘛山西王子玫遗址 177. 上店喇嘛山 3 号墓地 178. 上店喇嘛山 4 号墓地 179. 九家营子东北杏树林遗址 180. 老山根遗址 181. 上店喇嘛山 2 号遗址 182. 上店喇嘛山 1 号遗址 183. 上店喇嘛山 6 号墓地 184. 孟家窝铺后山遗址 185. 小七营子东北山遗址 186. 老山根 2 号遗址 187. 老山根 1 号遗址

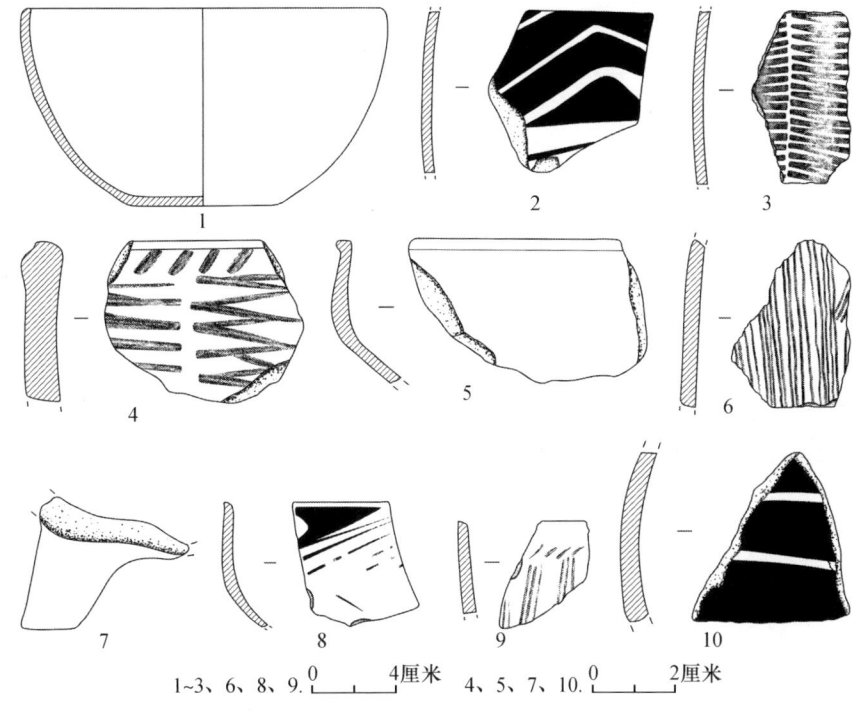

图二 门腰子梁顶遗址采集标本

1. 门腰子梁顶遗址：15　2. 门腰子梁顶遗址：13　3. 门腰子梁顶遗址：32　4. 门腰子梁顶遗址：29
5. 门腰子梁顶遗址：22　6. 门腰子梁顶遗址：27　7. 门腰子梁顶遗址：17　8. 门腰子梁顶遗址：34
9. 门腰子梁顶遗址：24　10. 门腰子梁顶遗址：12

米（图二，2）。门腰子梁顶遗址：27，夹砂红褐陶，手制。器表饰刻划纹。残高3.9、壁厚0.7～0.8厘米（图二，6）。门腰子梁顶遗址：32，夹砂红褐陶，手制。器表饰压印之字纹。残高8.3、壁厚0.5厘米（图二，3）。器足1件，门腰子梁顶遗址：17，夹砂灰褐陶，手制。柱状足，足尖平，素面。残高3.2厘米（图二，7）。

2. 温泉东南山梁遗址

位于辽宁省朝阳市建平县哈拉道口镇四家村温泉村东南的一处山梁上，北距老哈河直线距离约1800米，面积约100000平方米。遗址所在山梁大致呈南北走向，两侧是冲沟。遗址地势南高北低，开阔平坦，中间被冲沟隔开，分割成两片区域，现地表为耕地。地表分布陶片有夹砂灰陶之字纹陶片、泥质红陶片等，石器有石磨棒残件等。

采集红山文化陶片标本25件，口沿10件，温泉东南山梁遗址：7，罐口沿，夹砂陶，外壁灰，内壁黑，手制。直口，圆唇，器表饰横压竖排之字纹。残高6.6、壁厚0.7厘米（图三，1）。温泉东南山梁遗址：9，罐口沿，泥质红陶，手制。敞口，圆唇，唇部加厚，素面。残高3.7、壁厚0.7厘米（图三，4）。温泉东南山梁遗址：23，瓮口沿，泥质红褐陶，手制。敛口，圆唇较短，唇缘内凹，素面。残高3.1、壁厚1.3厘米（图三，

3）。温泉东南山梁遗址：30，罐口沿，夹砂黄褐陶，手制。直口，圆唇，口沿处饰压印纹，器表饰之字纹。残高3.5、壁厚0.8厘米（图三，2）。器底4件，温泉东南山梁遗址：8，夹砂陶，外壁灰，内壁黑，手制。平底。器表近底部饰之字纹，器底饰席纹。残高2.8、壁厚1.4、底厚0.8厘米（图三，11）。温泉东南山梁遗址：12，夹砂红陶，手制。平底，器底饰席纹。残高1.5、壁厚0.7、底厚0.6厘米（图三，10）。腹片9件，温泉东南山梁遗址：11，泥质灰陶，手制。器表饰弧线之字纹。残高5.4、壁厚1厘米（图三，

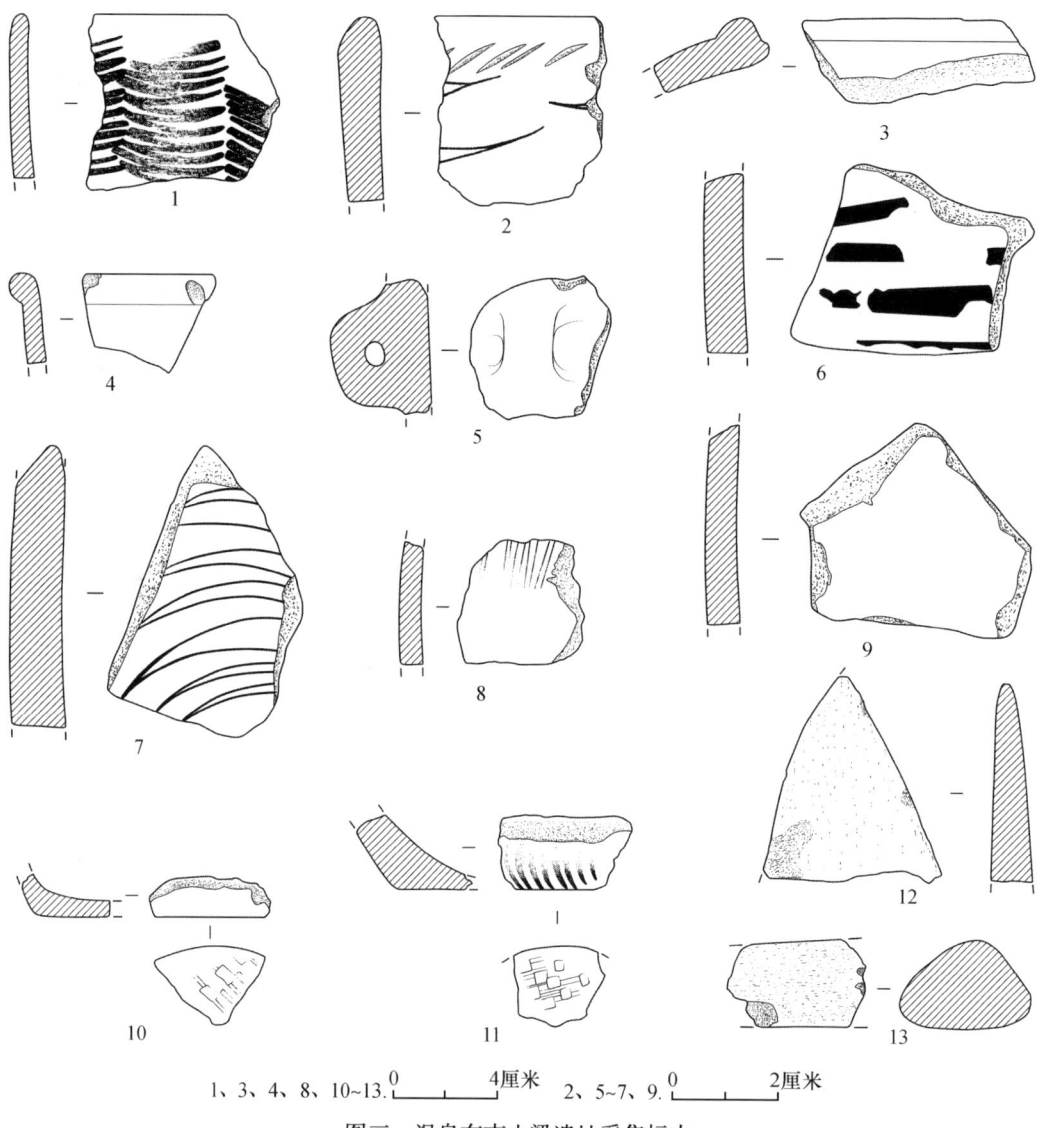

1、3、4、8、10~13.　　0　　4厘米　　2、5~7、9.　　0　　2厘米

图三　温泉东南山梁遗址采集标本

1.温泉东南山梁遗址：7　2.温泉东南山梁遗址：30　3.温泉东南山梁遗址：23　4.温泉东南山梁遗址：9
5.温泉东南山梁遗址：13　6.温泉东南山梁遗址：17　7.温泉东南山梁遗址：11　8.温泉东南山梁遗址：19
9.温泉东南山梁遗址：16　10.温泉东南山梁遗址：12　11.温泉东南山梁遗址：8　12.温泉东南山梁遗址：2
13.温泉东南山梁遗址：5

7）。温泉东南山梁遗址：16，泥质红陶，手制。内外壁均施红陶衣。残高 4、壁厚 0.6 厘米（图三，9）。温泉东南山梁遗址：17，泥质黄陶，手制。器表饰黑彩，部分剥落，为平行条带纹。残高 3.5、壁厚 0.8 厘米（图三，6）。温泉东南山梁遗址：19，夹砂红陶，手制。器表饰刻划纹。残高 4.7、壁厚 0.9 厘米（图三，8）。器耳 2 件，温泉东南山梁遗址：13，夹砂灰陶，手制。竖桥耳。残高 2.7、壁厚 0.9 厘米（图三，5）。

红山文化石器标本 6 件，温泉东南山梁遗址：2，青灰色花岗岩，残，仅存一角。扁平状，残存部分形状不甚规整，整体磨光。残长 7.7、残宽 6.8、最厚 1.6 厘米（图三，12）。温泉东南山梁遗址：5，石磨棒，灰褐色砂岩，磨制，两端均残。残件整体呈长条状，横截面呈圆角三角形。残长 5.3、厚 3.3 厘米（图三，13）。

3. 七贤营子村西坡遗址

位于辽宁省朝阳市建平县黑水镇七贤营子村西的山坡，面积约 15000 平方米。遗址地势北高南低，靠上为梯田，种植农作物，靠下为杏树林。地表分布有红山文化泥质红陶钵残片、泥质灰陶钵残片、夹砂灰褐陶之字纹陶片等。

采集红山文化陶片标本 9 件，口沿 2 件，七贤营子村西坡遗址：1，钵口沿，泥质红陶，手制。敞口，外叠唇，素面。残高 4.3、壁厚 0.6 厘米（图四，1）。七贤营子村西坡遗址：2，钵口沿，泥质灰陶，手制。敞口，外叠唇，素面。残高 3.9、壁厚 0.7 厘米（图四，2）。腹片 6 件，七贤营子村西坡遗址：4，夹砂灰褐陶，手制。器表饰弧线之字纹。残高 7、壁厚 0.9 厘米（图四，4）。七贤营子村西坡遗址：5，夹砂黑褐陶，手制。器表饰弧线之字纹。残高 5.8、壁厚 0.7 厘米（图四，5）。七贤营子村西坡遗址：6，夹砂灰褐陶，手制。器表饰弧线之字纹。残高 4.7、壁厚 1.1 厘米（图四，6）。七贤营子村西坡遗址：7，夹砂灰褐陶，手制。器表饰弧线之字纹。残高 3.7、壁厚 0.8 厘米（图四，7）。七贤营子村西坡遗址：9，泥质红陶，手制。素面。残高 3.5、壁厚 0.8 厘米（图四，8）。器底 1 件。七贤营子村西坡遗址：3，夹砂灰褐陶，手制。平底，器表近底部饰横排弧线之字纹，器底饰席纹。残高 3.2、壁厚 0.6、底厚 0.4 厘米（图四，3）。

4. 温泉西山遗址

位于辽宁省朝阳市哈拉道口镇四家村温泉村民组西面的一座山丘顶部及东坡处，北距老哈河直线距离约 1000 米，面积约 10000 平方米。遗址位于山丘顶部及东坡位置，视野开阔，地表植被为锦鸡儿树，东北部分因大理石厂取石被破坏。在遗址东面的断壁处可见有红烧土遗迹，剖面呈锅底形，推测是灶。在遗址地表分布有泥质红陶钵残片、泥质灰陶钵残片、夹砂灰陶之字纹陶片等。

采集红山文化陶片标本 11 件。口沿 7 件，温泉西山遗址：1，钵口沿，泥质黄褐陶，手制。器表经过磨光，敛口，尖唇，唇内抹斜，弧腹，素面。复原口径 14、残高 6、壁厚 0.4 厘米（图五，1）。温泉西山遗址：3，钵口沿，泥质红陶，手制。器表经

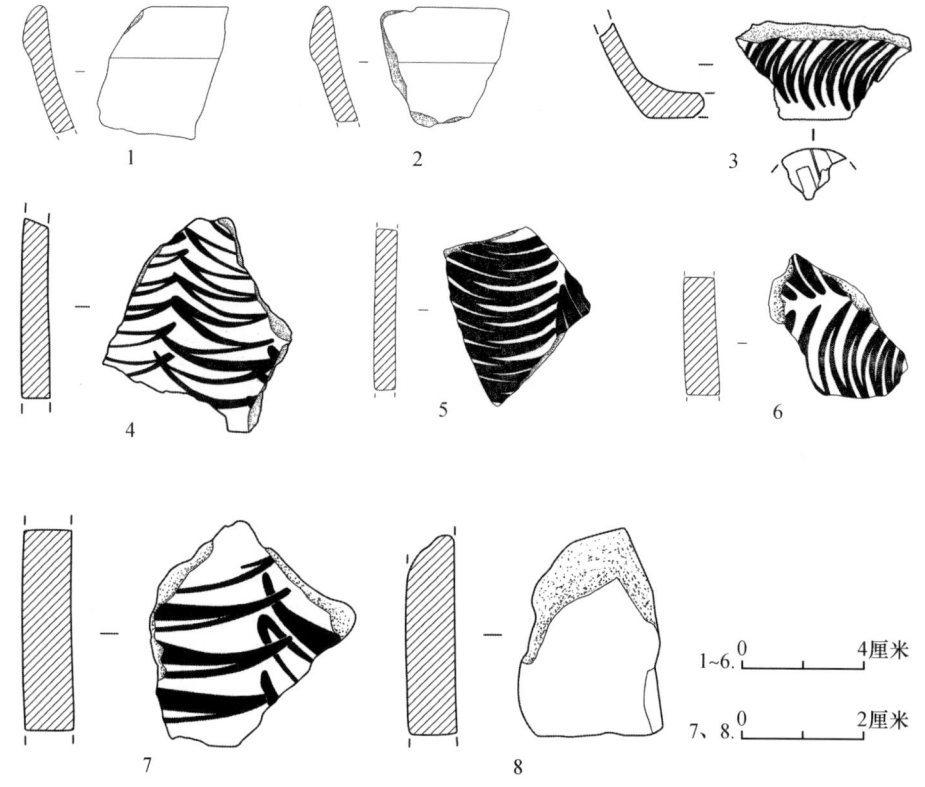

图四 七贤营子村西坡遗址采集标本

1. 七贤营子村西坡遗址：1　2. 七贤营子村西坡遗址：2　3. 七贤营子村西坡遗址：3　4. 七贤营子村西坡遗址：4
5. 七贤营子村西坡遗址：5　6. 七贤营子村西坡遗址：6　7. 七贤营子村西坡遗址：7　8. 七贤营子村西坡遗址：9

过磨光，敛口，圆唇，素面。残高4.2、壁厚0.5~0.8厘米（图五，2）。温泉西山遗址：4，罐口沿，夹砂灰褐陶，手制。直口，方唇，口沿下饰附加堆纹，附加堆纹下饰刻划纹。残高3.1、壁厚0.9~1.1厘米（图五，7）。温泉西山遗址：5，钵口沿，泥质红陶，手制。敛口，圆唇，素面，器表施红陶衣。残高5.1、壁厚0.6厘米（图五，4）。温泉西山遗址：7，钵口沿，泥质黄褐陶，手制。敛口，圆唇，素面。残高2.3、壁厚0.6厘米（图五，8）。腹片5件，温泉西山遗址：2，泥质红陶，手制。器表饰弦纹。残高4.5、壁厚0.8厘米（图五，5）。温泉西山遗址：11，夹砂陶，外壁灰褐，内壁灰黑，手制。器表饰之字纹。残高2.6、壁厚0.6厘米（图五，6）。温泉西山遗址：12，夹砂陶，外壁灰褐，内壁灰黑，手制。器表饰之字纹。残高2.8、壁厚0.6厘米（图五，3）。

5. 石匠沟北梁顶遗址

位于辽宁省朝阳市建平县热水畜牧农场博姑苏村石匠沟村民组北的山梁梁顶，南距老哈河直线距离约5500米，面积约12000平方米。遗址所在山梁大致呈南北走向，两

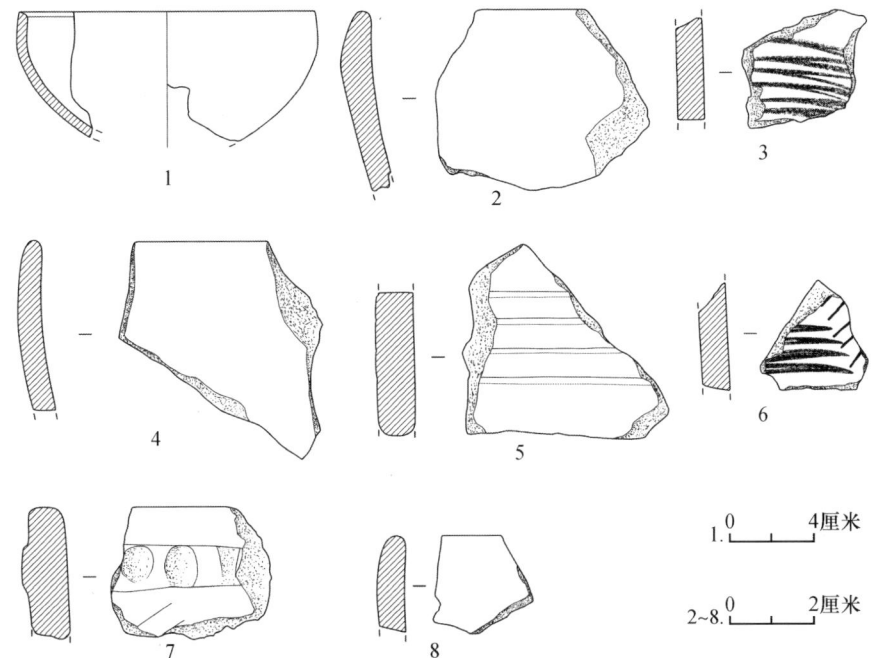

图五　温泉西山遗址采集标本

1. 温泉西山遗址：1　2. 温泉西山遗址：3　3. 温泉西山遗址：12　4. 温泉西山遗址：5　5. 温泉西山遗址：2
6. 温泉西山遗址：11　7. 温泉西山遗址：4　8. 温泉西山遗址：7

侧是冲沟，梁顶平缓。遗址位于梁顶及东坡位置，地表种植松树和杏树，梁顶上有一条土路，土路两侧草地茂密，覆盖有松针，地表可见度低，不易发现陶片，但是在修路推土形成的断面连续发现有陶片。采集陶片有泥质红陶片、夹砂灰褐陶饰之字纹陶片、器底等；石器有细石器等。

采集红山文化陶片标本 11 件，口沿 2 件，石匠沟北梁顶遗址：12，钵口沿，泥质红陶，手制。敛口，圆唇，素面。残高 2.7、壁厚 1.2 厘米（图六，2）。腹片 5 件，石匠沟北梁顶遗址：4，泥质红陶，手制。微弧腹，器表饰戳点纹。残高 3.1、壁厚 0.6 厘米（图六，4）。石匠沟北梁顶遗址：9，泥质红陶，手制。素面。残高 2.5、壁厚 0.8 厘米（图六，5）。石匠沟北梁顶遗址：11，夹砂陶，外壁灰褐，内壁黑，手制。素面。残高 5.4、壁厚 0.9 厘米（图六，3）。石匠沟北梁顶遗址：13，泥质灰陶，手制。器表饰弦纹。残高 1.3、壁厚 0.6 厘米（图六，6）。器底 3 件，石匠沟北梁顶遗址：5，泥质红陶，手制。平底，素面。底径 10、残高 3.1、壁厚 0.9、底厚 1.1 厘米（图六，10）。石匠沟北梁顶遗址：7，夹砂灰褐陶，手制。平底。器表近底部饰横压竖排之字纹，纹饰不甚清晰。残高 3.3、壁厚 1.2、底厚 1.5 厘米（图六，11）。石匠沟北梁顶遗址：8，泥质红陶，手制。平底，素面。残高 2.2、壁厚 0.9、底厚 0.8 厘米（图六，8）。器耳 1 件，石匠沟北梁顶遗址：2，夹砂红陶，手制，竖桥耳。残高 3.9、壁厚 0.9 厘米（图六，7）。

红山文化石器标本 2 件，敲砸器 1 件，石匠沟北梁顶遗址：1，灰绿色砂岩，打制，形状不甚规整，平面呈不规则椭圆形，正面弧，背面平，两侧经过修整。长9.1、宽7.6、厚4.4厘米（图六，1）。细石器1件，石匠沟北梁顶遗址：6，黄褐色燧石，整体呈长条状，横截面呈三角形。长2.8、宽1.8、厚0.8厘米（图六，9）。

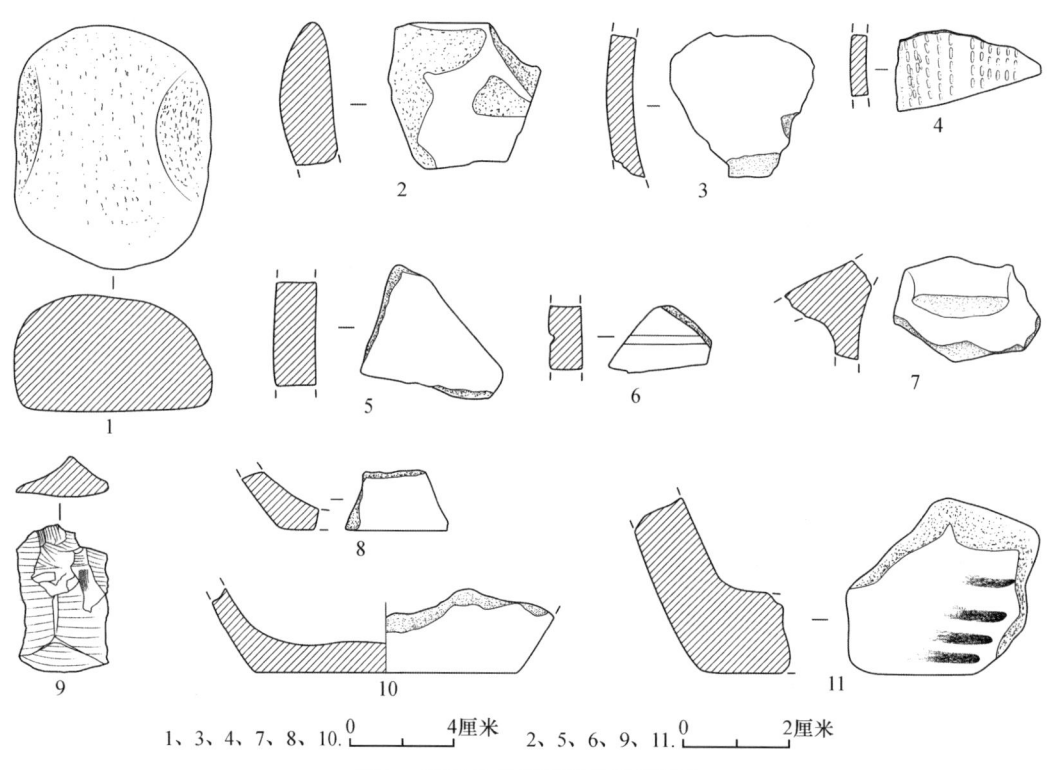

图六　石匠沟北梁顶遗址采集标本

1. 石匠沟北梁顶遗址：1　2. 石匠沟北梁顶遗址：12　3. 石匠沟北梁顶遗址：11　4. 石匠沟北梁顶遗址：4
5. 石匠沟北梁顶遗址：9　6. 石匠沟北梁顶遗址：13　7. 石匠沟北梁顶遗址：2　8. 石匠沟北梁顶遗址：8
9. 石匠沟北梁顶遗址：6　10. 石匠沟北梁顶遗址：5　11. 石匠沟北梁顶遗址：7

6. 大陶窝铺西遗址

位于辽宁省朝阳市建平县北二十家子镇郭杖子村大陶窝铺村民组西侧山坡上，面积约20000平方米。遗址主要位于山坡中部，地势西高东低，较为平缓，地表植被为杏树林。地表分布有红山文化陶片，陶器残片有夹砂陶和泥质陶，夹砂陶器表多饰之字纹、刻划纹和压印纹。

采集红山文化陶片标本7件，口沿4件，大陶窝铺西遗址：2，瓮口沿，泥质黄褐陶，手制。敛口，圆唇，素面。残高4.1、壁厚1.1厘米（图七，1）。大陶窝铺西遗址：3，钵口沿，泥质红陶，手制。敞口，外叠唇，素面。残高4.1、壁厚0.5~0.7厘米（图七，2）。大陶窝铺西遗址：8，罐口沿，夹砂黄褐陶，手制。敞口，方唇，口沿下饰条形附加堆纹，附加堆纹上饰戳印纹。残高2.8、壁厚0.7厘米（图七，3）。器底1件，大陶窝铺西遗址：4，夹粗砂黄褐陶，手制，平底，素面。残高2.7、壁厚1.4、底厚1厘米（图七，5）。腹片2件，大陶窝铺西遗址：5，泥质红陶，手制。器表饰竖压横排之字纹。残高4.9、壁厚1.4厘米（图七，4）。大陶窝铺西遗址：6，泥质红陶，手制，器表饰黑彩。残高9、壁厚0.7厘米（图七，6）。

细石器标本1件，大陶窝铺西遗址：7，石叶，黄色燧石，整体呈长条状，横截面呈梯形，两侧刃部未经二次加工。长2.7、宽1、厚0.3厘米（图七，7）

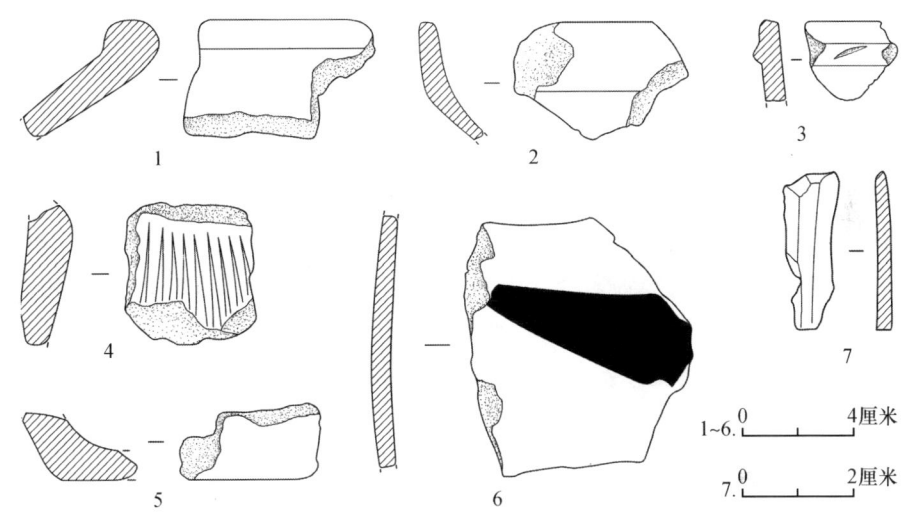

图七　大陶窝铺西遗址采集标本
1.大陶窝铺西遗址：2　2.大陶窝铺西遗址：3　3.大陶窝铺西遗址：8　4.大陶窝铺西遗址：5
5.大陶窝铺西遗址：4　6.大陶窝铺西遗址：6　7.大陶窝铺西遗址：7

7. 要道吐北山墓地

位于辽宁省朝阳市建平县太平庄乡的一座山丘顶部，面积约1500平方米。墓地保存较好，由于农业耕作和修整梯田对墓地造成了一定破坏。地表散落遗物较多，破碎较严重，陶器均为泥质红陶，胎体较厚重，火候较低，手制痕迹较明显，可辨器形均为筒形器，器表饰黑彩、凹弦纹等。

采集红山文化陶片标本3件，均为腹片，要道吐北山墓地：1，夹砂红陶，手制。素面。残高8.8、壁厚0.9～1.4厘米（图八，1）。要道吐北山墓地：2，夹砂红陶，手制。器表饰多道凹弦纹。残高4.1、壁厚1厘米（图八，3）。要道吐北山墓地：3，泥质红陶，手制。器表饰黑彩，纹饰不可辨。残高6.2、壁厚1～1.2厘米（图八，2）。

8. 高板城西北墓地

位于辽宁省朝阳市建平县白山乡一处山梁顶部，面积约7000平方米。墓地中部被一

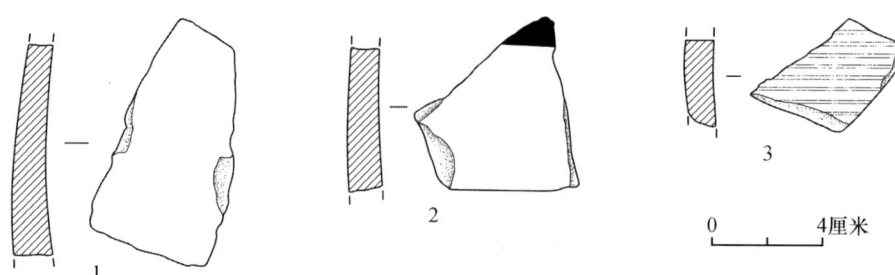

图八 要道吐北山墓地采集标本
1.要道吐北山墓地：1 2.要道吐北山墓地：3 3.要道吐北山墓地：2

条山土路隔开，地形西高东低，西面山坡下为杏树林，东面和南面坡地为耕地。地表采集遗物有泥质红陶筒形器口沿、腹片、器底、扁钵式筒形器腹片等。

采集红山文化陶器标本8件，口沿4件，均为筒形器口沿，高板城西北墓地：1，泥质红陶，手制。敞口，口沿稍外卷，圆唇，沿下饰数周凹弦纹。残高7.7、壁厚1厘米（图九，1）。高板城西北墓地：2，夹砂红陶，手制。敞口，口沿外折，圆唇，沿下饰数周凹弦纹。残高5.7、壁厚1厘米（图九，2）。高板城西北墓地：3，泥质红陶，手制。敞口，圆唇，唇部加厚，素面。残高3、壁厚0.6厘米（图九，3）。高板城西北墓地：4，仅存口沿部分，泥质红陶，手制。直口，圆唇。残高1.4、壁厚1.2厘米（图

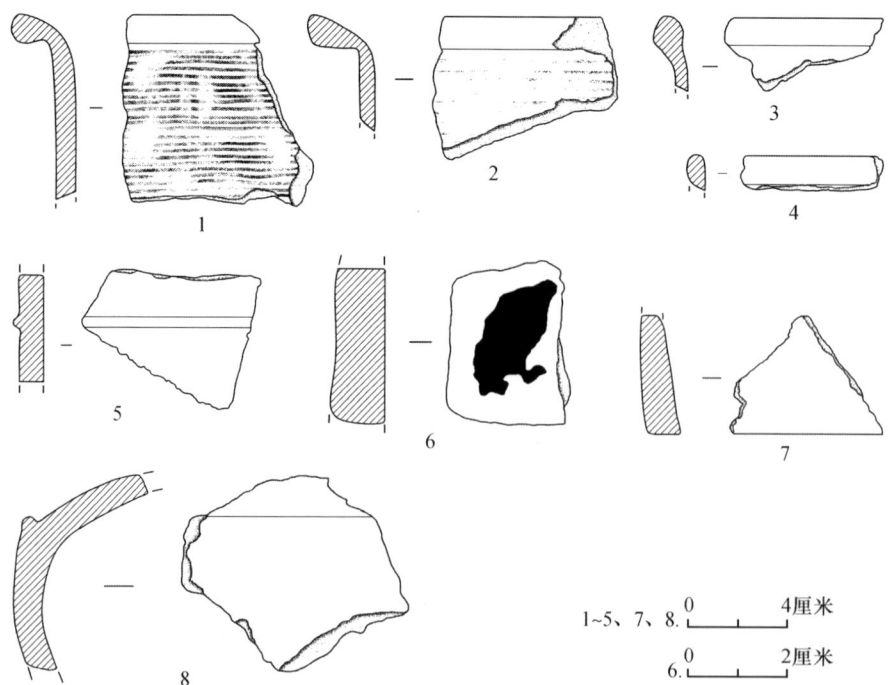

图九 高板城西北墓地采集标本
1.高板城西北墓地：1 2.高板城西北墓地：2 3.高板城西北墓地：3 4.高板城西北墓地：4
5.高板城西北墓地：6 6.高板城西北墓地：5 7.高板城西北墓地：7 8.高板城西北墓地：8

九，4）。腹片3件，高板城西北墓地：5，泥质红陶，手制，器壁饰黑彩，脱落较严重，纹饰不可辨。残高3.3、壁厚1厘米（图九，6）。高板城西北墓地：6，夹砂红陶，手制。器壁饰一周附加堆纹。残高5.6、壁厚1厘米（图九，5）。高板城西北墓地：8，扁钵式筒形器腹片，泥质红陶，手制。折肩，弧腹外鼓。残高7.8、壁厚1.2厘米（图九，8）。器底1件，筒形器器底，高板城西北墓地：7，夹砂红陶，手制。平底，底沿平，素面。残高4.7、壁厚1.2厘米（图九，7）。

9. 河北村北山墓地

位于宁省朝阳市建平县奎德素镇一处山丘顶部，面积约2400平方米。山丘顶部地表植被为荒草，山坡种植松树，墓地地表被破坏，采集有陶片泥质红陶筒形器口沿、腹片、器底等遗物。

采集红山文化陶片标本6件，口沿2件，河北村北山墓地：2，筒形器口沿，泥质红陶，手制。敞口，短沿，圆唇，沿下饰数周凹弦纹。残高5.7、壁厚0.7厘米（图一〇，1）。器底3件，均为筒形器器底，河北村北山墓地：3，泥质红陶，手制。平底，底沿平。素面。残高7.2、壁厚0.9厘米（图一〇，2）。河北村北山墓地：4，泥质红陶，手制。平底，底沿平，沿内起台。残高5.6、壁厚1.1厘米（图一〇，4）。河北村北山墓地：5，泥质红陶，手制。平底，底沿平，略厚。素面。残高5.4、壁厚1.1厘米（图一〇，3）。

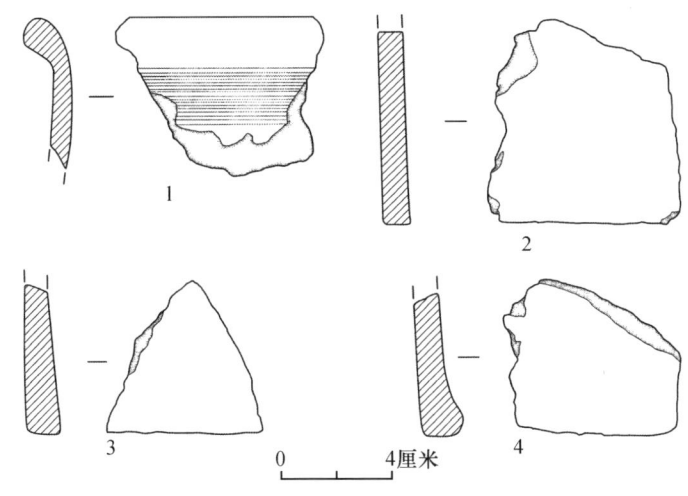

图一〇　河北村北山墓地采集标本

1. 河北村北山墓地：2　2. 河北村北山墓地：3　3. 河北村北山墓地：5　4. 河北村北山墓地：4

10. 上店喇嘛山3号墓地

位于辽宁省朝阳市建平县沙海镇一独立山丘顶部。山丘顶部及西坡为荒地，杂草丛生，北坡和东坡种植松树。在山丘顶部地表采集有泥质红陶筒形器口沿、腹片、器底等。

采集红山文化陶器标本4件，口沿1件，筒形器口沿，上店喇嘛山3号墓地：1，泥质红陶，手制。敞口，短沿，圆唇，沿下饰数周凹弦纹。残高2.6、壁厚0.6厘米（图一一，1）。腹片2件，上店喇嘛山3号墓地：3，泥质红陶，手制。器表饰凹弦纹。残高5、壁厚0.8厘米（图一一，2）。器底1件，筒形器器底，上店喇嘛山3号墓地：2，泥质红陶，手制。平底，底沿平，沿内略起台，素面。残高3.3、壁厚0.7厘米（图一一，3）。

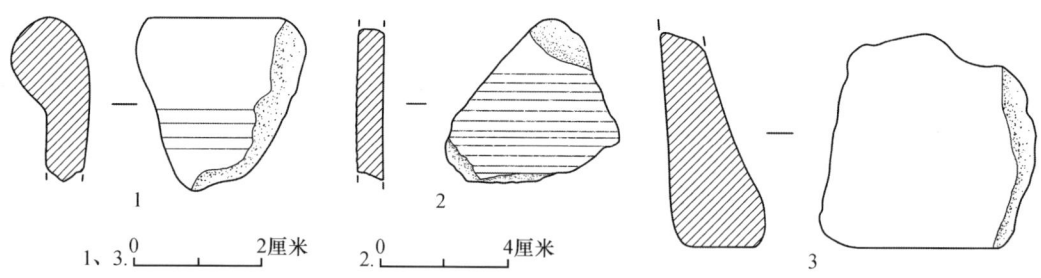

图一一　上店喇嘛山3号墓地采集标本
1. 上店喇嘛山3号墓地：1　2. 上店喇嘛山3号墓地：3　3. 上店喇嘛山3号墓地：2

四、初步认识

（1）本次调查发现红山文化遗存数量较过去有了极大的突破，一定程度上填补了建平县老哈河流域红山文化遗存的空白，为进一步认识该地区红山文化遗存的内涵、分布等提供了材料基础。

（2）调查发现红山文化遗址主要分布在河流两岸坡缓顶圆的丘陵顶部、山前坡麓地带和平坦的山顶。支流黑水河流域有小面积空白地带，现在黑水河已干涸，两岸是宽阔平坦的河滩地，种植庄稼，过去这里应该是河谷谷底，不适合居住。老哈河干流右岸地形以丘陵地貌为主，遗址多分布于丘陵顶部，支流蹦河西岸、黑水河两岸、海棠河两岸遗址多分布于靠近山峰处或山顶。推测红山文化时期老哈河水系发达，径流量大，红山文化先民只好选择地势较高的位置居住。

墓地（积石冢）多位于丘陵、山梁顶部，主要沿老哈河干流右岸分布，支流蹦河和海棠河流域发现较少，分布范围集中在黑水河以南区域，黑水河以北仅发现1处。内蒙古老哈河流域红山文化考古调查材料显示，老哈河中游北段至下游地区无红山文化埋葬、祭祀遗址分布[①]。说明，老哈河流域红山文化墓地（积石冢）分布范围仅局限在上游及中游南段地区，而这一地区墓地（积石冢）数量也较少，老哈河上游向南越过

---

① a. 中国社会科学院考古研究所、内蒙古自治区文物考古研究所、吉林大学边疆考古研究中心：《半支箭河中游先秦时期遗址》，科学出版社，2002年。

b. 中国社会科学院考古研究所内蒙古工作队、内蒙古自治区敖汉旗博物馆：《内蒙古敖汉旗蚌河、老虎山河流域新石器时代遗址调查简报》，《考古》2005年3期，7~20页。

c. 田彦国、王苹：《红山古国——敖汉旗红山文化典型遗址》，内蒙古科学技术出版社，2017年，9~24页。

努鲁尔虎山即大凌河上游地区，大凌河流域是红山文化时期与仪式活动有关的特殊地区[①]。综上，我们推测老哈河上游地区可能是以大凌河流域为核心的红山文化宗教仪式区的北部边缘区。

（3）调查发现红山文化遗址采集日用陶器残片种类丰富，与本调查在大凌河上游地区发现红山文化遗址采集日用陶器残片基本为泥质红陶片，基本不见夹砂陶片情况不同[②]，老哈河流域遗址采集陶片有夹砂陶和泥质陶两种，夹砂陶数量多，器表多饰纹饰，饰纹有之字纹、刻划纹、压印指甲纹、附加堆纹、席纹等，与赤峰地区西水泉[③]、哈拉海沟[④]、魏家窝铺[⑤]等红山文化遗址出土陶器表现出很大相似性，文化内涵应该接近。

墓地（积石冢）采集陶片基本为泥质红陶筒形器残件。从红山文化墓地发掘材料可知，除祭祀坑使用少量日用陶器祭祀[⑥]，积石冢基本不再使用和随葬日用陶器，筒形器、塔形器逐渐成为红山文化专门的祭祀陶器。本次调查采集筒形器口沿残件，口部短沿或折沿，下饰数周凹弦纹，与大凌河流域牛河梁遗址 B 型筒形器[⑦]、半拉山墓地[⑧]

---

① 李新伟：《仪式圣地的兴衰：辽西史前社会的独特文明化进程》，上海古籍出版社，2017 年，34 页。
② 熊增珑等：《大凌河中上游地区红山文化考古调查取得阶段性成果》，《中国文物报》2019 年 7 月 16 日 2 版。
③ 中国社会科学院考古研究所内蒙古工作队：《赤峰西水泉红山文化遗址》，《考古学报》1982 年 2 期，183~198 页。
④ 内蒙古文物考古研究所、赤峰市博物馆：《元宝山哈喇海沟新石器时代遗址发掘报告》，《内蒙古文物考古》2008 年 1 期，1~19 页。
⑤ a.段天璟等：《红山文化聚落遗址研究的重要发现——2010 年赤峰魏家窝铺遗址考古发掘的收获与启示》，《吉林大学社会科学学报》2011 年 7 期，18~21 页。
b.成璟瑭等：《内蒙古赤峰魏家窝铺新石器时代遗址的发现与认识》，《文物》2014 年 11 期，47~52 页。
⑥ a.辽宁省文物考古研究所：《牛河梁红山文化遗址发掘报告（1983~2003 年度）》，文物出版社，2012 年，295~349 页。
b.辽宁省文物考古研究所等：《辽宁朝阳半拉山红山文化墓地的发掘》，《考古》2017 年 2 期，3~34 页。
c.辽宁省文物考古研究所等：《辽宁朝阳市半拉山红山文化墓地》，《考古》2017 年 7 期，18~30 页。
⑦ 辽宁省文物考古研究所：《牛河梁红山文化遗址发掘报告（1983~2003 年度）》，文物出版社，2012 年，467、468 页。
⑧ a.辽宁省文物考古研究所等：《辽宁朝阳半拉山红山文化墓地的发掘》，《考古》2017 年 2 期，3~34 页。
b.辽宁省文物考古研究所等：《辽宁朝阳市半拉山红山文化墓地》，《考古》2017 年 7 期，18~30 页。

筒形器形制相近，表现出时代较晚的特征。

附记：参加调查人员有熊增珑、樊圣英、于怀石、马红光、赵海山、蔡强、白燕培、刘超、王志通、曹子俊、李波、李建霖、李芳华。本次调查得到了朝阳市文物考古研究所、建平县博物馆的大力支持，野外调查和遗存辨识得到了朝阳市文物考古研究所尚晓波所长的指导。

执笔：于怀石（辽宁省文物考古研究院馆员）
　　　熊增珑（辽宁省文物考古研究院研究馆员）
　　　樊圣英（辽宁省文物考古研究院副研究馆员）

Survey Report of Hongshan Culture Sites in the Laoha River Basin, Jianping County, Liaoning Province

Yu Huaishi　Xiong Zenglong　Fan Shengying　Cai Qiang

Abstract: In 2018, the Liaoning Provincial Institute of Cultural Relics and Archaeology, together with the Chaoyang Municipal Institute of Cultural Relics and Archaeology and the Jianping County Museum, conducted an archaeological survey of Hongshan culture sites in the Laoha River Basin, Jianping County, Chaoyang City. A total of 187 Hongshan culture sites and cemeteries were found in the survey, 69 of which were previously unknown. The survey provides a basis for further study on the distribution, origin and religious activity of Hongshan culture.

Keywords: Jianping County; Laoha River; Hongshan culture; Archaeological survey

辽宁省本溪市本溪满族自治县李家堡子山城调查报告

吴炎亮[1] 卢治萍[1] 乔 程[2] 刘 宁[3] 梁志龙[3]

（1.辽宁省文物考古研究院、辽宁省博物馆，沈阳，110000；2.本溪县文管所，本溪，117000；3.本溪博物馆，本溪，117000）

内容摘要： 李家堡子山城位于本溪市本溪满族自治县草河口镇南3000米李家堡子屯，呈簸箕形，全城北高南低，城址周长2594米，属于高句丽中型山城。城墙以石筑人工墙为主，只在东墙、北墙有一段利用的自然山体。山城的西南和西北角有石砌角台两座，全城发现门址3处，城内瞭望台1处。根据山城墙体砌筑方式和地理位置推断建造年代应为高句丽中晚期。

关键词： 本溪；高句丽；李家堡子山城

李家堡子山城位于辽宁省本溪市本溪满族自治县草河口镇南3000米李家堡子屯（图一）。山城依山势而建，地形起伏较大，城外为海拔400米左右的丘陵地带。山城南门外即有乡路，西约1000米有沈丹铁路及沈丹公路通过。

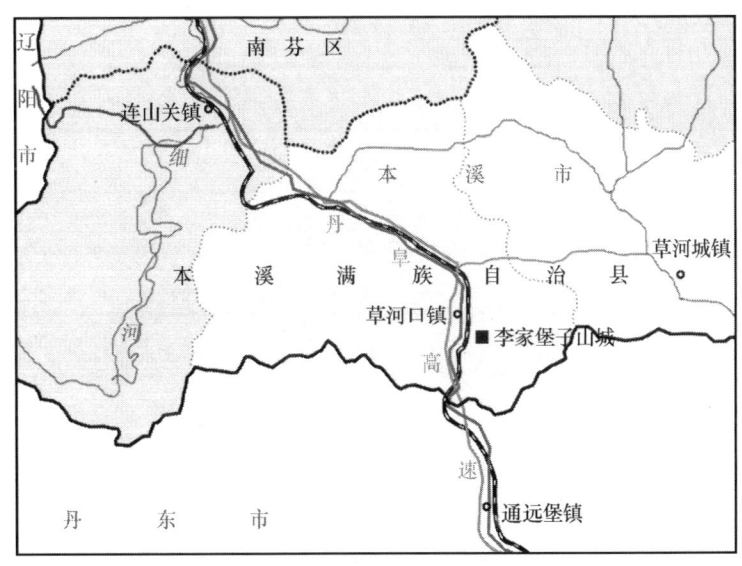

图一 李家堡子山城位置图

李家堡子山城呈簸箕形，全城北高南低，城址周长2594米（图二、图三）。1981年，本溪文物考古工作者发现，进行了初步调查。1983年2月，被公布为本溪县文物保护单

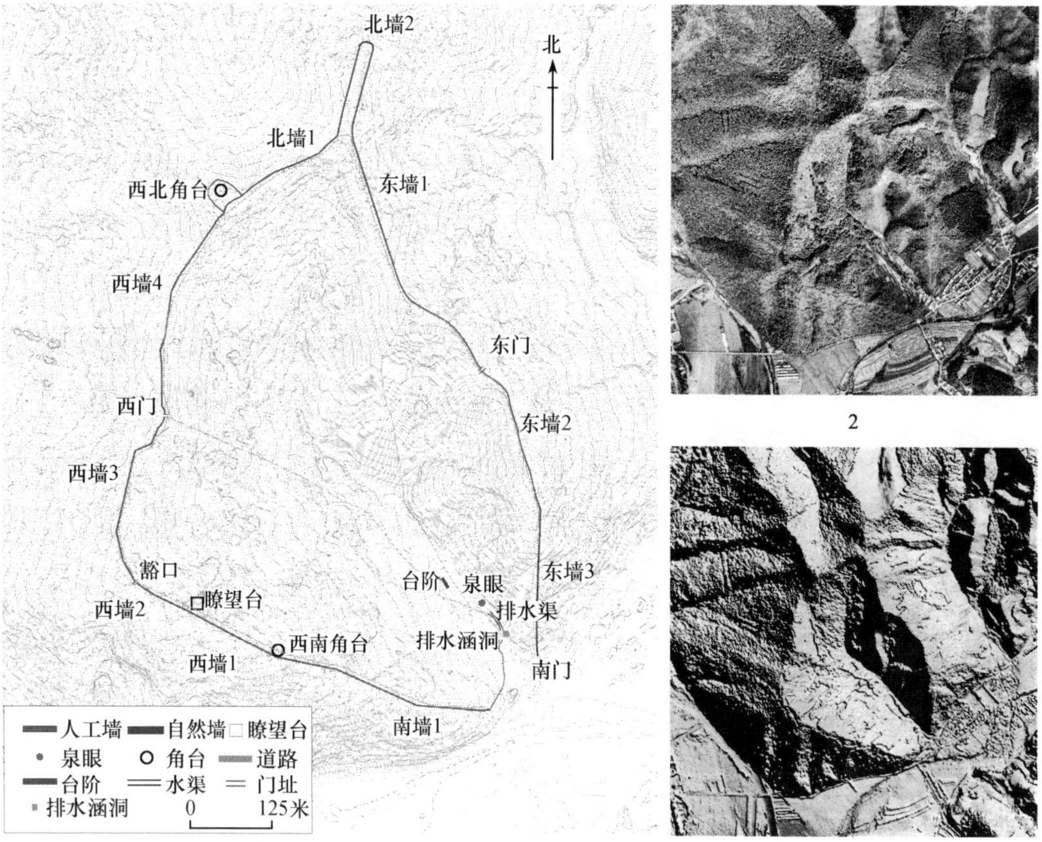

1　　2　　3

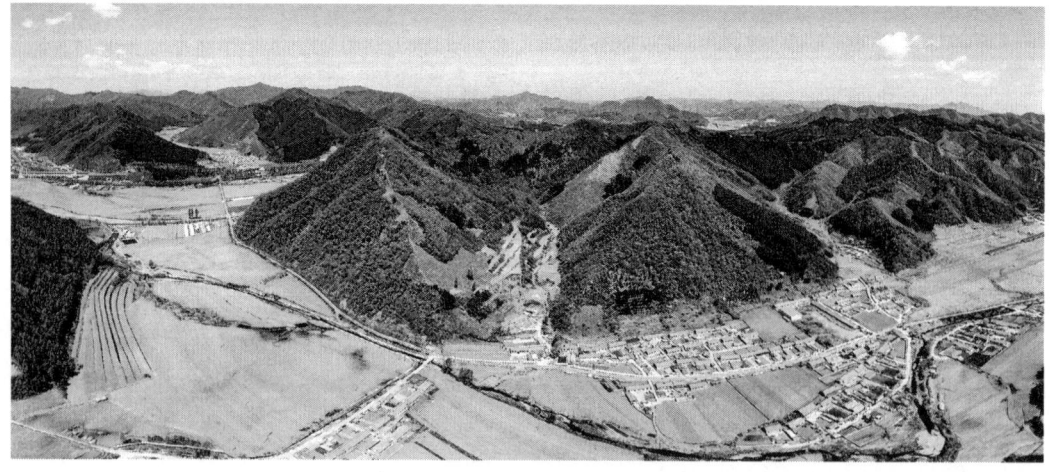

图二　李家堡子山城

1. 遗迹分布图　2. 正射影像　3. 高程模型

图三　李家堡子山城航拍全景

位。1986年，被公布为第三批本溪市文物保护单位。2007年5月，被公布为第七批辽宁省文物保护单位。2018年4月，辽宁省文物考古研究院、本溪市博物馆、本溪县文管所联合组队对李家堡子山城进行了考古调查工作，基本明确了山城的结构、布局和内部遗迹，但由于城内植被茂盛，落叶覆盖很厚，因此，未采集到遗物。现将调查成果报道如下。

一、城墙及其附属设施

1. 城墙

李家堡子山城全城周长2594米，人工城墙长2349米，天然墙长245米。城墙以石筑人工墙为主，只在东墙、北墙有一段利用的自然山体。我们根据墙体的方向、保存状况和豁口情况，共分为10段，现分别介绍如下：

南墙：507米，共1段，为石砌人工墙。东接南门，西与西墙相接。山势较陡，石墙依靠山坡修建，底宽3米，顶宽1.5米。南墙邻近村庄，破坏较为严重，早年村民建房均在此取石，但现地表残留土垅凸起明显，零星段落可见石砌痕迹（图四）。

图四　南墙部分墙体（由东向西）

西墙：长779米，共4段，均为石砌人工墙。南与南墙相接，北与西北角台相接。西墙1段：南与南墙相接，北与西墙2段相连，长97.3米，墙体现高0.5~1.2米。破坏严重，只在个别地段保留有石砌痕迹，保存情况与南墙相同。西墙2段：南与西墙1段相接，北与豁口1相连。石墙保存较好，长54米，墙高0.7~1米。西墙3段，位于豁口1与西门之间，长196.2米，石墙体保存好，高0.9~6米。西墙4段：为门3与西北角台之间，长431.4米，墙体保存较好，是全城保存最好的一段墙体，现存墙体高大，高5~7米（图五）。

图五　西墙 4（由西向东）

北墙：385 米，共 2 段，一段人工墙一段山险墙。北墙 1 段：长 375 米，东接北墙 2 段，西接西北角台。墙体保存较好，现存高 4～5 米。北墙 2 段：天然墙，长 10 米，利用自然山体，下为悬崖。

东墙：长 923 米，共 3 段，两段人工墙一段天然墙。东墙 1 段：石筑人工墙长 614 米，南接东门，北接北墙。南距东门 134 米处的墙顶暴露出一段整齐平铺的楔形石墙体长约 5 米，楔形石大头冲向城内，可能是女墙或者内墙（图六）。东墙 2 段：人工墙 170 米，北接东门南达山崖边。东墙 3 段：为天然墙，长约 145 米。北接东墙 2 段，南接南门，利用险峻的地势作为防护。

图六　东墙 1 段墙顶暴露出的内侧墙体（由北向南）

李家堡子山城人工墙均以石材砌筑，墙体砌筑方式基本相同。原应由外墙、墙芯和内墙组成。现外墙已被破坏，但倒塌堆积中常见楔形石，参照高句丽石筑山城墙体砌筑方式，楔形石原应用于外墙砌筑。墙芯保存较好，均以经过加工的梭形石作为插石，在错缝叠筑的缝隙中填充石块和碎石，即使外墙石全部无存而城墙依然屹立不倒。内墙由于与山体相接表土覆盖较厚，形制不详。

墙体修筑位置可分为二类：一为修筑于山脊外侧，背依山坡，主要集中于南、北、东三面城墙，现墙体与山脊相接，墙体内外则为山崖或陡坡；二为在山脊外5～10米处修整一平台砌筑墙体，主要集中于西墙，山脊位于城墙内侧，并高于墙体。

2. 角台

2座，位于山城的西南和西北角。

西南角台：位于山城西南角，与南墙和西墙相接，海拔417米。大体呈长方形，南北长12.3米，东西宽4.5米，存高0.4米。破坏严重，墙体基本坍塌，只零星部位保留有石块砌筑的痕迹。石材主要为长方形和梭形石块，制作较粗，简单打制成形。沿着两侧山坡向下有石块散落。墙体外侧为悬崖，内侧地势稍缓。站在角台向南视野开阔，可监控下方的谷口。

西北角台：位于山城西北角，与西墙4和北墙衔接，全城的制高点，海拔452米。长方形向西北方向延伸，方向320度，长7米（图七、八）。现存墙体为下宽上窄，顶

图七　西北角台（由北向南）

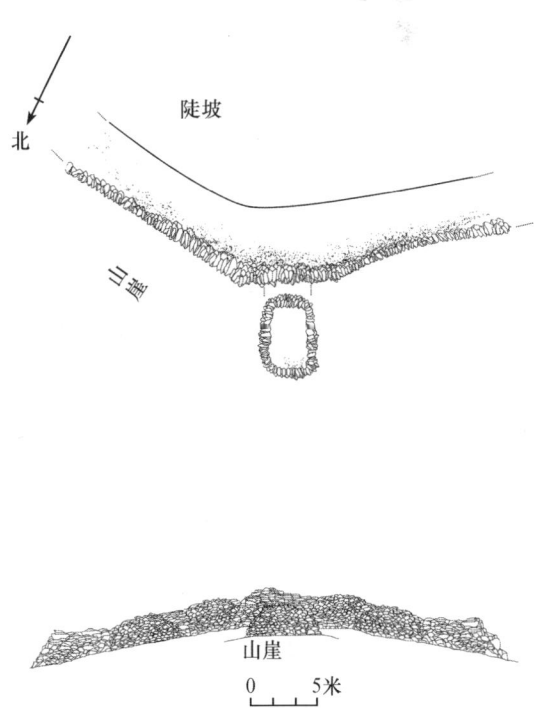

图八　西北角台保存现状平、立面示意图

部宽 6 米，底宽 10 米，高 4~5 米。外墙楔形石已破坏无存，现裸露出墙芯梭形石。向北延 1 米处，有倒塌断开 1.5 米。从断面看，角台内部为梭形石和碎石插压咬合砌筑，中心部分梭形石南北放置，尖端指向南北，东西两侧接近边缘处梭形石则东西放置，尖端向东西。这主要是为了连接固定东、西和北端外墙楔形石。

二、城　　门

全城共发现门址 3 处和 1 处豁口，分别为南门、西门、东门和豁口 1。南门为山城主要通道并附有水渠。西门保存较好，墙体高大。东门保存不好，规模也较小。现分别介绍如下：

1. 南门（附排水设施）

位于两山之间 20 米左右的谷底，门外地势较低且平坦，现为李家堡子屯村民的居住地和农田，东西十分宽广，南北略窄约 300 米，门内地势逐渐升高。门道两侧墙体破坏严重，均已不见石砌痕迹，东壁利用自然山体，稍加平整。西壁现存一土台，高 4 米，底部仍保留有少量石块。门道方向 120°，宽 5.6 米，进深 7 米。从东西壁的走向推测，南门原应为相对错开交接形成瓮门（图九）。

图九　南门（由北向南）

门道东侧最低洼处有石砌排水渠和排水涵洞。由于常年山洪冲刷，水渠上部已经破坏，现存部分位于门道东向下 2 米处。渠内现布满山石，只能从断续裸露出的楔形石判断水渠的形制、方向和砌筑方式。水渠北高南低，暴露长度为 35 米。两侧渠壁均以楔形石砌筑，东壁保存较好，渠底已经破坏。水渠南端设有一排水涵洞，上部结构已破坏，现存涵洞东西两壁大石，洞口宽 0.9 米，存高 0.8 米。东侧大石长 1.1 米，宽 0.75 米，高 0.7 米，西侧大石长 1.1 米，宽 0.9 米，高 0.8 米。作为李家堡子山城的最低点，南门周边是山城最大的汇水区域，此处排水涵洞和排水渠应为山城最主要的排水设施（图一〇～图一二）。

图一〇　南门排水涵洞现状（由南向北）

图一一　排水渠东壁砌石（由北向南）

图一二　排水渠和排水涵洞保存现状平面示意图

2. 西门

石砌，位于西墙3段和西墙4段之间。门呈凹字形瓮城，利用自然地势形成可从三面进行围攻。门道宽6.1米，进深11.5米，方向290°。门道中间有大量倒塌堆积。南北两壁保存较好，外墙面石均已破坏，现墙芯石裸露在外。南墙存高5.5米，顶宽3.5米，底宽5.3米。北墙存高6.5米，顶宽4米，底宽5.2米（图一三～图一五）。

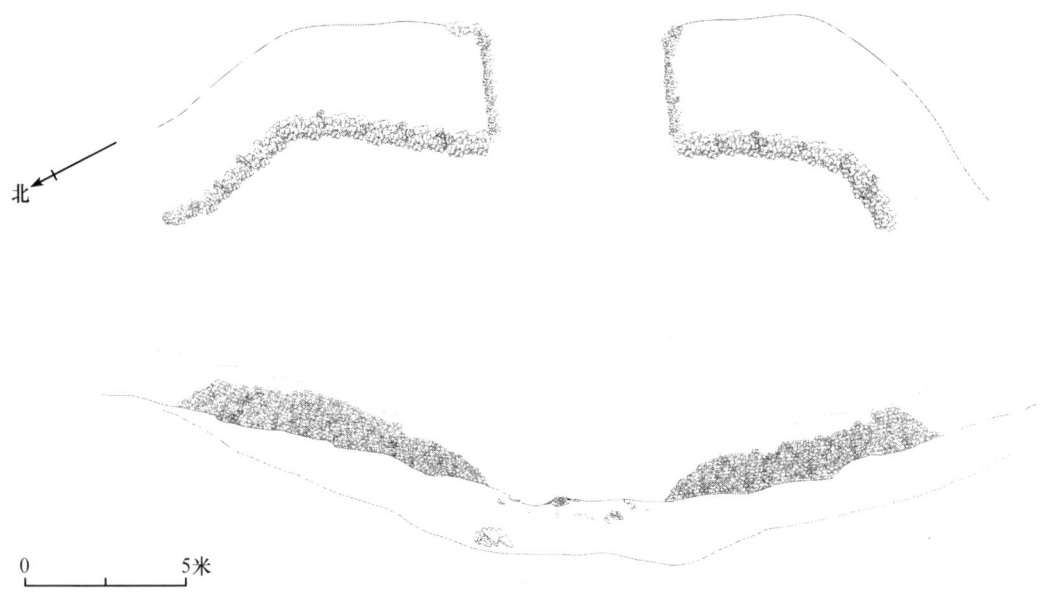

图一三　李家堡子西门保存现状平、立面图

3. 东门

石砌，保存不好，两侧墙体坍塌严重，附近发现大量石材散落。门道现宽8米，方向100°。南墙现内高2米，外高1.5米，北墙现内高2米，外高2米。城外有一条小路，通往山下。

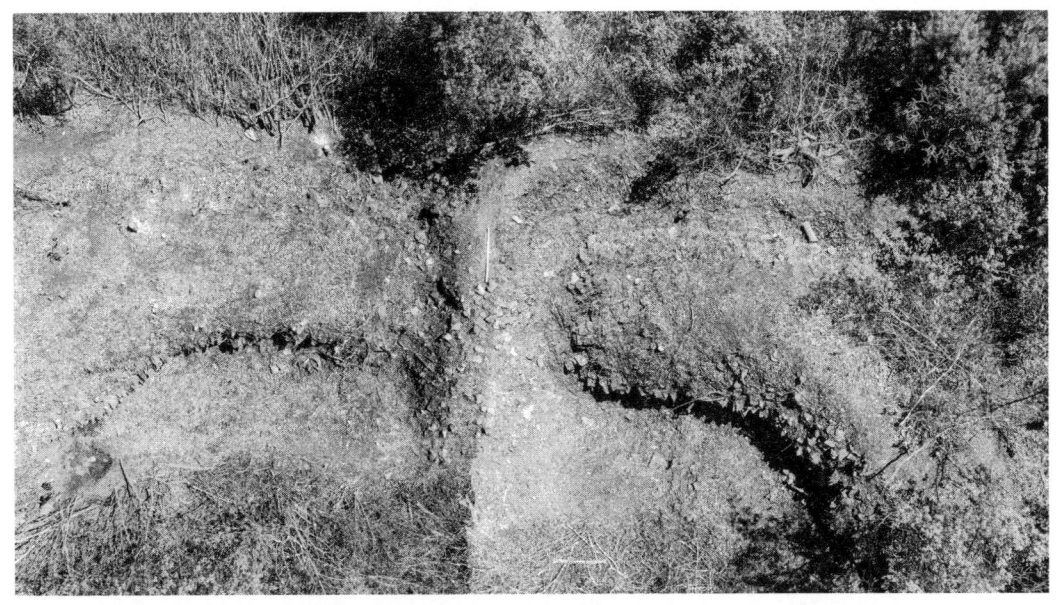

图一四　西门航拍照片

图一五　西门（由南向北）

4. 豁口

位于瞭望台西北，西墙 3 段和西墙 4 段之间。豁口宽 4.8 米，进深 7.5 米，方向 210°。两侧墙体均为石砌保存较好，东墙内高 2.3 米，外高 2.5 米，上宽 4 米，下宽 6.5 米。西墙内高 2.4 米，外高 2.6 米，上宽 4.2 米，下宽 6.7 米。由于此豁口规模较小，没有明显的城门特征，且距西门较近，因此无法确定为门址。

三、城内遗迹

1. 瞭望台

位于西墙中部内侧 15 米处的山脊上，台下为峭壁。这里是山城的第二高点，海拔 433 米，视野开阔，可眺望南门、东墙、北墙、城内以及城外南侧和西侧情况。现存平面近似于方形，台顶南北 4.5 米，东西 4 米，较为平整。台底南北 6.6 米，东西 10 米，存高 2 米。墙体保存不好，外墙均已破坏且表土覆盖较厚，只在台底东北部露出为墙芯，以粗略加工梭形石砌筑，中间以碎石填实（图一六）。

图一六　瞭望台航拍

2. 水源——泉眼

由于城内落叶覆盖较厚，未发现蓄水池。只在城内西南部发现泉眼 1 处。位于北距山城南门 50 米，水渠的北端，东侧山体的底部。水从山体岩石缝隙中流出，形成一个天然水池，池径约 2 米，深 0.3 米。

3. 道路

城内由于山势较为陡峭，登山路径有限。据此次调查，道路有 4 条。

（1）沿墙道路

李家堡子山城城墙是闭合形式，城墙顶部原应为石材铺筑，已成为围绕山城一周的石铺道路。此路由南门向西，沿南墙顶行走，可绕城一周，途径西南角台、瞭望台、西门、西北角台和东门，并可由沿东门附近的岔路回到南门。该路是山城内最为平整的道路，现代依然沿用，尤其夏季树木繁茂，此路成为最易行的选择。路宽约1.5~5米，全长2300余米。

（2）南门至西门道路

由南门沿着平坦的谷底向北约行300米，沿着山坡蜿蜒向上直至西门。

（3）南门至东门道路

前300米与上述道路重合，在行至300米处，沿着东侧的缓坡向上，到达山顶可与东墙相连，沿着东墙顶部平缓的道路，向南行约100米为东门。

（4）石阶

位于排水涵洞北150米处，由于近年山洪冲刷，露出部分石阶，以楔形石错缝砌筑，排列整齐。现露出部分南北长1.8米，东西宽1.3米，由4排每排露出4~5块楔形石组成，现存部分落差0.5米。楔形石大者长33、宽27、高25厘米，小者长23、宽30、高22厘米（图一七）。

图一七 石阶

四、建筑材料

李家堡子山城墙体、角台、城门、瞭望台和水渠均使用石材砌筑，在调查中我们对石材形制、质地和来源进行了考察和记录。

1. 石材形制

楔形石：发现较多，但均发现于墙体倒塌堆积内。根据高句丽山城墙体特点，这种石材原应为墙体外侧墙面用石，包括角台和门址，也用于水渠两壁。此类石材正面多呈于长方形，表面稍外圆凸，侧面呈长三角形。加工较为精细，琢修规整，规格一般为正面长30~50厘米，宽30~40厘米，由正面头到尾50~60厘米。

梭形石：两端尖中部宽，平面呈菱形。现墙体裸露在外者，没有一定的规格化，但可与三角形楔形石连接，相互咬合，其宽度按两块楔形石之间的空隙宽度制定多为50~60厘米。还有一类梭形石，位于角台断面处，打制更为简易，多为细长形，宽15~30厘米，长30~50厘米不等。

碎石：没有固定形制，用于填充缝隙，稳固墙体。

2. 石材来源

石料材质经鉴定为花岗岩（橘色、灰色两种）、青黑色片岩两类。楔形石均为花岗岩，其硬度大不易风化和断裂，是较为理想的筑城材料，但李家堡子山城本地山体并不见此类石材，应为外来石料。梭形石有花岗岩和青黑色片岩两种，青黑色片岩较多，为李家堡子本地材料，质地较软，易风化。在调查过程中，我们针对花岗岩来源进行一些调查，在直线距离5千米的凤城市教东沟弟兄山南坡发现了大量分布，且石材与李家堡子山城楔形石一致，但未发现高句丽时期在此开采的依据。此问题还需要进一步的工作和交叉学科的合作研究。

五、结　语

李家堡子山城是一座典型的高句丽时期的簸箕形石筑山城，墙体修建在环形山脊之上，周长2592米，属于高句丽中型山城。

山城修筑时代，可从地理位置和砌筑方式两方面分析。从地理位置上看，山城位于草河中上游，远离浑江中下游和鸭绿江中游早期高句丽核心区。公元5世纪初，高句丽占领辽东，其势力才扩展至此。其次从城址砌筑方式看，楔形石虽然多发现于墙体倒塌堆积以及排水渠附近，但均加工规整、大头立面打琢光滑、规格统一，符合高句丽中晚期石筑山城特点[①]。西门利用自然地形，将城门两侧墙体修筑成凹字形，形成可从三面进行围攻的态势，其形态和修筑理念与丸都山城南门[②]一致。综合以上因素，我们认为

---

① 王绵厚：《高句丽古城研究》，文物出版社，2002年，162页。

② 吉林省文物考古研究所、集安市博物馆：《丸都山城2001~2003年集安丸都山城调查试掘报告》，文物出版社，2004年，7~9页。

该城建造年代应为高句丽中晚期。城内未发现后代遗迹遗物（近现代除外），表明山城性质单纯，后代未沿用。

山城选址明显经过精心的考虑。文献记载隋唐时期东进"乐浪道"者必"军次乌骨城"，又东过至"鸭绿水"①，这条路线是高句丽迁都平壤后通往中原的重要道路②，即由辽东城（今辽阳城区），至白岩城（今辽阳燕州城）到达乌骨城（今凤凰山山城），可渡鸭绿江至平壤。《隋书·于仲文传》载："辽东役，仲文率军指乐浪道；军次乌骨城……既而率众东过，高丽出兵掩袭辎重，仲文回击，大破之，至鸭绿水"，即指此路。李家堡子山城西墙高大，西侧集中设置瞭望台、西北角台、西南角台等防御设施，且西门修筑成凹型瓮城，加强防御能力，以上设计均表明西侧为山城主要的防御方向。且山城西侧为山前平原，地势上适合道路的修建和通行，故此交通要道应从山城西侧通过。20世纪80年代调查曾在城内西南部发现了红色高句丽瓦片③。《旧唐书》载"高句丽其所居必依山谷，皆以茅草葺舍，惟佛寺、神庙及王宫、官府乃用瓦"④，说明李家堡子山城可能设有官府建筑。《翰苑》注引《高丽记》载高句丽"其诸大城置傉萨，比都督，诸城置处闾，比刺史，亦谓之道使，道使治所名之曰备，诸小城置可逻达，比长史"。《旧唐书·高丽传》载："乌骨城傉萨已耄，朝攻而夕可下。⑤"可见乌骨城设"傉萨"，为高句丽仅次于王的五部都督之一⑥。唐贞观十九年，唐太宗下辽东"白岩城""授孙伐音为岩州刺史"⑦，因此白岩城（现辽阳燕州城城址）旧置应为"处闾"。李家堡子山城与此二城同在一交通要道上，规模上小于凤凰山山城，但与燕州城周长2500米相伯仲。城内城墙、角台、瞭望台、排水渠等设施均为石砌，总体工程庞大，需要大量劳力和较高的社会组织能力。因此李家堡子山城级别较高，可能为"处闾"比"刺史"一级。

综上所述，李家堡子山城与凤凰山山城向去不远，规模较大，城墙高大坚固防御设施齐备，既可扼守要道又可驻兵囤粮，具有重要的军事作用。"乌骨拔，则平壤举矣"，可见李家堡子山城作为乌骨城的前方屏障，在高句丽中晚期西部防御体系占有重要地位。

附记：中国社会科学院考古研究所刘建国老师航测，在此表示感谢。本文为国家社科基金项目批准号17VGB002资助。

---

① 王绵厚：《高句丽古城研究》，文物出版社，2002年，245页。

② 魏存成：《高句丽遗迹》，文物出版社，2002年，100页。

③ 冯永谦：《高句丽城址辑要：北方史研究》，中州古籍出版社，1994年。

④ （后晋）刘昫等：《旧唐书·东夷·高丽传》：卷一九九，中华书局，1975年，5319页。

⑤ 同④，5319页。

⑥ 同①，29页。

⑦ 同⑤。

Survey Report of Lijiapuzi Mountain City, Benxi Manchu Autonomous County, Liaoning Province

Wu Yanliang Lu Zhiping Qiao Cheng Liu Ning Liang Zhilong

Abstract: Lijiapuzi Mountain City is located 3 km south of the town of Benxi, in the Benxi Manchu Autonomous County. Lijiapuzi is dustpan-shaped, placed on a north-south slope, and enclosed in a 2594 meters long wall, which corresponds to a medium-sized mountain city of the Goguryeo kingdom. The city wall is mainly composed of quarried and assembled stones, while the east and north walls are partly cut directly into the living rock. Survey revealed two platforms in assembled stones in the southwest and northwest corners of the mountain city, as well as three gates and one watchtower were found. Based on the masonry and geographical position of the fort, its construction should date to the middle or late Goguryeo period.

Keywords: Benxi Manchu Autonomous County; Goguryeo period; Lijiapuzi Mountain City

景德镇银坑坞窑址群白庙下——草坦上段调查简报

江西省文物考古研究院[1]　中国人民大学历史学院[2]

北京大学考古文博学院[3]

（1.南昌，330000；2.北京，100872；3.北京，100871）

内容摘要：银坑坞窑址群位于江西省景德镇市区南约2千米的竟成镇银坑村及其周边区域。在银坑坞山坳西缘的缓坡地带，调查发现白庙下、红庙下、塘坞a、塘坞b及草坦上共5处窑址。本简报主要介绍了5处窑址采集标本的形制特征、制作工艺与装烧方式，进行了分组与断代。

关键词：景德镇；银坑坞；窑址；宋代

一、窑 址 位 置

　　银坑坞窑址群位于江西省景德镇市区南约2千米的竟成镇银坑村及其周边区域。银坑坞为一条南北向的山坳，北临南河，山间小溪自南向北流出并汇入南河。在山前的缓坡地带，环绕分布着数量众多的古代窑址。20世纪80年代，景德镇文物工作者曾对此窑址群做过初步调查[①]。2006年，江西省文物考古研究所等单位对窑址群中的铜锣山、道塘里窑址进行了发掘[②]。为了进一步了解银坑坞窑址群的整体面貌，探究昌江支流南河流域瓷窑址的分布状况，2015年9~12月，江西省文物考古研究所与中国人民大学历史学院展开合作，对银坑坞窑址群进行了区域性考古调查。

---

① 江建新：《景德镇窑业遗存考察述要》，《江西文物》1991年3期，44~50页，79页；《景德镇窑业遗存的考察与研究》，《景德镇陶瓷考古研究》，科学出版社，2013年，11~78页。

② 江西省文物考古研究所、景德镇民窑博物馆：《江西景德镇竟成铜锣山窑址发掘简报》，《文物》2007年5期，48~59页；《江西景德镇道塘里宋代窑址发掘简报》，《文物》2011年10期，35~50页。

在银坑坞山坳西缘的缓坡地带，自南向北分布着白庙下、红庙下、草坦上等几个小的自然村。经调查，在白庙下村民居屋后发现窑址一处，命名为白庙下；红庙下村偏南发现窑址一处，命名为红庙下；红庙下村北有两处窑址，依所处小地名命名为塘坞a、塘坞b；草坦上村后山发现窑址一处，命名为草坦上。现将以上5处窑址调查情况介绍如下。

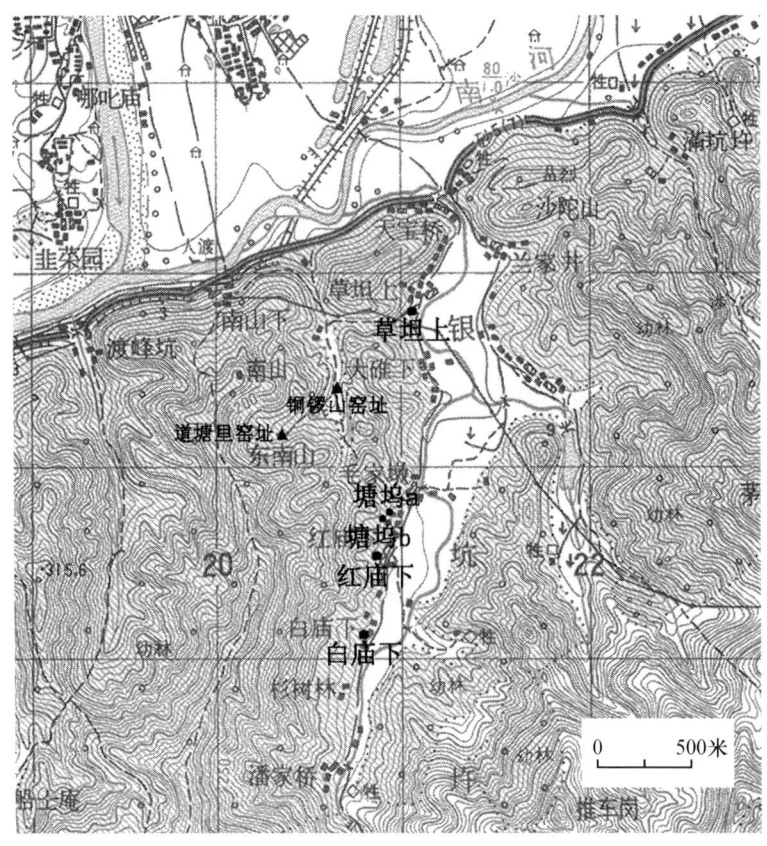

图一　白庙下—草坦上段窑址位置图

二、标本介绍

调查过程中，注意分辨窑址不同位置散布遗物的类型差别，缩小采集点平面范围，以期最大限度保证标本器物组合的单纯性与时代的一致性。基于这样的理念，整理工作也以采集点为基本单位进行，不同采集点器物的编号、分类及标本拣选均独立进行，每个采集点的器物单独介绍。绘图与描述的过程中，注意观察瓷器的生产工艺特征。

1. 白庙下

碗

（1）敞口，斜弧腹，圈足，外底见同心圆状旋坯痕，施釉至下腹或足端，足端支钉支烧。

BMX：3，可复原，口径12.8、足径4.6、高4厘米。釉色白中微泛黄，釉面有细密开片，圈足挖足浅，足墙外侧见两处抓痕，足端粘连一枚支钉（图二，1）。

BMX：6，可复原，口径12.6、足径4.3、高4厘米。内底心凹，圈足挖足浅。釉色白中微泛黄，外壁有旋坯痕，足端粘连两枚支钉（图二，2）。

BMX：9，可复原，口径12.6、足径4.4、高4.1厘米。外底心有小圆凸，足端斜削。釉色白中微泛黄，足墙外侧见两处抓痕，足端粘连一枚支钉（图二，3）。

BMX：10，可复原，口径11.6、足径4.6、高3.9厘米。内底心凹。釉色白中微泛黄，足端粘连四枚支钉，其中一枚脱落，可见支烧痕（图二，4）。

BMX：19，可复原，口径12.6、足径4.5、高3.6厘米。外底心有小圆凸。釉色白中微泛黄，外壁粘连匣钵残块，足端粘连两枚支钉（图二，5）。

（2）敞口微敛，斜弧腹，圈足，外底见同心圆状旋坯痕，施釉至下腹或足端，足端支钉支烧。

BMX：1，可复原，口径12、足径4.6、高4.4厘米。釉色发白，外底见支烧痕（图二，6）。

BMX：2，可复原，口径12.6、足径4.7、高4.4厘米。釉色发白（图二，7）。

BMX：4，可复原，口径11.8、足径4.6、高4.1厘米。足端斜削。釉色发白（图二，9）。

BMX：7，可复原，口径12.7、足径4.5、高4.2厘米。内底心凹。釉色发白，足端可分辨出五枚支钉支烧痕（图二，8）。

BMX：8，可复原，口径12.2、足径4.6、高4.7厘米。外底心有小圆凸，足端斜削。釉色白中泛黄，内壁有少量棕眼（图二，10）。

BMX：13，可复原，口径12.4、足径4、高4厘米。外底心有小圆凸。釉色发白，外壁见旋坯痕，足端粘连三枚支钉，另有一枚可见支烧痕（图二，11）。

BMX：18，可复原，口径12.6、足径4.5、高3.6厘米。内底心微凹，外底心有小圆凸。釉色白中泛灰，足底有流釉，外壁见旋坯痕，足墙外侧见两处对称的抓痕，足端粘连两枚支钉，另有一枚可见垫烧痕（图二，12）。

（3）敞口五葵口，斜弧腹，内底一圈凹弦纹，圈足，足端斜削，外底见同心圆状旋坯痕，施釉至下腹及足端，足端支钉支烧。

BMX：15，可复原，口径13.7、足径4.4、高4.2厘米。釉色白中微泛青，外底有流釉，中心微凸（图二，13）。

（4）斜弧腹，内小平底，圈足，外底见同心圆状旋坯痕，施釉至下腹及足端，足端支钉支烧。

BMX：14，口沿残缺，足径5、残高3.5厘米。釉色发白，积釉处微泛青，釉面有开片，腹部近底处局部露胎，足底有流釉，外壁修坯不平整，足墙外侧见两处抓痕，外

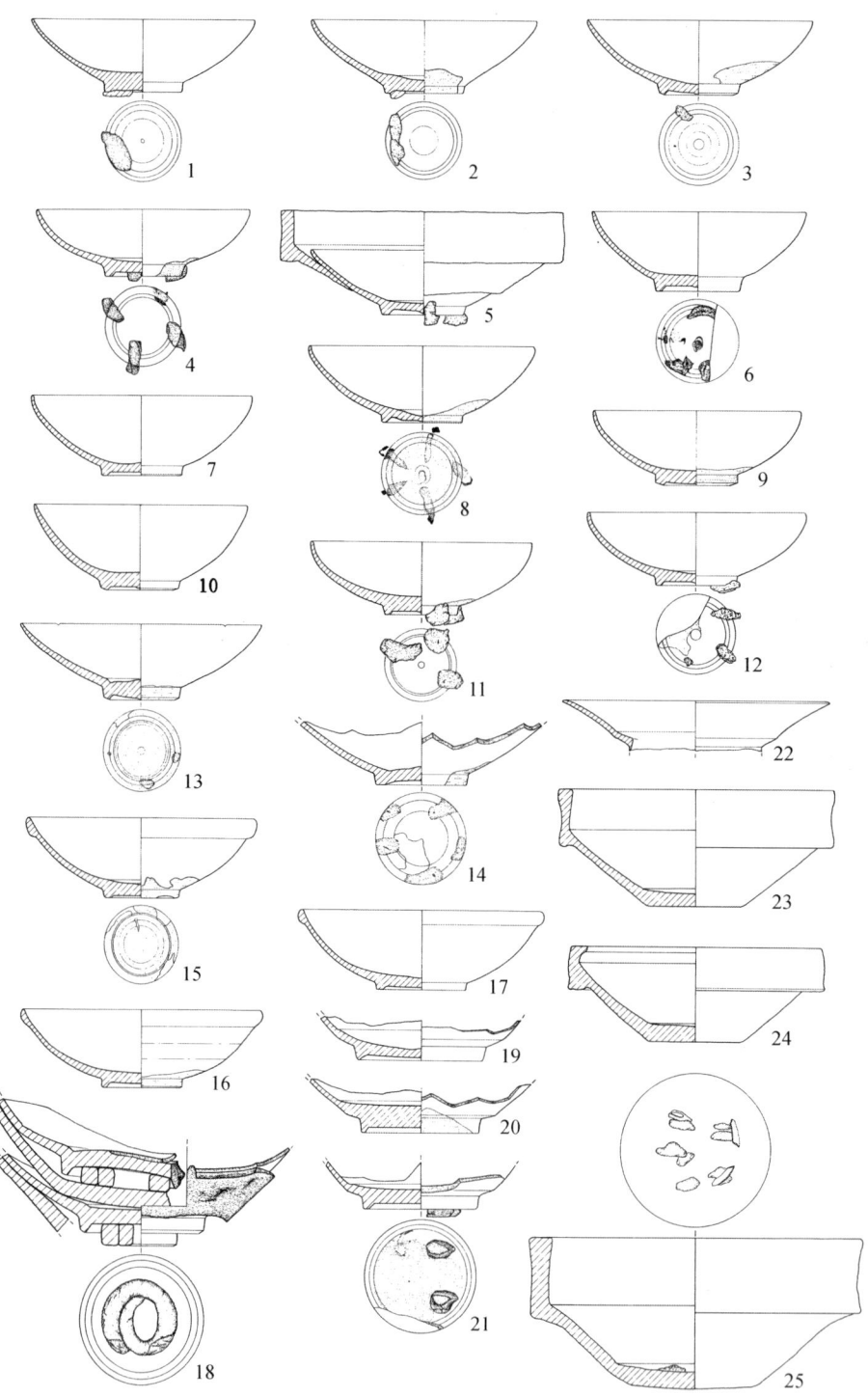

图二　白庙下标本

1. BMX：3　2. BMX：6　3. BMX：9　4. BMX：10　5. BMX：19　6. BMX：1　7. BMX：2　8. BMX：7
9. BMX：4　10. BMX：8　11. BMX：13　12. BMX：18　13. BMX：15　14. BMX：14　15. BMX：11　16. BMX：5
17. BMX：12　18. BMX：24　19. BMX：16　20. BMX：17　21. BMX：25　22. BMX：23　23. BMX：21
24. BMX：20　25. BMX：22

底见 5 枚支钉支烧痕（图二，14）。

（5）宽唇口，斜弧腹，圈足，外底见同心圆状旋坯痕，施釉至下腹或足端，足端支钉支烧。

BMX：5，可复原，口径 13.8、足径 4.7、高 4.3 厘米。釉色白中泛黄，釉面局部开片，外壁见几道旋坯痕，足端微微斜削，足墙外侧见两处抓痕（图二，16）。

BMX：11，可复原，口径 13、足径 4.3、高 4.4 厘米。釉色白中微泛黄，外壁见旋坯痕，圈足挖足较浅，足墙外侧见一处抓痕（图二，15）。

BMX：12，可复原，口径 13.6、足径 5、高 4.4 厘米。釉色白中泛灰（图二，17）。

（6）斜弧腹，内底宽平，圈足，外底见同心圆状旋坯痕，施釉至下腹及足端，外底垫环垫烧。

BMX：24，口沿残缺，足径 7.1 厘米。釉色发白，两件残器与窑具发生粘连，底部粘连垫环，垫环直径约 4.5 厘米（图二，18）。

盘　撇口，折腹，窄圈足，外底见同心圆状旋坯痕，施釉至下腹或足端，外底支钉支烧。

BMX：16，口沿残缺，足径 7.2、残高 2.4 厘米。釉色白中微泛黄（图二，19）。

BMX：17，口沿残缺，足径 6.6、残高 2.9 厘米。釉色白中微泛黄，外壁见旋坯痕，外底残留支钉支烧痕（图二，20）。

BMX：23，底残缺，口径 15、残高 2.7 厘米。釉色白中微泛黄，釉面有棕眼（图二，22）。

BMX：25，口沿残缺，足径 6.2、残高 2.6 厘米。釉色白中微泛黄，足底有流釉，外底粘连两枚支钉（图二，21）。

匣钵　漏斗形。

BMX：20，可复原，口径 14、底径 5.2、高 5.2 厘米。胎质较细腻，呈土黄色，匣钵内壁粘有器物残片，内底粘连一枚残损支钉（图二，24）。

BMX：21，基本完整，口径 15.5、底径 5.3、高 6.4 厘米。胎质较粗，方唇红褐色，腹青灰色，匣钵内壁粘有器物残片（图二，23）。

BMX：22，可复原，口径 18.8、底径 7、高 8.3 厘米。胎质较粗，呈红褐色，匣钵内底粘有五枚红褐色支钉，其中两枚粘连器物残片（图二，25）。

2. 红庙下

碗

（1）斜腹，圈足，足墙内斜，内大平底，外底见同心圆状旋坯痕，施釉至下腹，足端支钉叠烧。

HMX：23，口沿残缺，足径 7.8、残高 3 厘米。釉色发白，釉面有开片，内底八枚、外底十枚松子状支钉痕（图三，1）。

（2）敞口，斜腹，圈足，内底1圈凹弦纹，外底见同心圆状旋坯痕，施釉至下腹，足端支钉支烧。

HMX：12，可复原，口径13.3、高4.8、足径5.2厘米。釉色白中微泛灰，露胎处显红色（图三，2）。

（3）敞口，斜弧腹，圈足，足墙内斜，外底见同心圆状旋坯痕，施釉至下腹或足端，足端支钉支烧。

HMX：3，可复原，口径13.1、足径4.8、高4.9厘米。口微敛，腹微变形。釉色白中微泛灰，釉面有棕眼和气孔，外壁粘连匣钵，足端粘连支钉（图三，3）。

HMX：6，可复原，口径13.4、足径5、高4.2厘米。釉色白中泛黄，釉面有细密开片（图三，5）。

HMX：8，可复原，口径12.8、足径4.8、高4.6厘米。釉色白中微泛灰，釉面有棕眼，外壁旋坯痕清晰，足端见支钉支烧痕（图三，4）。

HMX：9，可复原，口径12.6、足径5、高4.1厘米。釉色白中微泛黄，釉面有少量棕眼，足端斜削，粘连两枚支钉，另见三枚支烧痕（图三，6）。

HMX：15，可复原，口径12.2、足径4.6、高4.4厘米。釉色白中泛黄，足端斜削，粘连四枚支钉，另可分辨出一枚支烧痕（图三，7）。

HMX：18，可复原，口径12.2、足径5、高4.4厘米。釉色白中微泛灰，足端见五枚支钉支烧痕（图三，8）。

HMX：20，可复原，口径12.8、足径4.8、高4.3厘米。口微敛。釉色白中泛黄，外壁见旋坯痕，足墙外侧见两处抓痕（图三，9）。

HMX：21，可复原，口径12.7、足径4.6、高4.6厘米。釉色白中泛黄，釉面有细碎开片，外底有流釉（图三，12）。

HMX：24，可复原，口径13、足径4.6、高4.4厘米。釉色白中泛黄，釉面有细碎开片，足端见六枚支钉支烧痕（图三，10）。

HMX：29，可复原，口径12.2、足径5.1、高4.8厘米。釉色白中泛黄，釉面有条状开片，足墙外侧粘连一枚支钉残块（图三，11）。

（4）敞口五葵口，斜弧腹，圈足，内小平底，外壁对应葵口处压棱5道，外底见同心圆状旋坯痕，施釉至下腹或足端，足端支钉支烧。

HMX：7，可复原，口径13.4、足径5.4、高5厘米。釉色白中微泛黄，釉面有棕眼，外底见五枚支钉支烧痕（图四，4）。

HMX：16，可复原，口径13.1、足径5.1、高4.4厘米。釉色白中泛黄，釉面有细密开片，足墙外侧见两处抓痕（图四，5）。

HMX：17，可复原，口径12.8、足径5、高4.7厘米。釉色白中微泛灰，足端斜削，粘连支钉残渣，可分辨出五枚支钉烧痕（图四，1）。

HMX：19，可复原，口径13.2、足径5.2、高4.8厘米。釉色白中微泛灰，釉面有

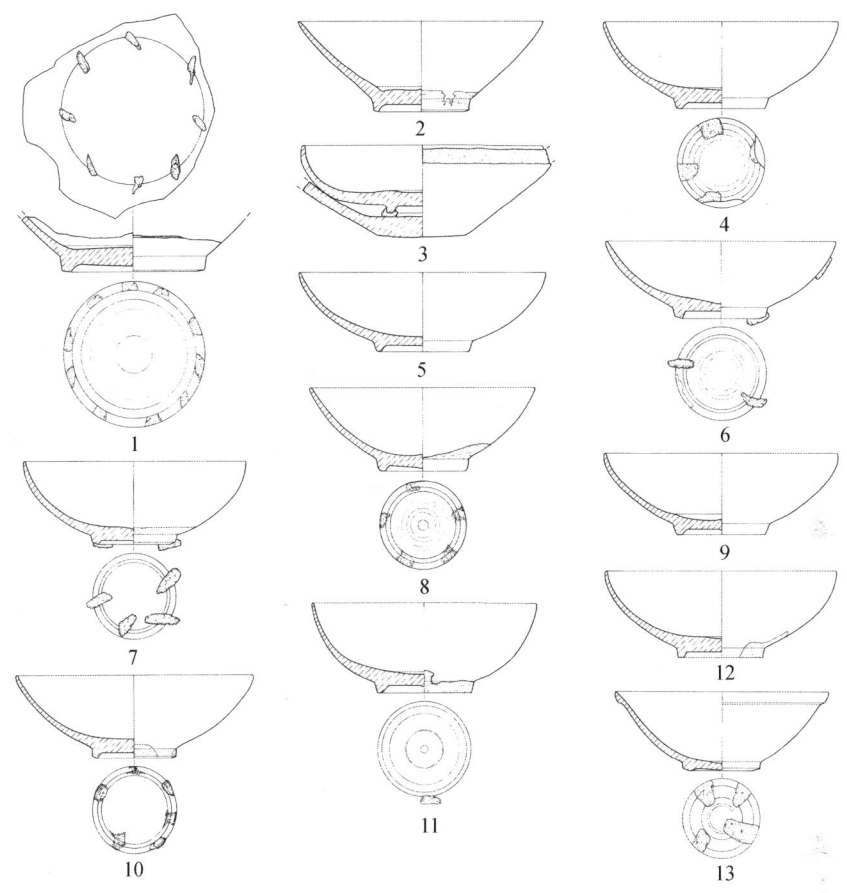

图三 红庙下标本

1. HMX：23 2. HMX：12 3. HMX：3 4. HMX：8 5. HMX：6 6. HMX：9 7. HMX：15 8. HMX：18
9. HMX：20 10. HMX：24 11. HMX：29 12. HMX：21 13. HMX：4

棕眼，外壁旋坯痕清晰，足端斜削，足底粘连一枚支钉残块（图四，2）。

HMX：25，可复原，口径12.4、足径5、高4.4厘米。釉色发白，外壁旋坯痕清晰，足底粘连一枚支钉残块（图四，3）。

（5）厚唇口，斜弧腹，圈足挖足浅，足端斜削，足墙内斜，外底见同心圆状旋坯痕，施釉至下腹及足端，外底及足端支钉支烧。

HMX：4，可复原，口径11.6、足径4.2、高4.2厘米。釉色白中泛灰，足底见四枚支钉支烧痕（图三，13）。

（6）侈口，斜弧腹，圈足，足端斜削，足墙内斜，内底小圆凸，外壁刮削莲瓣，外底见同心圆状旋坯痕，施釉至足端，外底垫饼垫烧。

HMX：27，口沿残缺，足径5、残高2.5厘米。釉色白中微泛灰，外底有流釉，外底心见垫烧痕（图四，12）。

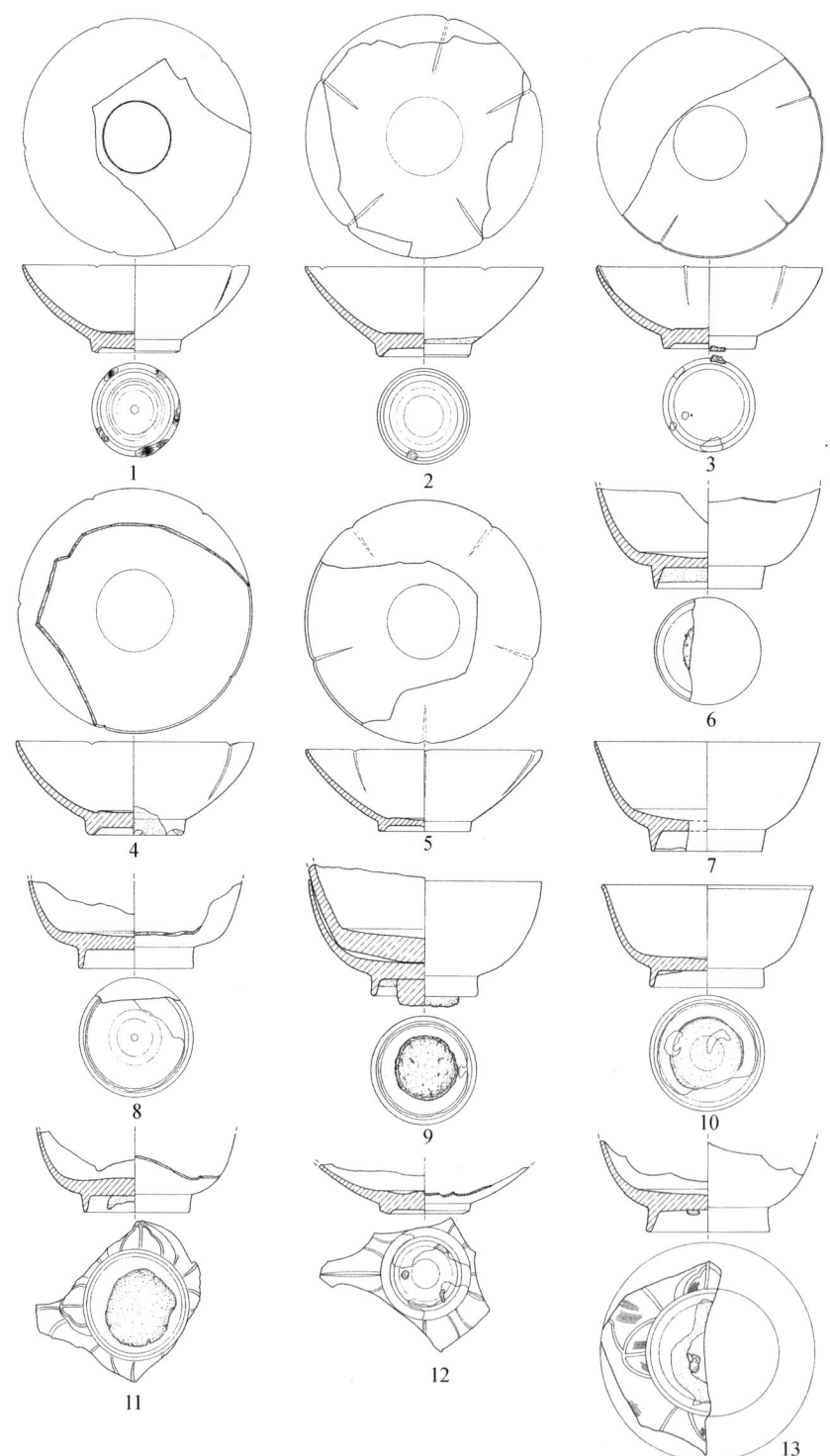

图四　红庙下标本

1. HMX：17　2. HMX：19　3. HMX：25　4. HMX：7　5. HMX：16　6. HMX：1　7. HMX：28
8. HMX：30　9. HMX：37　10. HMX：10　11. HMX：33　12. HMX：27　13. HMX：2

盖碗

（1）直口，深弧腹，内底一周大凹棱，窄圈足较高，外底见同心圆状旋坯痕，施釉裹足端，外底垫饼垫烧。

HMX：1，口沿残缺，足径5.8、残高5.4厘米。釉色白中泛灰，外底有垫烧痕（图四，6）。

HMX：28，可复原，口径12.4、足径6、高5.9厘米。釉色白中泛黄（图四，7）。

HMX：30，口沿残缺，足径6.4、残高4.7厘米。釉色白中泛灰，外底有流釉（图四，8）。

HMX：37，可复原，口径12.8、足径5.8、高6.2厘米。釉色白中泛灰，内壁粘连匣钵残块，外底粘连一块圆形垫饼，垫饼直径约3.7厘米（图四，9）。

（2）直口，深弧腹，内底一周大凹棱，窄圈足较高，外壁刻划蕉叶纹，间饰篦划纹，外底见同心圆状旋坯痕，施釉裹足端，外底垫饼垫烧。

HMX：2，口沿残缺，足径6.8、残高4.9厘米。釉色白中微泛青，外底有流釉，见垫烧痕（图四，13）。

HMX：14，口沿残缺，足径5.9、残高3.7厘米。釉色发黄（图五，2）。

HMX：33，口沿残缺，足径6、残高4.3厘米。釉色白中微泛青，外底粘连垫饼残块（图四，11）。

（3）直口窄唇，深弧腹，窄圈足稍高，外底见同心圆状旋坯痕，施釉裹足端，外底垫饼垫烧。

HMX：10，可复原，口径11.4、足径6.2、高5.5厘米。釉色白中泛灰，外底有流釉，见垫烧痕，外壁见旋坯痕（图四，10）。

器盖　盖顶弧，中心置纽，盖沿平折微上翘，沿下设短子口，盖面篦划纹饰，内壁未施釉，见同心圆状旋坯痕。

HMX：22，可复原，盖径11.6、高3.2厘米。釉色白中微泛青，内壁中心隐约可见垫烧痕（图五，1）。

碟

（1）敞口，斜弧腹，圈足，足墙内斜，外壁压棱五道，见修坯痕，外底见同心圆状旋坯痕，施釉至下腹及足端，足端支钉支烧，五枚。

HMX：38，完整，口径10.4、足径5.2、高2.6厘米。釉色白中泛灰，内壁粘连匣钵残块，外底粘连四枚支钉，另有一处支钉脱落致足墙残缺（图五，3）。

（2）敞口，斜壁，折腹，圈足稍高，内底一周大凹棱，外底见同心圆状旋坯痕，施釉至下腹及足端，外底垫饼垫烧。

HMX：11，可复原，口径11.5、足径4.9、高4.5厘米。釉色白中泛灰，外底有垫烧痕（图五，5）。

HMX：13，可复原，口径11.1、足径5.1、高4.4厘米。釉色白中泛灰，外底有流釉（图五，6）。

（3）敞口十花口，折腹，圈足稍高，内底一周大凹棱，外壁压棱十道，外底见同心圆状旋坯痕，施釉至下腹及足端，外底垫饼垫烧。

HMX：39，可复原，口径10.6、足径4.8、高4.4厘米。釉色白中泛灰，积釉处闪青色，釉面有开片（图五，7）。

HMX：40，可复原，口径11.6、足径4.8、高4.3厘米。釉色白中泛灰，积釉处闪青色，外底有流釉，内壁粘连匣钵残块，外底见垫烧痕（图五，8）。

钵　折腹，内底一周大凹棱，外平底稍内凹，外底刮釉，见同心圆状旋坯痕，垫饼垫烧。

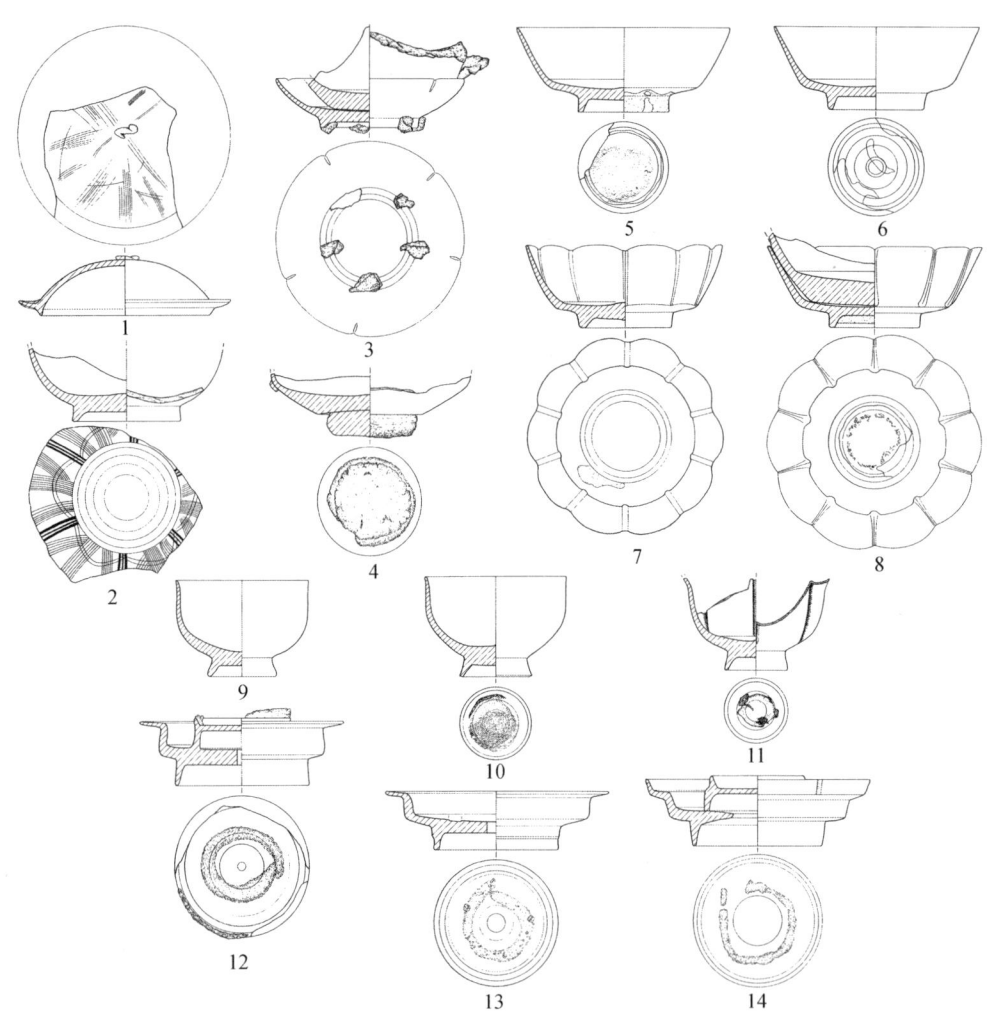

图五　红庙下标本

1. HMX：22　2. HMX：14　3. HMX：38　4. HMX：26　5. HMX：11　6. HMX：13　7. HMX：39　8. HMX：40
9. HMX：5　10. HMX：32　11. HMX：31　12. HMX：35　13. HMX：36　14. HMX：34

HMX：26，口沿残缺，底径5.8、残高2.1厘米。釉色白中泛灰，外底粘连一块垫饼，垫饼直径约5厘米（图五，4）。

盏托

（1）盘口折沿，口沿外壁有压棱，折腹，窄圈足较高，中间置托台，稍高于托盘，施釉裹足，外底垫环垫烧。

HMX：34，可复原，口径12.2、足径7、高3.7厘米。口沿外壁残余压棱两道。釉色白中泛灰，外底有一圈垫烧痕（图五，14）。

（2）平折沿，折腹，窄圈足较高，中间置托台，稍高于托盘，施釉裹足端，外底垫环垫烧。

HMX：35，可复原，口径11.2、足径7.4、高3.6厘米。釉色白中泛灰，托台粘连匣钵残块，外底有一圈垫烧痕（图五，12）。

HMX：36，托台残，口径12.1、足径6.8、残高3.1厘米。釉色白中泛灰，托盘与托台粘接处一圈无釉，外底有同心圆状旋坯痕及一圈垫烧痕（图五，13）。

杯

（1）敞口六花口，深弧腹，窄圈足较高，足墙外撇，外壁对应花口处压棱六道，施釉裹足，外底垫饼垫烧。

HMX：31，口沿残缺，足径3.4、残高4.9厘米。釉色白中泛灰，积釉处微闪青色，外底有垫烧痕（图五，11）。

（2）直口，深弧腹，窄圈足较高，足墙外撇，外底同心圆式旋坯痕，施釉裹足端，外底垫饼支烧。

HMX：5，可复原，口径7.4、足径3.8、高5.1厘米。釉色白中泛灰，外底有垫烧痕（图五，9）。

HMX：32，可复原，口径7.6、足径4、高5.3厘米。釉色白中泛灰，外壁见旋坯痕，外底有垫烧痕（图五，10）。

3. 塘坞a

碗

（1）敞口，斜弧腹，圈足，足端斜削，外底见同心圆状旋坯痕，施釉至足端，外底及足端支钉支烧，四枚左右。

TWa：4，可复原，口径11.4、足径4.2、高3.8厘米。釉色白中泛灰，外壁修坯不平整，外底残留一枚支钉痕（图六，1）。

TWa：8，可复原，口径12、足径4、高3.7厘米。釉色白中泛灰，釉面有开片，外底残留支钉痕迹（图六，2）。

（2）敞口，斜弧腹，圈足，足端斜削，足墙内斜，内小平底，外底见同心圆状旋坯痕，施釉至足端，外底及足端支钉支烧四枚左右。

TWa：1，可复原，口径14.5、足径4.6、高5厘米。釉色白中泛灰，釉面有细密开片（图六，3）。

（3）敞口，斜弧腹，圈足，足端斜削，内小平底，外壁压棱五道，外底见同心圆状旋坯痕，施釉至足端，外底及足端支钉支烧，四枚左右。

TWa：5，可复原，口径11.6、足径4.4、高3.8厘米。釉色白中泛灰，外壁有修坯痕，外底可分辨出四枚支钉支烧痕（图六，4）。

（4）宽唇口，中有细孔，斜弧腹，圈足挖足浅，足端斜削，足墙内斜，外底见同心圆状旋坯痕，施釉至足端，外底及足端支钉支烧，四枚左右。

TWa：7，可复原，口径11.7、足径4.5、高4厘米。釉色白中泛灰，外底可分辨出四枚支钉支烧痕（图六，5）。

（5）侈口，弧腹，圈足，内底一周大凹棱，外壁刻削12组莲瓣，外底见同心圆状旋坯痕，施釉至足端，外底垫饼垫烧。

TWa：9，口沿残缺，足径6.5、残高2.4厘米。釉色白中泛灰，外底有垫烧痕（图六，6）。

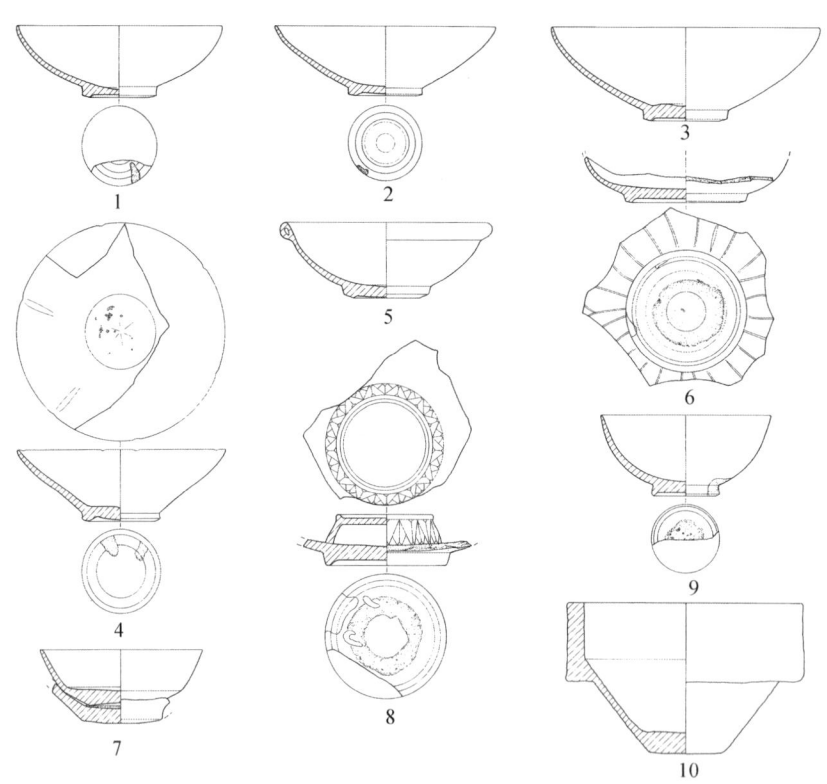

图六　塘坞a标本
1. TWa：4　2. TWa：8　3. TWa：1　4. TWa：5　5. TWa：7
6. TWa：9　7. TWa：2　8. TWa：6　9. TWa：10　10. TWa：3

碟　敞口，斜弧腹，平底稍内凹，内底一周大凹棱，施釉至下腹，外底垫饼垫烧。TWa：2，可复原，口径9、底径3.6、高3厘米。釉色白中泛灰，粘连垫饼及匣钵（图六，7）。

酒台　矮圈足，足墙内斜，托盘中心置托台，台身堆贴一圈覆莲纹，内足墙及外底见同心圆状旋坯痕，外底垫环垫烧。

TWa：6，口沿残缺，足径6.6、残高2.7厘米。釉色白中泛灰，积釉处微闪青色，外底有流釉及垫烧痕（图六，8）。

盏　直口，深弧腹，圈足，施釉至足端，外底垫饼垫烧。

TWa：10，可复原，口径9.2、足径3.8、高4.3厘米。釉色白中泛灰，外底有垫烧痕（图六，9）。

匣钵　漏斗形。

Twa：3，可复原，口径12.8、底径4、高8厘米。土黄色胎，较细密，含杂质（图六，10）。

4. 塘坞 b

碗

（1）侈口，斜弧腹，圈足，足端斜削，内底小圆凸，外壁刻削莲瓣纹，外底见同心圆状旋坯痕，施釉至下腹，外底垫饼垫烧。

TWb：13，口沿残缺，足径4.6、残高2.1厘米。釉色白中泛黄，釉面有细碎开片（图七，1）。

（2）撇口，外壁压棱作五花口，斜弧腹，圈足稍高，内平底，外底见同心圆状旋坯痕，施釉至足端，外底垫饼垫烧。

TWb：7，可复原，口径13、足径4、高5.6厘米。釉色白中泛灰，釉面有粗大开片，外壁粘连匣钵残块，外底有垫烧痕（图七，2）。

（3）敞口，斜弧腹，圈足，足墙内斜，施釉至下腹，外底垫饼垫烧。

TWb：8，可复原，口径11.8、足径3.6、高4.5厘米。酱釉，色不纯，有兔毫，施釉不均匀，内壁粘连匣钵，外底有垫烧痕（图七，3）。

盖碗

（1）直口，深弧腹，圈足，足墙内斜，内底心微凸，外壁划蕉叶纹，外底见同心圆状旋坯痕，施釉裹足端，外底垫饼垫烧。

TWb：12，口腹残缺，足径5.6、残高2.6厘米。釉色白中泛灰，外底有流釉（图七，4）。

（2）直口，深弧腹，窄圈足较高，内底平，外壁刻划蕉叶纹，间饰箆纹，外底见同心圆状旋坯痕，施釉裹足端，外底垫饼垫烧。

TWb：11，口腹残缺，足径6.6、残高2.2厘米。釉色白中泛灰，外底有流釉，粘连垫饼残块（图七，5）。

器盖　顶残，盖面弧，刻划花叶纹，折唇内扣，除内侧近顶部外均施釉。

TWb：2，盖径 13.9、残高 3.8 厘米。釉色白中泛黄（图七，6）。

碟

（1）敞口，斜壁，折腹，圈足较高，内底一周大凹棱，内足墙及外底见同心圆状旋坯痕，施釉至足端，外底垫饼垫烧。

TWb：14，口沿残缺，足径 5、残高 3.6 厘米。釉色白中泛灰，积釉处微闪青色，外底有垫烧痕（图七，7）。

TWb：15，圈足残缺，口径 11.2、残高 3.5 厘米。釉色白中微泛青，釉面有开片（图七，8）。

（2）敞口，外壁压棱作十花口，斜壁，折腹，内底一周大凹棱，圈足。

TWb：10，圈足残缺，口径 10、残高 3.6 厘米。釉色白中微泛青，釉面有开片（图七，11）。

（3）敞口，斜弧腹微折，外壁有压棱，内底一周大凹棱，外平底浅挖，刮釉，见同心圆状旋坯痕，垫饼垫烧。

TWb：3，口沿残缺，底径 7、残高 2.4 厘米。酱釉，色不纯（图七，9）。

酒台

（1）平折沿，折腹，圈足较高，中间置托台，托台腹壁斜直，高于托盘，施釉裹足端，内足墙及外底见同心圆状旋坯痕。

TWb：1，可复原，口径 11、足径 6.9、高 3.3 厘米。釉色白中泛青，外底有垫烧痕（图七，10）。

（2）平折沿，唇微翘，折腹，圈足较高，中间置矮弧腹托台，稍高于托盘，托盘盘沿篦划缠枝花叶纹，托台外壁篦划蕉叶纹，外底见同心圆状旋坯痕，施釉裹足端，外底垫环垫烧。

TWb：9，基本完整，口径 12、足径 7、高 2.9 厘米。釉色白中泛灰，外底有垫烧痕（图七，15）。

（3）圈足，足墙内斜，托盘中心置托台，托台斜腹壁，台身堆贴一圈覆莲纹，内足墙及外底见同心圆状旋坯痕，施釉至足端，外底垫环垫烧。

TWb：5，口沿残缺，足径 6.2、残高 2.7 厘米。釉色白中泛青，外底有垫烧痕（图七，12）。

杯

（1）直口，深弧腹，圈足较高，足墙外撇，外底见同心圆状旋坯痕，施釉裹足端，外底垫饼垫烧。

TWb：4，可复原，口径 7.6、足径 4、高 5.8 厘米。釉色白中微泛黄，外底有流釉（图七，13）。

（2）直口，深弧腹，圈足较高，足墙外撇，内底小圆凹，外壁篦划纹饰，外底见同心圆状旋坯痕，施釉裹足端，外底垫饼垫烧。

TWb：6，可复原，口径8、足径3.6、高5.4厘米。釉色白中微泛青，外底有流釉，见垫烧痕（图七，14）。

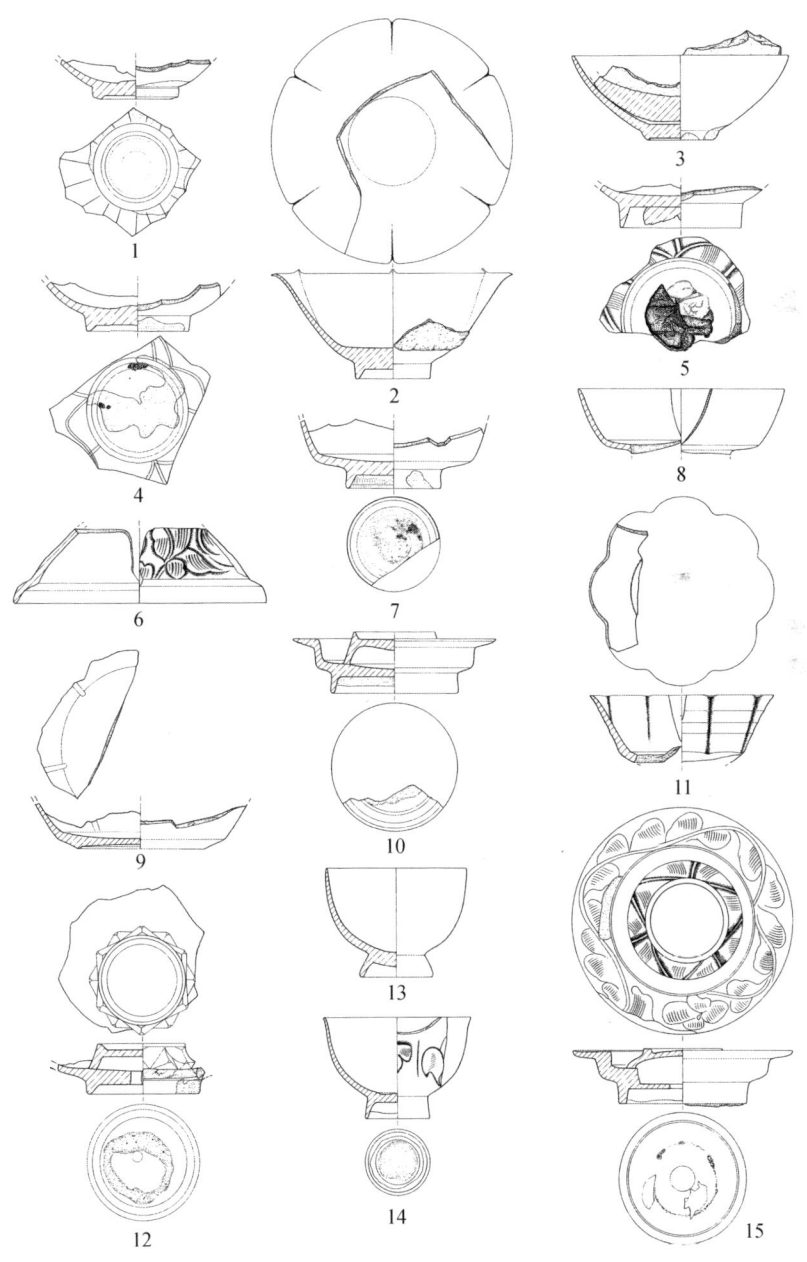

图七　塘坞 b 标本

1. TWb：13　2. TWb：7　3. TWb：8　4. TWb：12　5. TWb：11　6. TWb：2　7. TWb：14　8. TWb：15
9. TWb：3　10. TWb：1　11. TWb：10　12. TWb：5　13. TWb：4　14. TWb：6　15. TWb：9

5. 草坦上

碗

（1）直口窄唇，深弧腹，高圈足，足墙内壁有旋坯痕，施釉裹足端，外底垫饼垫烧。

CTS：7，可复原，口径14.8、足径6.2、高8厘米。釉色白中泛黄，釉面有细密开片（图八，1）。

CTS：20，口沿残缺，足径6.7、残高6.4厘米。釉色白中泛灰，釉面有细密开片，挖足不规整，外底见同心圆状旋坯痕（图八，5）。

（2）敛口，鼓腹，高圈足，施釉裹足，外底垫饼垫烧。

CTS：1，可复原，口径10.4、足径4.6、高6.6厘米。釉色白中微泛灰，釉面有粗大条状开片，外底粘连垫饼残渣，见垫烧痕（图八，8）。

（3）侈口，斜弧腹，圈足较高，施釉裹足端，外底垫饼垫烧。

CTS：5，可复原，口径10.6、足径3.3、高4.4厘米。釉色白中泛青，积釉处显青色，釉面有细碎开片，外底有垫烧痕（图八，2）。

CTS：19，可复原，口径11.8、足径3.6、高5.7厘米。釉色白中泛黄，釉面有条状开片（图八，4）。

CTS：31，口沿残缺，足径5.4、残高5.3厘米。釉色白中微泛青，外足墙下端积釉显青色，釉面有开片，外底粘连一块垫饼（图八，3）。

（4）敞口微侈，斜腹，圈足，内壁划花，外底心无釉，垫饼垫烧。

CTS：27，口沿残缺，足径3.7、残高3.1厘米。釉色白中泛黄，积釉处微闪青色，釉面有细碎开片，外底粘连垫饼残块，见垫烧痕（图八，6）。

（5）敞口微侈，外作窄唇，斜弧腹，圈足，足墙内斜，内底小圆凸，施釉至下腹，外底垫饼垫烧。

CTS：4，可复原，口径11、足径3.4、高4.2厘米。釉色白中微泛灰，外底有垫烧痕（图八，7）。

（6）斜弧腹，饼足浅挖，内底小圆凸，外底心无釉，垫饼垫烧。

CTS：26，口沿残缺，足径3.4、残高3.2厘米。釉色白中微泛青，釉面有开片，外底心见垫烧痕（图九，15）。

CTS：28，口沿残缺，足径3.6、残高2.2厘米。釉色白中微泛青，釉面有开片，外底粘连垫饼残块，见垫烧痕（图九，16）。

盖碗　直口，深弧腹，圈足稍高，内底一周大凹棱，施釉裹足端，外底垫饼垫烧。

CTS：16，口沿残缺，足径5.7、残高3.7厘米。釉色白中微泛灰，外底有旋痕及垫烧痕（图八，9）。

器盖　伞状，盖弧拱，近顶有两级凸起的小平台，中心置三叉茎纽，折沿，唇稍内扣。

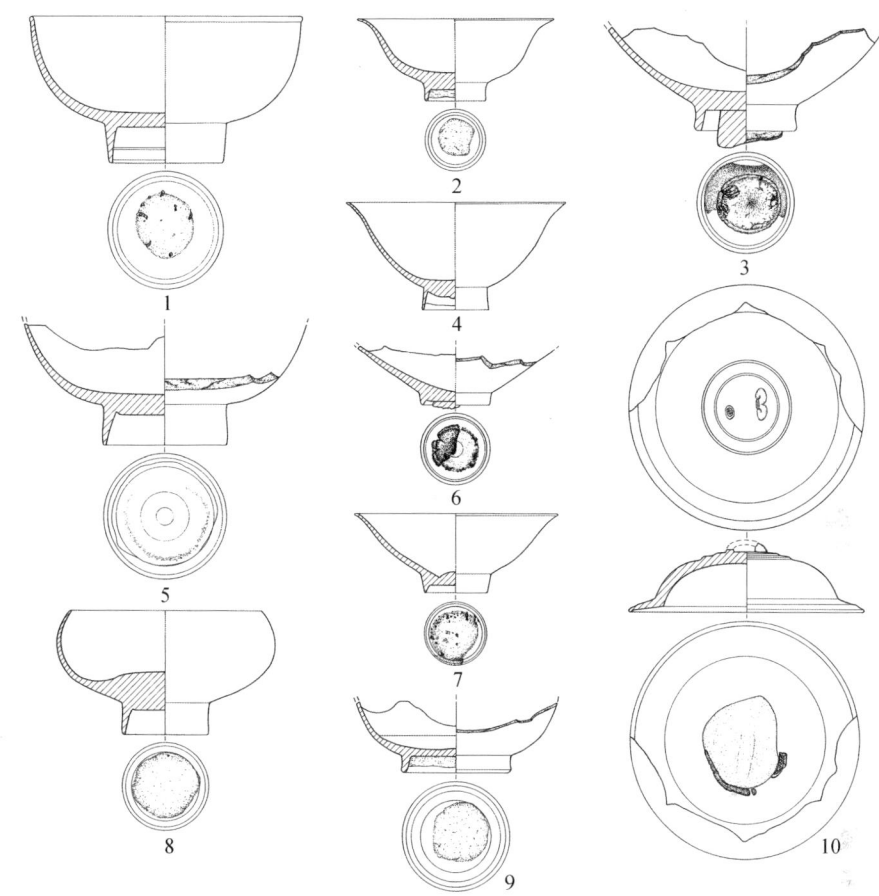

图八 草坦上标本

1. CTS：7 2. CTS：5 3. CTS：31 4. CTS：19 5. CTS：20
6. CTS：27 7. CTS：4 8. CTS：1 9. CTS：16 10. CTS：9

CTS：9，纽残，盖径13、残高3.7厘米。釉色白中泛黄，釉面有细碎开片，内壁中心无釉，见垫烧痕（图八，10）。

盘

（1）侈口，斜弧腹，饼足浅挖，内底一周大凹棱，外底见同心圆状旋坯痕，刮釉，垫饼垫烧。

CTS：14，可复原，口径15、足径4.6、高4.2厘米。生烧，釉色发黄，釉面生涩有棕眼，外底有垫烧痕（图九，1）。

（2）侈口，斜弧腹，饼足浅挖，内底刻划纹饰，外底刮釉，垫饼垫烧。

CTS：2，可复原，口径13.2、足径4、高3.8厘米。釉色白中微泛黄，外底有垫烧痕（图九，3）。

CTS：18，可复原，口径13.2、足径4、高4厘米。内底划转轮菊，较模糊。釉色白中微泛灰，釉面有粗大开片，外底有垫烧痕（图九，7）。

（3）侈口，斜弧腹，饼足浅挖，内底压印纹饰，外底刮釉，垫饼垫烧。

CTS：11，可复原，口径13.6、足径4.4、高3.9厘米。内底纹饰模糊，仅具轮廓。釉色白中泛黄，局部闪青色，外底有垫烧痕（图九，9）。

CTS：30，可复原，口径14.6、足径4.4、高3.6厘米。内底压印连珠纹及十字花。釉色白中泛黄，外底有流釉，见垫烧痕（图九，13）。

（4）侈口，斜弧腹，圈足，内底一周凹棱，施釉至足，外底垫饼垫烧。

CTS：24，可复原，口径11.2、足径3.2、高3.4厘米。釉色白中微泛青，釉面有开片，外底有垫烧痕（图九，2）。

（5）斜弧腹，饼足浅挖，内壁沥粉出筋六道，内底一周大凹棱，篦划纹饰模糊，外底见同心圆状旋坯痕，刮釉，垫饼垫烧。

CTS：29，口沿残缺，足径4.8、残高3.1厘米。釉色白中微泛灰，釉面有条状开片，外底有垫烧痕（图九，5）。

（6）侈口，斜弧腹，窄圈足，内底小圆凸，施釉裹足端，外底垫饼垫烧。

CTS：3，可复原，口径10.8、足径3.2、高3.4厘米。釉色白中微泛青，外底有垫烧痕（图九，4）。

碟

（1）敞口，斜弧腹，平底稍内凹，内底一周凹棱，外底刮釉，垫饼垫烧。

CTS：17，口沿残缺，底径3.2、残高1.4厘米。釉色白中微泛青，外底有垫烧痕（图九，8）。

（2）敞口，斜弧腹，平底稍内凹，内壁沥粉出筋六道，内底一周大凹棱，外底刮釉，垫饼垫烧。

CTS：22，口沿残缺，底径4.6、残高1.7厘米。釉色白中微泛黄，釉面有细密开片，外底有垫烧痕（图九，11）。

（3）敞口，斜弧腹，平底稍内凹，内壁沥粉出筋六道，外壁对应压棱六道内底一周大凹棱，外底刮釉，垫饼垫烧。

CTS：21，口沿残缺，底径4.6、残高2厘米。釉色白中微泛灰，釉面有开片，外底有垫烧痕（图九，10）。

（4）敞口十二花口，斜弧腹，平底稍内凹，内壁沥粉出筋十二道，内底一周大凹棱，外底刮釉，垫饼垫烧。

CTS：25，口沿残缺，底径4.3、残高1.2厘米。釉色白中泛黄，釉面有开片，外壁近底处旋削一圈，外底有垫烧痕（图九，14）。

（5）敞口，弧腹，平底稍内凹，内底一周大凹棱，篦划纹饰，外底刮釉，垫饼垫烧。

CTS：12，可复原，口径10、底径4.2、高2.2厘米。釉色白中泛青，外壁近底处积釉显青色，外壁粘连匣钵残块，外底有垫烧痕（图九，6）。

图九　草坦上标本

1. CTS∶14　2. CTS∶24　3. CTS∶2　4. CTS∶3　5. CTS∶29　6. CTS∶12　7. CTS∶18　8. CTS∶17　9. CTS∶11　10. CTS∶21　11. CTS∶22　12. CTS∶13　13. CTS∶30　14. CTS∶25　15. CTS∶26　16. CTS∶28　17. CTS∶15　18. CTS∶10　19. CTS∶8　20. CTS∶23　21. CTS∶6

CTS∶13，可复原，口径9.8、底径4.2、高2.3厘米。釉色白中泛青，外底有垫烧痕（图九，12）。

CTS∶15，可复原，口径9.6、底径4.2、高1.8厘米。青白釉，外底有垫烧痕（图九，17）。

杯　直口，深弧腹，圈足外撇，施釉裹足，外底垫饼垫烧。

CTS：6，可复原，口径7.2、足径3.4、高5.1厘米。釉色白中泛灰，积釉处闪青色，外底粘连垫饼残块（图九，21）。

灯盏　敞口，圆唇，斜腹或斜弧腹，浅圈足，施满釉，外底垫饼垫烧。

CTS：8，可复原，口径8.2、足径3.6、高2.1厘米。釉色白中泛灰，釉面有开片，外底粘连一块圆形垫饼（图九，19）。

CTS：10，可复原，口径8.7、足径3.4、高2.3厘米。生烧，釉面生涩，釉色白中泛黄（图九，18）。

CTS：23，可复原，口径8.4、足径2.9、高2.2厘米。足端斜削一周，釉色白中泛黄，外底粘连垫饼残块（图九，20）。

三、窑址年代

银坑坞窑址群白庙下—草坦上段5处窑址所采集的标本根据形制、纹饰、装烧方式等方面的组合特征大致可归并为三组：

第一组，白庙下。白庙下所采集的标本以碗、盘为主，敞口、矮圈足、足端多斜削、外底见同心圆状旋坯痕、器表无纹饰，器型较为单一；从釉色上看，普遍发白，泛灰或泛黄，少数积釉处微闪青；从装烧方式上看，以支钉支烧为主，器物底部垫3～5枚支钉，采用一匣一器的装烧方式。这与五代时期支钉叠烧的方式不同，支钉数量较五代时期也明显减少。从我们在景德镇地区调查的情况来看，这种一匣一器支钉支烧的装烧方式，流行的时间比较短，在窑址中发现的也不多，表明其处在一个由支钉向垫环、垫饼转变，匣钵开始使用并逐渐流行开来的过渡时期。在纪年材料中，北宋太平兴国八年（983年）江西九江陶仁恕墓出土的2件青白釉敞口碗，与白庙下采集的敞口碗标本形制基本相同[①]。综合分析窑址材料与纪年材料推断，白庙下时代大致为北宋早期。

第二组，红庙下、塘坞a、塘坞b。红庙下所生产的产品，器型比白庙下更为丰富，既包含有白庙下所见的支钉支烧式敞口碗，还出现了不见于白庙下的采用垫环、垫饼烧制的盖碗、器盖、圈足盘、酒台、杯等产品，口腹更具变化，圈足逐渐抬升。另外，红庙下产品也出现了刻划、篦划、刻削、压棱等装饰手法。蕉叶纹盖碗、刻削莲瓣碗、花口圈足碟等器物，在道塘里等窑址亦有发现，属于北宋中期产品。纪年材料中，有江

---

① a. 梅绍裘、李科友：《九江市、乐安县的两座宋代纪年墓》，《江西历史文物》1983年2期，17～19、21页。

b. 江西省博物馆：《江西宋代纪年墓与纪年青白瓷》，文物出版社，2016年，6～10页。

西瑞昌北宋天圣三年（1025年）墓出土青白釉刻划莲瓣纹碗，福建建瓯北宋庆历三年（1043年）墓出土蕉叶纹盖碗可资比较[①]。由此来看，红庙下比白庙下烧造的主体时代略晚，约当北宋早期偏晚至中期偏早。塘坞a产品类型较红庙下少，年代大致相当，属北宋中期偏早。塘坞b不见支钉支烧式碗，属北宋中期。

第三组，草坦上。该窑址器物的典型特征与组合状况与前2组均有差别，出现了器形较大的高圈足敛口碗、墩式碗，饼足浅挖、内底划花或印花的侈口盘，内壁篦划纹饰或沥粉出筋的平底碟，十二瓣花口碟等，青白色釉比重升高，生产工艺更加纯熟。对比以往的窑址材料，草坦上产品面貌与组合状况，与铜锣山北宋晚期产品较为接近。从纪年材料上看，高圈足是景德镇北宋晚期青白瓷产品的一个典型特征，CTS：7与北宋熙宁十年（1077年）湖北英山大屋基宋墓出土的高圈足碗基本一致[②]；十出或十二出花瓣碟、篦划浅碟流行的时代大致为北宋末，CTS：25与辽天庆五年（1115年）河北易县净觉寺舍利塔地宫出土十二瓣花口碟基本一致[③]，CTS：12、CTS：13、CTS：15与北宋政和三年（1113年）湖北麻城阎良佐墓出土的影青小瓷碟基本相同[④]。综上，草坦上的年代当为北宋晚期至末期。

银坑坞窑址群白庙下—草坦上段五处窑址，从年代跨度上看基本涵盖了整个北宋时期，三个组别又各自反映了这一地区北宋早中晚三期产品的整体面貌、组合状况与工艺特征，以及前后间的产品更迭与技术演进，为我们了解北宋时期景德镇青白瓷烧造情况提供了更多的信息和资料。

调查：刘　未　李　雪　刘梦嫄　杨东峰　饶华松
底图：李　雪　刘梦嫄　杨东峰
清绘：何国良
执笔：杨东峰　饶华松　刘　未

---

① a. 瑞昌县博物馆：《江西瑞昌发现两座北宋纪年墓》，《文物》1986年1期，70~72页。
　　b. 建瓯市博物馆：《福建建瓯市迪口北宋纪年墓》，《考古》1997年4期，73~75页。
② 黄冈地区博物馆、英山县博物馆：《湖北英山三座宋墓的发掘》，《考古》1993年1期，28~36页。
③ 河北省文物管理处：《河北易县净觉寺舍利塔地宫清理记》，《文物》1986年9期，76~80、83页。
④ 王善才、陈恒树：《湖北麻城北宋石室墓清理简报》，《考古》1965年1期，21~24页。

Survey Report of the Kiln Sites in Yinkengwu, Jingdezhen

Jiangxi Provincial Institute of Cultural Relics and Archaeology
School of History, Renmin University of China
School of Archaeology and Museology, Peking University

Abstract: The Yinkengwu kiln sites are located in Yinkeng, Jingcheng district, about 2 kilometers south of Jingdezhen city, Jiangxi province. Five kiln sites (Baimiaoxia, Hongmiaoxia, Tangwu-A, Tangwu-B, Caotanshang) were found in the piedmont area at the western edge of the Yinkengwu mountains. This survey report introduces the characteristics in shape, as well as manufacturing and firing techniques of artifacts collected from 5 kilns. The findings were divided into groups according to the above factors, as well as dating.

Keywords: Jingdezhen city; Yinkengwu; kilns; Song Dynasty

试论先秦时期西北地区出土的圆铜泡

张文珊　邵会秋

（吉林大学考古学院，长春，130012）

内容摘要： 圆铜泡是先秦时期西北地区一种非常常见的装饰品，一般用在衣服、马具或武器等物品上，在中国西北地区有非常广泛的分布，与其他器物相比，圆铜泡这种器物形制差异并不明显，而且在部分墓地出土的数量较多，因此学者们往往容易忽视它的意义，也少有学者对其进行专门的研究。本文系统梳理西北地区出土的铜泡遗存，分析了西北地区铜泡发展的时代特征和地域差别，并结合具体出土情况对各类铜泡的功能差异进行了论述。

关键词： 先秦；西北地区；圆铜泡

圆铜泡是先秦时期一种非常常见的装饰品，一般用在衣服、马具或武器等物品上，在中国整个北方地区有非常广泛的分布，与其他器物相比，圆铜泡这种器物形制差异并不明显，而且在部分墓地出土的数量较多，因此学者们往往容易忽视它的意义，也少有学者对其进行专门的研究。实际上，圆铜泡分布非常广泛，具体用途也存在着区别。不同时代不同地域出土的铜泡形制也存在着一定的差异，因此对该类器物的综合研究不仅有助于了解北方各地文化之间的关系，还可以分辨不同形制铜泡的具体功用，复原古代人群的装饰特点。

泡状装饰品的形制和种类差别非常大，本文所指的圆铜泡则专指外观呈圆形、球面形、草帽形或各种纽扣形的铜饰件，剖面有一定的弧度，不包括直径超过20厘米的大型铜牌和剖面无弧度的铜镜或镜形饰。由于形制差异不明显且出土数量巨大，圆铜泡在很长一段时间内被大多数学者所忽视，因此对这类器物进行专门研究的成果并不多。以有的研究成果，已经涉及了某一地区铜泡的分类研究，如《青海史前的铜泡饰、铜片饰和连珠饰》[1]、《鄂尔多斯式青铜器》[2]、《丝路天山地区青铜器研

---

① 刘宝山：《青海史前的铜泡饰、铜片饰和连珠饰》，《青海文物》(13)，文物出版社，1999年，67～70页。

② 内蒙古自治区文物工作队、田广金、郭素新：《鄂尔多斯式青铜器》，文物出版社，1986年，119～121页。

究》①、《东周胡服的考古学考察——以内蒙古出土北方系青铜服饰品为例》②等,也有对铜泡功能的概述或初步讨论,如《铜泡》③、《试论西周墓葬所见人体护甲及相关问题》④、《商周铜𬭚研究》⑤和《永昌西岗柴湾岗》⑥等;还有少量的从铜泡看文化间关系的讨论,如《北方草原考古学文化比较研究——青铜时代至早期匈奴时期》⑦、《夏家店上层文化在中国北方青铜器发展中的传承作用》⑧这些成果都是进行深入研究的基础。但目前的研究还存着一些缺憾,如对铜泡的时代特征和区域特征缺乏具体认识,对各类铜泡的功能的具体差异没有进行细致的讨论,对于铜泡的发展和传播情况也比较模糊,由于涉及地域和时代范围较广,限于篇幅,本文仅选取西北地区作为主要研究区域。这里所指的西北地区,主要包括新疆、宁夏、甘肃和青海的东北部等地区。区域内地表形态复杂多样,既有较为高峻的山地和广泛分布的丘陵,也有冲积平原,还有台地和沙丘等。这一地区早在夏至早商时期就已经出现了发达的青铜文化,在东周时期早期游牧文化也非常繁盛,这一区域是早期东西方文化交流的重要区域,是东西方联系的重要通道。

本文将在系统梳理西北地区出土的铜泡遗存的基础上,揭示西北地区铜泡的发展情况,并将结合具体出土情况对各类铜泡的功能进行论述,对以后鉴别不同形制铜泡的功能提出具体的参考意见。由于新疆和其他地区文化上存在着较大的差别,因此我们将分别论述。

一、甘宁地区

甘宁地区很多北方青铜文化遗存中都有铜泡出土,各文化铜泡形制也都具特色,我们根据已有的文化年代序列研究成果,将这些文化分为夏至早商时期、晚商至西周时期和东周时期3个阶段。

---

① 刘学堂:《丝路天山地区青铜器研究》,三秦出版社,2017年,167~176页。
② 赵欣欣、杨建华:《东周胡服的考古学考察——以内蒙古出土北方系青铜服饰品为例》,《北方文物》2019年2期。
③ 杨美莉:《铜泡》,《故宫文物月刊》1985年22期,115、116页。
④ 豆海锋:《试论西周墓葬所见人体护甲及相关问题》,《西部考古》第11辑,科学出版社,2016年,178~186页。
⑤ 曹斌:《商周铜𬭚研究》,《考古与文物》2011年3期。
⑥ 甘肃省文物考古研究所:《永昌西岗柴湾岗》,甘肃人民出版社,2001年,163~166页。
⑦ 乌恩岳斯图:《北方草原考古学文化比较研究——青铜时代至早期匈奴时期》,科学出版社,2008年。
⑧ 杨建华:《夏家店上层文化在中国北方青铜器发展中的传承作用》,《边疆考古研究》第7辑,科学出版社,2008年。

（一）夏至早商时期

夏至早商时期，甘宁地区有两支较为发达的考古学文化，它们分别是齐家文化和四坝文化，这两个文化中都发现一定数量的铜泡遗存。

1. 齐家文化

齐家文化是中国北方西部区最为发达的史前文化之一，该文化最早得名于甘肃省广河县齐家坪遗址的发现。其分布中心是渭河上游、洮河中下游和湟水中下游地区。其绝对年代在公元前2100~前1450年[①]，齐家文化的遗存十分丰富，但是发现铜泡的遗址只有青海尕马台[②]、临潭磨沟[③]和积石山新庄坪[④]3处。从形制上看，齐家文化发现的铜泡可以分为2类：

第1类，圆形，无纽，边缘对称位置各有一孔，个别边缘有一周凸起的联珠纹，直径在2~4厘米之间。贵南尕马台出土25件，新庄坪采集6件（图一，1~5）。

第2类，圆丘状，素面，面鼓，内凹，内有一横向纽。直径在2.3~2.6厘米之间。临潭磨沟M848出土3件（图一，6）。

从贵南尕马台遗址发表的材料看，第1类铜泡的出土位置大多位于男性墓主人人骨的左右臂手腕处，可能是穿在手腕上的装饰（图二，1~3），个别墓葬的铜泡位于头部，可能为帽饰或头饰（图二，2、4）。

第2类铜泡均出自磨沟墓地M848，这是一座带有棚架设施的偏室墓，偏室内出土2具人骨，一男一女，均成年。出土的3枚铜泡均位于男性个体的腹部，可能是一种服饰装饰（图三）。

2. 四坝文化

四坝文化是分布于河西走廊地区的一支青铜时代早期文化，绝对年代为公元前1950~前1550年[⑤]。自1948年在甘肃山丹县四坝滩[⑥]发现并命名以来，又相继在玉门火烧

---

① 陈小三：《河西走廊及其邻近地区早期青铜时代遗存研究》，吉林大学2012年博士学位论文。
② 青海省文物考古研究所，北京大学考古文博学院：《贵南尕马台》，科学出版社，2016年，131、132页。
③ 钱耀鹏、王玥、毛瑞林、谢焱：《甘肃临潭磨沟墓地齐家文化墓葬2009年发掘简报》，《文物》2014年6期。
④ 贾建威：《甘肃积石山县新庄坪齐家文化遗址调查》，《考古》1996年11期。
⑤ 谢端琚：《甘青地区史前考古》，文物出版社，2002年，138~151页。
⑥ 安志敏：《甘肃山丹四坝滩新石器时代遗址》，《考古学报》1957年3期，7~16页。

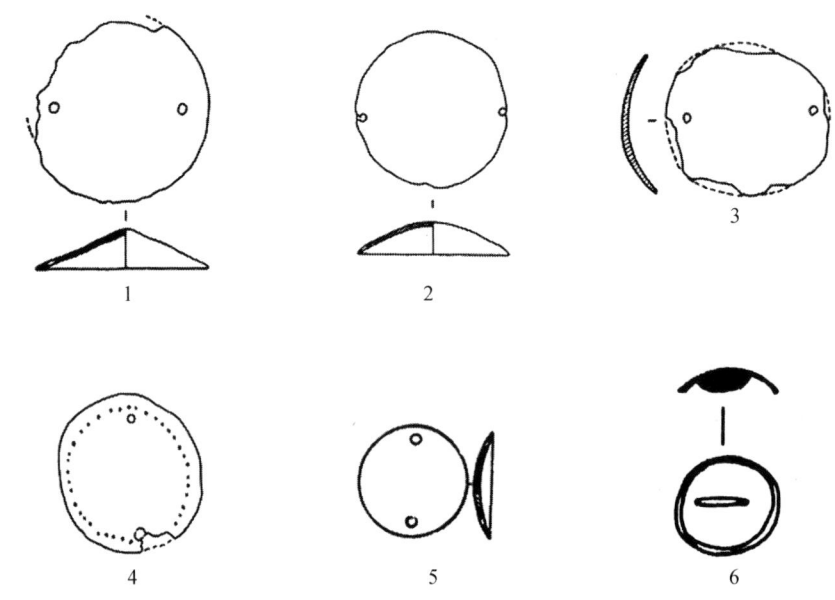

图一　齐家文化出土的铜泡

1~4. 尕马台（M27∶3、M25∶1、M35∶16、M27∶27）　5. 新庄坪采集　6. 磨沟 M848∶B1

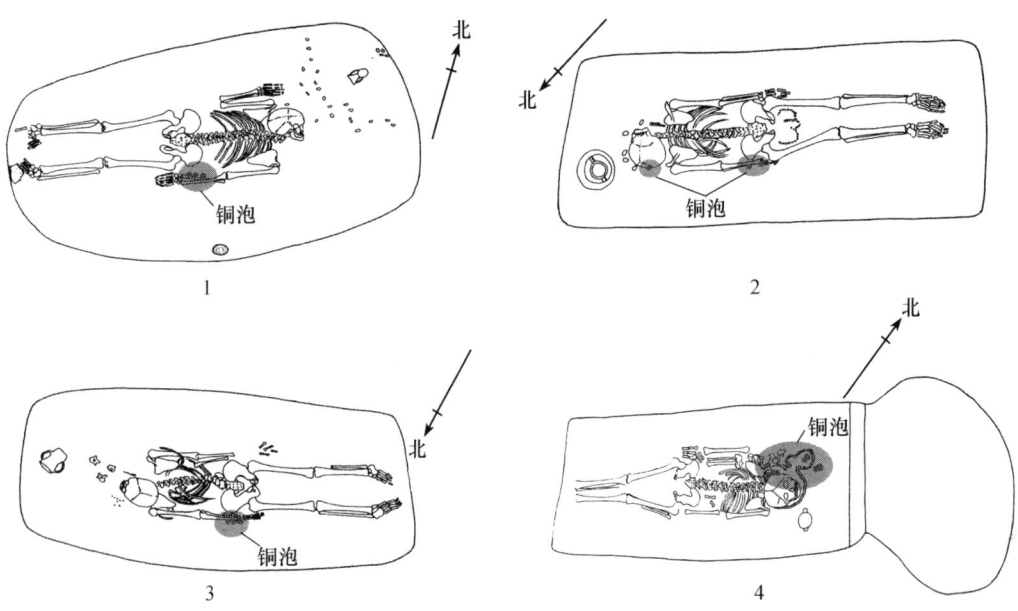

图二　尕马台墓地铜泡出土位置图

1. 尕马台 M23　2. 尕马台 M25　3. 尕马台 M27　4. 尕马台 M35

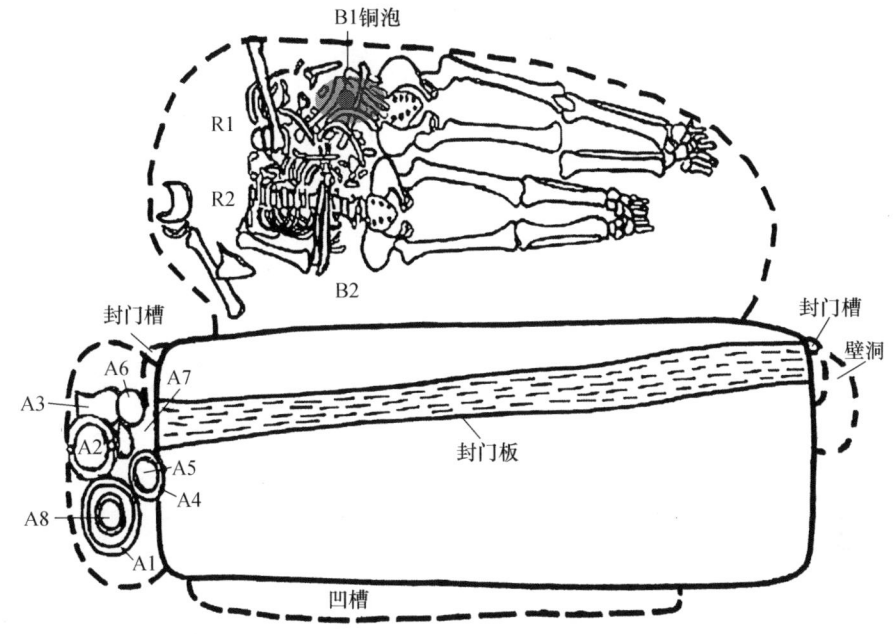

图三 磨沟墓地 M848 铜泡出土位置图

沟[1]、安西县鹰窝树[2]、民乐东灰山[3]和酒泉干骨崖[4]等地发掘了四坝文化遗存。其中，火烧沟、干骨崖和鹰窝树遗址都发现了铜泡遗存，这些铜泡主要可分为以下2类。

第1类，圆形，素面，无纽，中心微鼓，周边一圈较平整，边缘对称位置各有一孔。干骨崖出土1件（图四，3），直径4.25厘米。鹰窝树出土1件[5]，尺寸不明。这类铜泡与齐家文化第1类铜泡十分相似。

第2类，圆形，素面，凹面有一纽，纽上有穿。干骨崖墓地出土6件，直径1.9～5.6厘米（图四，1、4～6）。火烧沟墓地出土1件，直径4.2厘米（图四，2）。

四坝文化有明确出土位置的材料均出自干骨崖墓地，干骨崖M44出土的一件第一类铜泡，位于墓主人右臂，与齐家文化出土的同类铜泡位置大致相同，且与海贝紧邻，应为腕饰（图五，1），但该墓墓主人性不详。

---

[1] 甘肃省博物馆：《甘肃省文物考古工作三十年》，《文物考古工作三十年（1949～1979）》，文物出版社，1979年，139～153页。

[2] 甘肃省文物考古研究所、北京大学考古学系：《河西走廊史前考古调查报告》，文物出版社，2011年。

[3] 甘肃省文物考古研究所、吉林大学北方考古研究室：《民乐东灰山考古——四坝文化墓地的揭示与研究》，科学出版社，1998年。

[4] 甘肃省文物考古研究所、北京大学考古文博学院：《酒泉干骨崖》，文物出版社，2016年。

[5] 转引自陈小三：《河西走廊及其邻近地区早期青铜时代遗存研究——以齐家、四坝文化为中心》，吉林大学2012年博士论文。

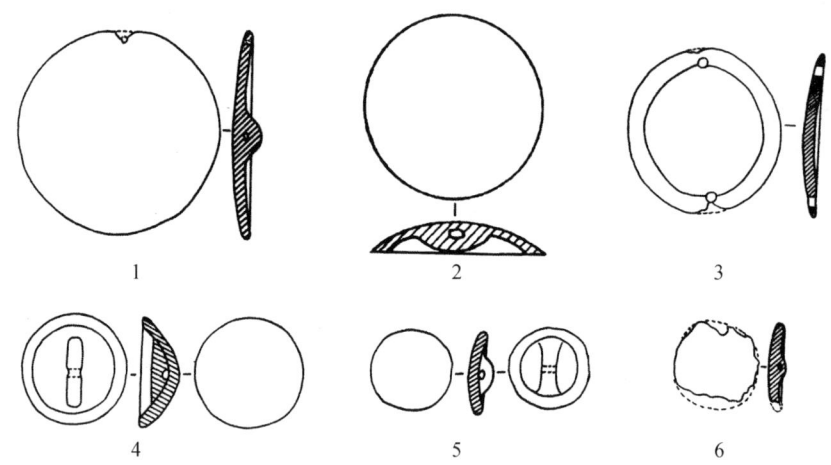

图四 四坝文化出土的铜泡

1、2、4~6. 第2类铜泡［干骨崖M79：5、火烧沟76YH-007、干骨崖M79：4、干骨崖M27（下）：2、干骨崖M36：7］ 3.第一类铜泡（干骨崖M44：4）

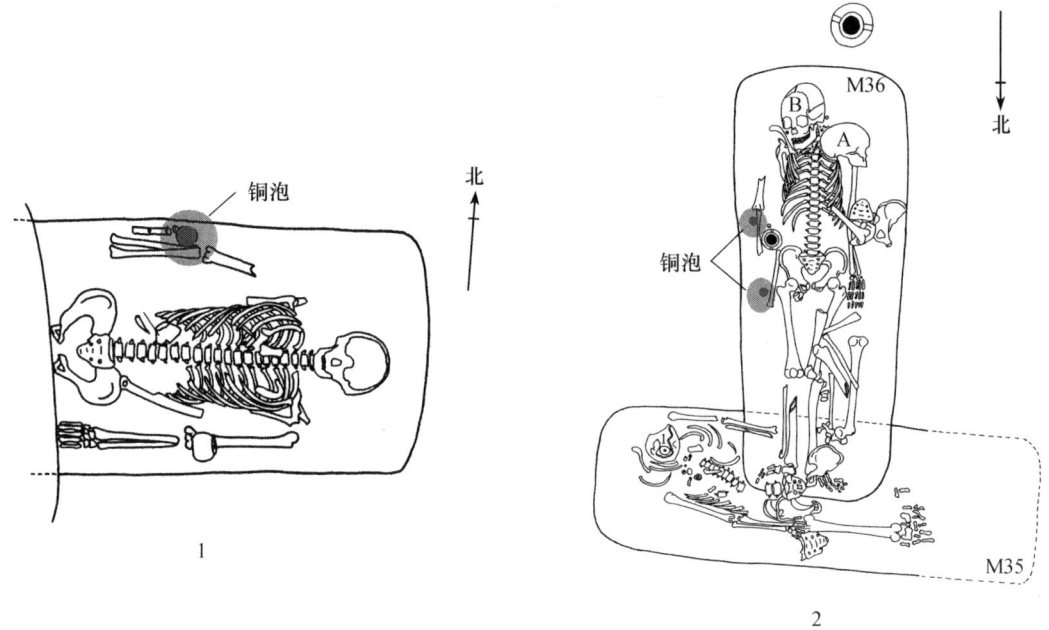

图五 四坝文化铜泡出土位置图
1. 干骨崖M44 2. 干骨崖M36

第2类铜泡见于干骨崖M36，该墓为一次葬与二次葬的合葬墓，两具人骨一具为男性，另一具报告中推测为男性[①]。出土的两枚此类铜泡分别位于两具人骨的小臂处，很可能是手臂上的装饰（图五，2）。

---

① 甘肃省文物考古研究所、北京大学考古文博学院：《酒泉干骨崖》，文物出版社，2016年，92页。

（二）晚商至西周时期

晚商到西周时期，甘宁地区出现了多支考古学文化，其中骟马文化、寺洼文化、辛店文化和卡约文化都发现了铜泡遗存。

1. 骟马文化

骟马文化是河西走廊地区在四坝文化之后发展起来的一支考古学文化，年代相当于晚商至西周中期，发现的遗址数量十分有限，而且发表的可供参考的资料十分有限。《河西走廊史前考古调查报告》[①]一书中，发表了兔葫芦遗址采集和玉门市博物馆馆藏的骟马文化的遗物，其中也包括少量的铜泡。

骟马文化的铜泡可分为以下3类。第1类，整体呈圆形，凹面有一桥形纽，部分边缘饰联珠纹，直径2.4～2.8厘米，玉门市博物馆馆藏6件（图六，1～3）。其中一件形制较为特殊，一端凸出呈龟首形，长径4.2厘米（图六，1）。第2类，圆形，一面凸起近斗笠状，凹面有一横纽，直径2.6厘米，玉门市博物馆馆藏3件（图六，4）。第3类，圆形，素面，凹面有一横贯纽，直径1～1.2厘米，兔葫芦遗址采集2件（图六，6）。兔葫芦遗址还采集到一件形制较为特殊的圆铜泡，圆形，素面，器形厚重，凹面一桥形纽较大，直径3.5厘米（图六，5）。由于骟马文化的铜泡均为馆藏品和采集品，没有明确的出土环境及出土位置用来确认其功能，但依据铜泡的尺寸和形制，对比邻近地区发现的铜泡，可能属于服饰品。

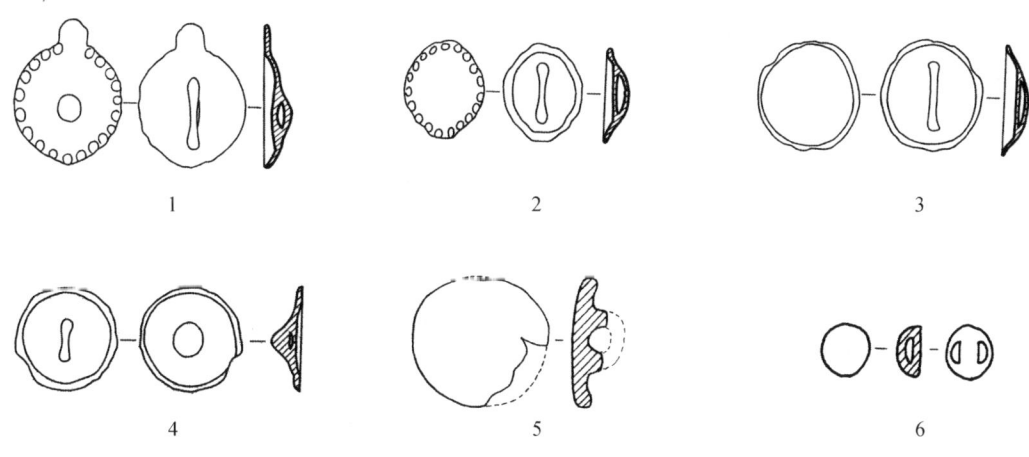

图六　骟马文化的铜泡
1～4. 玉门市博物馆馆藏（YSH-A024、YSH-A027、YSH-A025、YSH-A021）
5、6. 兔葫芦采集（86AT-065、86AT-062）

---

① 甘肃省文物考古研究所、北京大学考古学系：《河西走廊史前考古调查报告》，文物出版社，2011年。

2. 寺洼文化

寺洼文化主要分布在甘肃省东部的洮河流域、泾河上游及渭河上游地区。主要流行年代相当于晚商至西周时期。在合水九站①、庄浪徐家碾②、西和栏桥③和岷县占旗④都发现有寺洼文化的铜泡。大致可分为以下几类。

第1类，圆形，中心微鼓，凹面有一纽，有折沿，部分折边上有压印花纹（图七，1~3）和凸弦纹（图七，5、6）。合水九站出土9件，徐家碾出土11件，直径约2~3.1厘米（图七）。

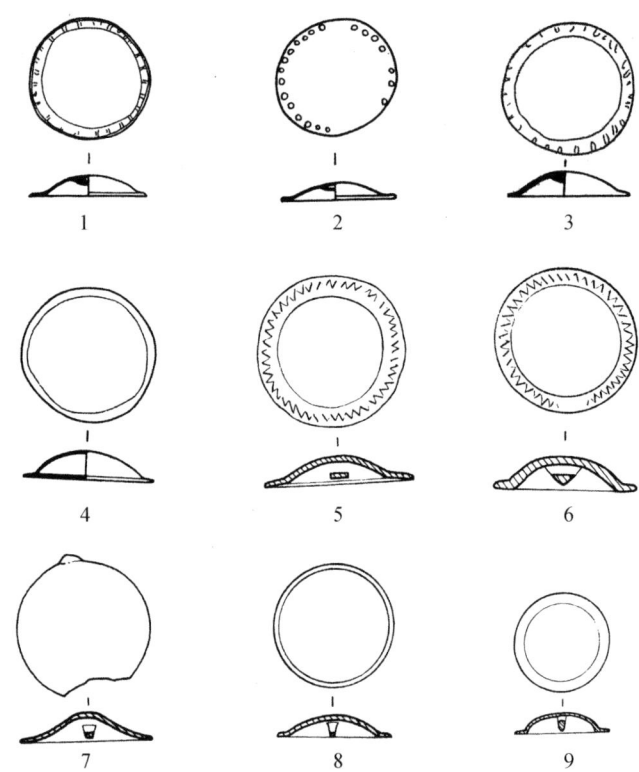

图七　寺洼文化第1类铜泡

1~4.九站（M20∶11、M23∶21、M15∶2、M20∶14）

5~9.徐家碾（M69∶17、M70∶2、M94∶9、M69∶16、M70∶1）

---

① 北京大学考古系、甘肃省文化工作队：《甘肃合水九站遗址发掘报告》，《考古学研究》（三），科学出版社，1997年。

② 中国社会科学院考古研究所：《徐家碾寺洼文化墓地——1980年甘肃庄浪徐家碾考古发掘报告》，科学出版社，2006年。

③ 赵化成、柳春鸣：《甘肃西和栏桥寺洼文化墓葬》，《考古》1987年8期。

④ 甘肃省文物考古研究所：《甘肃岷县占旗寺洼文化遗址发掘报告》，《考古与文物》2012年4期。

第 2 类，圆形，素面，正面隆起作半球状，凹面多有一横梁形纽。合水九站出土 17 件，徐家碾出土 15 件，西和栏桥出土 2 件。直径 1.3～3.3 厘米（图八）。

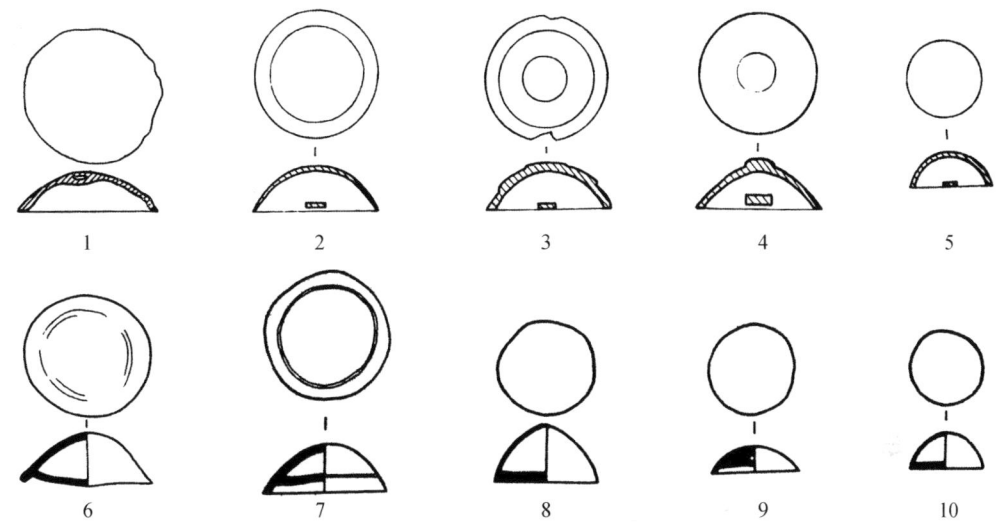

图八　寺洼文化第 2 类铜泡
1. 西和栏桥（M6：55）　2～5. 徐家碾（M45 下：27、M66：9、M34：3、M31：1）
6～10. 合水九站（M23：28、M23：24、M23：22、M60：35、M15：15）

第 3 类，圆形，素面，正面微隆，剖面月牙形，凹面一桥形纽。合水九站出土 11 件，徐家碾出土 9 件。直径 2～3.4 厘米（图九）。

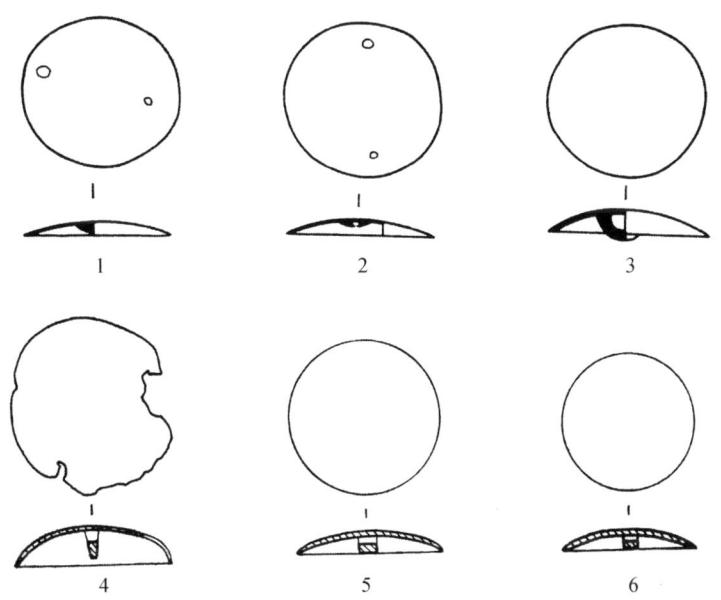

图九　寺洼文化第 3 类铜泡
1～3. 合水九站（M37：14、M37：10、M15：14）　4～6. 徐家碾（M2：1、M25：9、M69：15）

第 4 类，圆形，素面，剖面呈三角形，凹面一桥形纽，纽上有孔，九站出土 4 件，直径 3 厘米（图一〇，3、4）。

此外，还有少量形制特殊的铜泡。如占旗 M1 出土的一件铜泡，圆形，素面，中心微鼓，凹面有双桥形纽，直径 8.2 厘米（图一〇，1）[①]。九站 M67 出土 1 件铜泡，圆形，素面，无纽，有折沿，边缘有两孔，直径 3 厘米（图一〇，2）。

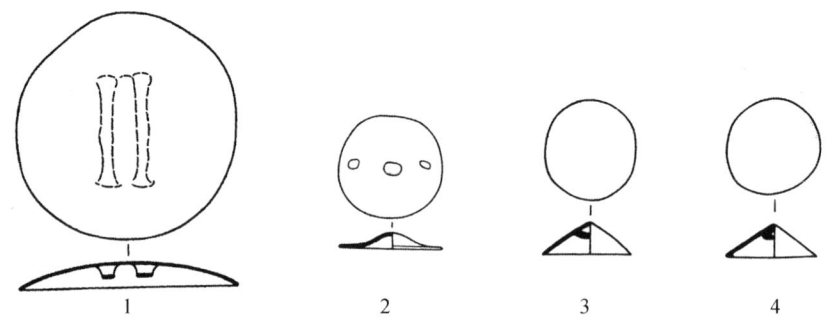

图一〇　寺洼文化第 4 类铜泡和其他形制铜泡
1、2. 其他形制铜泡（占旗 M1∶2、九站 M67∶7）　3、4. 第 4 类铜泡（九站 M3∶46、M3∶44）

寺洼文化中铜泡明确的出土位置，大致有以下 2 种。第 1 种，铜泡位于死者面部额骨上，报告中推测它们像是附缀在织物上覆盖在死者头部[②]，徐家碾 M2、M31、M69 和占旗 M25 铜泡均位于头骨及附近（图一一、图一二）。

第 2 种，占旗 M25、徐家碾 M72 出土的铜泡均位于人骨腰部附近，应为服饰装饰（图一二）。

从每座墓葬出土的铜泡数量来看，多数墓葬出土 1、2 枚铜泡，仅两座墓葬各出土 5 枚，结合铜泡在墓葬中的出土位置，可以推测寺洼文化的铜泡均属服饰品。

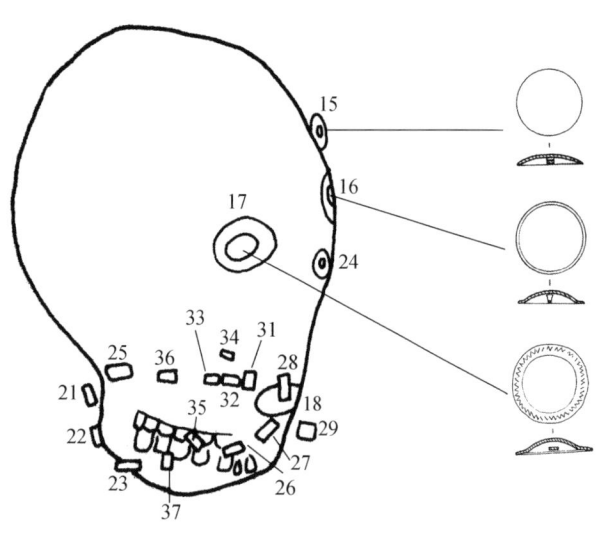

图一一　徐家碾 M69 铜泡出土位置图

---

① 甘肃省文物考古研究所：《甘肃岷县占旗寺洼文化遗址发掘报告》，《考古与文物》2012 年 4 期。
② 中国社会科学院考古研究所：《徐家碾寺洼文化墓地——1980 年甘肃庄浪徐家碾考古发掘报告》，科学出版社，2006 年，112 页。

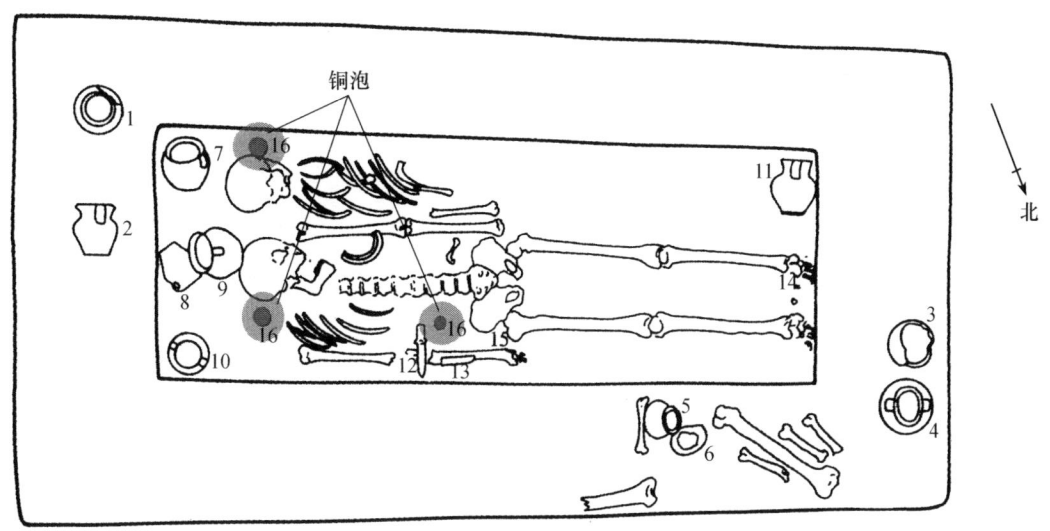

图一二　占旗 M25 铜泡出土位置图

3. 卡约文化

卡约文化主要分布在青海省柴达木盆地的东北部，大致年代为晚商至西周。发现卡约文化铜泡的遗址十分丰富，在大华中庄[①]、贵德山坪台[②]、化隆半主洼[③]、上半主洼[④]、下半主洼[⑤]、黄家寨[⑥]、花鼻梁[⑦]、卡窑[⑧]、潘家梁[⑨]、沙卡村[⑩]、上孙家寨[⑪]、

[①] 青海省湟源县博物馆、青海省文物考古队，青海省社会科学院历史研究室：《青海湟源县大华中庄卡约文化墓地发掘简报》，《考古与文物》1985 年 5 期。

[②] 青海省文物考古队、海南藏族自治州群众艺术馆：《青海贵德山坪台卡约文化墓地》，《考古学报》1987 年 2 期。

[③] 许淑珍：《青海化隆县半主洼卡约文化墓葬发掘简报》，《考古》1996 年 8 期。

[④] 刘宝山：《青海化隆县上半主洼卡约文化墓地第二次发掘》，《考古》1998 年 1 期。

[⑤] 刘宝山：《青海化隆县下半主洼卡约文化墓地第二次发掘简报》，《考古与文物》1998 年 7 期。

[⑥] 高东陆、许永杰、李依萍、吴平：《青海大通县黄家寨墓地发掘报告》，《考古》1994 年 3 期。

[⑦] 高东陆：《青海湟源县境内的卡约文化遗迹》，《考古》1986 年 10 期。

[⑧] 安特生著、乐森璕译：《甘肃考古记》，地质专报甲种第五号，农商部地质调查所印行，中华民国十六年（1927 年）。

[⑨] 青海省文物考古研究所：《青海湟中下西河潘家梁卡约文化墓地》，《考古学集刊》（八），科学出版社，1994 年。

[⑩] 任小燕、王倩倩、李一全：《青海平安县古城青铜时代和汉代墓葬》，《考古》2002 年 12 期。

[⑪] 转引自张文立：《青海地区青铜时代文化研究》，吉林大学 2003 年博士学位论文。

阿哈特拉[①]、苏呼撒[②]、苹果园[③]及互助县东村砖瓦厂[④]等地都有发现。大致可分为3类。

第1类，圆形，剖面斗笠状或三角形，凹面一纽，大多素面，少量为花状边缘（图一三，1、6），直径1.8～5.3厘米。上半主洼发现79件，苏呼撒发现14件，黄家寨发现1件，大华中庄、半主洼、沙卡村、上孙家寨、卡窑村也有发现，但具体数量不明（图一三）。该类铜泡与寺洼文化九站出土的第4类铜泡（图一○，3、4）形制十分相似。

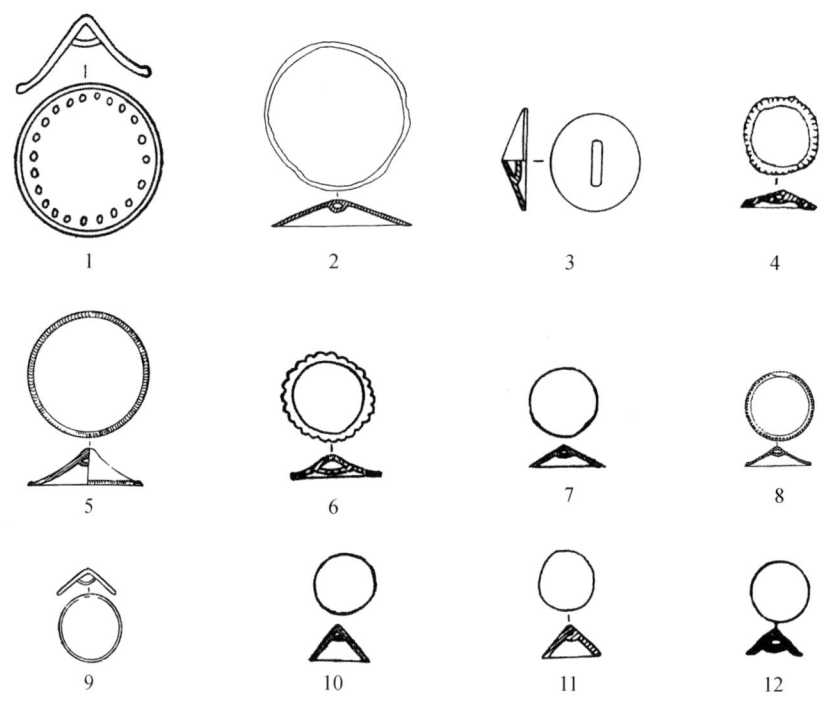

图一三　卡约文化第1类铜泡

1、9. 苏呼撒（M74∶6、M33∶7）　2、11. 上半主洼（M40∶7、M35∶5）　3. 沙卡村 M3∶7　4、8、12. 上孙家寨（M565∶8、M610∶5、M1027∶6）　5. 大华中庄（M105∶5）　6. 黄家寨 M21∶1　7、10. 半主洼

第2类，圆形，凹面有一桥形纽，中间鼓，边沿微翘，部分饰联珠纹（图一四，1、2），直径3厘米左右。潘家梁和半主洼都有发现，但具体数量不明（图一四）。

第3类，圆形，剖面弧形，凹面有一纽，纽孔或大或小，多素面，部分饰联珠纹（图一五，3、6），直径1.6～3.7厘米。在苏呼撒发现3件、东村砖瓦厂发现2件、黄家寨发现1件、花鼻梁发现1件，大华中庄也有发现，具体数量不明（图一五）。

---

① 卢耀光：《1980年循化撒拉族自治县考古调查简报》，《青海考古学会会刊》1982年4期。

② 李伊萍、许永杰：《青海循化苏呼撒墓地》，《考古学报》1994年10期。

③ 同①。

④ 陈海清、张义军、卢耀光：《青海平安、互助县考古调查简报》，《考古》1990年9期。

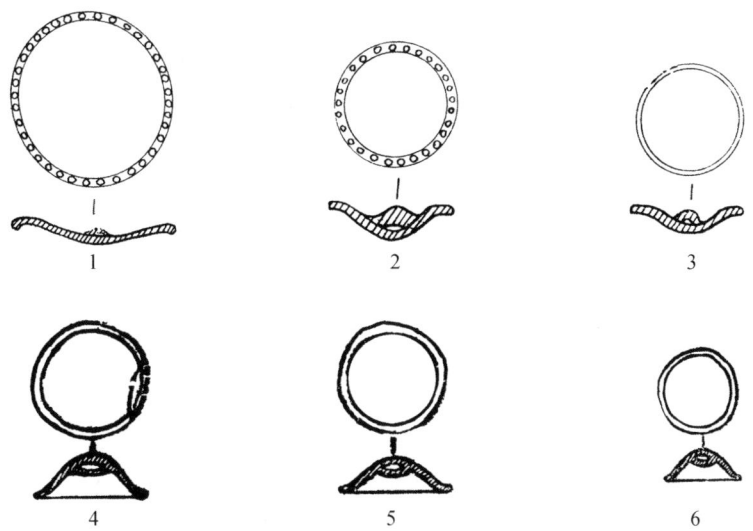

图一四　卡约文化第 2 类铜泡
1~3. 潘家梁（M181：2、M185：21、M170：24）　4~6. 半主洼

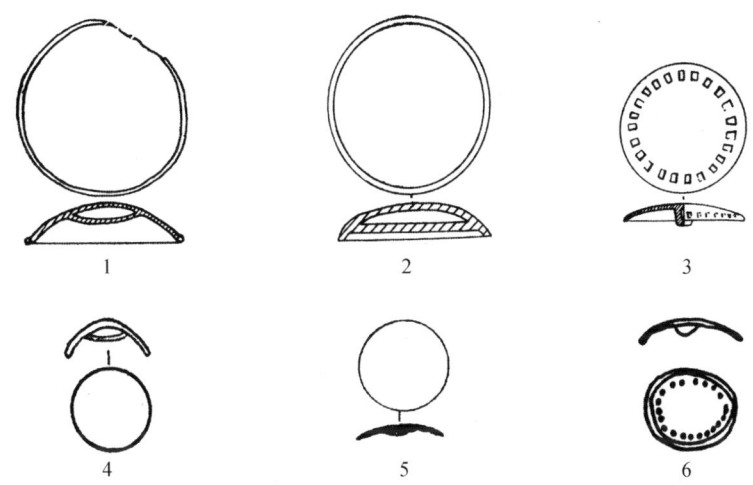

图一五　卡约文化第 3 类铜泡
1. 黄家寨（采：033）　2. 东村砖瓦厂 Gd06　3. 大华中庄 M53：7　4. 苏呼撒 M99：8
5. 上孙家寨 M1023：1　6. 黄鼻梁 M12

除上述 3 类外，还发现几件形制较为特殊的铜泡。上孙家寨 M1028 发现 1 件（图一六，1），周边有折沿，与寺洼文化第 1 类铜泡（图七）形制相似。下半主洼发现的铜泡中间凸起，剖面草帽状，直径 2 厘米左右（图一六，2）。大华中庄还发现凹面有两纽的铜泡，具体数量不明（图一六，3）。

卡约文化墓葬随葬铜泡十分普遍，潘家梁 249 座卡约文化墓葬中，只有 57 座未发现随葬铜泡，随葬铜泡的墓葬约占 77%。每座墓葬随葬铜泡的数量一枚至数十枚不等。

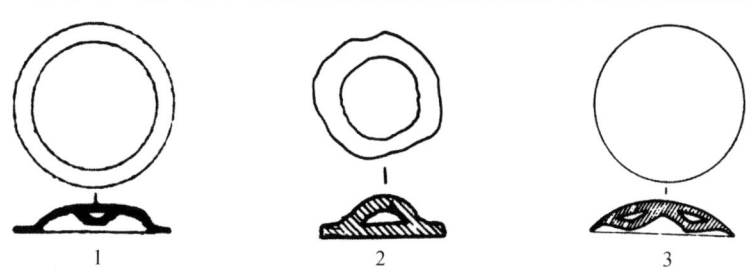

图一六　卡约文化其他形制铜泡
1. 上孙家寨 M1028∶34　2. 下半主洼 M13　3. 大华中庄 M60∶4

从墓葬中铜泡的出土位置看，较为固定的位置有眼眶、膝盖、腰部和脚部等，应属于面部和服饰品的装饰（图一七）。潘家梁 M221 是一座较为特殊的男性墓葬，随葬品十分丰富，该墓葬中，左右眼眶各出土 1 枚铜泡，从肩部至腿部规律地分布着多枚铜泡（图一七，1），应该为墓主人服饰上的装饰；大华中庄 M95 为 1 座儿童合葬墓，在其中 1 个个体的两个眼眶和膝盖处，各出土 1 枚铜泡（图一七，2）。下半主洼 M13 中，人骨两个膝盖处也各放置 1 枚铜泡；上半主洼 M40 腰部散落多枚铜泡，应为服饰装饰；苏呼撒 M74 右肩胛骨处放置 1 枚大铜泡，腿骨处散落 2 枚小铜泡（图一七，4）。可以发现，卡约文化的铜泡，其功用都为人体装饰且装饰的部位十分多样。

4. 辛店文化

辛店文化主要分布在甘肃省中部兰州附近，是与寺洼文化同时并行的一支考古学文化。辛店文化的铜器多为小件装饰品，铜泡是发现数量最多的铜器，在民和核桃庄[①]、喇家[②]、瓦渣咀[③]和莲花台[④]都有发现。

辛店文化的铜泡形制较为单一，均为圆形，素面，凹面有一纽以供穿系，剖面弧状凸起或尖状凸起（图一八）。直径 1.4～3.5 厘米。核桃庄发现 40 件、喇家发现 5 件、瓦渣咀发现 3 件、莲花台发现 2 件。

辛店文化单座墓葬中出土铜泡的数量多为 1～3 枚，核桃庄 M151 出土数量最多，共 11 枚。从出土位置看，多位于人骨的上半身，如肩部、胸部和腰部。如核桃庄 M151，人骨的胸部和盆骨出有规律地排放多枚铜泡（图一九，1）。核桃庄 M95，人骨

---

① 青海省文物考古研究所、青海省文物管理处、西北大学文博学院：《民和核桃庄》，科学出版社，2004 年。
② 何克洲：《青海民和县喇家遗址的辛店文化墓葬》，《考古》2015 年 3 期。
③ 谢端琚：《甘肃永靖莲花台辛店文化遗址》，《考古》1980 年 7 期。
④ 蒲朝绂、南玉泉：《甘肃临夏莲花台辛店文化墓葬发掘报告》，《文物》1988 年 3 期。

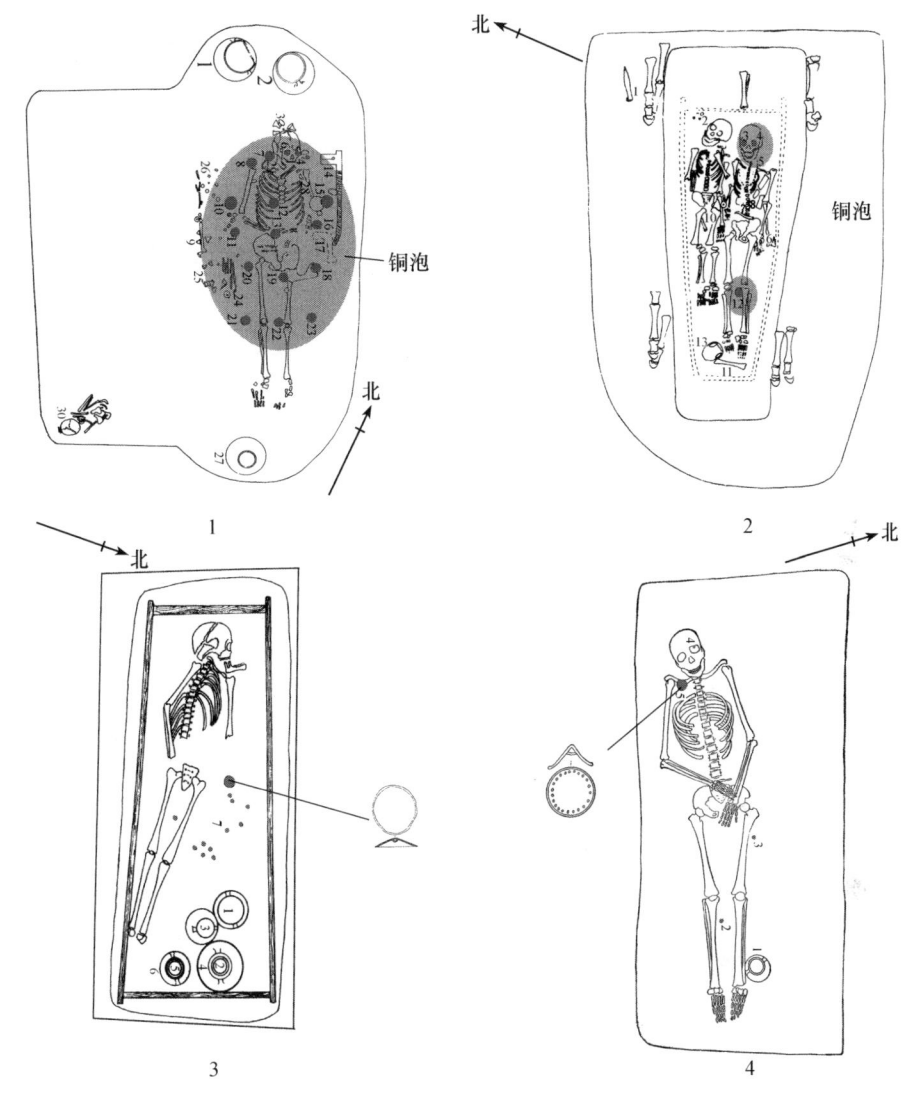

图一七　卡约文化铜泡位置图
1. 潘家梁 M221　2. 大华中庄 M95　3. 上半主洼 M40　4. 苏呼撒 M74

的胸椎处有 3 枚铜泡（图一九，2）。核桃庄 M5，人骨的肩部放置 2 枚铜泡（图一九，3）。不难发现，这些铜泡均为服饰装饰。

（三）东周时期

进入东周时期，甘宁地区也进入了早期游牧时代，各地出现了很多文化面貌差异较大的墓葬遗存，除了河西走廊的沙井文化外，在甘肃东部和宁夏地区，很难用一个考古学文化来涵盖这些遗存，因此我们在这里按地域来梳理东周时期的铜泡遗存。

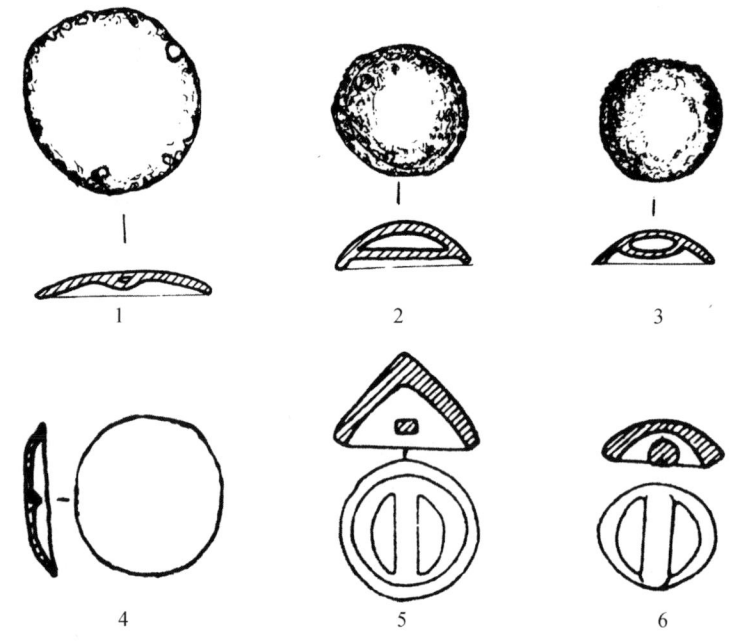

图一八 辛店文化铜泡
1~3.核桃庄（M95:3、M151:1、M138:1） 4.莲花台 5、6.瓦渣咀（H30:4、H61:2）

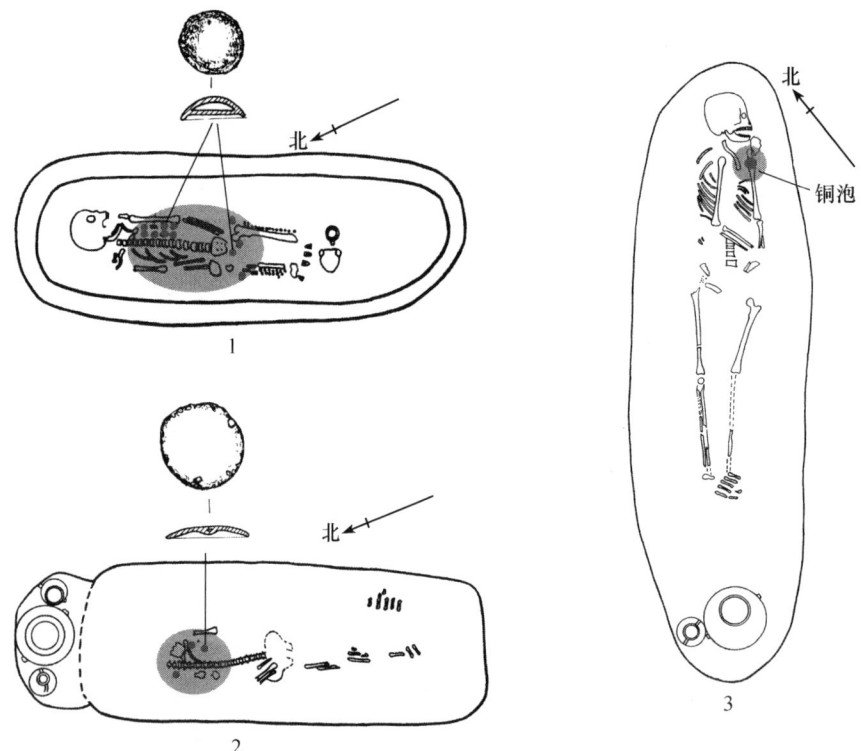

图一九 辛店文化铜泡出土位置图
1~3.核桃庄（M151、M95、M5）

1. 沙井文化

沙井文化的分布地域主要位于甘肃省永昌、民勤一带,年代上限可以到西周时期,下限可以晚到春秋晚期或战国时期。沙井文化是西北地区一支独具特色的考古学文化,铜器较为发达,多工具和装饰品,其中铜泡的形制和数量十分丰富,在永昌西岗[①]、柴湾岗[②]、三角城[③]、蛤蟆墩[④]和民勤沙井遗址[⑤]都有发现。沙井文化的铜泡种类很多,具体可分为以下五类。

第1类,圆形,素面,凹面有一桥形纽,直径 1.2 ~ 4.2 厘米。在西岗发现数十件,具体数量不明,柴湾岗发现 7 件,蛤蟆墩发现 4 件,沙井遗址亦有少量发现(图二○)。

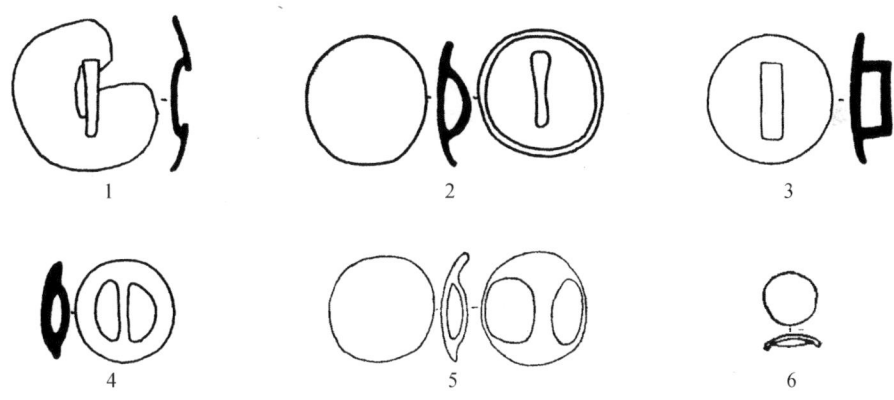

图二○　沙井文化第 1 类铜泡
1 ~ 3. 西岗(M227∶3-①、M442∶6、M442∶6) 4. 柴湾岗 M88∶1　5、6. 蛤蟆墩(M2∶3、M6∶7)

第2类,素面,凹面有一横贯纽,直径 1 ~ 3.4 厘米。在西岗发现数十件,具体数量不明,蛤蟆墩发现 10 件,柴湾岗发现 8 件,三角城发现 4 件,沙井遗址亦有少量发现(图二一)。

第3类,梅花形铜泡,凹面有一纽,直径 1.5 ~ 2.3 厘米。边缘大都为圆形凸起(图二二,2 ~ 6),部分边缘为镂孔(图二二,1)。西岗发现十余件,柴湾岗发现 19 件,沙井遗址亦有少量发现(图二二)。

第4类,圆形,凹面有一纽,边缘饰联珠乳钉纹(图二三,1、2)或短条锯齿纹(图二三,3 ~ 8),直径 1.5 ~ 3.6 厘米。在西岗发现近 10 件,柴湾岗发现 5 件。

---

① 甘肃省文物考古研究所:《永昌西岗柴湾岗——沙井文化墓葬发掘报告》,甘肃人民出版社,2001 年。
② 同①。
③ 蒲朝绂、赵建龙:《甘肃永昌三角城沙井文化遗址调查》,《考古》1984 年 7 期。
④ 蒲朝绂、庞跃先:《永昌三角城与蛤蟆墩沙井文化遗存》,《考古学报》1990 年 2 期。
⑤ 安特生、李勇杰:《沙井遗址》,《南方文物》2016 年 4 期。

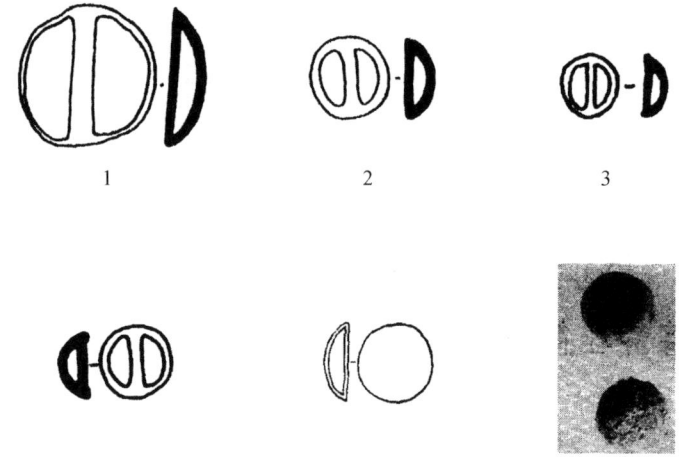

图二一　沙井文化第 2 类铜泡

1~3.西岗（M152：2-②、M262：1、M442：4-②）　4.柴湾（M69：1-②）　5、6.蛤蟆墩（M15：4、78蛤蟆墩）

图二二　沙井文化第 3 类铜泡

1~3.西岗（M5：4、M427：11、M8：2）　4~6.柴湾岗（M78：3-②、M31：1-⑤、M96：1-①）

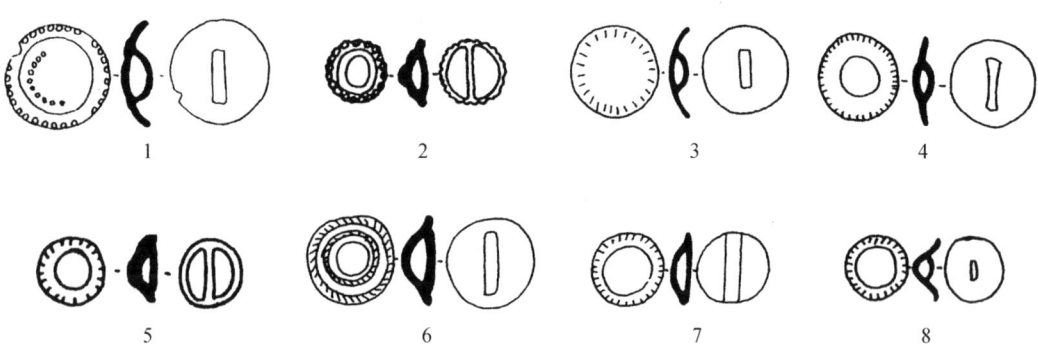

图二三　沙井文化第 4 类铜泡

1~5.西岗（M59：2-②、M44：1-①-⑩、M52：2-①、M6：1、M44：1-⑪⑫）
6~8.柴湾岗（M75：14-①、M72：10、M50：4-①）

第5类，圆形，素面，纽外凸，直径3.5~7.6厘米，柴湾岗发现3件，西岗发现1件（图二四，1~4）。此外还有几件形制较特殊的铜泡，如柴湾岗 M79：1，圆形面平，面上开数个镂空，背面附2个纽环，用一根短轴套进以供缝缀，直径2.9厘米（图二四，5）；西岗和柴湾岗还发现数件兽首形铜泡，直径2厘米左右（图二四，6）。

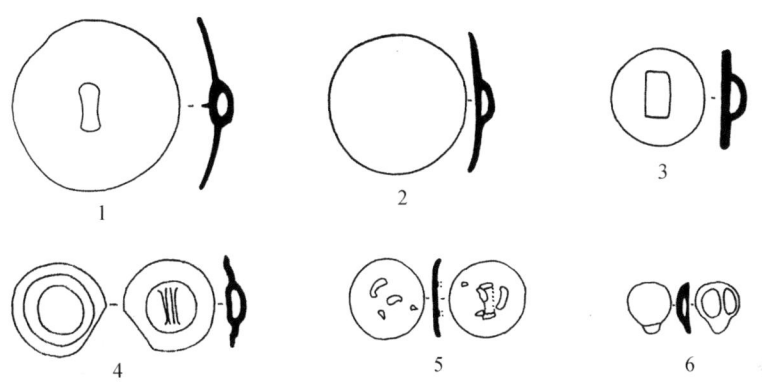

图二四　沙井文化第5类铜泡和其他形制铜泡
1~3、5、6. 柴湾岗（M4：4、M63：2、M8：4、M79：1、M4：11-③）　4. 西岗 M152：2-①

沙井文化墓葬出土的铜泡数量多为1~3件，仅有2座墓葬出土12件。从铜泡的出土位置看，蛤蟆墩 M13 铜泡位于人骨眼部的皮眼罩上（图二五，1）；西岗 M140 铜泡位于铜刀附近，可能是刀囊装饰（图二五，3）；其余则多位于人骨腰部附近，应为腰部的服饰装饰（图二五，2、4）。

2. 甘肃东部地区东周时期遗存发现的铜泡

东周时期甘肃东部地区发现铜泡的遗址有刘坪①、马家塬②、墩坪③、王洼④、

---

① 李晓青、南宝生：《甘肃清水县刘坪近年发现的北方系青铜器及金饰片》，《文物》2003年7期。

② a. 周广济、方志军、谢言、马明远：《2006年度甘肃张家川回族自治县马家塬战国墓地发掘简报》，《文物》2008年9期。

b. 周广济、赵吴成、赵卓、花平宁、王辉：《张家川马家塬战国墓地2007~2008年发掘简报》，《文物》2009年10期。

c. 王辉、赵吴成、赵卓、芦敏、张伟、赵西晨、郭小霞、孟永岐、花平宁：《张家川马家塬战国墓地2008~2009年发掘简报》，《文物》2010年10期。

d. 谢焱、刘兵兵：《张家川马家塬战国墓地2010~2011年发掘简报》，《文物》2012年8期。

e. 刘兵兵、谢焱、王辉：《甘肃张家川马家塬战国墓地2012~2014年发掘简报》，《文物》2018年3期。

③ a. 毛瑞林、杨月光、蒋超年：《甘肃漳县墩坪墓地2014年发掘简报》，《考古》2017年8期。

b. 杨月光、毛瑞林、赵吴成：《甘肃漳县墩坪墓地2015年发掘简报》，《文物》2019年3期。

④ 赵雪野、王山、田松亭、孙明霞：《甘肃秦安王洼战国墓地2009年发掘简报》，《文物》2012年8期。

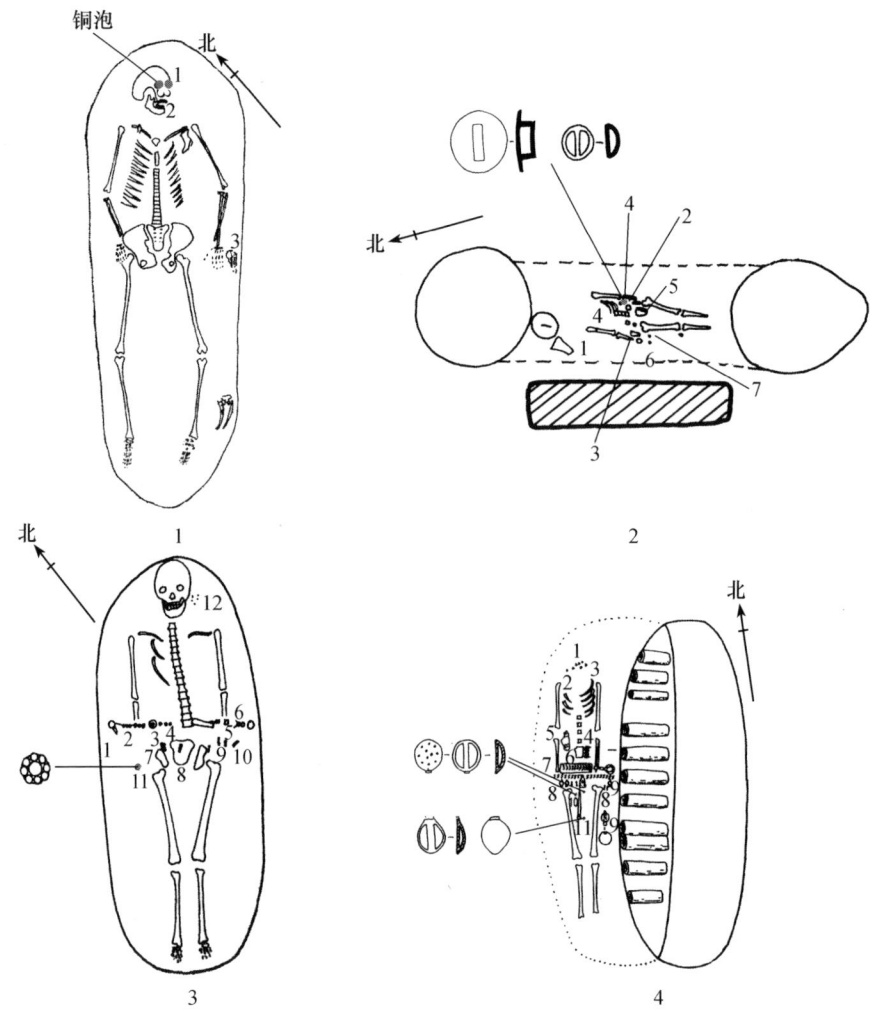

图二五 沙井文化铜泡位置图
1. 蛤蟆墩 M13 2、3. 西岗（M442、M140） 4. 柴湾岗 M53

榆树沟[①]及庆阳地区的红岩[②]、庙渠[③]、袁家村[④]、吴家沟圈[⑤]及城北葬马坑[⑥]。这些出土的铜泡可分为以下几类。

第 1 类，圆形，素面，凸面中央或边缘有 1 或 2 纽，直径 3.2～12.5 厘米，多数较

---

① 甘肃博物馆文物工作队：《甘肃永登榆树沟的沙井墓葬》，《考古与文物》1981 年 4 期。
② 刘得祯、许俊臣：《甘肃庆阳春秋战国墓葬的清理》，《考古》1988 年 5 期。
③ 同②。
④ 同②。
⑤ 同②。
⑥ 同②。

大，纽内多发现皮条残存痕迹。墩坪发现 15 件，红岩发现 8 件，刘坪发现 7 件，榆树沟发现 7 件，王洼发现 4 件，庆阳城北葬马坑发现 4 件，袁家发现 2 件（图二六）。

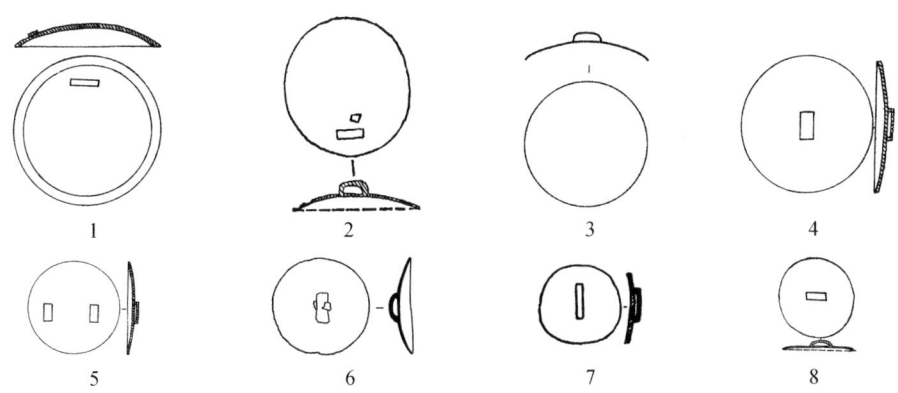

图二六　甘肃东部地区第 1 类马具铜泡
1. 袁家　2、8. 城北葬马坑　3. 王洼 M3：53　4、5. 红岩　6. 墩坪 M6：10　7. 庙渠

这种凸面有纽的铜泡多与马具共出，且尺寸较大，纽内多残存皮条，其功能为马具无疑，但具体的使用方法及使用位置尚需探讨。

第 2 类，圆形，多素面，部分饰三角纹（图二七，1），凹面有一纽，直径 2.3～8.1 厘米。（图二七，1～5）墩坪发现 96 件，马家塬 M3 与 M62 都有发现，王洼也有发现，但具体数量不明。

关于这类铜泡的功能，依据出土位置及共存器物，可以推测为车器，多用于车厢侧板的装饰及车轮的装饰。马家塬 M3 出土的包金铜泡，用于车厢侧板装饰，此外从马家

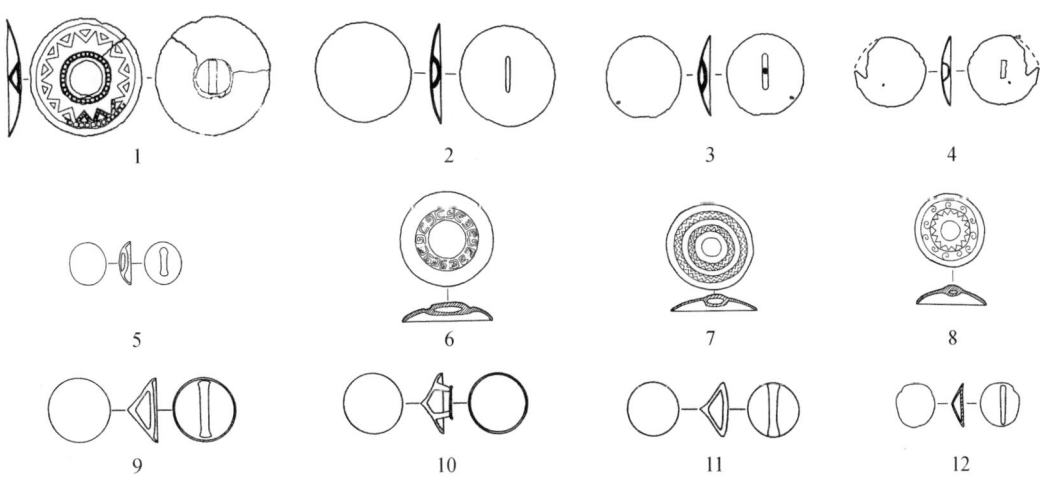

图二七　甘肃东周的车马器铜泡
1～4. 墩坪（M4：20、M51：13～1、M10：33、M28：15）　5. 马家塬 M62MD：3　6～8. 刘坪
9～12. 马家塬（M61MS：2、M61MS：2、M61MS：2、M23MD 采：4）

塬 M14 与 M62 铜泡的出土位置也可以看出，也可以看出这些铜泡为车器（图二八，1、2）。秦安王洼 M2 出土的车轮部分有大量铜泡，可与看出铜泡不仅用作车厢装饰，还可用作车轮装饰。在漳县墩坪墓地也发现车器铜泡，如 M10、M26、M51 铜泡均与车器共存。

第 3 类，圆形，纽外凸，饰锯齿纹、涡纹或回纹，直径 5.5～6.8 厘米，均发现于清水刘坪，共 289 件（图二七，6～8）。由于刘坪墓地被盗，没有具体的出土位置供参考，难以确认这类铜泡的具体用途，但简报中将其定为车马器，可供参考。

第 4 类铜泡，圆形，尖顶，直径 2.4～4 厘米，均发现于马家塬墓地，共计 9 件，除 1 件为采集所得外，其余 8 件均出自同一座墓葬，为一套马具（图二八，3）。作为马笼头饰的铜泡，除这种尖顶的形制外，在马家塬 M20 还发现有弧顶，凹面一桥型穿的泡饰，搭配泡状当卢作为一整套马笼头饰（图二八，4）。

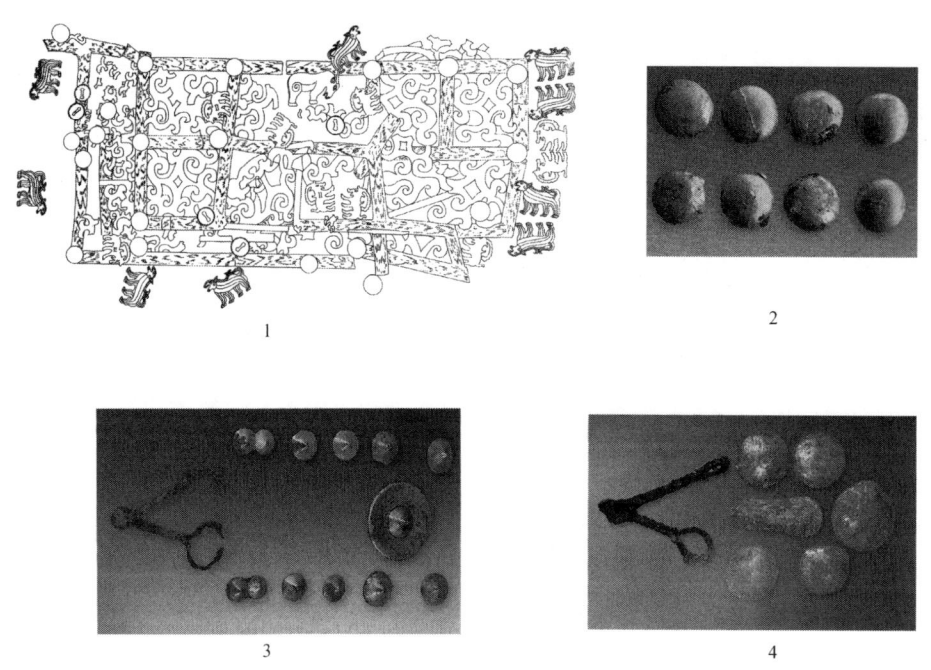

图二八　甘肃东部地区出土车马器铜泡
1. 马家塬 M3 墓室车厢侧板　2. 马家塬 M3：66 包金铜泡　3. 马家塬 M61　4. 马家塬 M20

除上述 4 类铜泡外，还发现少量其他形制的铜泡（图二九）。关于这些铜泡的功能，从出土位置看，多为马具。如墩坪 M49 出土的 3 件形制较为特殊的铜泡（图二九，2～4），与铜马衔与当卢共出，应为马具（图三〇，1）。此外，铜泡还作为项链装饰，在马家塬和王洼都有发现。

这一时期，甘肃地区铜泡几乎不见用作服饰装饰，多作为车马器使用。尤其是战国晚期，车器十分繁盛。

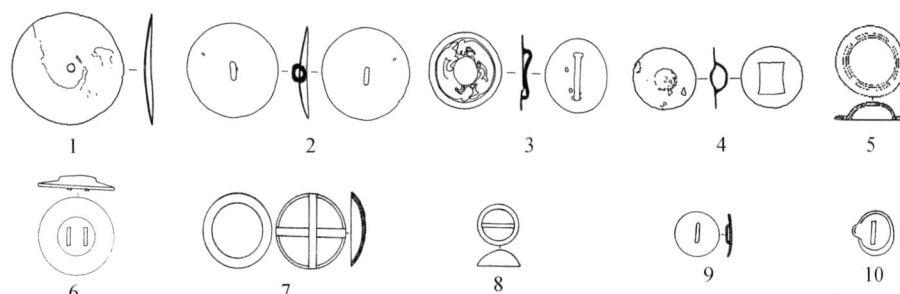

图二九　甘肃东部地区东周时期其他形制铜泡
1~4. 墩坪（M49：17、M49：16、M49：20、M34：13） 5. 刘坪
6. 吴家沟圈　7. 庆阳采集　8. 红岩　9. 庙渠　10. 袁家

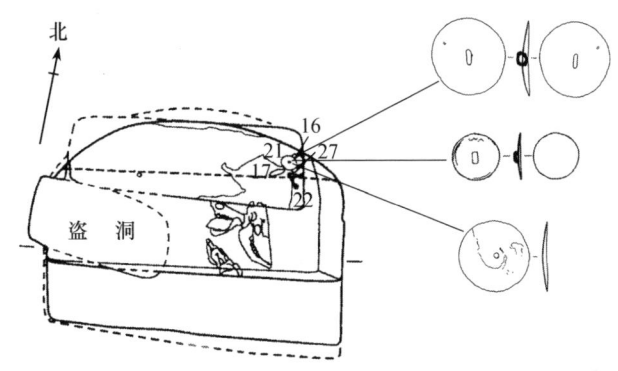

图三〇　墩坪 M49 马具铜泡出土位置

3. 宁夏地区东周时期发现的铜泡

宁夏东周时期墓地中发现铜泡的遗存十分丰富，有固原杨郎马庄[①]、彭堡于家庄[②]、撒门村[③]、石喇村[④]、交岔乡[⑤]、芦子沟嘴[⑥]、孟塬乡[⑦]、西郊公社[⑧]、西吉陈阳

---

① 许成、李进增、卫忠、韩小忙、延世忠：《宁夏固原杨郎青铜文化墓地》，《考古学报》1993 年 1 期。
② 钟侃、陈晓桦、延世忠：《宁夏固原于家庄墓地发掘简报》，《华夏考古》1991 年 3 期；《宁夏彭堡于家庄墓地》，《考古学报》1995 年 1 期。
③ a. 罗丰、延世忠：《1988 年固原出土的北方系青铜器》，《考古与文物》1993 年 4 期。
　 b. 罗丰、韩孔乐：《宁夏固原近年发现的北方系青铜器》，《考古》1990 年 5 期。
④ 罗丰：《宁夏固原石喇村发现一座战国墓》，《考古学集刊》（三），中国社会科学出版社，1983 年，130、131 页、142 页。
⑤ 同③a。
⑥ 同③b。
⑦ 同⑥。
⑧ 钟侃：《宁夏固原县出土文物》，《文物》1978 年 12 期。

川①、彭阳王大户②、九龙山③、中庄④、米沟⑤、米塬⑥、白草洼⑦、白林村⑧、张街村⑨、河川阳洼⑩、杨郎大北山⑪、同心倒墩子⑫、中卫狼窝子坑⑬、中宁倪丁村⑭、隆德吴沟村⑮、沙塘乡机砖厂⑯等地都有发现。这些铜泡大致可分为以下5类。

第1类，圆形，素面，凸面1~2个纽，直径2.7~11厘米，马庄162发现件，河川阳洼发现31件，王大户29件，张街村19件，米塬16件，中庄16件，狼窝子坑13件，杨郎大北山10件，白草洼发现3件，于家庄2件，米沟采集2件，陈阳川1件，撒门村和隆德县也发现数件，具体数量不明（图三一）。

第2类，圆形，凹面有一桥形纽，大多素面，部分饰卷云纹（图三二，2、10），直径多2~6厘米。白林村发现49件，米沟采集23件，交岔乡发现11件，店洼村发现6件，白草洼发现5件，隆德县发现5件，中庄发现5件，于家庄4件，西郊公社鸦儿沟

---

① a. 罗丰、韩孔乐：《宁夏固原近年发现的北方系青铜器》，《考古》1990年5期。
 b. 延世忠、李怀仁：《宁夏西吉发现一座青铜时代墓葬》，《考古》1992年6期。
 c. 宁夏文物考古研究所、西吉县文管所：《西吉县陈阳川墓地发掘简报》，《宁夏考古文集》，宁夏人民出版社，1994年。
② 宁夏文物考古研究所、彭阳县文物管理所：《王大户与九龙山——北方青铜文化墓地》，文物出版社，2016年。
③ 同②。
④ 同②。
⑤ 同②。
⑥ 杨守国、祁悦章：《宁夏彭阳县近年出土的北方系青铜器》，《考古》1999年12期。
⑦ 同⑥。
⑧ 同⑥。
⑨ a. 同⑥。
 b. 耿志强、樊军、杜李平、杨宁国、陈风娟：《宁夏彭阳县张街村春秋战国墓地》，《考古》2002年8期。
⑩ 钟侃、韩孔乐：《宁夏南部春秋战国时期的青铜文化》，《中国考古学会第四次年论文集》，1983年，203~213页。
⑪ 同⑩。
⑫ 乌恩、钟侃、李进增：《宁夏同心倒墩子匈奴墓地》，《考古学报》1988年3期。
⑬ 周兴华：《宁夏中卫县狼窝子坑的青铜短剑墓群》，《考古》1989年11期。
⑭ 钟侃：《宁夏中宁县青铜器短剑墓清理简报》，《考古》1987年9期。
⑮ 王全甲：《隆德县出土的匈奴文物》，《考古与文物》1990年2期。
⑯ 同⑮。

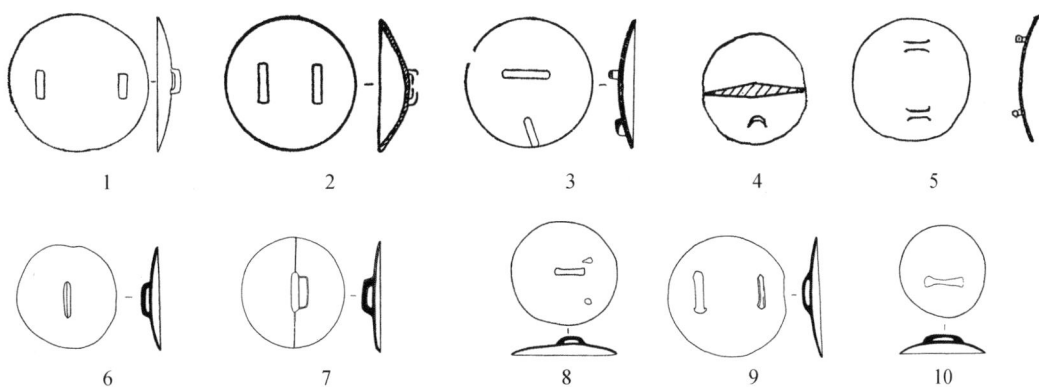

图三一　宁夏东周时期发现的第 1 类铜泡
1. 马庄 M14∶9　2. 于家庄 NM3∶2∶1　3. 撒门 M1　4. 狼窝子坑 M1　5. 河川阳洼　6. 王大户 PWM1∶42
7. 中庄 PZM1∶56　8. 白草洼 BCW∶07　9. 米沟 C∶8　10. 张街村 ZHJ∶12

发现 3 件，王大户 3 件，九龙山 1 件，米塬发现 1 件，宁夏南部地区、中宁、石喇村、撒门和孟塬乡发现都有发现，具体数量不明（图三二）。

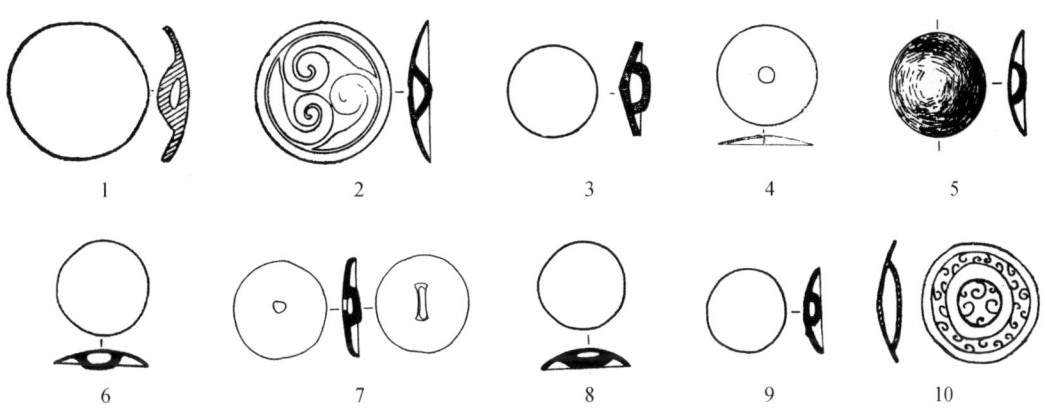

图三二　宁夏东周时期发现的第 2 类铜泡
1. 于家庄 M17∶7　2. 孟塬乡　3. 撒门 M1　4. 倪丁村 M2　5. 王大户 PWM1∶31
6. 白草洼 BCW∶07　7. 中庄 PZM1∶55　8. 白林∶02　9. 张街村 M2∶1　10. 宁县南部

第 3 类，圆形，无纽，中央有 1~2 个孔，大多素面，部分饰三角纹或弧线纹（图三四，1、7），直径 1.6~9.8 厘米不等。西吉县发现 4 件，米沟采集 4 件，张街村 3 件，马庄 2 件，于家庄 1 件，芦子沟嘴也有发现（图三三）。

第 4 类，圆形，素面，背有十字纽或一横贯纽，背为横贯纽的直径 1.2~3.9 厘米，十字纽的较大，为 3.5~5.8 厘米。马庄发现 54 件，张街村 27 件，王大户发现 26 件，

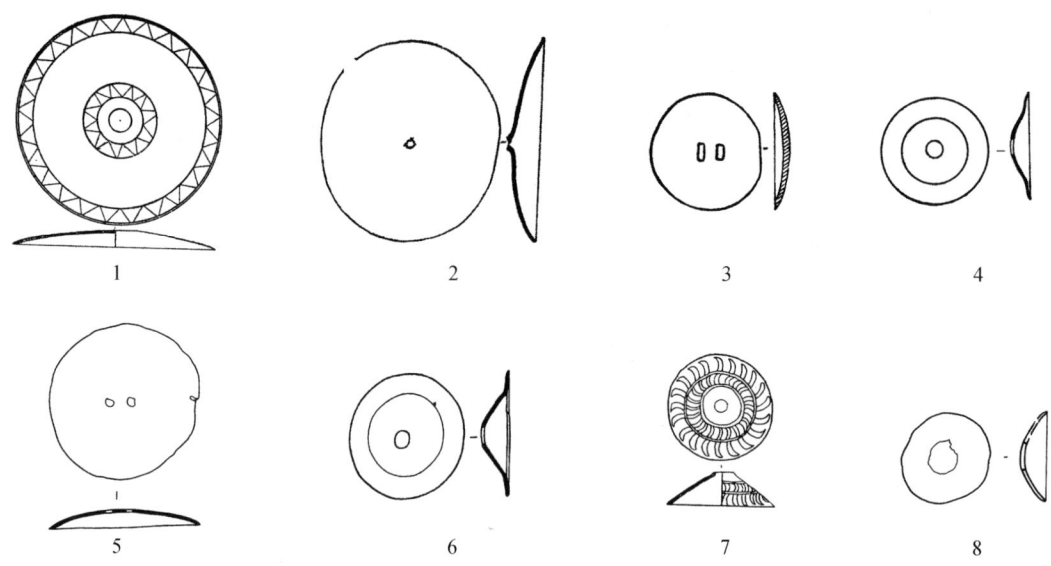

图三三　宁夏东周时期发现的第3类铜泡
1. 倪丁村 M2：14　2. 马庄 M4：87　3. 于家庄 M17：8　4. 芦子沟嘴
5. 米沟 C：4　6. 张街村 M2：46　7. 西吉　8. 陈阳川 M3：4

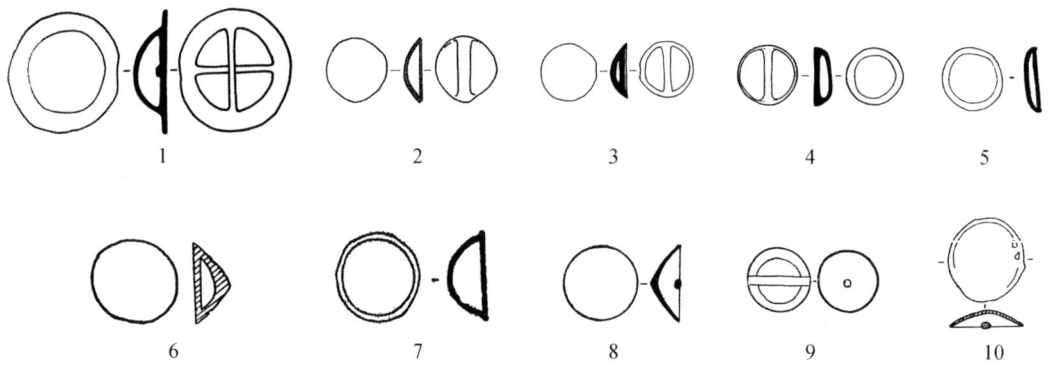

图三四　宁夏东周时期发现的第4类铜泡
1. 王大户 PWM4：10　2. 九龙山 YJM9：1　3. 中庄 PZM1：13　4. 张街村 ZHJ：11　5. 陈阳川 M2：8
6. 于家庄 M12：37　7. 马庄 M4：20　8. 孟塬乡　9. 倪丁村 M2　10. 倒墩子 M21：9

于家庄 12 件，倒墩子发现 8 件，九龙山发现 5 件，陈阳川发现 1 件，中宁县、石喇村、撒门村、孟塬乡也均有发现（图三四）。

第 5 类，整体呈圆形，花瓣状，凹面有一桥形纽，直径 1.3～3.9 厘米。于家庄发现 22 件，王大户发现 3 件，芦子沟嘴和陈阳川也有发现，但具体数量不明（图三五，1～4）。

除上述 5 种形制的铜泡外，还有少量形制较为特殊的铜泡（图三五，5、6）。这些铜泡直径为 3～6 厘米。

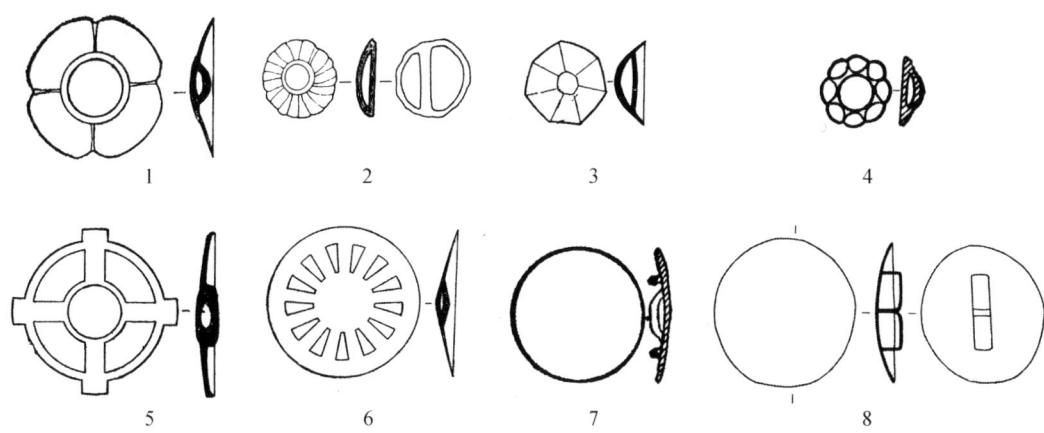

图三五　宁夏东周时期发现的第 5 类铜泡和其他形制铜泡
1. 芦子沟嘴　2. 王大户 PWM3∶8　3. 陈阳川　4. 于家庄 M14∶22
5. 撒门 M1　6. 撒门 M2　7. 于家庄 M10∶15　8. 2011PXM2

关于铜泡的功能，第 1 类凸面纽的铜泡多与马具共出，且尺寸较大，应与甘肃东周时期的同类器一样，是甘宁地区东周时期特有的一种马具铜泡。王大户 PWM1 和 PWM6、中庄 PZM1 中（图三六，1～3），这类铜泡与带柄圆牌饰、动物形饰、马衔、节约等马具共出，且一座墓葬中出土多件，应为马笼头装饰。除了作为马具使用，在王大户 PWM1 中，还发现这类铜泡作为腰带饰使用，在墓主人左侧，随葬了 2 件动物纹牌饰、多件卷云纹牌饰和 2 件凸面纽的铜泡（图三六，1），且在牌饰及铜泡的纽内都发现残存的皮条，因此，可以推测，这些随葬品应为墓主人的腰带的配件，这类铜泡也可以装饰在腰带上使用。

第 2 类凹面有一桥形纽的铜泡，发现的数量较多，中庄 PZM1 出土的这类铜泡（图三六，3）位于人骨骨架附近，应为服饰装饰，明显区别于该墓中凸面纽铜泡的位置。张街村 M2 出土的此类铜泡，也多散落于人骨附近（图三六，4）。

第 3 类无纽带孔的铜泡，发现的数量不多，且尺寸大小不一，较大的如倪丁村 M2（图三七），直径 9.8 厘米，且装饰三角纹，从随葬器物看，该墓墓主人身份十分特殊。这件泡饰位于人骨两腿之间，而马具当卢放置在头部左右两侧，与马具相距较远，所以可能不是马具，可能是一种大的服饰铜泡，其他较小型的此类铜泡，多为采集或无明确出土位置，目前尚难以推测其功能。

第 4 类横贯纽的铜泡，尺寸一般较小，王大户 PWM2 中（图三六，2），这类铜泡密集分布于铜剑附近，作为剑囊装饰使用，也见于手指处，可能也作为服饰或手套装饰。第 5 类梅花型扣饰，出土地点比较集中，尺寸与第 4 类横贯纽铜泡相近，也为服饰装饰。

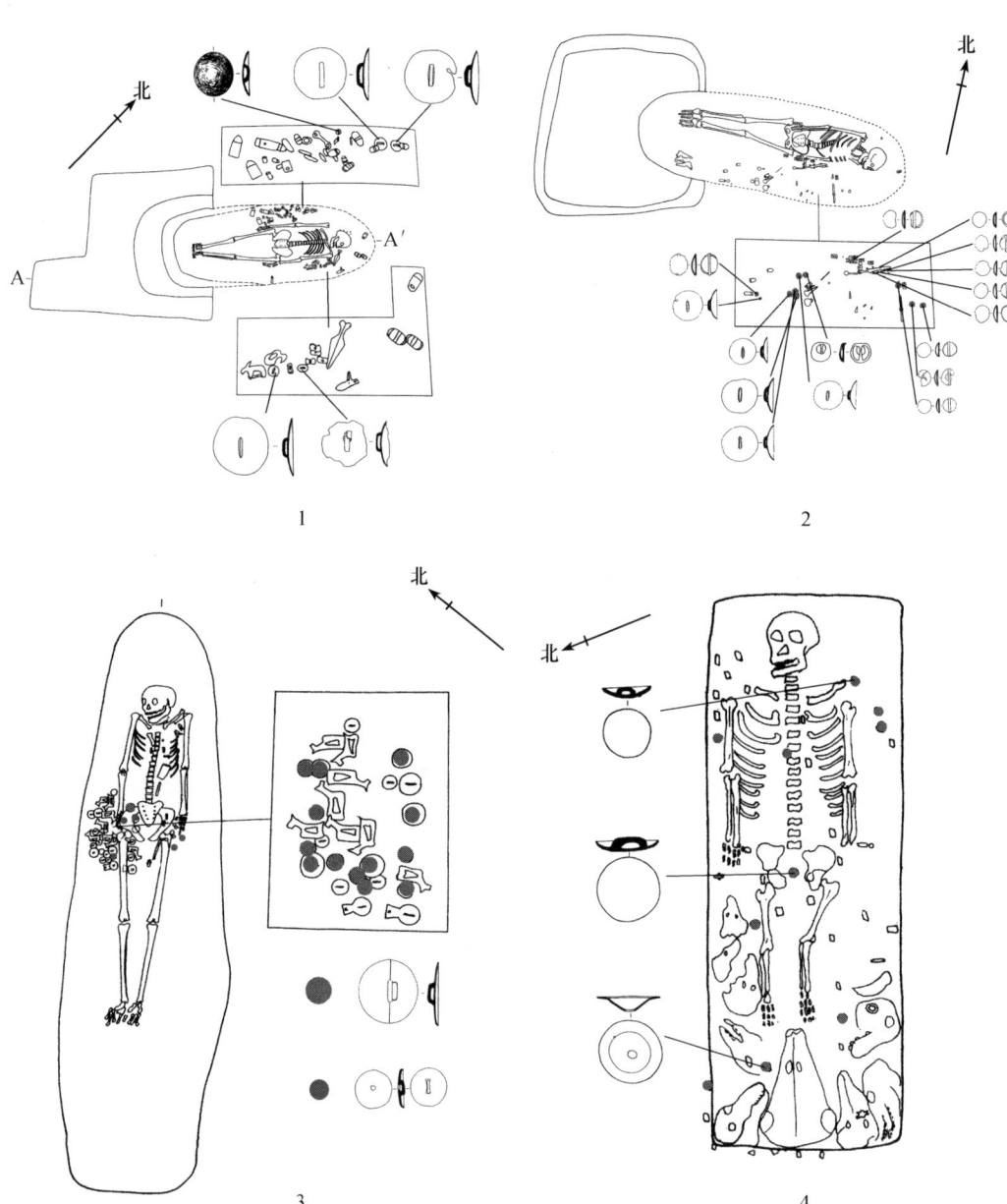

图三六　宁夏东周时期铜泡出土位置图
1. 王大户 PWM1　2. 王大户 PWM6　3. 中庄 PZM1　4. 张街村 M2

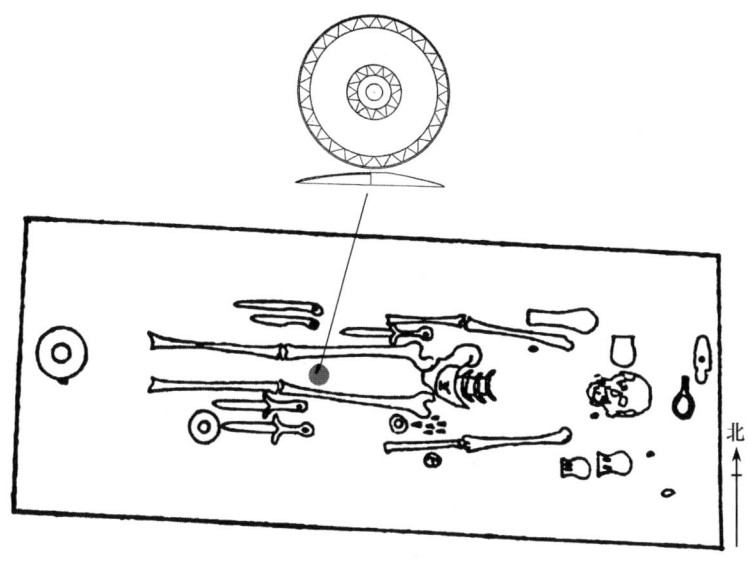

图三七　倪丁村 M2 出土铜泡位置图

二、新 疆 地 区

新疆地区是古代丝绸之路的重要枢纽，也早期东西方文化交流的前沿阵地，早在青铜时代和早期铁器时代，新疆地区就已经融入和多支东西方文化人群。

尽管早在公元前 3 千纪，新疆西部地区就已经出现阿凡纳谢沃文化[①]和切木尔切克文化两支较为发达的青铜文化，但在这两个文化中并未出土铜泡。在公元前 2 千纪，广泛分布于新疆西部地区的安德罗诺沃文化相关遗存中也不见铜泡出土[②]。

目前新疆地区最早的铜泡发现于天山北路文化中，在天山北路墓地出土两种形制差异较为明显的铜泡，一种是无纽的，圆泡两侧有对称的穿孔（图三八，1~5）；另外一种是桥形纽的，圆泡上无穿孔（图三八，6~10）。少量铜泡上有十字纹（图三八，6）或周边有放射性纹（图三八，7）。天山北路墓地没有发表正式的报告，因此对于其年代和分期目前还存在争论，但根据发掘者的研究，天山北路墓地延续时间很长，在最早期墓葬中仅见无纽穿孔的铜泡，后来的墓葬中才出现带纽的铜泡[③]。由于天山墓葬间的叠压打破关系非常复杂，说明该墓地可能沿用了很长的时间，而且从发掘者的分期看，墓地第 4 期中已不见四坝文化典型的器物，因此天山北路墓地可能存在晚于四坝文化的遗存。综合已有的研究成果，天山北路文化主体年代可定在公元前 2000~前 1500 年，可能还存在

---

① 新疆文物考古研究所：《哈巴河县阿依托汗一号墓群考古发掘报告》，《新疆文物》2017 年 2 期。

② 邵会秋：《新疆史前时期文化格局的演进及其与周邻文化的关系》，科学出版社，2018。

③ 吕恩国、常喜恩、王炳华：《新疆青铜时代考古文化浅论》，《苏秉琦与当代中国考古学》，科学出版社，2001 年，172~193 页。

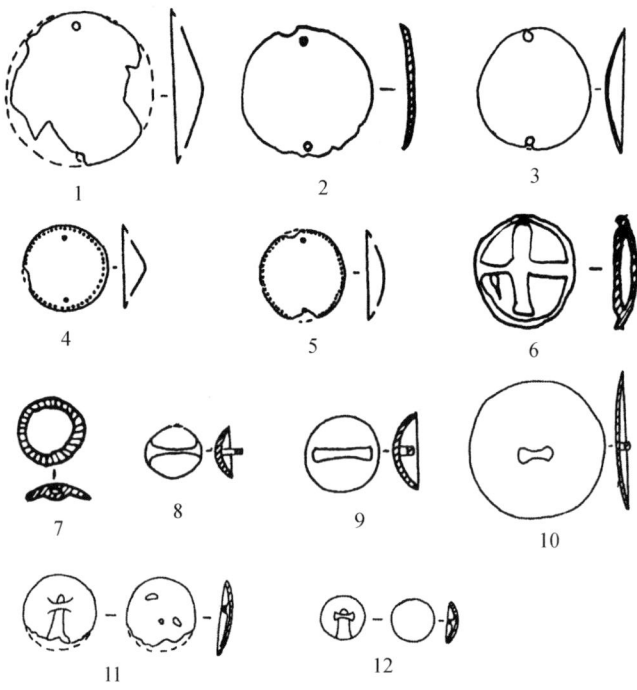

图三八　天山北路墓地和南湾墓地出土的铜泡
1~10. 天山北路墓地　11、12. 南湾墓地

部分更晚的遗存，但下限不会晚于公元前 13 世纪[①]。从这一点看，这种无纽穿孔的铜泡年代可早到公元前 2 千纪上半段。而有纽无孔的铜泡可能延续到公元前 2 千纪下半段，这一点可以从南湾类型遗存的铜泡得到证实。在南湾墓地中出土的铜泡均为有纽无孔的小铜泡[②]（图三八，11、12），南湾墓地所测定的碳十四数据有 17 个，全部都集中在公元前 1500~前 800 年之间[③]。这也基本代表了南湾类型遗存的主要流行年代。

除了哈密地区的天山北路文化和南湾类型遗存外，在木垒县的干沟遗址还发现了一定数量的铜泡。在该遗址的地层中出土了 28 件锈蚀粘接在一起的铜泡，铜泡呈圆形，正面微凸，背面有桥形耳，直径约 3.9 厘米（图三九）[④]。干沟遗址属于乱杂岗子－半截沟文化，年代范围断在公元前 1400~前 1000 年[⑤]。除此之外，在新疆青铜时代文化遗存

[①] 邵会秋：《新疆史前时期文化格局的演进及其与周邻文化的关系》，科学出版社，2018 年。

[②] a. 新疆文物考古研究所：《巴里坤南湾 M95 号墓试掘简报》，《考古与文物》1987 年 5 期，6~8 页。
　　b. 新疆维吾尔自治区博物馆：《巴里坤南湾墓地 66 号墓清理简报》，《新疆文物》1985 年 1 期，4 页。

[③] a. 中国社会科学院考古研究所：《中国考古学中碳十四年代数据集》，文物出版社，1992 年。
　　b. 新疆文物考古研究所：《新疆文物考古新收获（1979~1989）》，新疆人民出版社，1995 年，618~620 页。

[④] 新疆文物考古研究所：《木垒县干沟遗址考古发掘报告》，《新疆文物》2012 年 1 期。

[⑤] 同①，89 页。

试论先秦时期西北地区出土的圆铜泡 ·123·

图三九　干沟遗址出土铜泡

中，铜泡就非常少见了。

进入公元前1千纪的早期铁器时代，铜泡分布要更加广泛些，从考古发现看，主要集中于东部天山区和塔里木北缘区。

尤其是在塔里木北缘区的察吾呼文化[①]中，铜泡数量非常多，绝大多数墓地都有铜泡出土，其中在莫呼查汗墓地中出土的铜泡数量最多，而且形制也较为统一，多为小桥形纽的圆铜泡（图四〇，1~8），此外还有少量的大桥形纽（图四〇，9、10）和铆钉状纽的铜泡（图四〇，11、12）。察吾呼文化的年代延续时间很长，大约在公元前1000~前

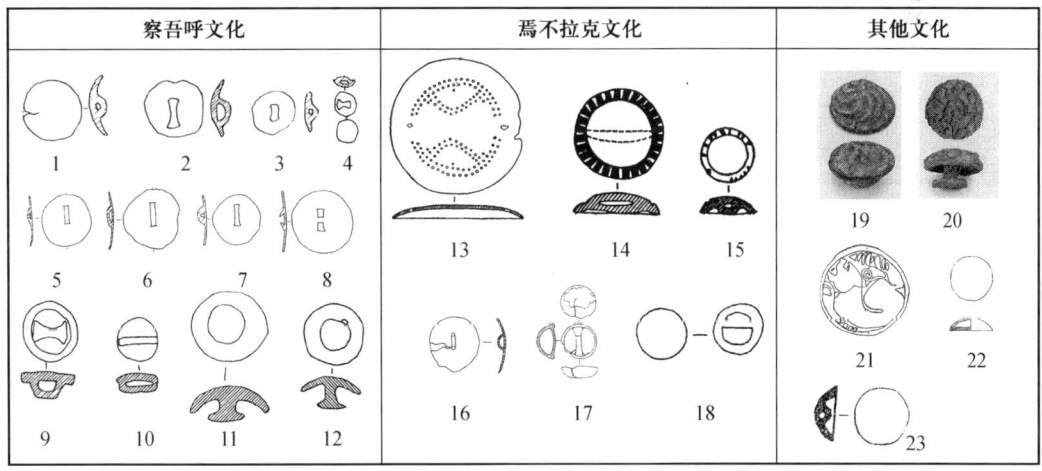

图四〇　新疆早期铁器时代各文化遗存中出土的铜泡

1、10、12.察吾呼四号墓地　2、3.哈布其罕1号墓地　4.克孜尔水库墓地　5~8.莫呼查汗墓地　9.察吾呼2号墓地　11.察吾呼1号墓地　13~15.焉不拉克墓地　16.峡沟墓地M7:1　17.托背梁墓地M9:2　18.腐殖酸场墓地C:3　19、20.阜康大龙口墓地　21、22.包孜东墓地M41　23.木垒县干沟墓地

---

① 新疆文物考古研究所：《新疆察吾呼》，东方出版社，1999年。

300 年，莫呼查汗墓地属于早期遗存，年代在公元前 1000～前 800 年[①]，从目前的考古发现看，这个时期的铜泡相对发达，晚期有衰落的迹象。

在东部天山区的焉不拉克墓地[②]、峡沟墓地[③]、托背梁墓地[④]和腐殖酸场墓地[⑤]都出土一定数量的铜泡，除了焉不拉克墓地一件大的铜泡外（图四〇，13）（发掘者认为是铜牌），其余均为有纽铜泡，多为素面（图四〇，16～18），部分铜泡周缘有放射性纹饰装饰（图四〇，14、15）。

除了这两个地区外，在其他一些遗址中也发现有铜泡出土，例如木垒县的干沟墓地（图四〇，23）[⑥]和阜康县的大龙口墓地（图四〇，19、20）[⑦]，在大龙口墓地既有铆钉状纽的铜泡（图四〇，20），也有无纽穿孔的铜泡（图四〇，19），这两个墓地出土的铜泡遗存可能都属于苏贝希文化时期[⑧]。

另外在南疆的包孜东墓地 M41[⑨]，出土了动物形铜泡 5 件，整体呈圆形，镂空动物纹形象，可能为狮子图案，直径 5.8 厘米（图四〇，21）。还有一些素面的有纽铜泡（图四〇，22），包孜东类型遗存年代较晚，大约在战国中晚期到汉代。

除了上述圆铜泡外，在伊犁地区还征集了大量的铜泡，形制与莫呼查汗墓地的铜泡相似，但存在大量周边饰有放射性纹的铜泡，年代大约也在公元前 1000 年[⑩]。

对于新疆地区的这些铜泡的功能，可以依据铜泡的出土位置和共存器物来推测，目前由于天山北路墓地和南湾墓地的报告并未刊发，因此缺乏对比材料，但从发表的资料看，天山北路文化中并未发现马具，我们仍认为这个文化出土的铜泡应该属于人体装饰服饰品。另外从南湾墓地和莫呼查汗墓地的情况看，这些铜泡也应该属于服饰品，以莫呼查汗 M45 为例，铜泡不与马具共存，而与其他装饰品共同使用，而且主要出土于墓主人身上（图四一）。因此我们认为新疆出土的铜泡功能上可能大都属于服饰品。

---

① 新疆文物考古研究所：《新疆莫呼查汗墓地》，科学出版社，2016 年，352、353 页。

② 新疆维吾尔自治区文化厅文物处等：《哈密焉不拉克墓地发掘报告》，《考古学报》1989 年 3 期，325～361 页。

③ 新疆文物考古研究所等：《2008 年伊吾县峡沟墓地考古发掘简报》，《新疆文物》2014 年 2 期，图一七，10。

④ 西北大学文化遗产保护与考古学研究中心：《2009 年新疆伊吾县托背梁墓地发掘简报》，《考古与文物》2014 年 4 期。

⑤ 张成安、常喜恩：《哈密腐殖酸厂墓地调查》，《新疆文物》1998 年 1 期，36～40 页。

⑥ 新疆文物考古研究所：《木垒县干沟遗址考古发掘报告》，《新疆文物》2012 年 1 期。

⑦ 刘学堂：《丝路天山地区青铜器研究》，三秦出版社，2017 年，167～174 页。

⑧ 邵会秋：《新疆史前时期文化格局的演进及其与周邻文化的关系》，科学出版社，2018 年。

⑨ 新疆维吾尔自治区博物馆：《温宿县包孜东墓葬群的调查和发掘》，《新疆文物》1986 年 2 期，1～13 页。

⑩ 均藏于伊犁博物馆。

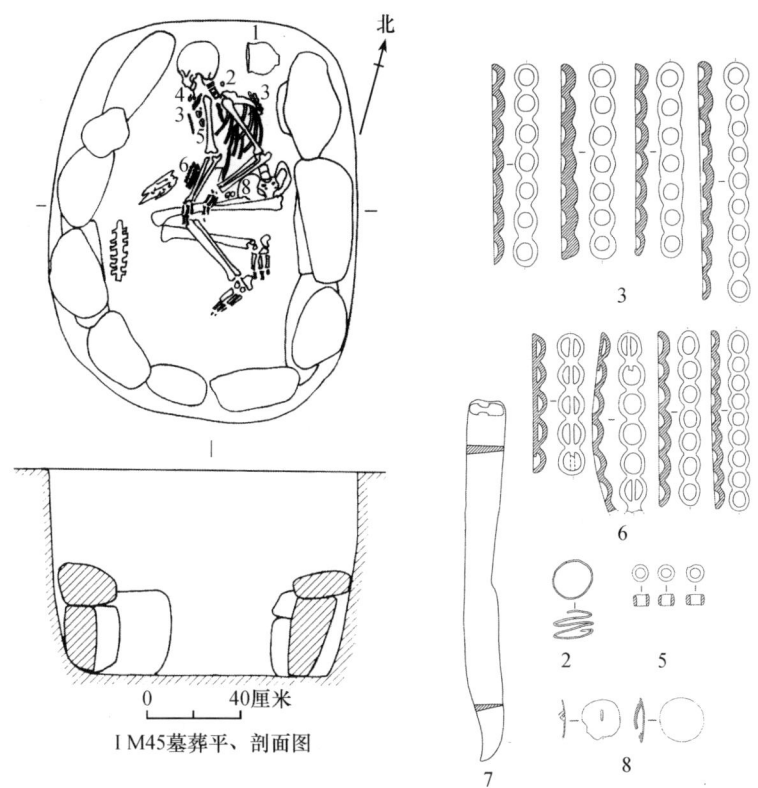

图四一　莫呼查汗墓地 M45 及其出土的金属器
1. 圈足罐　2. 金耳环　3、6. 联珠状铜饰　4. 海贝　5. 铜珠　7. 铜刀　8. 铜泡

三、讨　论

以上我们梳理了西北地区自公元前 2 千纪至公元前 3 世纪前后即相当于夏至战国时期各类遗存流行的铜泡种类。

夏至早商时期，新疆地区仅有天山北路文化中出土有铜泡，最早是边缘有对称小孔、无纽的铜泡（图三八，1~5），晚期才出现凹面有纽的铜泡（图三八，6~10），同样的情况也出现在甘宁地区的齐家文化，该文化也主要流行边缘有对称小孔、无纽的铜泡，以供缝缀（图四二，1），到了齐家文化的晚期，仅在磨沟遗址的 1 座墓葬中发现了凹面有纽的铜泡（图四二，2）。四坝文化中也流行这 2 种铜泡，且凹面有桥纽的铜泡形制进一步成熟（图四二，3、4）。这一阶段，铜泡多素面，从出土位置看，这一阶段铜泡的功能都作为服饰装饰使用，多装饰在手腕和腹部，部分也作为帽子装饰使用。另外一个值得注意的现象是，这一时期未见铜泡用作女性装饰的明确案例，所确认的使用铜泡装饰的均为男性墓葬。

晚商至西周时期，新疆地区的南湾墓地和乱杂岗子—半截沟文化中都出土有铜泡，均为桥形耳铜泡（图三八，11、12；图三九）。甘宁地区并存多支考古学文化，铜泡的种类比较丰富，虽然剖面的形制略有不同，但大都凹面附一桥纽或横贯纽（图四二，5~16），寺洼文化和辛店文化都发现有尖顶铜泡和带沿铜泡（图四二，10、11、13、14），部分为平折沿，部分为卷沿。这一阶段，除素面铜泡外，铜泡边缘饰联珠纹较为流行。从出土位置看，这一时期的铜泡多位于人骨面或散落在人骨附近，部分有规律地排列，可以判定其功能是作为人体服饰装饰用于各个部位。

到了东周时期，铜泡广泛流行于新疆的东部天山区和塔里木北缘区，主要形制包括小桥形纽的圆铜泡、大桥形纽和铆钉状纽的铜泡（图四十）。甘宁地区沙井文化在上一阶段流行的凹面附桥形纽或横贯纽的铜泡的基础上，新出现了梅花形铜泡和一种尺寸较大且纽外凸的铜泡（图四二，17~21）。这一阶段铜泡多素面，部分饰短条放射状锯齿纹。从出土位置看，沙井文化铜泡多位于人骨眼部和腰部，作为服饰或面部装饰。

宁夏地区的铜泡与沙井文化的铜泡形制和种类十分相似（图四二，22~25），沙井文化纽外凸的铜泡在宁夏地区形制进一步完善，出土数量增多，而且功能又发生了改变，

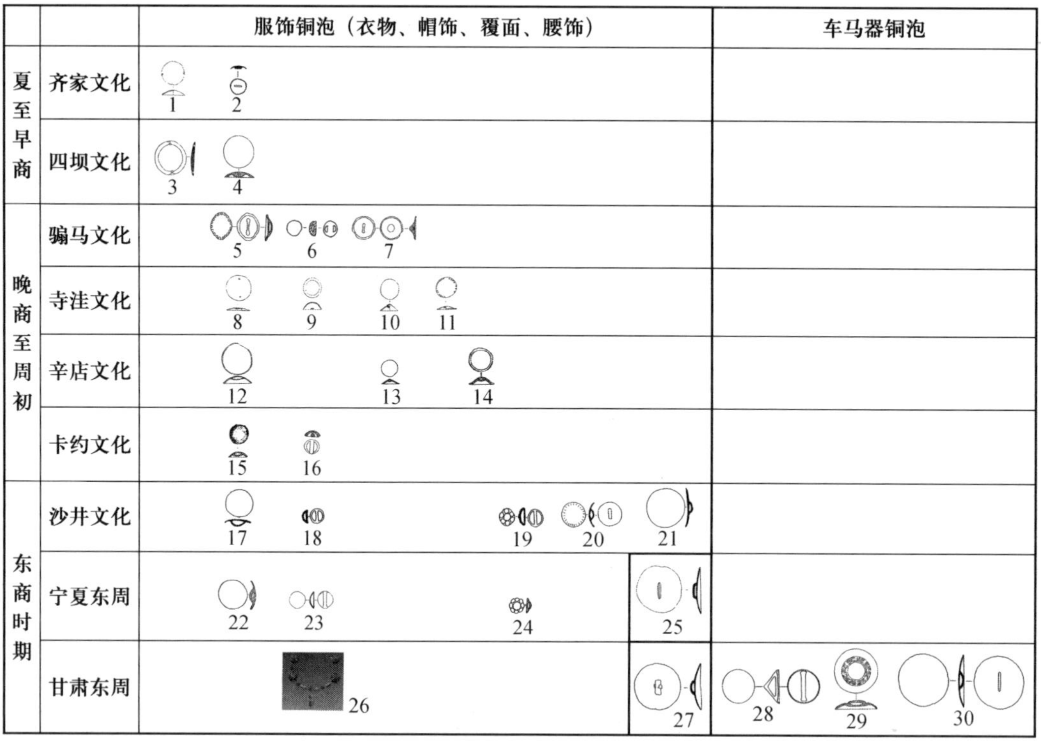

		服饰铜泡（衣物、帽饰、覆面、腰饰）	车马器铜泡
夏至早商	齐家文化	1　2	
	四坝文化	3　4	
晚商至周初	骟马文化	5　6　7	
	寺洼文化	8　9　10　11	
	辛店文化	12　13　14	
	卡约文化	15　16	
东周时期	沙井文化	17　18　19　20　21	
	宁夏东周	22　23　24	25
	甘肃东周	26	27　28　29　30

图四二　甘宁地区铜泡功能图

1. 奓马台 M25∶1　2. 磨沟 M848∶B1　3. 干骨崖 M44∶4　4. 火烧沟 76Y H-007　5. 玉门市博物馆 YSH-A027　6. 葫芦采集 86AT-062　7. 玉门市博物馆 YSH-A-021　8. 九站 M37∶10　9. 徐家碾 M45 下∶27　10. 类合水九站 M3∶46　11. 九站 M23∶21　12. 黄家寨采∶033　13. 半主洼二期　14. 半主洼一期　15. 核桃庄 M138∶1　16. 瓦渣咀 H61∶2　17. 西岗 M442∶6　18. 泡柴湾岗 M69∶1-②　19. 泡柴湾岗 M31∶1-⑤　20. 西岗 M52∶2-①　21. 柴湾岗 M63∶2　22. 于家庄 M17∶7　23. 九龙山 YJM9∶1　24. 于家庄 M14∶22　25. 王大户 PWM1∶42　26. 马家源 M12∶8　27. 墩坪 M6∶10　28. 马家源 M61MS∶2　29. 刘坪　30. 墩坪 M51∶13-1

除了作为腰部装饰外，还作为马具铜泡使用，从王大户 PWM1 中可以明确看出这种铜泡同时作为腰带饰和马笼头饰使用。甘肃东部地区这一阶段铜泡表现出明显的地域特色，几乎不见人体装饰铜泡，而多作为车马器使用，少量用作项链装饰（图四二，26~30）。

通过以上的分析我们可以将西北地区铜泡的发展分为3个阶段，即夏至早商时期、晚商至西周、东周时期。

在相当于夏至早商时期，流行穿孔无纽铜泡，均为服饰品，主要分布于新疆东部哈密地区和甘肃地区，这种铜泡也代表了最早的铜泡形制。

相当于晚商至西周时期，铜泡的分布区域和种类都大大增加，基本不见穿孔无纽铜泡，形制以凹面附桥纽或横贯纽的铜泡为主，虽然部分缺乏明确的出土位置，但从已有材料看，这一时期西北地区的铜泡也都是属于服饰品。

东周时期，新疆地区多小桥形纽的圆铜泡，还有特殊形制的铆钉状纽铜泡。河西走廊地区的沙井文化新出现花形铜泡和纽外凸的铜泡，纽外凸的铜泡进一步发展，成为一类形制成熟、分布广泛的凸面纽铜泡。新疆、河西走廊、宁夏等地仍以服饰铜泡为主，但甘肃东部地区出现大量形制特殊的车马器铜泡，而在甘肃地区出土的战国时期的服饰类铜泡数量大大减少。

以上对西北地区出土的铜泡遗存进行了梳理，西北地区是东西方交流的重要通道，铜泡遗存出现的非常早，对于研究铜泡的起源意义重大，但由于铜泡资料丰富且形制多样复杂，有很多问题需要进一步的分析，限于篇幅其他深入的研究将另文讨论。

Research on the Round Bronze Knobs Unearthed in the Northwestern Region in the Pre-Qin Period

Zhang Wenshan   Shao Huiqiu

Abstract: The round bronze knob is an ornament commonly found in Northwest China during the pre-Qin period. It is generally used in clothing, harnessing or weaponry. The knob has a very wide distribution in Northwest China, it is found in large numbers in some burials and compared with other artifacts, its typological differences are not obvious. Scholars tend to ignore its significance, and only a few have conducted special research on knobs. Based on a systematic review of bronze knobs unearthed in Northwest China, this paper analyzes their dating and regional differences. A detailed discussion of functional differences among round bronze knobs will be based on the specific conditions in which they were unearthed.

Keywords: pre-Qin period; Northwest China; round bronze knob

新疆古代儿童头骨年龄间比较*

王 龙[1]　刘力铭[2]　郝双帆[3]△　李海军[2]

（1.新疆吐鲁番学研究院，吐鲁番，838000；2.中央民族大学民族学与社会学学院，北京，100081；3.长治学院历史文化与旅游管理系，长治，046011）

内容摘要：关于中国古代儿童头骨的研究较少。本文梳理了新疆洋海古代儿童头骨年龄变化特点，并在此基础上，对比分析了新疆且末扎滚鲁克墓地出土的儿童头骨（2~15岁）的顶面观投影面积的年龄变化，并对可能存在的生长突增期进行了分析，以探讨新疆古代儿童头骨的生长发育规律。分析显示，顶面观投影面积随着年龄增长而增大，且年龄越大其增长幅度越小。顶面观投影面积及右顶骨投影面积连续增大，无突增期；额骨、左顶骨投影面积的突增期分别为3~6岁、6~9岁。洋海墓地与扎滚鲁克墓地儿童头骨年龄变化特点，都反映出儿童生长发育过程中的头骨体质特征发育不平衡现象。

关键词：洋海墓地；扎滚鲁克墓地；儿童头骨；顶面观；生长突增期

头面部包含丰富的形态学变异信息[①]，儿童在生长发育过程中，头面部形态发生了很大变化：从出生到7岁是颅骨的生长期，这个阶段颅骨生长最快，因牙齿萌出和鼻旁窦相继出现，使面颅迅速扩大，从7岁到性成熟期是相对静止期，颅骨生长缓慢，但逐渐出现性别差异[②]。中国考古遗址出土儿童头骨数量较少，且保存状况多不理想，相关研究不多见。

新疆洋海、扎滚鲁克墓地都出土有不少保存良好的儿童遗骸。其中，洋海出土了67具儿童头骨，这些个体大部分夭折在幼儿期和童年期（占全部儿童的88.9%），少年期（13~15岁）死亡的比例少（11.1%）。韩康信等对洋海儿童头骨进行了初步研究[③]，

---

* 本文系国家社会科学基金项目"新疆扎滚鲁克墓地先民遗骸的整理、数据库建设及儿童头骨体质特征研究"阶段性成果，批准号19BKG039。

△ 通讯作者：郝双帆，女，长治学院历史文化与旅游管理系，haoshuangfan@163.com。

① Guo J, Tan J Z, Yang Y J, et al. Variation and signatures of selection on the human face. Journal of Human Evolution, 2014 (75): 143-152.

② 柏树令、应大君：《系统解剖学》，人民卫生出版社，2015年。

③ 韩康信、谭婧泽、李肖：《洋海墓地头骨研究报告》，《新疆洋海墓地》，文物出版社，2019年。

将儿童分为两组，童年组（1～7岁），少年组（8～14岁），认为洋海头骨在少年时期便已经明显出现了成年时期那样的综合特点（西方高加索种特点），相比开城和上孙家的头骨，洋海鼻骨横截面明显更加隆起，鼻骨更上仰，眶形较矮化，颧骨更低狭，颧宽（面宽）更窄，面部扁平度明显弱化，颅形更长化等。洋海人群脑颅和面颅尺寸从儿童向成年的生长过程中似乎并不匀速，即脑颅尺寸的生长比面颅更快速，儿童面颅的生长幅度小于脑颅，换句话说，个体发育上，脑颅向成年的增长速度大于面颅的速度。洋海、开城、上孙家各组中，儿童脑颅粗壮度都大于面颅粗壮度[1]。

新疆且末扎滚鲁克墓地出土的儿童头骨保存状况良好，本文测量了该遗址儿童头骨顶面观的投影面积，并对比分析洋海儿童的年龄变化特点，旨在探究新疆古代儿童生长发育特点。

一、材料及方法

1. 研究及对比材料

扎滚鲁克古墓群位于新疆维吾尔自治区且末县托格拉克勒克乡扎滚鲁克村，是昆仑山北麓发现的最大墓葬群之一。本文研究材料来自扎滚鲁克墓地第二期文化墓葬，年代为春秋—西汉，属于且末国文化时期，距今约2600～1900年，且末国是古代丝绸之路、两汉西域三十六国塔里木盆地南缘的一个绿洲城邦小国[2]。研究材料现保存于新疆维吾尔自治区博物馆，包括41例儿童头骨（2～15岁），大多保存良好。

新疆洋海墓地位于新疆鄯善县吐峪沟乡洋海夏村，吐鲁番盆地火焰山南麓的荒漠戈壁地带，墓地主要分布在相对独立并毗邻的三块略高出周围地面的台地上。时代为公元前13～前3世纪，出土的大量文物资料（3000余件随葬品）对建立吐鲁番乃至新疆地区考古学文化体系具有极为重要的学术价值。该墓地出土的古人头骨中，包含422例成人头骨，67例儿童头骨，大多保存良好。

2. 研究方法

（1）儿童年龄鉴定

参考《人体测量手册》[3]和《人骨手册》[4]，根据前囟闭合与否、乳牙恒牙萌出状况、牙齿磨耗情况等，对儿童头骨进行综合年龄鉴定。为了便于比较，根据年龄鉴定结果，

---

[1] 韩康信、谭婧泽、李肖：《洋海墓地头骨研究报告》，《新疆洋海墓地》，文物出版社，2019年。
[2] 新疆博物馆文物队：《且末县扎滚鲁克五座墓葬发掘简报》，《新疆文物》1998年3期。
[3] 邵象清：《人体测量手册》，上海辞书出版社，1985年。
[4] White TD, Folkens PA 著，杨天潼译：《人骨手册》，北京科学技术出版社，2018年。

将样本分为 5 个年龄组：2~3 岁组（4 例），3~6 岁组（6 例），6~9 岁组（7 例），9~11 岁组（9 例），12~15 岁组（15 例），共 41 例。

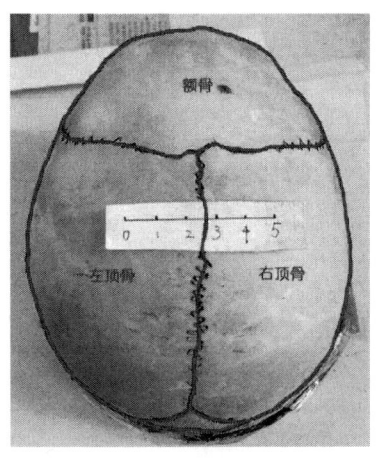

（2）拍照与面积测量

把头骨置于法兰克福平面（或称眼耳平面，它是由左右侧耳门上点和左侧眶下缘点三点所确定的一个平面，当左侧眶下缘点破损时以右侧眶下缘点代替）上进行拍摄，并放置比例尺，拍照时为使比例尺与所拍摄平面基本处于同一水平面，将比例尺放置在头骨表面，对 41 例儿童头骨顶面观进行拍摄。拍摄时，相机要与法兰克福平面保持平行。

运用 Auto CAD2007 分别计算头骨顶面观面积（包括额骨、左顶骨、右顶骨面积）（图一、图二）。

图一　头骨顶面观

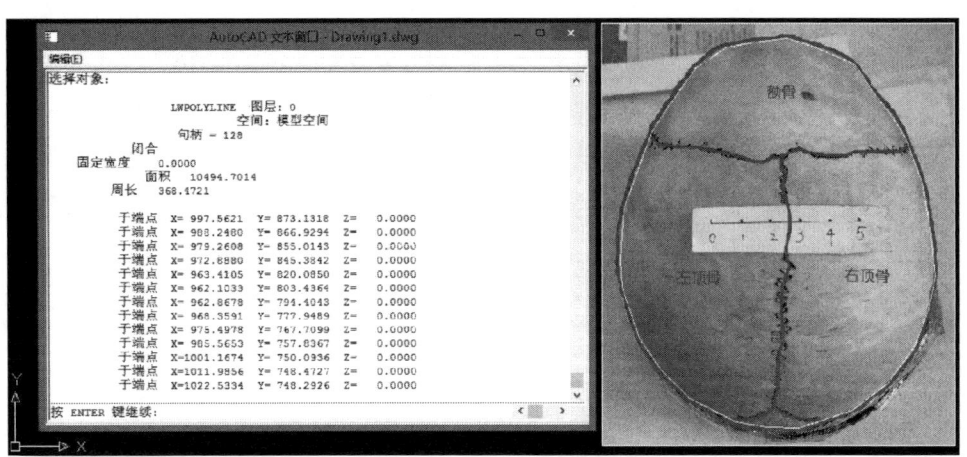

图二　运用 CAD 计算顶面观面积

（3）数据处理与分析

采用 SPSS Statistics 19 统计软件，对不同年龄组测量值进行方差分析及多重比较（选用 LSD 方法）。并计算其年龄间变化率，计算公式如下：

年龄间变化率（%）= $100\% \times (X_2 - X_1)/X_1$，$X_1$ 和 X_2 分别代表年龄较早和较晚的两个年龄组同项测量值的平均值。

二、结　　果

1. 顶面观投影面积的年龄变化

扎滚鲁克墓地 2~3 岁（4 例）、3~6 岁（6 例）、6~9 岁（7 例）、9~11 岁（9 例）、

12~15岁（15例）五个年龄组顶面观平均投影面积分别为：103.63、110.53、114.58、117.75、118.95平方厘米，儿童头骨顶面观投影面积随年龄变化逐渐增大（图三）。根据方差分析可知，儿童不同年龄组间头骨顶面观投影面积存在显著差异（P=0.003）。LSD多重比较显示，2~3岁组与3~6岁组差异不显著（P=0.126），3~6岁组与6~9岁组差异不显著（P=0.293），6~9岁组与9~11岁组差异不显著（P=0.364），9~11岁组与12~15岁组差异不显著（P=0.681）。根据年龄间变化率分析，各相邻年龄组间头骨顶面观投影面积的变化率较小，增长不显著（表一）。

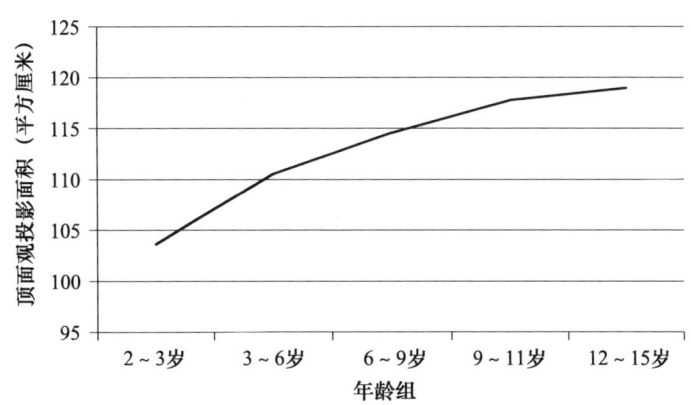

图三　儿童头骨顶面观投影面积的年龄变化

2. 顶面观各部分投影面积的年龄变化

（1）额骨投影面积的年龄变化

扎滚鲁克墓地2~3岁（4例）、3~6岁（6例）、6~9岁（7例）、9~11岁（9例）、12~15岁（15例）五个年龄组额骨平均投影面积分别为：27.27、31.49、29.87、31.77、32.9平方厘米，除6~9岁年龄组以外，额骨投影面积随年龄变化有增大趋势（图四）。根据方差分析可知，不同年龄组间额骨投影面积无显著差异（P=0.516）。年龄间变化率

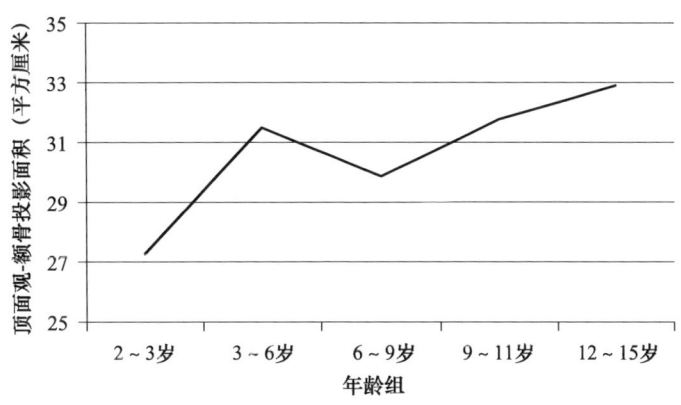

图四　额骨投影面积的年龄变化

表一 儿童头骨顶面观投影面积的年龄间比较

面积	2~3岁		3~6岁		6~9岁		9~11岁		12~15岁		方差分析	多重比较				变化率（%）			
	例数	均值（平方厘米）	例数	均值（平方厘米）	例数	均值（平方厘米）	例数	均值（平方厘米）	例数	均值（平方厘米）	P	2~3岁与3~6岁	3~6岁与6~9岁	6~9岁与9~11岁	9~11岁与12~15岁	2~3岁与3~6岁	3~6岁与6~9岁	6~9岁与9~11岁	9~11岁与12~15岁
顶面观	4	103.63	6	110.53	7	114.58	9	117.75	15	118.95	0.003**	0.126	0.293	0.364	0.681	6.66	3.66	2.77	1.02
额骨	4	27.27	6	31.49	7	29.87	9	31.77	15	32.90	0.516	0.285	0.632	0.535	0.657	15.47	−5.14	6.36	3.56
左顶骨	4	37.04	6	38.05	7	41.88	9	40.72	15	40.48	0.403	0.739	0.150	0.624	0.905	2.73	10.07	−2.77	−0.59
右顶骨	4	38.93	6	40.71	7	42.30	9	43.94	15	45.31	0.213	0.621	0.608	0.561	0.559	4.57	3.91	3.88	3.12

分析显示，额骨投影面积的增长主要发生在 3~6 岁（15.47%）（表一），反映了额骨在 3~6 岁年龄段发生了显著变化。

（2）左顶骨投影面积的年龄变化

扎滚鲁克墓地 2~3 岁（4 例）、3~6 岁（6 例）、6~9 岁（7 例）、9~11 岁（9 例）、12~15 岁（15 例）五个年龄组左顶骨平均投影面积分别为：37.04、38.05、41.88、40.72、40.48 平方厘米，除 9~11 岁和 12~15 岁年龄组以外，左顶骨投影面积随年龄变化有增大趋势（图五）。根据方差分析可知，不同年龄组间左顶骨投影面积无显著差异（P=0.403）。年龄间变化率分析显示，左顶骨投影面积的增长主要发生在 6~9 岁（10.07%）（表一），反映了左顶骨在 6~9 岁年龄段发生了显著变化。

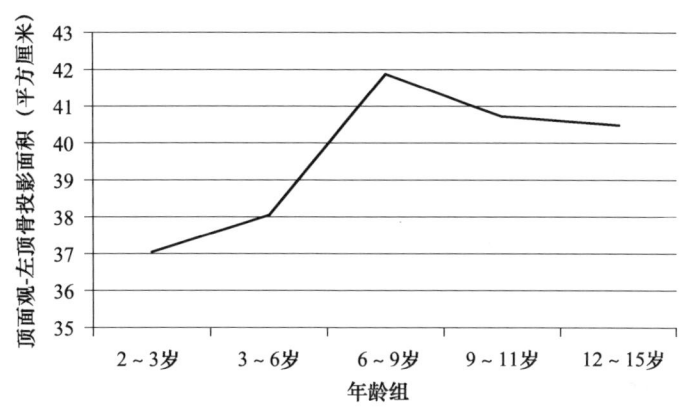

图五　左顶骨投影面积的年龄变化

（3）右顶骨投影面积的年龄变化

扎滚鲁克墓地 2~3 岁（4 例）、3~6 岁（6 例）、6~9 岁（7 例）、9~11 岁（9 例）、12~15 岁（15 例）五个年龄组右顶骨平均投影面积分别为：38.93、40.71、42.3、43.94、45.31 平方厘米，右顶骨投影面积随年龄变化逐渐增大（图六）。根据方差分析可知，儿童不同年龄组间右顶骨投影面积无显著差异（P=0.213）。年龄间变化率分析显

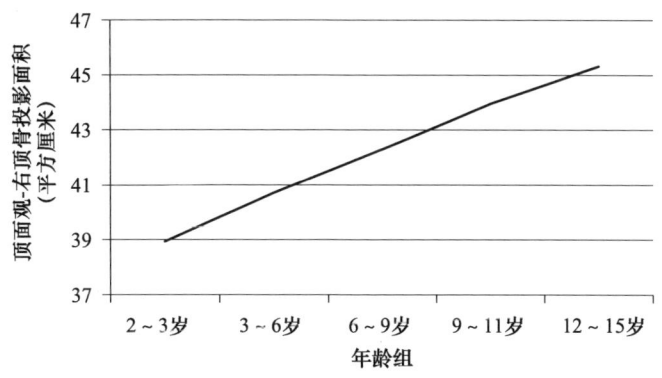

图六　右顶骨投影面积的年龄变化

示，相邻各年龄组间右顶骨投影面积的变化率较小，增长不显著（表一）。

（4）额骨、左顶骨、右顶骨投影面积与顶面观投影面积的比例关系

本文计算了五个年龄组（2～3岁，3～6岁，6～9岁，9～11岁，12～15岁）额骨、左顶骨、右顶骨投影面积与顶面观头骨投影面积的比例关系（表二），

分析显示，额骨占顶面观面积的比例在0.26～0.28之间，左顶骨占顶面观面积的比例在0.34～0.37之间，右顶骨占顶面观面积的比例在0.37～0.38之间。顶骨占的比例大于额骨，右顶骨占的比例大于左顶骨。具体的比例数值在不同年龄段间有浮动变化，这些变化与额骨、左顶骨、右顶骨投影面积随年龄的变化趋势基本一致（图七）。

表二　额骨、左顶骨、右顶骨投影面积与顶面观投影面积的比例关系

年龄组	$S_{额骨}/S_{顶面观}$	$S_{左顶骨}/S_{顶面观}$	$S_{右顶骨}/S_{顶面观}$
2～3岁	0.26	0.36	0.38
3～6岁	0.28	0.34	0.37
6～9岁	0.26	0.37	0.37
9～11岁	0.27	0.35	0.37
12～15岁	0.28	0.34	0.38

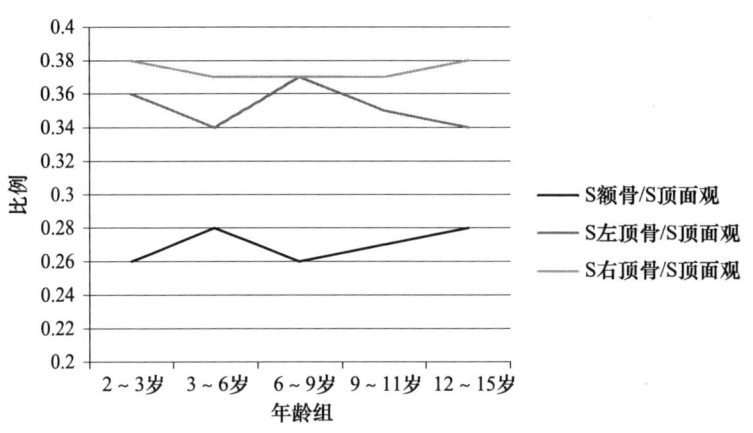

图七　$S_{额骨}/S_{顶面观}$、$S_{左顶骨}/S_{顶面观}$、$S_{右顶骨}/S_{顶面观}$比例的年龄变化

三、讨　论

1. 古代儿童头骨生长发育的年龄变化规律

国外很多学者探讨了儿童头骨生长发育的年龄变化规律及特点。Okazaki[①]认为日本

---

① Okazaki K. A morphological study on the growth patterns of ancient people in the northern Kyushu-Yamaguchi region, Japan Anthropological Science, 2004 (112): 219-234.

儿童生长发育有如下特点：第一，日本现代人群的头颅指数出生后到 6~9 岁快速下降，青春期后下降的速度变缓。而中世纪（室町时代）儿童的头部指数似乎不随年龄改变，且从 2 岁开始即保持长头型的特征。这些差异可能与脑颅圆隆化的演化趋势有关。第二，儿童面部形状随年龄的增长趋于高窄化，下面部高度的增长幅度大于上面部，同时眼眶形状随年龄增长趋向于更宽更低，梨状孔轮廓从低宽趋向于高窄化。

Waitzman 等[1] 分析了年龄在 1~17 岁的 542 个儿童头骨 CT 图像，发现 5 岁儿童的"头盖骨—眼眶上面部"区域的总体尺寸为成人的 85%，头盖骨在出生后 1 年内生长迅速但很快停滞。上面部在婴儿期生长较慢，但可持续到青春期。

在儿童生长发育的过程中，头面部尺寸不是匀速变化的，而是存在突增期[2][3]。Caino 等[4] 追踪测量了 8 例健康婴儿头围，发现所有婴儿的头围尺寸在均经历了急剧变化期、持续生长期和停滞期。侯海东等[5] 追踪测量了 112 名 0~6 岁内蒙古包头地区婴儿的头围，发现在 1 岁内头围增长最快，第 2、3 岁内头围仍增长，但速度小于 1 岁时，3 岁以上儿童头围的增长速度大大减慢。包月昭等[6] 对河南省新乡地区 4~13 岁汉族儿童头面部进行了测量，结果发现头宽在各年龄组的变化不大，头长变化明显。4~13 岁儿童面部增长最多的是眼外角间宽，然后依次为形态面高、容貌面高、鼻高、面宽、额最小宽、口宽、下颌角间宽、鼻宽。

2. 扎滚鲁克墓地儿童顶面观相应面积的年龄变化特点

头骨顶面观投影面积随着年龄的增长而增大，但增长幅度减小。这与前人的研究结果有相似之处[7]。根据方差分析及多重比较，儿童顶面观相应面积有如下变化特点：

（1）五个年龄组（2~3 岁，3~6 岁，6~9 岁，9~11 岁，12~15 岁）的头骨顶面

---

[1] Waitzman A A, Posnick J C, Armstrong D C, et al. Craniofacial skeletal measurements based on computed tomography: part 2. Normal values and growth trends Cleft Palate-Craniofacial Journal, 1992 (29): 118-128.

[2] Milan D. Growth of the main head dimensions from birth up to twenty years of age in Czechs Human Biology, 1959 (31): 90-109.

[3] Eichorn D H, Bayley N. Growth in Head Circumference from Birth Through Young Adulthood Child Development, 1962 (33): 257-271.

[4] Caino S, Kelmansky D, Adamo P, et al. Short-term growth in head circumference and its relationship with supine length in healthy infants Annals of Human Biology, 2009 (37): 108-116.

[5] Hou H D, Liu M, Gong K R, et al. Growth of the skull in young children in Baotou, China. Child's nervous system, 2014 (30): 1511-1515.

[6] 包月昭、张文学等：《河南新乡地区儿童头面部测量》，《人类学学报》1995 年 14 期。

[7] Palmer C GS, Cronk C, Pueschel S M, et al. Head circumference of children with Down syndrome (0-36 months). American Journal of Medical Genetics, 1992 (42): 61-67.

观投影面积存在显著差异（P=0.003），儿童头骨顶面观投影面积连续增大，无突增期。

（2）五个年龄组额骨投影面积无显著差异（P=0.516），额骨投影面积的增长主要发生在3~6岁（15.47%），提示3~6岁为额骨的突增期。

（3）五个年龄组左顶骨投影面积无显著差异（P=0.403），左顶骨投影面积的增长主要发生在6~9岁（10.07%），提示6~9岁为头骨左顶骨的突增期。

（4）五个年龄组右顶骨投影面积无显著差异（P=0.213），右顶骨投影面积连续增大，无突增期。

3. 与洋海墓地儿童头骨年龄变化特点的对比

韩康信等将洋海头骨分成了童年组（1~7岁）、少年组（8~14岁）、成年组，探讨了年龄变化特点[①]。虽然这种分组方法较为粗线条，但依然能够进行大致的宏观对比。洋海儿童研究显示，在整个儿童阶段，脑颅的生长幅度、速度大于面颅。扎滚鲁克的数据显示，在不同年龄组间，年龄变化不是匀速的，这些都从不同角度反映出儿童生长发育过程中的头骨体质特征发育不平衡现象。在医学领域及公共卫生领域，身高、体重的年龄变化特点，已经有大量的研究，细致描绘了其生长发育中的生长突增期、相对静止期等，且这些体质形态特点与儿童学习特点、性格形成等有一定的关系。古代儿童头骨的生长发育特点迄今还鲜有学者关注，还有待进一步的深入探索。

4. 洋海古病理案例对本文研究的启示

洋海儿童头骨中，有不少筛状眶病变案例，这是由于营养不良或缺铁性贫血引起的。营养不良的影响是全方位的，可能会影响整个个体（包括头部）的生长发育。洋海中有脑积水症（舟状颅病例ⅡM166），这种疾病更会影响头骨的形态及尺寸。当然严重病变的很容易肉眼识别，但病变不严重的很有可能会成为"漏网之鱼"，影响最终的数据结果。一些儿童头骨上有暴力打击的痕迹（如洋海ⅡM93，ⅡM44），一般认为，若是暴力打击等致死的对头骨尺寸、年龄变化研究影响不大。扎滚鲁克人群的营养状况、古病理状况等也可能对本文所探讨的年龄变化特点产生影响，这也是我们未来拟重点探讨的内容之一。

5. 本文局限性及未来拟探讨的问题

由于材料的稀缺性，本文所选用的标本量比较小，基于小样本材料所反映出的年龄变化特点是否具有普适性还有待进一步验证。一些死因可能对分析生长发育的探讨存在一定影响，尤其是和生长发育相关的疾病可能会影响头骨的尺寸。本文研究中这些儿童材料死于疾病、饥饿还是某种意外还不得而知，使得本文结论存在很多假设前提。未来

---

① 韩康信、谭婧泽、李肖：《洋海墓地头骨研究报告》，《新疆洋海墓地》，文物出版社，2019年。

拟结合新疆洋海等墓地出土的儿童材料做进一步的对比探讨，并结合考古背景、饮食结构、疾病考古等进行综合分析。

A Comparison of Age Changes of Ancient Children's Skulls in Xinjiang Uygur Autonomous Region

Wang Long　　Liu Liming　　Hao Shuangfan　　Li Hai jun

Abstract: There are few studies on the skulls of ancient children in China. On the basis of the age changes of ancient children's skulls in Yanghai cemetery, we have compared and analyzed the age changes of the superior view projection area of the skulls (2-15 years old) unearthed from the Zaghunluq cemetery in Qiemo, Xinjiang. And the possible growth spurt period was analyzed. The results show that: the projection area of the superior view of the skull and the projection area of the right parietal bone of the superior view of the skull in children increased continuously, but not abruptly. The projection areas of the frontal bone and left parietal bone of the superior view of the skull were 3-6 and 6-9 years old, respectively. The age changes of children's skulls in Yanghai cemetery and Zaghunluq cemetery all reflect the unbalanced development of the physical characteristics of the skulls during the growth of children.

Keywords: Yanghai cemetery; Zaghunluq cemetery; ancient children; projection area of the skull superior view; growth

新疆伊犁河流域青铜时代墓葬试析

阮秋荣

（新疆文物考古研究所，乌鲁木齐，830011）

内容摘要：目前在新疆伊犁河流域尚未发现明确属于旧石器时代和新石器时代的遗存。近年来陆续发现几处青铜时代墓葬和零星遗址，从年代上看，在新源县种羊场墓地发现距今约 5000 年的 3 座墓葬，是新疆伊犁河流域发现最早的墓葬遗存。墓葬出土具有阿凡那谢沃文化特征的针杉纹尖底罐陶器；在尼勒克县吉仁台沟口遗址发掘过程中，同时发现距今 4500 年左右的 1 座墓葬（与之共存的有 3 座勺形窑址），墓葬中出土了具有克尔木齐文化风格的典型陶器；在尼勒克汤巴勒萨伊墓地、乌吐兰墓地、特克斯县阔克苏西 2 号墓地等发现一批属于安德罗诺沃文化内涵墓葬，年代集中在距今 3500 年左右；在距今 1000 年前后则发现一些小型石棺墓，出土陶器具有卡拉苏克文化的因素。

中亚、南西伯利亚地区青铜时代的考古发现和研究成果积累较为深厚，其文化进程和面貌大致清晰。东欧草原地带的颜那亚文化，外乌拉尔和哈萨克斯坦地区的辛塔什塔文化、安德罗诺沃文化；东西萨彦岭、阿尔泰山、米努辛斯克盆地一带的南西伯利亚地区，先后出现了阿凡纳谢沃文化、奥库涅夫文化、安德罗诺沃文化和卡拉苏克文化，考古文化序列基本确立。从新疆伊犁河流域发现的不同时代、不同文化内涵的墓葬看，新疆伊犁河的青铜时代考古学文化发展序列基本与中亚、南西伯利亚地区青铜时代的考古学文化同步发展，显示出新疆地区与中亚草原地区以及米努辛斯克盆地的早期广泛联系与交流。

新疆伊犁河发现的青铜时代虽然数量较少，但填补了新疆伊犁河流域青铜时代考古学文化的空白和缺环，意义重大，是新疆伊犁地区史前考古的重要收获，对于构建伊犁河流域文化谱系拓展了时空范围，同时为探讨早期东西方文化、南北文化交流提供了重要材料。

关键词：伊犁河流域；青铜时代；墓葬

伊犁河，是中亚一条著名的国际内陆河，全长 1236 千米，流域面积广阔。其中在中国境内河长 442 千米，属于伊犁河的上游。在这里，地理条件优越，蕴藏了大量的远古文化信息。对于其青铜文化的认识，早年主要是根据在伊犁河谷征集到的一批青铜器等零散资料进行相应推测[①]。近年来，随着新疆考古事业的发展，我们看到新疆史前考古资料发现不断，新的发现不断填补着研究领域的空白，使新疆史前文化时空框架和文化演变序列日渐清晰、完善。在伊犁地区经过正规科学发掘的青铜时代墓葬有4个地点，另发现铜石并用时代墓葬3座（种羊场墓地），均发现于伊犁河的上游支流河畔。这些考古发现虽然较少，资料略显单薄，但为我们进一步研究伊犁河上游早期文明提供了科学依据，使伊犁地区早期文化的时空空白得到了逐步的填充，也使其考古学文化的编年和谱系日益明确。本文拟通过对近年来考古发掘的墓葬进行初步梳理，以期厘清新疆伊犁河谷青铜文化发展脉络及文化性质和内涵。不当之处，敬请学界批评指正。

一、伊犁河谷发现的铜石并用时代墓葬

2017年，为配合国道218高速公路建设，新疆文物考古研究所和中国人民大学联合对公路沿线涉及的墓葬进行了抢救性考古发掘。在新源县种羊场墓地（M5）同一封堆下发掘3座墓穴[②]，墓葬内涵及碳十四测年数据显示，这是伊犁地区目前发现的最早的墓葬，揭开了新疆伊犁河流域青铜文化研究新篇章，具有重要学术研究价值和意义。具体情况介绍如下。

墓葬地处阿吾拉勒南麓山前坡地，地势开阔，南距巩乃斯河约1000米。墓葬编号M5，地表封堆低矮，为不规则圆形，东西长8.3米，南北宽6.6米，高0.2米。封堆以石块堆砌，大致呈二圈。封堆下3座墓穴，编号为M5-1、M5-2与M5-3墓葬形类型可分为竖穴土坑、竖穴土坑偏室墓2类（图一）。

M5-1 位于封堆下东北部，墓口长220、宽118、深140厘米。墓葬为土坑竖穴墓，方向250度。葬式为仰身屈肢，头西脚东，墓主头骨西侧随葬1件扁条状青铜器（图一，4），墓主盆骨左侧随葬1件平底陶罐（图一，2）。

M5-2 位于封堆下中部，墓室长190、宽100、深134厘米。方向270度。土坑竖穴偏室墓，偏室开在墓坑南壁，内葬一成年男性，仰身屈肢，面朝西头朝上。在头骨右侧随葬1件尖（圜）底陶罐（图一，1），左侧脚踝旁边出土1件铜残片（图一，6），右侧肋骨边发现赤铁粉。

M5-3 位于封堆下南部，墓室为圆角长方形，长240、宽80~100、深186~206厘米。墓向280度，偏室开在墓坑北壁，南壁下有生土二层台，偏室内葬2个并列个

---

① a. 王炳华：《新疆地区青铜时代考古文化试析》，《新疆社会科学》1985年4期。

b. 王博、成振国：《新疆巩留县发现一批铜器》，《文物》1989年8期。

c. 王炳华：《特克斯县出土的古代铜器》，《文物》1962年7-8期。

② 刘汉兴、特尔巴依尔等：《新疆伊犁州墩那高速尼勒克段考古收获及初步认识》，《西域研究》2018年3期。

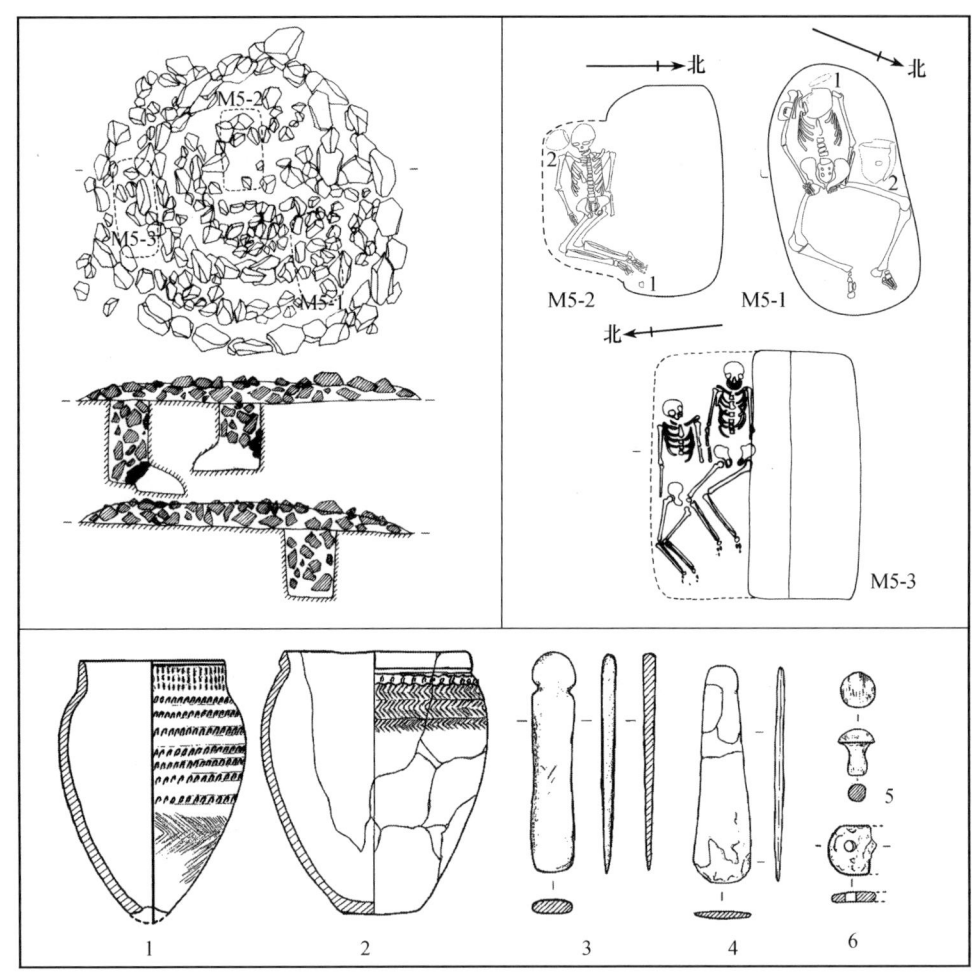

图一 种羊场墓地青铜时代墓葬及出土器物

体,均仰身屈肢,头朝东,北侧人骨随葬有 1 砺石(图一,3)、骨珠(图一,5)。

从埋葬分布看,3 个墓室同处一个土石封堆下,排列不均,应该存在打破关系,具有相对早晚关系,M5-1 应该是最晚的,其封堆边缘压在 M5-2、M5-3 墓室之上,反过来说,这一时期墓葬分布讲究聚集,在其周边的没有发现同类墓葬。3 座墓葬中 2 座为竖穴偏室墓,1 座竖穴土坑,分单人葬和双人葬,墓葬形制不统一,偏室墓的开口(M5-1 偏室开在南侧,M5-3 偏室开在北侧)及人骨方向也不一致(M5-1、M5-2 墓主头朝西,M5-3 墓主头朝东),M5-1、M5-2 各随葬 1 件陶器,M5-3 则不见陶器,显示出制度化的埋葬习俗可能尚未形成统一。

一般认为,中亚南部和欧亚草原的铜石并用时代大约分别在公元前 4200～前 3000 年、公元前 4000～前 2500 年,中国铜石并用时代大约在公元前 3500～前 2500 年。该批资料有 4 个碳十四数据(表一),聚集而葬,虽然墓葬形制有所区别,但绝对年代均距今 5000 年前后,应属于铜石并用时代,这也是目前伊犁地区年代最早的墓葬。

表一　新源种羊场墓地 M5 碳十四数据测年表

编号	样品	碳十四年代（BP）	树轮校正后年代
M5-1	人骨	4280±30	2908~2751 cal BC（89.1%）
M5-2		4230±30	2933~2872 cal BC（93.7%）
M5-3 南个体		4270±30	2925~2871 cal BC（93.3%）
M5-3 北个体		4240±30	2911~2756 cal BC（92.3%）

这 3 座墓葬类型与新疆 2014 年发掘的阿勒泰地区哈巴河县阿依托汗 1 号墓地 M21、M22[①]，2017 年发掘的塔城地区和布克赛尔县松树沟墓地 M15、M16[②]，具有一定相似性，尤其是陶器特征（尖底蛋形罐）具有一致性，如阿依托汗 M21、M22 的墓冢封土、石围圈、石棺结构、死者的埋葬方式等以及随葬品等都具有典型的阿凡纳谢沃文化特征。因此有学者认为属于典型阿凡那谢沃文化，而在巩乃斯河流域发现 3 座墓葬被认为将阿凡那谢沃文化的分布向南推进到伊犁河流域[③]。

阿凡那谢沃文化墓葬大量发现于南西伯利亚的米努辛斯克盆地、图瓦、蒙古和阿尔泰地区，绝对年代在公元前 4 千纪下半叶至公元前 3 千纪中叶（公元前 3600 年~前 2500 年），流行在地表构筑土石结合的矮冢，多数在石冢周边栽立石板或用石块垒成石围，封土下或一冢一穴，或一冢数穴，墓穴四壁贴附石板构成石棺，或在墓内搭建简易木质葬具。葬俗方面流行向右侧身的屈肢葬和仰身屈肢葬，墓主头向多朝西，流行在墓主身上播撒赤铁矿粉染色。典型陶器有尖底或圜底蛋形罐，比例很高。另一类典型器为香炉形豆，陶器表面普遍通体施纹，刻划杉针纹、网格纹、折线三角纹、波浪线纹，压印三角点纹等。通过比对我们看到，巩乃斯河流域发现的 3 座墓葬，无论从墓葬封堆结构，还是墓室形制观察，与典型的阿凡那谢沃文化有着很大差异：第一，封堆外围没有明显的石围；第二，墓室不是用石板砌筑；第三，墓主没有铺撒赭石粉现象；第四，尤其是墓葬形制——偏（洞）室墓，这种墓葬形制在阿凡那谢沃文化中是不存在的；第五，陶器中没有发现豆形陶器。考虑到与米努辛斯克盆地的空间距离及具体文化特征，我个人认为其受到西部东欧草原早期青铜文化影响可能性更大些。

在东欧草原地带早期青铜时代文化有竖穴墓文化（也称"颜那亚文化"），其年代在公元前 3 千纪初至公元前 2 千纪初之间。分布地域广阔，东起南乌拉尔，西至摩尔多瓦，南至北高加索，北达伏尔加河中游。颜那亚文化主要有 4 个地方类型，分别为黑海北岸古墩类型、伏尔加河上游赫瓦邻斯克类型、第聂伯河流域德涅伯·顿涅茨克类型和

---

① 新疆文物考古研究所：《哈巴河县阿依托汗一号墓地发掘报告》，《新疆文物》2017 年 2 期。

② 新疆文物考古研究所：《2017 年 219 国道和布克赛尔县松树沟墓地考古发掘报告》，《新疆文物》2018 年 1、2 期。

③ 李水城：《从新疆阿依托汗一号墓地的发现谈阿凡那谢沃文化》，《新疆文物》2018 年 1、2 期。

里海北岸萨摩拉类型，这些类型中已经出现偏（洞）室墓形制，且在东欧颜那亚文化被洞室墓文化取代，在欧亚草原，黑海北岸是出现偏（洞）室最早的地方，在伊犁地区出现偏室墓应该是受此传统的影响。我们知道，从文化发展谱系看，南西伯利亚的阿凡那谢沃文化是颜那亚文化向东演化出的结果，这就涉及颜那亚文化向东传播的分支路线问题，很可能颜那亚文化向东传播不是单线进行的，在欧亚草原南部也有颜那亚人群向东部迁徙或扩散，与南西伯利亚阿凡那谢沃文化一样具有共同的祖源（图二），而这一通道借助开阔的哈萨克草原更有利于人群的移动和交往。

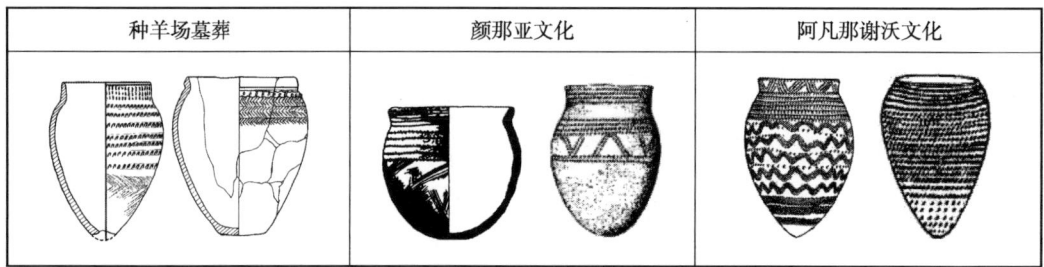

图二　伊犁地区铜石并用时代墓葬陶器对比图

根据吉林大学边疆考古中心所做的 DNA 研究初步结果显示，种羊场墓地发现 M5 人群与早期西西伯利亚人群（West_Siberia_N）遗传上很接近，同时与草原人群有一定的混血现象。同时根据兰州大学人骨碳氮同位素分析结果显示，M5 古人类与新疆其他遗址古人类的饮食构成比较一致，均是摄入了大量的动物资源。另外，人骨的碳同位素值表明 M5 人群主要是以食草动物的肉类为食，此外还可能摄入了一定的小麦、大麦等作物以及野生植被或粟、黍等植物。哈巴河县阿依托汗 1 号墓地体质人类学检测数据表明，墓主体质形态趋向印欧人种。遗传基因组分析表明，墓主应来自欧亚大陆西部。稳定同位素分析显示，其食物构成明显有 C4 植物（粟、黍）摄入[①]，显示出早期东西方人群的联系和互动。

二、伊犁河谷发现的青铜时代墓葬

就目前伊犁河谷考古发现情况看，伊犁河谷发现的青铜时代墓葬主要分布在伊犁河的上游喀什河、特克斯河、巩乃斯河等三大支流上（图三），这些遗存地处山间谷地，均位于河流两岸地势平坦、开阔的二级台地上，紧邻河源，体现了早期居民对自然水资源的依赖和利用，同时也反映出生业形态中畜牧经济的成分。墓地规模均较小，墓葬数量约 10 座。从其分布状态看，墓葬的排列缺乏规律，没有特殊的营建规律和特征，呈现小片聚集态势（图四），从侧面反映出当时人群聚居规模相对较小。

---

① 新疆文物考古研究所：《哈巴河县阿依托汗一号墓地发掘报告》，《新疆文物》2017 年 2 期。

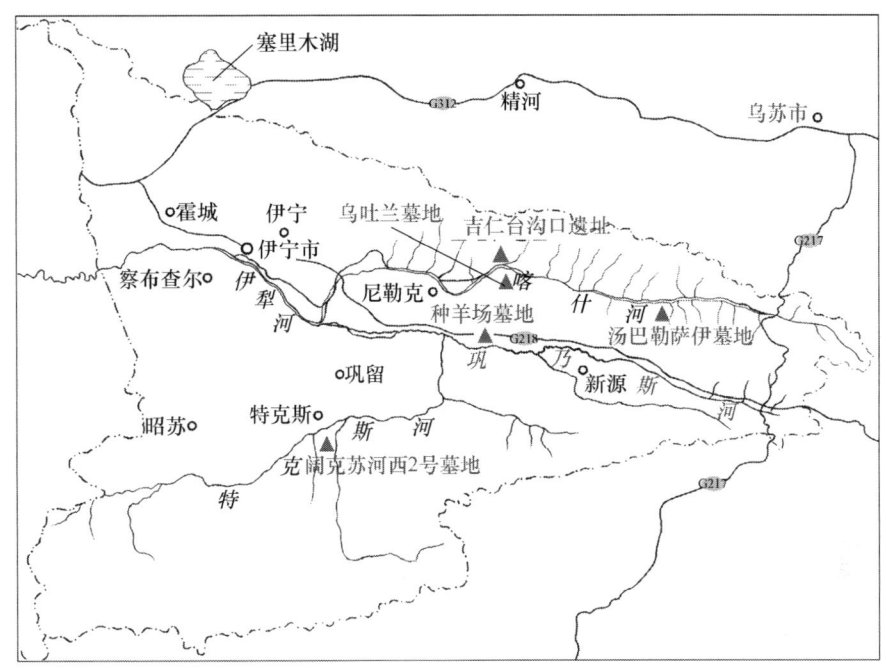

图三　伊犁流域青铜时代墓葬分布图

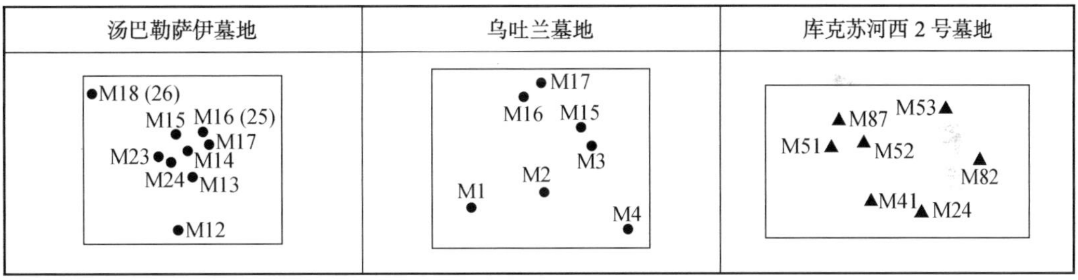

图四　各墓地青铜时代墓葬平面分布图

1. 汤巴勒萨伊墓地

汤巴勒萨伊墓地位于尼勒克县喀什河上游南岸二级台地上。墓地所处地势平坦、开阔，海拔约2000米，气候夏季温凉多雨，冬季多雪，属典型的山地草原气候。2010年在尼勒克汤巴勒萨伊墓地发掘9座青铜时代墓葬[①]（编号分别为M12、M13、M14、M15、M16、M17、M23、M24、M26），2016年发掘1座（2016M3）[②]。墓葬地表封堆平面呈不规则圆形，由纯黄土堆筑，直径在8米左右，高0.5~1米不等。依据墓室结构

---

① 新疆文物考古研究所：《新疆伊犁尼勒克汤巴勒萨伊墓地发掘简报》，《文物》2012年5期。
② 新疆文物考古研究所：《尼勒克县汤巴勒萨伊墓地（2016年）考古发掘报告》，《新疆文物》2017年4期。

形式墓葬类型均属于竖穴土坑墓，墓室平面呈长方形或近似方形，个别墓葬有生土二层台。葬式统一，均侧身屈肢，头西面北，双手置于胸前，以单人葬为主，1座双人合葬，1座火葬墓。在死者头端一般随葬2~3件陶器（陶器旁一般放置有少量羊肋骨）。陶器为夹砂灰陶为主，也有少量夹砂红陶，素面，器型以平底或圈足折肩罐为主，个别墓主戴喇叭状铜耳环、圆形铜环串成的手链和足链（图五）。

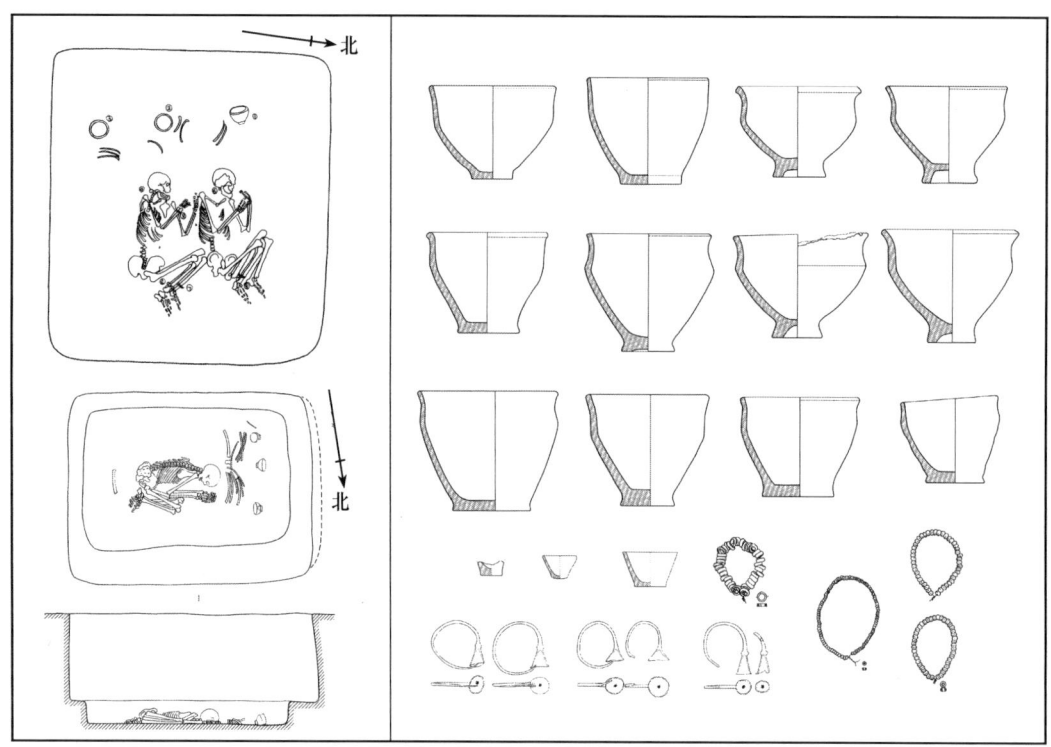

图五　汤巴勒萨伊墓地青铜时代墓葬及出土器物列举

该批资料有两个碳十四数据（表二），绝对年代在公元前16世纪前后，从墓葬形制和出土遗物看，发掘的10座墓葬较为统一，属于同一时期、同一人群遗存。

表二　2016M3碳十四数据测年表

编号	样品	碳十四年代（BP）	树轮校正后年代
2016M3	马骨	3270±30	1620~1495 cal BC（95%）
	人骨	3230±30	1605~1585 cal BC（95%）

2. 库克苏河西2号墓地

库克苏河西2号墓群位于特克斯县乔拉克铁热克乡库克苏河沟西侧台地上。库克苏河属于特克斯河的一大支流，2010年新疆文物考古研究所发掘墓葬93座，其中7座属于青铜时代墓葬[①]（编号分别为 M24、M41、M51、M52、M53、M82、M87），墓葬地表大多为圆形黄土封堆，墓葬形制可分为竖穴石室、竖穴木椁墓 2 类。石室墓墓室近似方形，葬式以单人葬为主，仅有 1 座土葬和火葬集于一墓。葬者均侧身屈肢，头西面北，双手置于胸前，在头端或身侧一般放置 1~4 件陶器（旁放置 1、2 根马肋骨）；木椁墓墓室为长方形，木椁内均未发现人骨，东侧偏室内葬 1 人，侧身屈肢，头北面东，在头端一般随葬 1 件陶罐。陶器特征与汤巴勒萨伊墓地一致，从棚木被破坏情况看，主墓室应遭到二次扰乱，偏室内人骨应该具有殉葬性质（图六）。

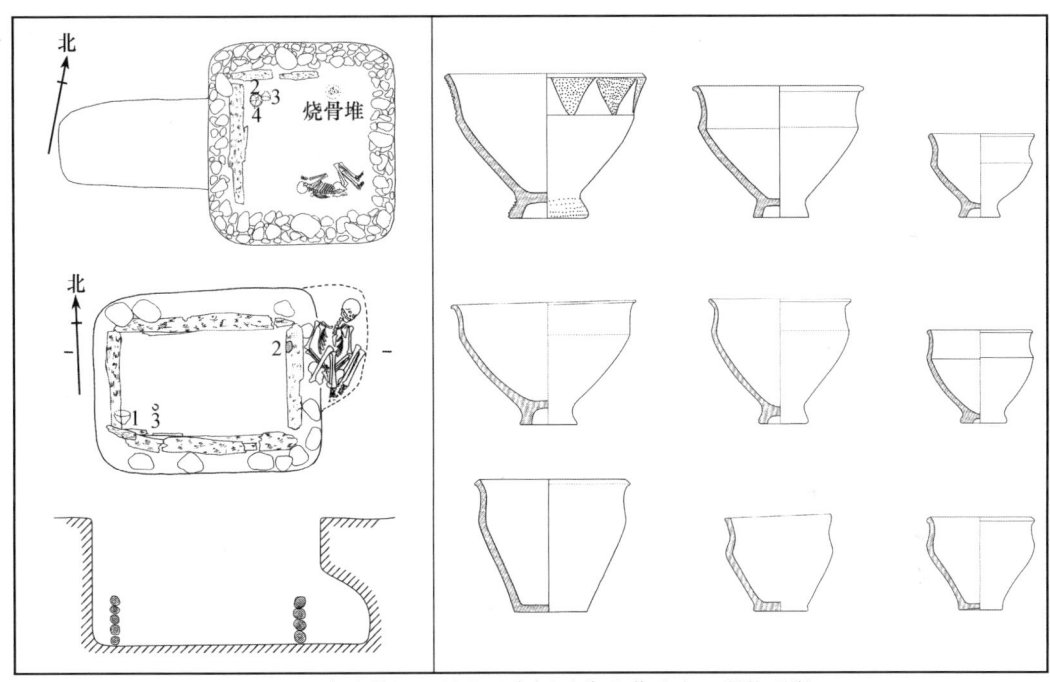

图六　库克苏河 2 号墓地青铜时代墓葬及出土器物列举

该批资料有 4 个碳十四数据（表三），虽然墓葬形制有所区别，但葬式葬俗一致，随葬陶器风格也雷同，绝对年代在公元前 17~前 16 世纪，由于测试样品均为木炭，测年数据可能稍微偏早。

表三　库克苏河西 2 号墓地青铜时代墓葬碳十四数据测年表

编号	样品	碳十四年代（BP）	树轮校正后年代
2010YTKM24	木炭	3355±35	1740BC（95.4%）1530BC
2010YTKM51	木炭	3355±30	1740BC（95.4%）1530BC
2010YTKM53	木炭	3295±35	1680BC（95.4%）1490BC
2010YTKM82	木炭	3400±30	1770BC（95.4%）1610BC

---

① 新疆文物考古研究所：《新疆特克斯县阔克苏西 2 号墓群的发掘》，《考古》2012 年 9 期。

2017年新疆文物考古研究所在抢救发掘特克斯县喀甫萨朗4号墓群（与库克苏河2号墓地相距约10千米）时，发掘1座竖穴土坑墓，墓主侧身屈肢，随葬1件夹砂红陶圈足陶罐，且有同时期遗址发现①（图七）。

图七　喀甫萨朗4号墓群青铜时代墓葬及出土陶器

3. 乌吐兰墓地

乌吐兰墓地位于尼勒克县喀什河南岸、胡吉尔台沟口北侧的河谷阶地上，西距县城约23千米。该墓地在第三次文物普查时登记在册的墓葬有154座，分布较为密集，墓地规模较大。2013年8月在墓地的西南角发掘墓葬17座，祭祀遗址3座。其中青铜时代墓葬计7座②，其中M1、M2、M3地表封堆较大，直径在20～40米，高约1.5米，封堆主要以纯黄土堆积而成，个别含少量石块，为大型墓葬，其分布大致呈东西向链状排列，墓距约20米。M4、M16、M17因耕地平整封堆不存，为小型墓葬，其散乱分布在大型墓葬南北两侧。依墓室结构可分为竖穴土坑墓（3座）、竖穴木椁墓（2座）和竖穴石棺墓（2座）。埋葬风俗以土葬为主，存在少量火葬，也有土葬和火葬积于一墓，但是不管土葬还是火葬，其墓室营建和随葬遗物没有区别。土葬者一律左侧身屈肢，双手置于胸前，个别人骨有撒赭石粉的现象，随葬遗物以圈足（平底）缸形陶器为主。个别见随身装饰的喇叭口铜耳环。其中M3形制独特，主墓室规模较大，连墓道在内东西长约6米，宽约3米，墓深4.6米。斜坡墓道过于陡斜，似乎不是专门墓道，而是因为墓室较深采取的便于出土措施。在墓室底及四壁底部发现有红色颜料涂抹的类似墙裙的痕迹。从墓底零乱的大石板看，墓底应放置过石棺。该墓经过盗掘和破坏仅留有陶器残圈足（图八）。

环绕主墓室的16座附葬小石棺墓主要分布在东面和北面，接近封堆的边缘地带，可分为土葬（13座）和火葬（3座）2种。土葬个体均侧身屈肢（个别为二次葬，仅有

---

① 资料由项目负责人侯志军提供，在此表示感谢！
② 新疆文物考古研究所：《新疆尼勒克乌吐兰墓地发掘简报》，《文物》2014年12期。

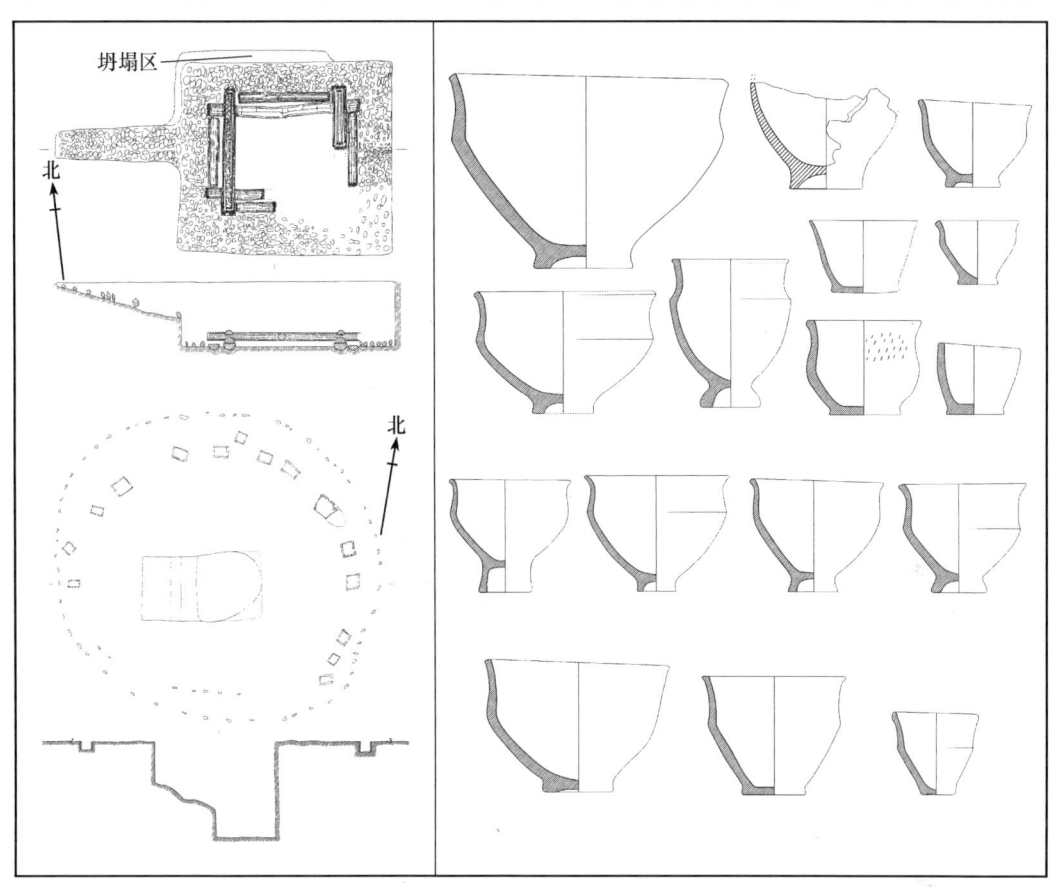

图八 乌吐兰墓地青铜时代墓葬及出土器物列举

少量骨殖），大多头西脚东，在其头侧随葬1、2件陶器。火葬墓仅在墓底堆放碎小的烧骨，同样随葬有陶器。陶器的器型都较小，火候较低，可能是专用于陪葬的冥器。墓主均为婴幼儿，仅在1座火葬墓中发现一例成年人和幼儿合葬现象，并出土1对铜耳环。

该批资料有4个碳十四数据（表四），虽然墓葬形制有所区别，但葬式葬俗一致，随葬陶器风格也雷同，属于同时期文化遗存，绝对年代在公元前16世纪前后。

表四 乌吐兰墓地青铜时代墓葬碳十四数据测年表

编号	样品	碳十四年代（BP）	树轮校正后年代
2013YNWM16	人骨	3255±25	1610BC（95.4%）1450BC
2013YNWM15	木头	3385±50	1750BC（95.4%）1610BC
2013YNWM15	木炭	3215±35	1540BC（91.1%）1410BC
2013YNWM3FM13	人骨	3305±25	1670BC（95.4%）1510BC

4. 吉仁台沟口遗址

2015～2019年，在发掘吉仁台沟口遗址过程中，清理16座青铜时代的墓葬，主要是以石棺墓为主①。依据与遗址的叠压打破关系及相关测年数据，这 16 座青铜时代墓葬可以分为早于遗址墓葬、与遗址同期墓葬、晚于遗址墓葬。

（1）早于遗址墓葬 1 座，编号为 M86，地表不见封堆，被 M81 封堆叠压，西南被 M84、东北被 M85 叠压打破。墓向 132°。竖穴土坑，墓室平面大致呈圆角长方形，长 2.8、宽 2.15、深 1.35 米。填土为疏松黄土，自上而下均发现有大量木炭、炭粒和炭灰，炭块且多为树枝，少有树干。墓室内葬 2 人。A 个体位于墓底中部，青年女性。头朝南，面朝东，左侧身，腿朝西，姿势极为怪异，人骨东南随葬陶罐 1 件。B 个体位于墓室北壁底部侧龛内。侧龛平面大致呈椭圆形，东西向，长 0.96、宽 0.48、高 0.42 米。B 个体为幼儿，骨骼凌乱。出土珠饰 4 颗（图九）。

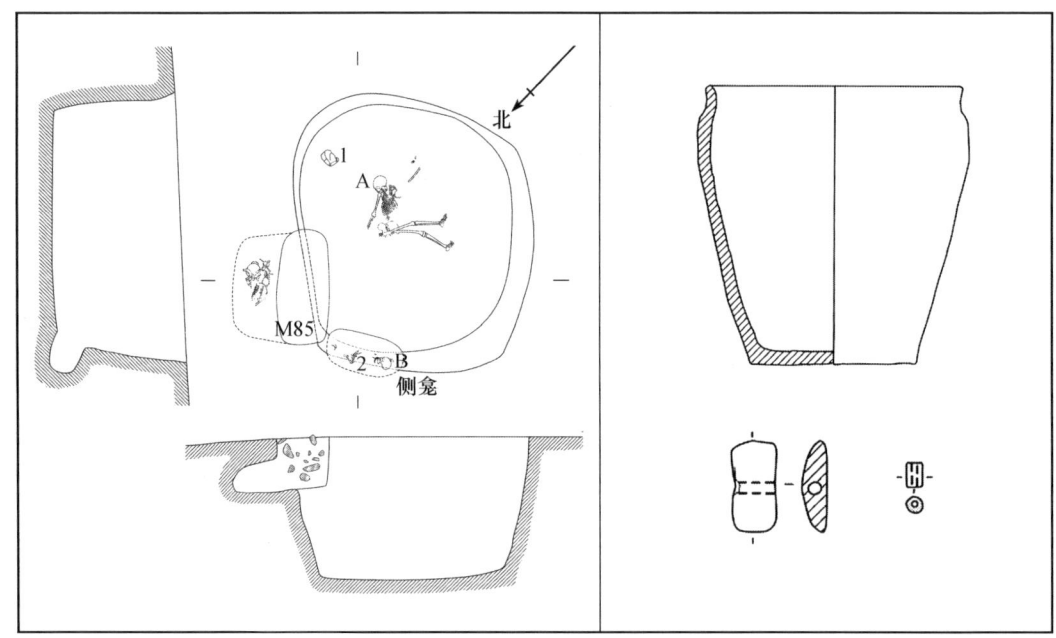

图九　吉仁台沟口遗址 M86 及出土器物列举

这是一座比较特殊的墓葬，其墓葬形制，随葬陶器在伊犁地区少见，而其碳十四测年数据表明距今约 4400 年（表五），与遗址发现的 3 座早期碳窑年代相当，而这一时期的文化遗存以往是空白，所以这座墓葬和窑址的发现意义重大，为我们探寻伊犁地区公元前 2500～前 2000 年这一时期的人类活动提供了资料。

（2）与遗址同期的墓葬，即"高台遗存"②，经 2018、2019 年的勘探和试掘，其性

---

① 王永强、袁晓、阮秋荣：《新疆尼勒克县吉仁台沟口遗址 2015～2018 年考古收获及初步认识》，《西域研究》2019 年 1 期。

② 袁晓、罗佳明、阮秋荣：《新疆尼勒克县吉仁台沟口遗址 2019 年发掘收获与初步认识》，《西域研究》2020 年 1 期。

表五　M86 及窑址碳十四数据测年表

编号	样品	碳十四年代（BP）	树轮校正后年代
2019NJM86A	牙齿	3850±30	2458BC（75.6%）2269BC
2019NJM86B	股骨	3870±30	2465BC（89.6%）2278BC
2018NJY4	木炭	3960±30	2504BC（54.5%）2399BC
2018NJY5	木炭	3870±30	2575BC（95.4%）2466BC

质为一座大型高等级墓葬。由地上封堆和半地下墓室 2 部分构成。地面建筑整体为中间高周缘低缓的方形高台，方向为北偏东 3°，边长约 120 米，总面积近 1.5 万平方米，中心高约 4.5 米，边缘距地表高 1.5~2 米，以打琢平整的石板砌筑围护。在高台周边还有宽约 3 米的红胶泥铺垫的活动面或散水面。局部清理显示，坟冢地表和内部分布高低错落的土和石块相间的条带，所有"条带"汇聚于中心墓室，显示出浓郁的太阳崇拜氛围。墓室以打琢平整的石板砌筑，大致呈方形，边长约 6、残高 2.4 米，西部有宽约 1.6 米墓道（石板砌筑）。墓室外周用红胶泥土磊筑圆形的土墙（略高于墓室残墙），再外面是圆角方形的高达约 3 米的石块垒砌的石堆相裹，形似中原地区的三重椁（图一〇）。

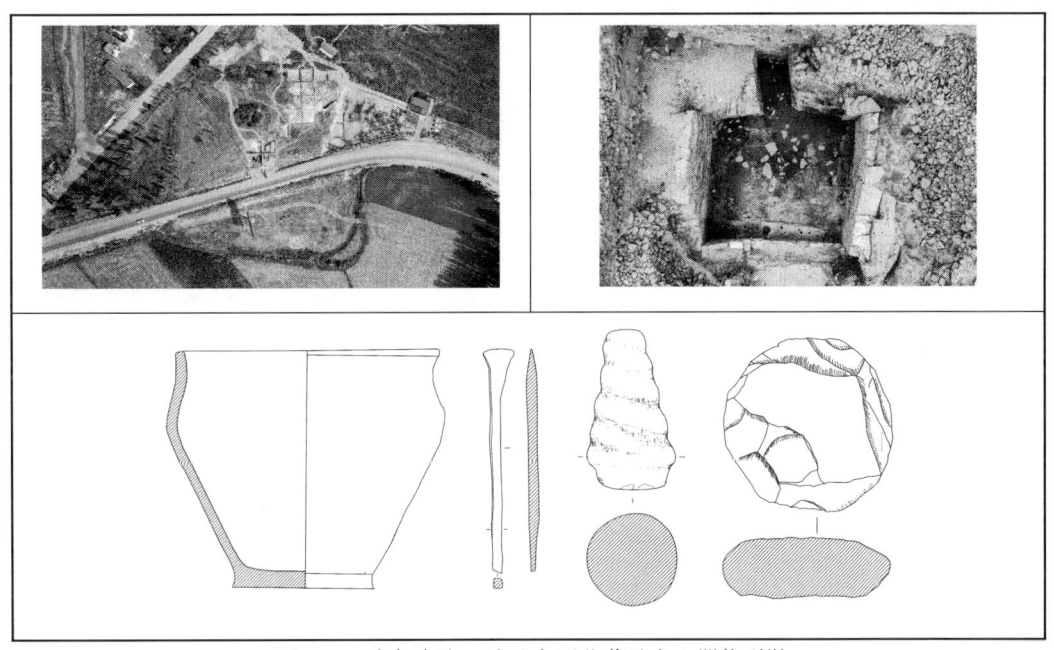

图一〇　吉仁台沟口遗址大型墓葬及出土器物列举

根据墓室内出土的兽骨和人骨样品，以及众多探方测年标本，测年结果在公元前 16 世纪~前 15 世纪（表六）。出土的陶罐、饼形石器、螺旋状石杵以及陶器纹饰与吉仁台沟口遗址的第一期一致。结合吉仁台沟口遗址发现的近 400 平方米的宫殿式房屋，可见吉仁台沟口遗址区应该是当时伊犁河流域的中心聚落,体量巨大的工程,结构特殊的墓葬结构,彰显了墓主人的至高地位。中心墓室虽被严重盗扰,没有遗物出土,但其规模、结构及气势表明这是迄今为止欧亚草原地区发现的年代最早、规模最大的"王陵"级别的畜牧人群墓葬,对欧亚草原青铜时代中晚期墓葬形制、文化特征、社会结构和丧葬思想等研究具有重要参考价值。对于重新认识欧亚草原的社会发展进程有极为重大的意义。

表六 吉仁台沟口遗址大型墓葬碳十四数据测年表

编号	样品	碳十四年代(BP)	树轮校正后年代
中心墓室	牛蹄骨	3310±30	1661~1509 cal BC(95.4%)
中心墓室	牛趾骨	3230±30	1562~1432 cal BC(87.3%)
中心墓室	人指骨	3320±30	1683~1521 cal BC(95.4%)
2018NJT0308①	兽骨	3295±20	1623BC(95.4%)1518BC
2018NJT0308②	兽骨	3245±20	1563BC(66.4%)1491BC
2018NJT0308①	兽骨	3300±20	1626BC(95.4%)1520BC
2019NJT1519	羊骨	3280±30	1629~1497 cal BC(95.4%)
2019NJT1518	兽骨	3280±30	1629~1497 cal BC(95.4%)

(3)晚于遗址墓葬,14座。在吉仁台遗址房址区零散分布,多数墓葬打破遗址,地表无封堆,墓葬规模较小,按墓葬形制可以分为竖穴土坑墓(3座)和竖穴石棺墓(11座)两类。流行单人侧身屈肢葬,随葬器物较少,仅有个别墓葬随葬1件陶器,器型多为鼓腹平底罐(图一一)。此类地表石棺墓葬在巩乃斯河流域也有较多所发现,数量达60余座,但是人骨和随葬遗物严重缺失,具体情况尚待发表[①]。碳十四数据显示(表七),绝对年代在公元前12世纪~前10世纪。

表七 吉仁台沟口遗址青铜时代墓葬碳十四数据测年表

编号	样品	碳十四年代(BP)	树轮校正后年代
M49	人骨	2935±20	1211~1056 cal BC(95.4%)
M75	人骨	2950±25	1231~1055 cal BC(95.4%)
M80	人骨	3025±25	1321~1207 cal BC(74.0%)
M87	人骨	2980±30	1297~1111 cal BC(94.3%)

---

① 刘汉兴、特尔巴依尔等:《新疆伊犁州墩那高速尼勒克段考古收获及初步认识》,《西域研究》2018年3期。

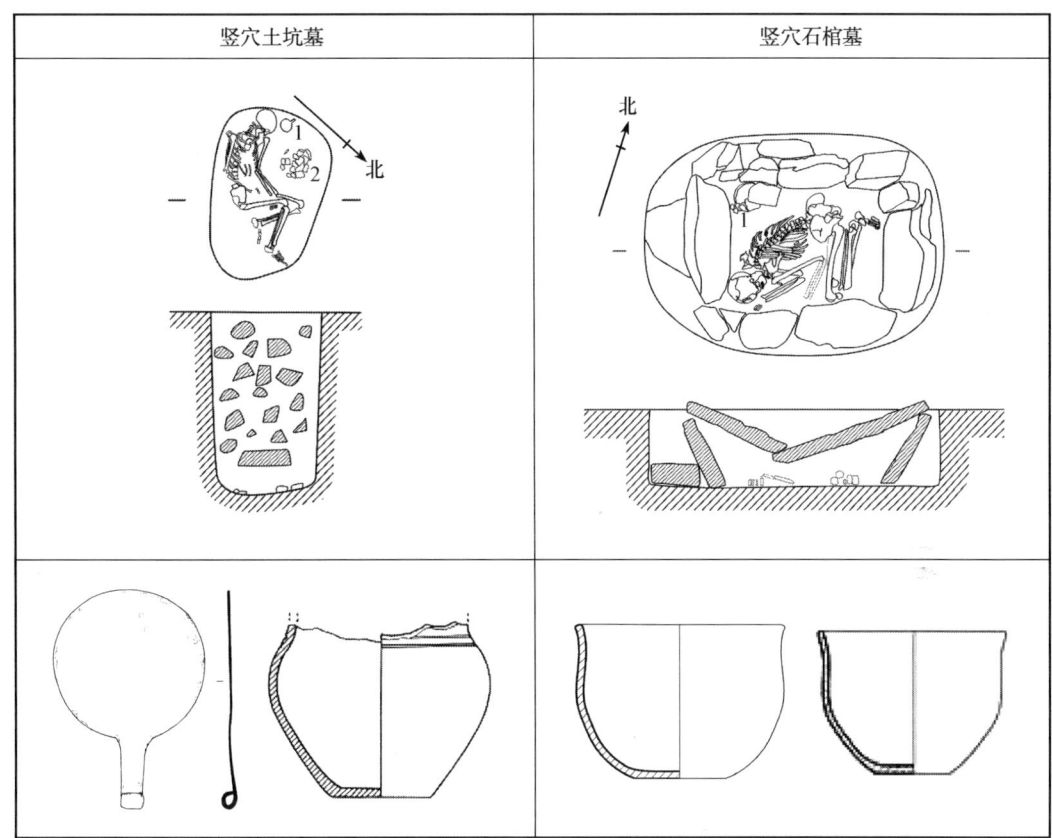

图一一 吉仁台沟口遗址青铜时代墓葬及出土器物列举

三、伊犁青铜时代墓葬分期及文化特征

纵观上述墓葬资料介绍，伊犁青铜时代墓葬数量发现虽然不多，墓地规模都不很大，显示其族群规模相对有限。从类型学研究看，均为一次葬，以单人屈肢葬为主，大部分为土葬，偶见拾骨火葬，随葬品以少量陶器为主，但是墓室结构却有明显不同，种类较多，可分为竖穴土坑墓、竖穴土坑石室墓、竖穴土坑木椁墓、竖穴土坑石棺墓 4 种类型。结合碳十四测年数据及陶器特征将伊犁青铜时代发现的墓葬大致分为青铜时代早晚两期。

青铜时代早期以吉仁台沟口遗址 M86 为代表，目前仅发现这 1 座，年代在公元前 2400 年前后。

M86 位于吉仁台沟口遗址房址区中部，地处山前缓坡上，从发掘来看，墓葬地表没有明显封堆，墓室平面呈圆角长方形，规模较大，不见填石现象，而是填黄土内含大量木炭灰烬，内葬 1 成年个体和 1 幼儿个体，成年个体屈肢，但摆放形态怪异；幼儿个体在墓底掏挖偏室而葬，骨殖零散，墓葬形制少见。随葬陶器为夹砂灰陶，陶质粗糙，火候不高，微敞口，溜肩，斜壁，平底，其形态具有早期缸形器的特点。

青铜时代晚期这一时期墓葬遗存地域扩展，数量明显增加，根据墓葬文化特征和测年数据可以区分为早晚2段，早段以汤巴勒萨伊墓地、阔克苏西2号墓地、乌吐兰墓地为代表。年代在公元前1500年前后；晚段，以吉仁台沟口遗址晚期石棺墓为代表，年代在公元前1200年前后。

青铜时代晚期早段这一时期的墓葬遗存在新疆伊犁河流域发现数量是最多的，测年数据较多也较统一，尤其是以吉仁台沟口遗址为中心的大型聚落，充分体现了这一时期青铜文化的繁荣。从封堆结构、墓葬形制、葬式葬俗和随葬遗物看尼勒克汤巴拉萨伊墓地、乌吐兰墓地、特克斯阔克苏河西2号墓地中青铜时代墓葬文化内涵基本一致，墓葬葬式葬俗较为统一，多数为土葬，但也有少量火葬。土葬者一律侧身屈肢，头西脚东。从随葬品种类来看，没有太大区别，都仅随葬生活常用品——陶器，不见武器、工具等。从随葬品数量来看，略有区别，有1人1件，也有1人2件或5件，有2人3件，没有明显器物组合，少者1件，多者5件。陶器从器类到器形也完全一致，均为平底或圈足缸形器，且在墓葬中有共存关系。器型特征明显，夹砂灰褐陶，手制，敞口，折肩，斜腹，矮圈足（内敛），素面为主，器表磨光、个别有刻划戳印几何纹饰，同时存在较多假圈足，在随葬陶器中所占比重较大，不管是竖穴土坑墓、竖穴石室墓和竖穴木椁墓出土陶器中平底器和圈足器共存，在阔克苏2号墓地出土的12件陶器中有8件属于圈足，占出土陶器数量的67%，在乌吐兰墓地圈足陶器也占出土陶器的一半，充分反映出圈足器在该地区较为流行。从殉牲方面看，存在随葬羊、马肋骨之分。但就墓葬形制而言，墓室结构却有明显不同，墓葬形制多样，在汤巴勒萨伊墓地均为竖穴土坑墓，在尼勒克乌吐兰墓地和特克斯库克苏河2号墓地还存在竖穴石棺墓、竖穴木椁墓、竖穴石室墓等类型（图一二），碳十四测年数据显示也没有明显年代跨度差异，从墓葬类型综合分析，各墓葬类型没有明确的早晚承接序列，同一文化传统下同一时期为什么会存在不同的墓葬类型？是族群不同？还是代表时代演变？这些差异反映的人群信仰的

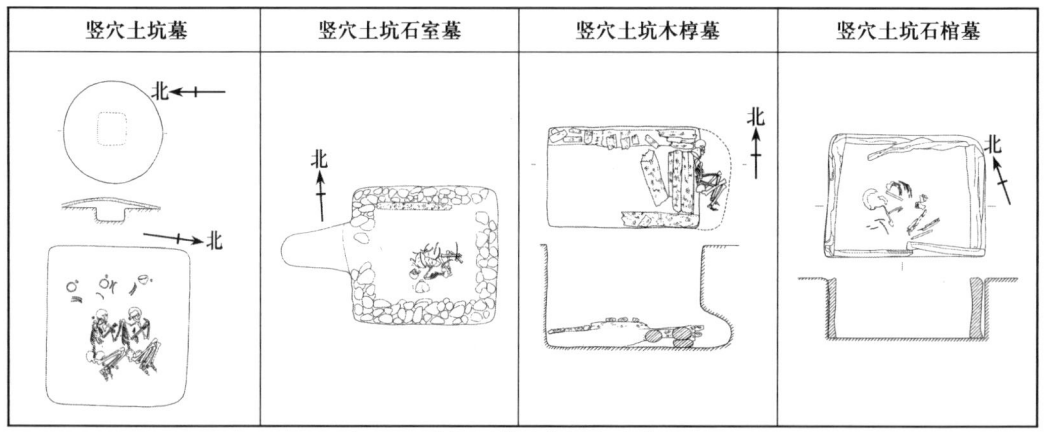

图一二　青铜时代晚期早段墓葬类型

差异，还是不同身份等级差别？像乌吐兰墓地 M3 主墓室周围环绕分布 16 座小型石棺墓形制极为特殊罕见，应该代表了墓主人的特殊地位或身份，墓葬形制的不同也可能说明人群内部的阶层等级的分化。

2019 年吉仁台沟口遗址高台遗存的发掘使这个问题得以合理解释，所谓的"高台遗存"经初步发掘后发现是一座规模宏大的高等级王陵墓葬，正如俞伟超先生所指出的要对墓葬实行"按规格进行分类的基础上再进行分期的更细致的形态学研究方法"，这种通过墓葬分类工作才能揭示出的现象，能提供一个分析社会关系变化的新基础，从而可把形态学的研究从仅仅解决年代分期问题的程度上升到研究社会关系的高度。如果把"高台遗存"、竖穴石室木椁墓、竖穴土坑木椁墓、竖穴土坑墓和竖穴石棺墓看成规格不同的墓葬，无疑有益于我们理解这一时期出现的社会阶层分化状况。

根据墓葬规模、结构、殉人及随葬品情况可将这一时期墓葬分为 3 个明显等级：第 1 类以吉仁台沟口遗址"高台遗存"为代表，规模宏大，结构复杂，属于最高等级王陵墓葬；第 2 类形制类似吉仁台沟口遗址大墓，也使用木椁，部分有石室和墓道，石室墓的规模较大，其构筑结构仿照大型居址的结构形制，个别木椁墓还有殉人，但墓葬规模略小，体现了墓主具有较高的身份地位，应该属于贵族或者富裕阶层的贵族墓葬；第 3 类为竖穴土坑墓和小型竖穴石棺墓，规模都较小，随葬品较少，等级最低，应该属于普通人群一般墓葬。

青铜时代晚期晚段在吉仁台沟口遗址发现较多叠压打破遗址的小型墓葬，明确的地层关系及测年数据使墓葬相对年代得以明确，这一时期墓葬以竖穴石棺墓为主，地表没有封堆，分布零散，规模较小，仍然流行屈肢葬，随葬品贫乏，随葬陶器风格明显发生变化，由原来的折肩、斜壁、平底向溜肩鼓腹发展。同类墓葬在巩乃斯流域的种羊场墓地有较多发现。

以上是新疆伊犁地区青铜时代墓葬时代的粗略划分，目的是将发现的墓葬进行框架式年代区分，以构建新疆伊犁河流域青铜文化的大致年代框架，虽然其中缺环较多（尤其是青铜时代中期约公元前 2000 年～前 1500 年），具体文化面貌尚不明晰，但我们可以看到，在距今 4500 年开始，新疆伊犁河流域与整个欧亚草原体现一体化社会进程，一样存在较早的青铜文明，尤其是青铜时代晚期，出现大型聚落遗址，大型房址，大型墓葬，表现出较高级的社会发展形态和繁盛的考古学文化。

四、伊犁青铜时代墓葬源流探讨

江河万里必有源，对新疆地区青铜文化的源流的探讨，是研究早期中西文化交流问题研究的重点和关键，历来受学术界所关注。伊犁河发现的青铜时代墓葬，从公元前 2500 年～前 1000 年，为研究伊犁河流域西天山地区早期社会面貌，对探讨中国西北地区青铜文化同欧亚草原地区青铜文化的关系提供了珍贵资料，有助于全面认识中国西北地区青铜文化的发生和发展，把握欧亚草原地区早期青铜文化扩展和演变的方式，同时对草原游牧文化的形成和发展研究，都具有很高的学术研究价值。它们与中亚青铜时代及西伯利亚青铜时代有着怎样的关系？它们是受外部影响产生，还是当地土著文化持续发展而走向文明的一个结果？限于现有相对匮乏的考古材料，学界也在进行有益的探索阶段。

新疆伊犁河流域青铜时代早期墓葬，即吉仁台沟口遗址中发现的 M86 及有测年数据的 2 座碳窑[①]，目前也是崭露头角，文化面貌不详。从出土缸形陶器和墓葬测年数据看，可能与这一时期在外乌拉尔和哈萨克斯坦地区主要分布着辛塔什塔文化有关。辛塔什塔—彼德罗夫卡文化是青铜时代早期文化，分布地域主要在俄罗斯南乌拉尔山东部，哈萨克斯坦北部车尔雅宾斯克以南，托博勒河与伊辛河之间草原地带，欧美各实验室测定的碳十四数据集中在公元前 2200 年 ~ 前 1900 年。从墓葬也存在偏（洞）室葬人的情况看，这一时期文化可能与种羊场墓地铜石并用时代墓葬中出现的偏室墓存在一定关联。学者一般认为辛塔什塔—彼德罗夫卡文化是安德罗诺沃文化的初始时期，与本文青铜时代晚期墓葬也具有发展继承关系。虽然没有发现金属材料，但从为冶炼青铜提供木炭的炭窑的发现，该时期已经有了较为发达的青铜冶炼技术和水平，这一时期的考古学文化严重缺失，不足以深入讨论，有待更多资料的发现与填补（图一三）。

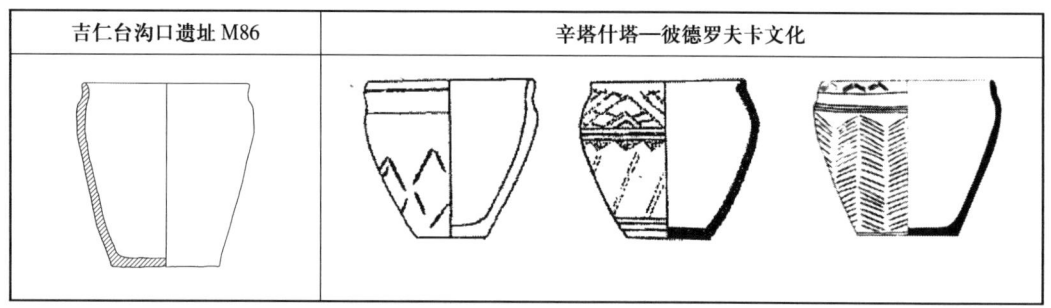

图一三　伊犁地区青铜时代早期墓葬陶器对比图

新疆伊犁河流域青铜时代晚期墓葬，发现相对较多，文化面貌基本清晰。青铜时代晚期早段墓葬特征，充分显示与广泛分布亚洲草原的安德罗诺沃文化（公元前 18 世纪 ~ 前 9 世纪）的密切关系，近些年的考古发现表明，新疆是安德罗诺沃文化共同体的重要分布区，分布范围广，遗址和墓地遗存相对集中，整体呈现从西向东分布的态势。大部分安德罗诺沃遗存都分布在新疆西部地区，西部天山区是新疆安德罗诺沃遗存分布最为集中的区域。这种认识已得到学界的广泛认同，如韩建业认为受中亚安德罗诺沃文化的

---

① 王永强、袁晓、阮秋荣：《新疆尼勒克县吉仁台沟口遗址 2015 ~ 2018 年考古收获及初步认识》，《西域研究》2019 年 1 期。

影响，"是其文化末期的一种地方变体"①；邵会秋指出新疆西部地区的安德罗诺沃系统遗存与境外的七河类型文化特征最为相近②；苏联学者甚至认为，伊犁河流域文化是由安德罗诺沃文化的后裔从其居住的中心地区迁徙到新的地域而建立的，或是在南西伯利亚的安德罗诺沃文化和卡拉苏克文化的强烈影响下形成。笔者也就此发表过自己的看法，鉴于墓葬形制多样，圈足陶器流行等因素提出了"汤巴勒萨伊类型"③（图一四），与北部博尔塔拉河流域阿敦乔鲁、呼斯塔遗址和墓地显示极大相似性，但也明显存在差异性，如地表方形石围、墓室石板、陶器特征等，发掘者也认为应该是北部切木尔切克文化的传统延续，是西天山地区青铜时代遗存新类型④。

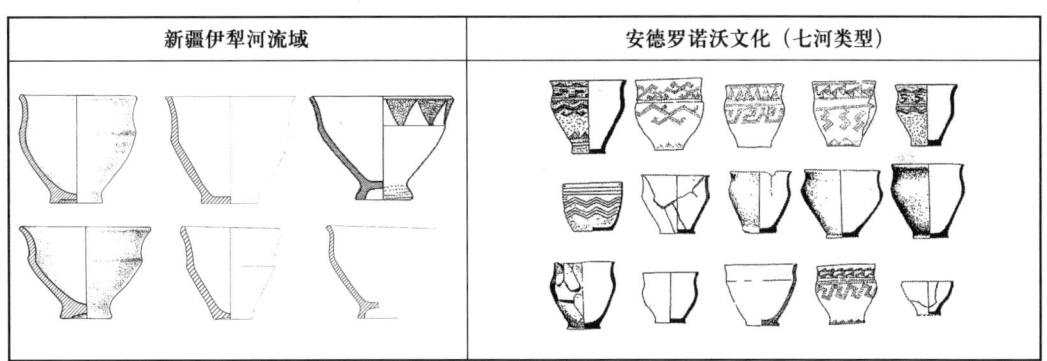

图一四　伊犁地区青铜时代晚期早段墓葬陶器对比图

青铜时代晚期晚段墓葬特征，通过比对和碳十四测年数据，墓葬显示出卡拉苏克文化时期的一些特征。卡拉苏克文化是欧亚草原青铜时代晚期考古学文化，年代在公元前1400年～前900年，分布中心在叶尼塞河中游米努辛斯克盆地及其邻近地区，其影响可以覆盖到咸海和萨彦阿勒泰地区。这类墓葬在新疆北疆地区环准格尔盆地周缘有较多发现，如阿敦乔鲁2号遗址发现的墓葬，这一时期在中亚广泛流行圜底陶器⑤，见于米努辛斯克盆地的卡苏克文化、额尔齐斯河至鄂毕河中游的伊尔曼文化、哈萨克斯坦中部的贝嘎泽—丹杜拜文化等。新疆伊犁河流域发现的这一时期墓葬出土陶器器型已具备卡

---

① a. 韩建业：《新疆的青铜时代和早期铁器时代文化》文物出版社，2007年。
　　b. 邵会秋：《新疆史前时期文化格局的演进及其与周邻地区文化的关系》，科学出版社，2018年。
　　c. 郭物：《新疆史前晚期社会的考古学研究》，上海古籍出版社，2012年。
② 邵会秋：《新疆安德罗诺沃文化相关遗存探析》，《边疆考古研究》第8辑，科学出版社，2009年。
③ 阮秋荣：《新疆发现的安德罗诺沃文化遗存研究》，《西部考古》第7辑，三秦出版社，2014年；《尼勒克县乌图兰墓地分期研究—兼论伊犁地区史前考古学文化序列的构建》，《新疆文物》2015年2期。
④ 丛德新、贾笑冰、贾伟民等：《阿敦乔鲁：西天山地区青铜时代遗存新类型》，《西域研究》2017年4期。
⑤ 韩建业：《公元前2千纪中后叶亚洲中部地区的圜底陶罐》，《考古》2017年9期。

拉苏克文化陶器的风格（图一五），但是还保留安德罗诺沃文化陶器平底的遗风，具有显著的本土化文化因素，体现了文化的转换和延续。

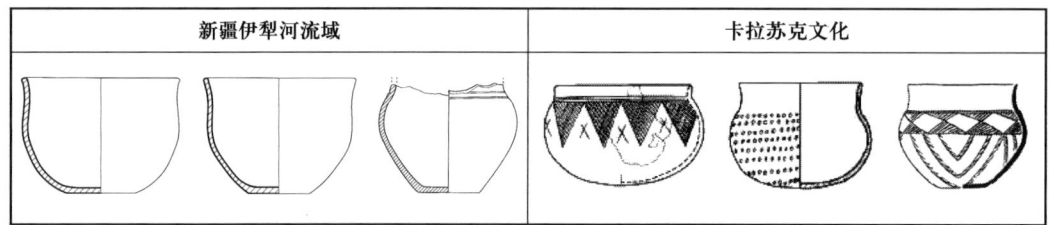

图一五　伊犁地区青铜时代晚期晚段墓葬陶器对比图

五、结　　语

通过新疆伊犁河流域铜石并用时代和青铜时代墓葬的介绍和浅析，我们看到新疆伊犁河流域早期文化面貌发现还不够充分，虽可以连点成线，但缺环严重。尤其是青铜时代早期和中期，相对比较零散和缺失状态。目前发现的青铜时代墓葬虽然数量较少，但填补了新疆伊犁河流域青铜时代考古学文化的空白和缺环，意义重大。这些新疆伊犁地区史前考古的重要收获，对于构建伊犁河流域青铜时代文化谱系拓展了时空范围，同时为探讨早期东西方文化、南北文化交流提供了重要材料。不论是距今约5000年的新源县种羊场墓葬、距今4500年尼勒克县吉仁台沟口遗址的墓葬，还是距今3500年左右的尼勒克汤巴勒萨伊墓地、乌吐兰墓地、特克斯县阔克苏西2号墓地等属于安德罗诺沃文化内涵墓葬，包括距今1000年前后的小型石棺墓，以及在新疆阿勒泰、塔城、博尔塔拉、天山北麓，甚至环塔里木盆地的小河墓地、尼雅河、克里亚河尾闾地带的青铜文化遗存，这些遗存放在整个欧亚草原视野下观察，与南西伯利亚、西西伯利亚及中亚、西亚青铜时代考古学文化都存在千丝万缕的紧密联系，丧葬习俗具有相对统一性与传承性，如屈肢葬的流行，随葬生活陶器，以及尖（圜）底、平底带刻划纹陶器风格等；各区域文化发展序列具有较强时代一致性，如东欧草原地带的颜那亚文化，外乌拉尔和哈萨克斯坦地区的辛塔什塔文化、安德罗诺沃文化；东西萨彦岭、阿尔泰山、米努辛斯克盆地一带的南西伯利亚地区，先后出现了阿凡纳谢沃文化、奥库涅夫文化、安德罗诺沃文化和卡拉苏克文化，考古文化序列基本确立。这些考古学文化的文化因素在新疆都有零星发现，从新疆伊犁河流域发现的不同时代、不同文化内涵的墓葬看，新疆伊犁河的青铜时代考古学文化发展序列基本与中亚、南西伯利亚地区青铜时代的考古学文化同步发展，正如林梅村教授认为："俄罗斯考古学家在南西伯利亚、阿尔泰山建立的考古学文化序列基本上适用于新疆考古文化"[①]。

---

① 林梅村：《昌吉古代文明的变迁》，《丝绸之路天山廊道——新疆昌吉古代遗址与馆藏文物精品》，文物出版社，2015年。

显示出新疆地区与中亚草原地区以及米努辛斯克盆地的早期广泛联系与交流。

在时空范围如此广阔的欧亚草原地带，形成如此紧密联系的青铜文化面貌，区域类型特征也较为明显，一定有其内在深刻的发展机制和复杂的社会组织形式。这种大时空范围的文化现象如何理解、如何阐释呢？近期读了徐良高先生关于三代考古学研究中的文化大传统与小传统的论述[①]，颇有感触，在整个欧亚草原青铜时代，一方面存在着具有明显的一致性的文化大传统（大范围），如颜那亚文化、阿凡那谢沃文化、安德罗诺沃文化分布范围广大，可以画出"文化圈"；同时因自然环境、文化传统、当地的生产生活方式等不同而存在多种区域文化小传统（局部区域），出现各种文化共同体，犹如中原地区的仰韶文化，可以称为仰韶文化时代，分布区域辽阔，存在各种地方文化类型。因此就欧亚草原青铜时代文化而言，也切合"文化大传统与文化小传统理论"，其中生存环境和生业方式应该具有很重要因素，吉林大学著名考古学家林沄教授有一个贴切的形象比喻，他认为：以内亚草原为中心的青铜文化向四外辐射，就像一个大漩涡向外飞洒着飞沫，外围一些青铜文化的产生都应是这些飞沫的组成部分。新疆地处欧亚大陆腹地，与周边通过直接或间接的关系相互影响、相互交流、相互融合、相互促进，从而形成了自身独具特色的区域文明。

On Bronze-Age Tombs Discovered in the Ili River Basin, Xinjiang Uygur Autonomous Region

Luan Qiurong

Abstract: To this day, no remains of the Paleolithic and Neolithic periods were found in the Ili River Basin, Xinjiang. Only sporadic finds of Bronze-Age tombs were recorded in recent years. The three earliest tombs, dated to about 5000 years ago, were found in the Yangchang cemetery site, Xinyuan County. During the excavation of the Jirentaigoukou site in Nilek County, a tomb dating back to about 4500 years ago was found together with three spoon-shaped kilns. Typical pottery of the Kiermuzi culture was unearthed in this tomb; as well as in the tombs of Nylek Tongbalsai, Utulan and Turk. A number of tombs with characteristics of the Andronovo culture, dated to around 3500 years ago, were found in the Kuokesuxi No. 2 cemetery site, Sixian County. Small sarcophagi were found in tombs dated to around 1000

---

① 徐良高：《中国三代时期的文化大传统与小传统——以神人像类文物所反映的长江流域早期宗教信仰传统为例》，《考古》2014 年 9 期。

years ago, with unearthed pottery from the Karasuk culture.

Archaeological discoveries and research achievements on the Bronze Age of Central Asia and South Siberia have accumulated to an extent, that their cultural features and evolution are relatively well known today. The Yana culture was located in the Eastern Europe grasslands and the Sintashta and Andronovo cultures in the Outer Urals and Kazakhstan. The successive emergence of the Avanashevo, Okuniev, Andronovo and Karasuk cultures in South Siberia, the Eastern and Western Sayan Mountains, as well as the Altai Mountains and the Minushinsk Basin, has been established as an archaeological cultural sequence. The tombs of different periods and cultures found in the Ili River Basin, Xinjiang, show that the evolution of Bronze-Age archaeological cultures in the Ili River Basin is synchronized with the Bronze Age of Central Asia and South Siberia. This synchronized evolution suggests early exchanges between the Xinjiang region and the Central Asian grasslands, as well as the Minushinsk Basin.

Although the number of Bronze-Age sites remains small, they are of great significance because they fill the preexisting gap in the prehistoric archaeological culture of the Ili River Basin. These finds expand the space-time scope for the reconstruction of cultural evolution in Ili River Basin, and provide important materials for the discussion of early East-West and North-South cultural exchanges.

Keywords: Ili River Basin; Bronze Age; Tombs

石板墓文化与中国北方考古学文化的交流及其意义

金东一[1] 杨建华[2]

（1.韩国国立木浦大学亚洲文化研究所，韩国木浦；2.吉林大学考古学院，长春，130012）

内容摘要：德沃尔齐类型是石板墓文化的早期类型。该文化类型分布在外贝加尔一带。有学者认为是公元前9~前7世纪，也有人认为是公元前8~前6世纪，最新测年数据可早到公元前13世纪。中国境内的德沃尔齐类型石板墓文化有夏家店上层文化、玉皇庙文化的鹿类型以及玉皇庙文化与内蒙古地区的马类型。

该文化类型在中国的首次传播可能与人群的迁徙路线有关，继而影响到夏家店上层文化。传播至玉皇庙文化的鹿类型，属于中间传播，是直接交流最后传播至玉皇庙文化与内蒙古地区的马类型，则属于间接的影响、残存的文化因素的扩散。

从外贝加尔一带到赤峰地区，德沃尔齐类型的人群在短期内的流动，对夏家店上层文化与玉皇庙文化产生了很大影响。因为传播的出发地和终点地、经由地是从外贝加尔至蒙古国东部的沙漠，转至内蒙古东南部的赤峰一带与冀北地区的，又因为考虑到与服饰有关器物形态使用方法等几乎没有变化。可以推测出这些是人群迁徙造成的。而且其传播不只是一次，而是最少两次，很有可能是持续性的移居及交流。

关键词：德沃尔齐类型；中国北方；传播与交往

一、序 言

石板墓文化是一种分布于蒙古东部和外贝加尔地区的青铜时代文化，其中包括德沃尔齐（Дворцовская культура 或 Dbortzoi、Dvortsoy）类型。策比克塔洛夫指出，德沃尔齐类型的上限年代是公元前 13 世纪[①]。但是学界认为德沃尔齐类型的分布和文化面貌还不十分清楚，相关的发掘资料也较少，所以本文将对以德沃尔齐类型为代表的石板墓文化进行讨论，通过比较中国北方与石板墓文化二者遗存的相似性来揭示其文化交往。

二、德沃尔齐类型石板墓文化的年代与分布

关于德沃尔齐类型的年代，学界有着不同的看法：有的认为是公元前 9～前 7 世纪，也有人认为是公元前 8～前 6 世纪[②]，这些从德沃尔齐类型的器物和夏家店上层文化的遗存表现相似上可以得到证实。但有的观点将德沃尔齐类型看作是早于石板墓文化的独立文化，因此对于德沃尔齐类型的归属和年代仍然有争议。参考近年新测得的碳十四数据，石板墓文化的年代上限已推至公元前 13 世纪[③]，因此石板墓文化及德沃尔齐类型的上限可能都应向前推进，依据这一最新测年数据，德沃尔齐类型最早出现于西周时期以前。

德沃尔齐类型的主要分布在外贝加尔的东部。代表性的墓地是楚鲁塔、乌布尔—比留塔伊、叶涅斯科伊、阿拉—苏德日、奥洛弗扬纳亚、阿斯加特、乌斯奇—库埃尼卡、乎日尔 2 号、鄂诺斯克、萨扬图伊、特弗什—乌拉、呼德日尔特、乌斯奇—错洛尼、库尼加、卡梅尼卡等，分布于俄罗斯赤塔州和布里亚特共和国等地区。对各墓地的事例和说明，可以参考 А.Д.策比克塔洛夫的著作[④]（图一）。

三、中国境内与德沃尔齐类型石板墓文化相似的文化遗存

1. 西周—春秋早期：夏家店上层文化

德沃尔齐类型在中国境内首次出现于西周时期的夏家店上层文化中。夏家店上层文化主要分布在内蒙古东南部，与德沃尔齐类型相似的遗存属于夏家店上层文化晚期，主

---

① А.Д.策比克塔洛夫，孙危译：《蒙古与外贝加尔地区的石板墓文化》，商务印书馆，2019 年，158、163～164 页。这本书的翻译本出版是 2019 年，可是原本出版是 1998 年的。目前学界认为，虽然研究者之间存在意见分歧，但上限年代是大体上公元前 13 世纪或公元前 12 世纪的。

② 冯恩学：《俄国东西伯利亚与远东考古》，吉林大学出版社，2002 年，343 页。

③ Д.Эрдэнэбаатар. Монгол нутаг дахь дөрвөлжин булш. хиригсүүрийн соёл, 2002.

④ 〔俄罗斯〕А.Д.策比克塔洛夫，孙危译：《蒙古与外贝加尔地区的石板墓文化》，2019 年，商务印书馆，158、164～168 页。

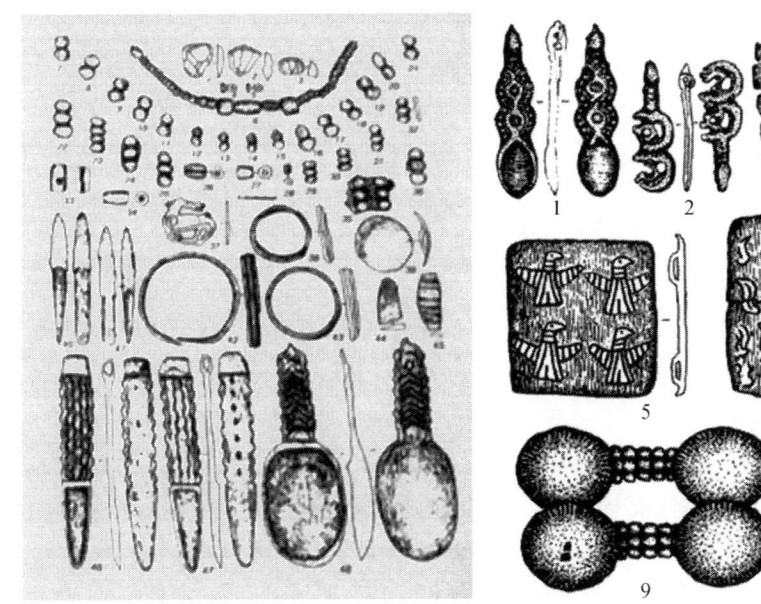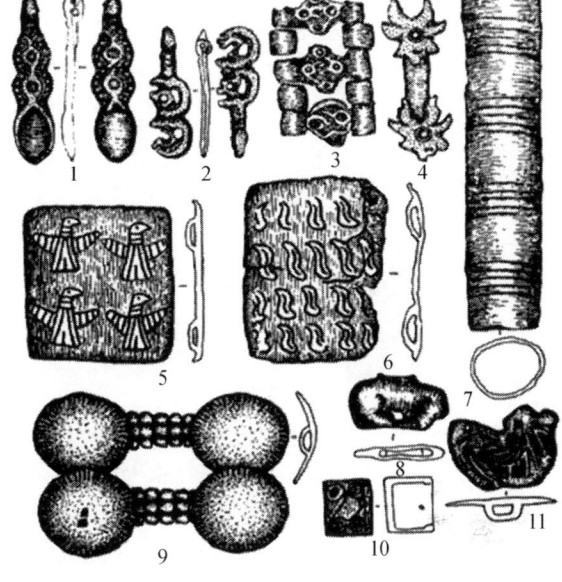

图一　石板墓文化器物

要见于小黑石沟遗址，年代为两周之际①，即公元前 8 世纪下半叶。

德沃尔齐类型与夏家店上层文化青铜器的相似性首先体现在武器和工具方面，这说明两者在相近的社会发展阶段，因为作战的方式和驾车方式都有相似之处。这两个文化的空首斧基本相同，而且技术都很发达，说明这两类人群都生存于茂密的树林之中，都将伐木作为冶金铸造的燃料来源（图二）。

以德沃尔齐类型为代表的石板墓文化与夏家店上层文化在服饰品和动物纹方面的相似性，则反映了这两个人群在装束方式和文化传统方面的相似，这说明这两个族群交往的密切，而且是在文化认同方面具有更为重要的意义。

首先在刀柄部都使用同一动物纹的连续图案（图三，1～3、15～18），在刀或剑的顶端用站立的圆雕动物作为装饰（图三，3、18）。铜匙的形状与装饰也十分近似，这种器具从大尺寸的实用工具演变成小的颈部项链的坠饰（图三，4、5、19、20），中国北方两周之际的尺寸接近 10 厘米或 10 厘米以上，春秋中期以后勺形饰的尺寸明显变小，大都在 5 厘米左右甚至更小。鸟的写意（图三，6、22）与写实（图三，7、23）图案十分相似，鹿的形态也基本相同（图三，14、30），反映了这两个族群审美情趣的相同。以联珠为母题的各种服饰品（图三，9、25、10～13、26～29）基本相同，说明装饰在衣物上的位置和方法也是基本相同的。

从工具武器和服饰品的相似性，我们可以看到夏家店上层文化与德沃尔齐类型的交

---

① 邵会秋、杨建华：《从夏家店上层文化青铜器看草原金属之路》，《考古》2015 年 10 期。

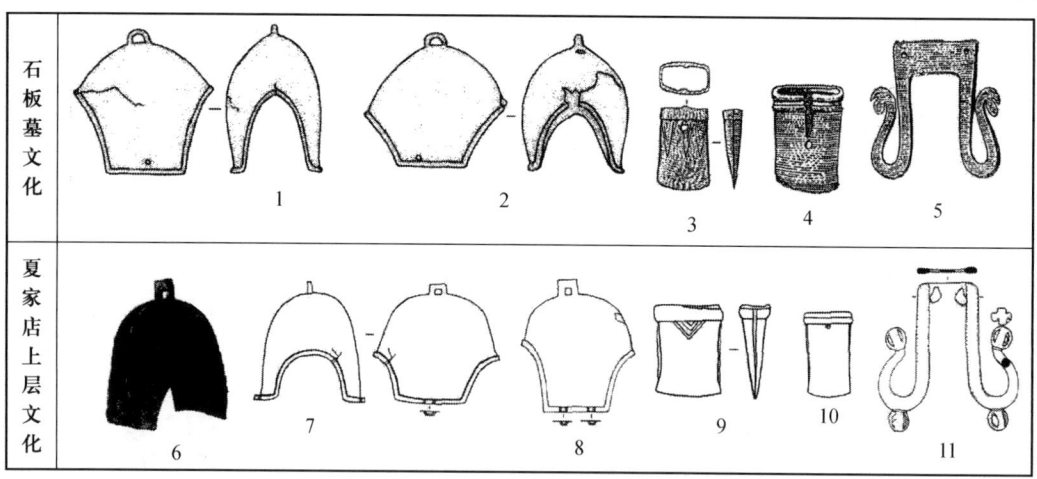

图二　石板墓文化与夏家店上层文化的头盔及工具等①

1、2、6~8.铜头盔　3、4、9、10.空首斧　5、11.几字形弓形器（1.蒙古额姆根特　2.蒙古和鲁托斯特　3.外贝加尔采集　4.外贝加尔扎卡缅窖藏　5.外贝加尔塔普哈尔山墓葬　6.南山根 M101　7、11.小黑石沟 M8061　8.瓦房中　9.龙头山　10.小黑石沟 M8501）

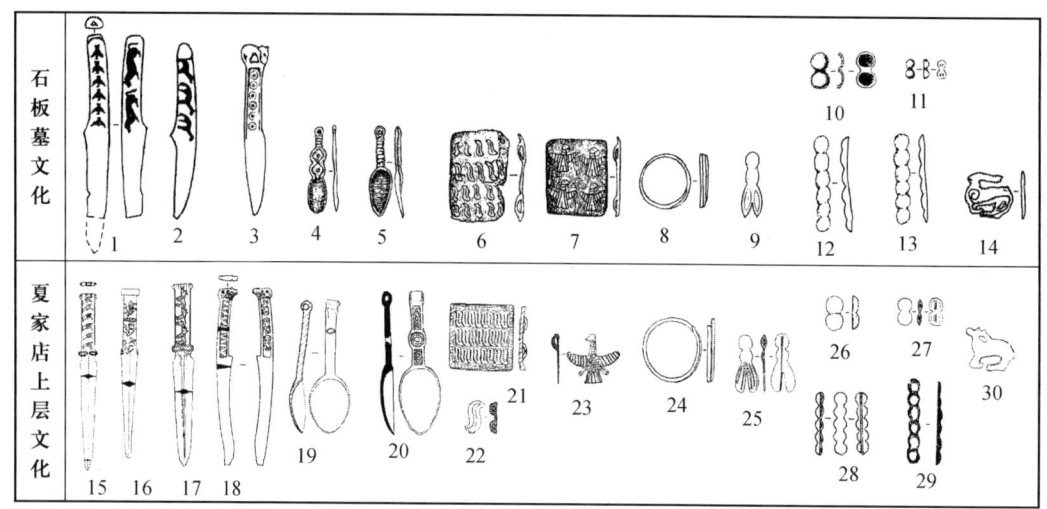

图三　石板墓文化与夏家店上层文化的服饰品与动物纹②

1~3、18.铜刀　4、5、19、20.勺形饰　6、7、14、21~23、30.铜饰牌　8、24.铜耳环　9、25.双尾饰　10~13、26~29.联珠饰　15~17.铜剑（1.蒙古苏赫巴特尔　2.蒙古曼莱苏木　3.蒙古戈壁省　4~8、14.外贝加尔德沃尔茨　9.蒙古采集　10.阿莱苏堤 M1　11.奥洛沃亚纳亚 M3　12、13.蒙古阿斯格特恩 M1　15.天巨泉 M7301　16.小黑石沟 M8501　17.小黑石沟 92NDXAⅡM5　18.小黑石沟 85NDXAⅠM2　19.南山根 M4　20.小黑石沟 M9601　21、24、25、27.周家地　22、30.龙头山　23.南山根遗址　26.水泉城子　28.小黑石沟　29.大泡子短剑墓）

---

① 邵会秋、杨建华：《从夏家店上层文化青铜器看草原金属之路》，《考古》2015 年 10 期。

② 虽然不能说所有与中国北方文化有关的石板墓文化都是德沃尔齐类型，但至少我们认为夏家店上层文化的早期与德沃尔齐类型有着直接的关系。

往与联系①。这在邵会秋与杨建华的文章中已经作了详细说明②。

2. 春秋中期—晚期：玉皇庙文化早期的鹿类型

玉皇庙文化在春秋中期首次出现，消失在战国中期。通过将玉皇庙文化进行分期研究，可以将玉皇庙文化分为以鹿类型为代表的早期阶段和以马类型为代表的晚期阶段③。第一至三段，以鹿类型为主（图四，15~33），第三和第四段以马类型为主（图四，38~66）。

在德沃尔齐类型中，也发现了 A 型腰带装饰（图五，1），只不过是三个连在一起的。德沃尔齐类型的动物和几何纹牌饰，比玉皇庙文化的粗糙许多，但是安装手法是一致的，都是上下贯通（图五，2）或是左右贯通的（图五，3）。在玉皇庙文化中，也发现这种安装方法（图五，4、10），而且贯穿始终，无论是鹿带饰还是马带饰数量都非常多（图四）。

考虑到相同的服饰体系，可以推测出人群的移动范围④。对于德沃尔齐类型与玉皇庙文化的相似性，最近有的学者也提出了同样的见解⑤。

3. 春秋晚期：玉皇庙文化晚期的马类型

马类型是玉皇庙文化的晚期类型，出现于鹿类型以后，特点是具有强烈的独立倾向（金东一，2018），有明显的玉皇庙文化特征。虽然仍然保留德沃尔齐类型文化因素，但动物纹比鹿类型有很大减少。动物纹（图五，7）以马为主，仍然继承了德沃尔齐类型的安装方式和跪屈姿势，尺寸始终不变。每个墓中随葬几十件动物带饰。

几何纹只有几件（图五，8~10），数量比鹿类型少得多。带饰安装方式的相同，说明玉皇庙文化与德沃尔齐类型人群的装束较为相似。

4. 战国早期：玉皇庙文化和德沃尔齐类型石板墓文化共有因素在中国北方的传播

内蒙古地区的包头西园春秋墓地也包含玉皇庙文化的文化因素⑥。西园 M5 出土腰带装饰属于玉皇庙文化，具有德沃尔齐类型的风格（图六，1）。但是腰带装饰只使用 1 件，

---

① 邵会秋、杨建华：《从夏家店上层文化青铜器看草原金属之路》，《考古》2015 年 10 期，92、93 页。
② 同②。
③ 金东一：《玉皇庙文化青铜器研究》，吉林大学 2018 年博士学位论文。
④ 同③。
⑤ Шульга П.И. Скифоидные культуры на территории Китая в Ⅷ- Ⅵ вв. до н. э. Бегазы-Тасмола，2015：419-428.
⑥ 内蒙古文物考古研究所、包头市文物管理处：《包头西园春秋墓地》，《内蒙古文物考古》1991 年 1 期。

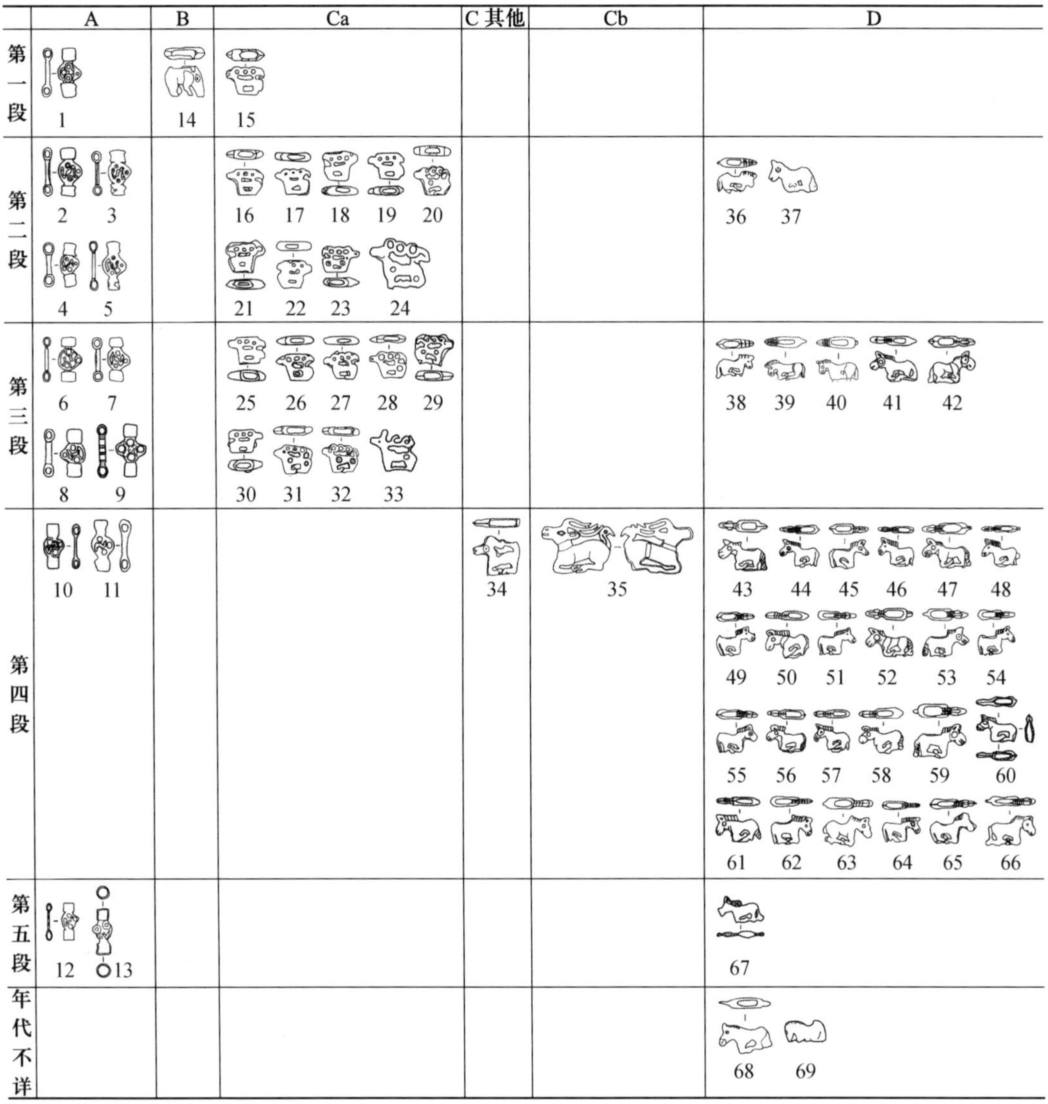

	A	B	Ca	C其他	Cb	D
第一段	1	14	15			
第二段	2 3 4 5		16 17 18 19 20 21 22 23 24			36 37
第三段	6 7 8 9		25 26 27 28 29 30 31 32 33			38 39 40 41 42
第四段	10 11			34	35	43 44 45 46 47 48 49 50 51 52 53 54 55 56 57 58 59 60 61 62 63 64 65 66
第五段	12 13					67
年代不详						68 69

图四 玉皇庙文化出土腰带装饰[①]

1.玉皇庙 YYM17 2.玉皇庙 YYM34 3.玉皇庙 YYM41 4.玉皇庙 YYM229 5.玉皇庙 YYM276 6.玉皇庙 YYM261 7.玉皇庙 YYM52 8.玉皇庙 YYM210 9.龙庆峡 M36 10.小白阳 M20 11.甘子堡 81M2 12.梨树沟门 95M31 13.梨树沟门 88M8 14.玉皇庙 YYM18 15.玉皇庙 YYM300 16.玉皇庙 YYM250 17.玉皇庙 YYM230 18.玉皇庙 YYM34 19.玉皇庙 YYM95 20.玉皇庙 YYM233 21.玉皇庙 YYM32 22.玉皇庙 YYM282 23.玉皇庙 YYM42 24.甘子堡 81M3 25.玉皇庙 YYM52 26.玉皇庙 YYM190 27.玉皇庙 YYM188 28.玉皇庙 YYM261 29.玉皇庙 YYM54 30.玉皇庙 YYM58 31.玉皇庙 YYM210 32.玉皇庙 YYM209 33.小白阳 M32 34.玉皇庙 YYM175 35.玉皇庙 YYM174 36.玉皇庙 YYM275 37.甘子堡 81M5 38.玉皇庙 YYM247 39.西梁垙 YXM5 40.西梁垙 YXM25 41.玉皇庙 YYM151 42.玉皇庙 YYM142 43.玉皇庙 YYM158 44.玉皇庙 YYM168 45.玉皇庙 YYM105 46.玉皇庙 YYM143 47.玉皇庙 YYM134 48.玉皇庙 YYM131 49.玉皇庙 YYM108 50.玉皇庙 YYM370 51.玉皇庙 YYM171 52.玉皇庙 YYM122 53.玉皇庙 YYM124 54.玉皇庙 YYM156 55.玉皇庙 YYM145 56.玉皇庙 YYM117 57.玉皇庙 YYM160 58.玉皇庙 YYM349 59.玉皇庙 YYM129 60.龙庆峡 M32 61.玉皇庙 YYM344 62.玉皇庙 YYM174 63.玉皇庙 YYM373 64.玉皇庙 YYM110 65.玉皇庙 YYM175 66.玉皇庙 YYM372 67.梨树沟门 95M33 68.梨树沟门 88L1831 69.甘子堡 81M10（13、68号是不清比例尺）

---

① 金东一：《玉皇庙文化青铜器研究》，吉林大学 2018 年博士学位论文。

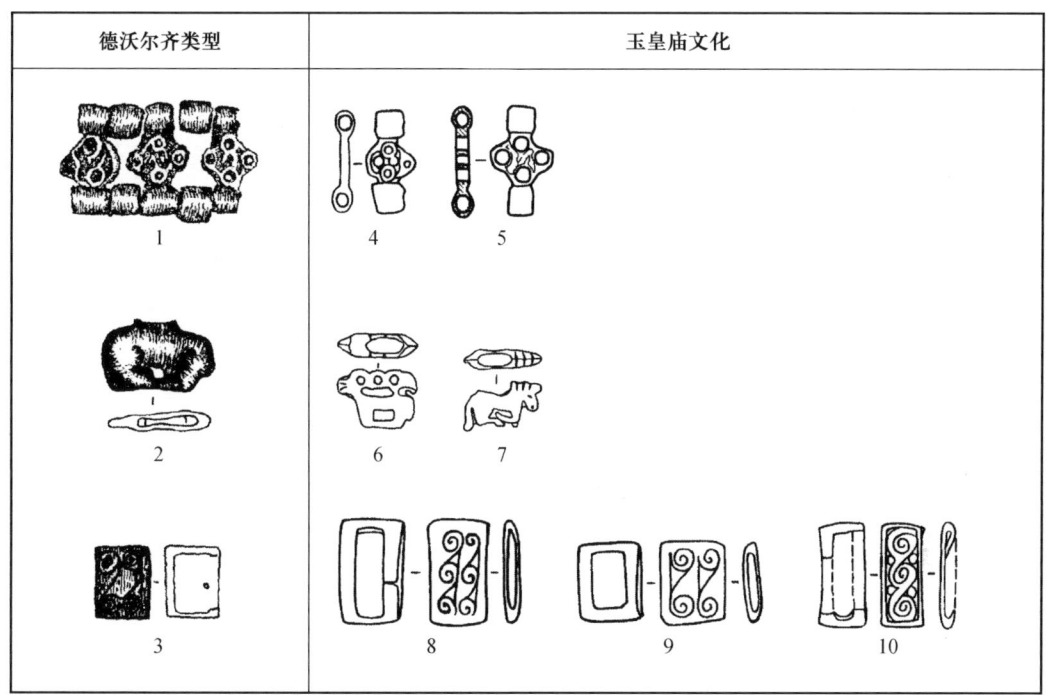

图五　玉皇庙文化出土的与德沃尔齐类型相似的腰带装饰
1~3. 德沃尔齐类型　4. 玉皇庙 YYM17　5. 龙庆峡 M36　6. 玉皇庙 YYM300
7. 玉皇庙 YYM247　8. 玉皇庙 YYM51　9. 玉皇庙 YYM51　10. 玉皇庙 YYM344

很可能是将腰带装饰作为牌饰使用。

关于腰带装饰被用作牌饰的事例，在笔者以前的论文中作了详细说明①。内蒙古地区的新店子（图六，2、3）②与井沟子（图六，4、5）③、铁匠沟（图六，6）④也含有玉皇庙文化的文化因素。

铁匠沟与新店子、井沟子⑤出土腰带装饰与玉皇庙文化遗存的形态一致，而且也是一座墓只出土几件，应该也是作为牌饰使用的。内蒙古地区的各文化中，能够确认含有玉皇庙文化的文化因素的文化流入时期大致与玉皇庙文化的衰退期或灭亡后一致。与内蒙古地区的关系在赵欣欣的硕士论文中说明很明确，她指出多数器物可能受到了玉皇庙

---

① 金东一：《玉皇庙文化青铜器研究》，吉林大学 2018 年博士学位论文。
② 内蒙古文物考古研究所：《内蒙古和林格尔县新店子墓地发掘简报》，《考古》2009 年 3 期。
③ 内蒙古自治区文物考古研究所：《林西井沟子》，科学出版社，2010 年。
④ 邵国田：《敖汉旗铁匠沟战国墓地调查简报》，《内蒙古考古与文物》1992 年 1、2 期合刊。
⑤ 除了本论文提示的事例外，井沟子 M13 也有出土的事例。只是残破的一件还在，就是残存状态不好。其形态与图五的 3 号相同。

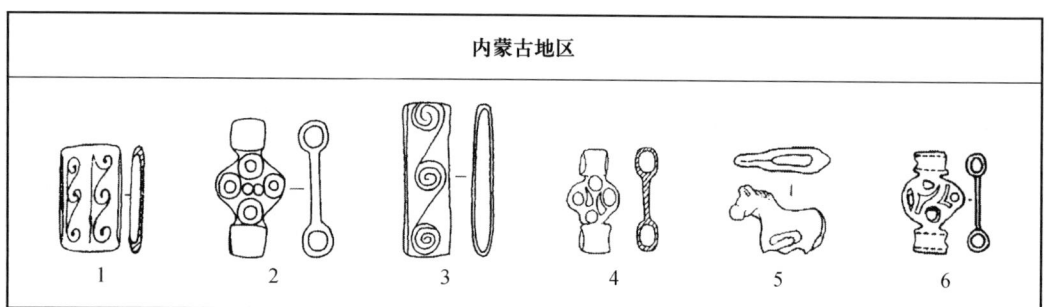

图六　内蒙古地区出土德沃尔齐类型风格的腰带装饰
1. 西园 M5∶14　2. 新店子 M10∶5　3. 新店子 M30∶9　4. 井沟子 M25∶10-4
5. 井沟子 M41∶1　6. 铁匠沟 AM2∶11

文化的影响[①]。即，玉皇庙文化在消失的过程中，传播到内蒙古的其他地区[②]。这是玉皇庙文化向内蒙古等地的传播。

四、推论传播途径

整理以德沃尔齐类型为代表的石板墓文化青铜器与中国北方地区青铜器的相似性，可以大致揭示二者的交往过程：

（1）首次交往—直接交流—可能与人群的迁徙路线有关：与夏家店上层文化的交往（图七）。

（2）中间传播—直接交流—可能与人群的迁徙路线有关：和玉皇庙文化的鹿类型的交往（图八）。

（3）最后影响—两地共有文化因素的扩散，也有可能是人的移动：玉皇庙文化的马类型在内蒙古地区的传播（图九）。

Шульга П.И. 明明知道玉皇庙文化与德沃尔齐类型的距离相当，但明确地指出了两文化的同质性存在，同时也明确地指出了两个文化之间的交流。笔者同意他的这一看法。

在德沃尔齐类型和玉皇庙文化中间地带很难找到相关的考古资料。对于这个问题，笔者认为有必要考虑文化的社会层面。两个文化都是游牧社会。游牧社会是欧亚草原两头行走的群体，不是中原一般定居形态。因此，我们认为由于这些特点，很可能是因为在出发地和到达地之间没有发现生活遗迹。鉴于这种生活方式，未来在此处发现相关遗址的可能性也不大。

---

① 赵欣欣：《内蒙古东周北方系青铜服饰品研究》，吉林大学 2017 年硕士学位论文，75 页。
② 金东一：《玉皇庙文化青铜器研究》，吉林大学 2018 年博士学位论文。

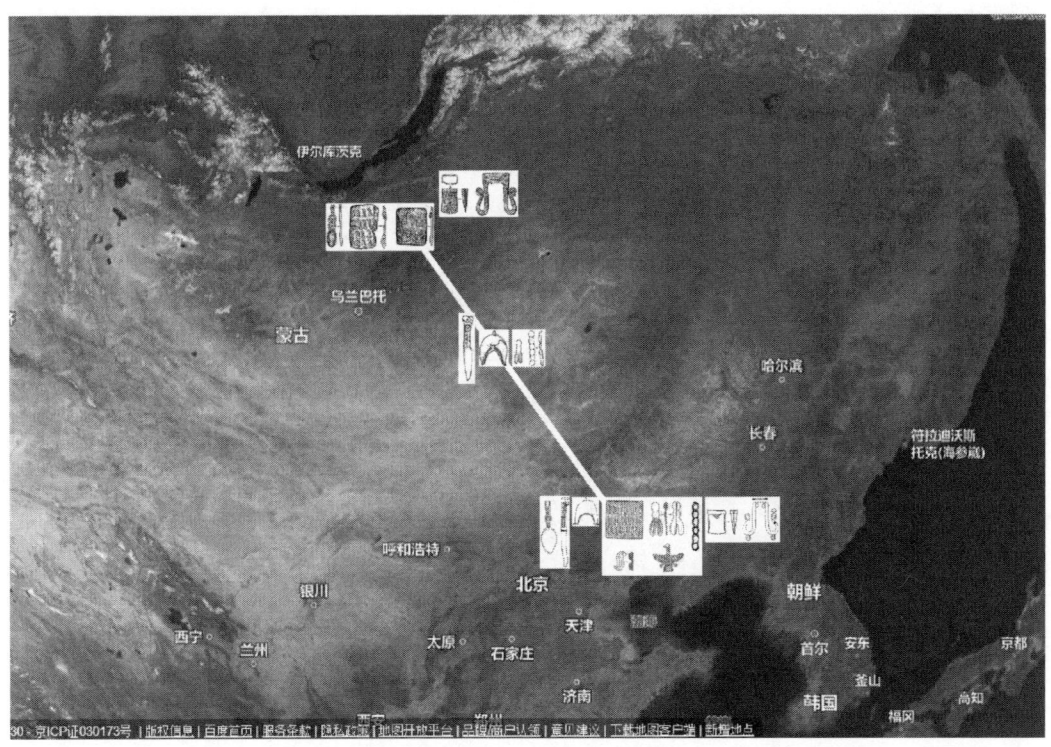

图七 以德沃尔齐类型为代表的石板墓文化与夏家店上层文化的交往

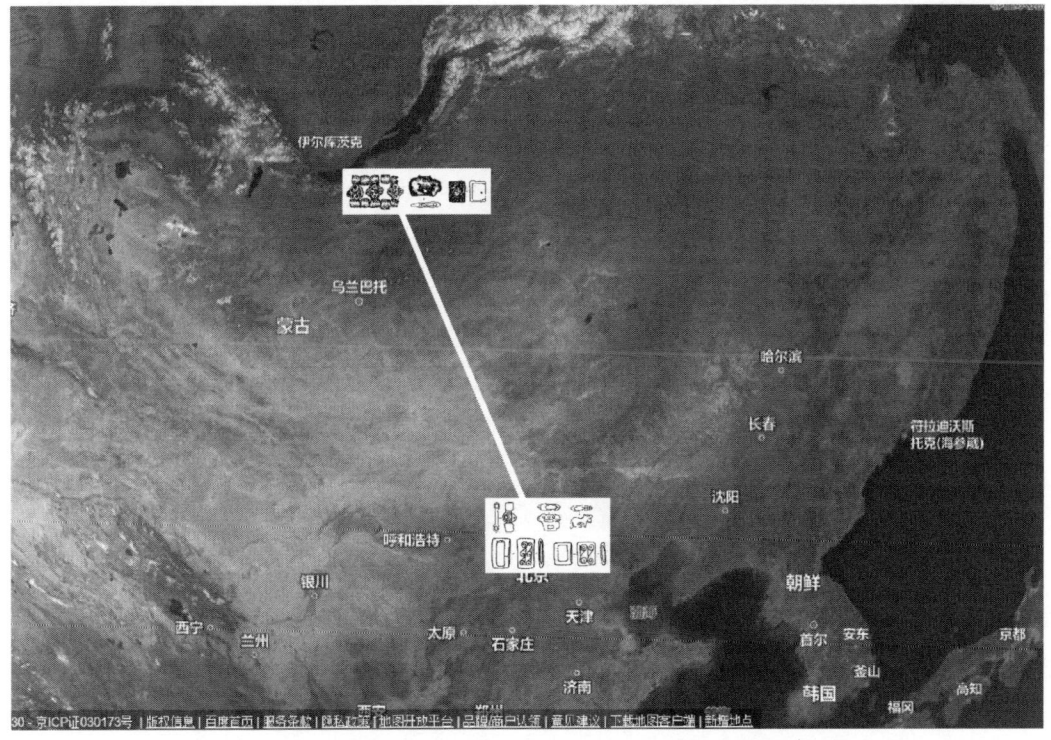

图八 与德沃尔齐类型为代表的石板墓文化与玉皇庙文化的鹿类型的交往

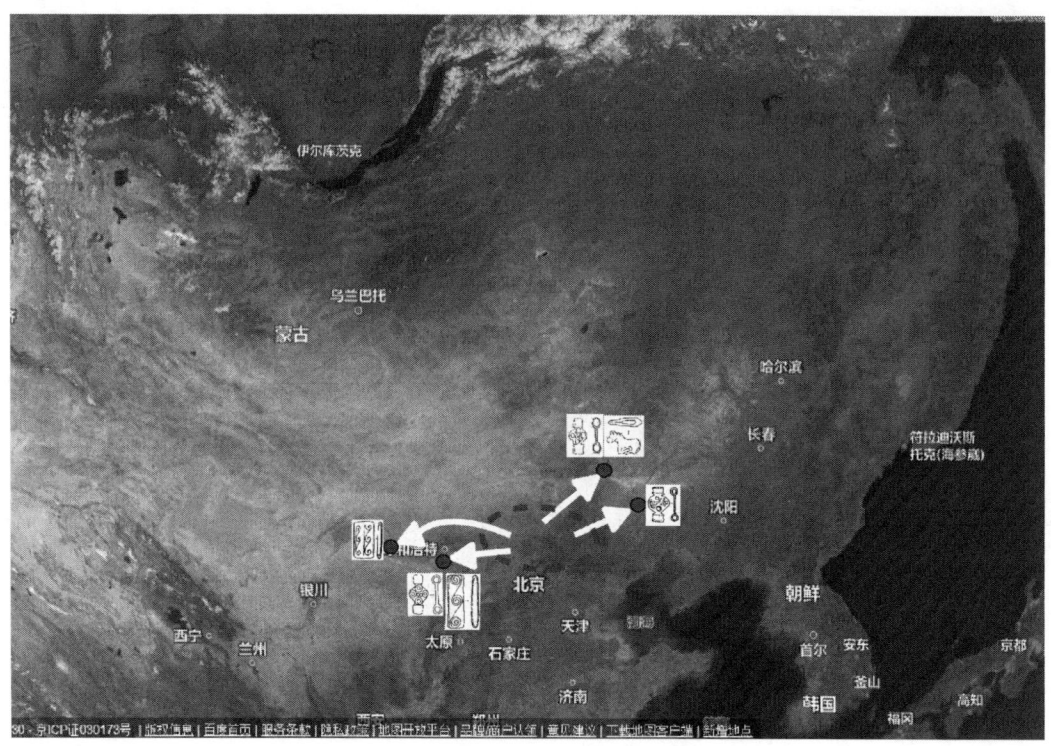

图九　玉皇庙文化马类型时期在内蒙古地区的传播

1. 石板墓文化德沃尔齐类型与夏家店上层文化的交往

这两个考古学文化在工具、武器和服饰品方面有着惊人的相似，应该是人群流动所造成的。比较内蒙古东南部地区与德沃尔齐类型分布地区，其中间路径位于蒙古国东部。也就是说，从外贝加尔东南进，经过蒙古国东部，继续朝同一方向移动就可以到达内蒙古东南部的赤峰一带，抑或相反方向。

外贝加尔到夏家店上层文化的赤峰一带，直线距离超过 1200 千米。Шульга П.И. 也指出了这个事实[①]。这一范围内包含了外贝加尔东南部的乌兰巴托（Ulan Bator）东部有科特山脉（Hentiynn Mts.）。在外贝加尔到赤峰的广大范围内，除了该处山脉之外多为沙漠，目前发现的考古遗存较少。就距离而言，1200 千米的活动范围也是可能的，在科特山脉的平均海拔为 1500~2000 米，在附近有比较好的生态环境，可以为迁徙人口提供食物来源。

---

① Шульга П.И. Скифоидные культуры на территории Китая в VIII- VI вв. до н. э. Бегазы-Тасмола，2015：419-428.

2. 德沃尔齐类型石板墓文化与玉皇庙文化的交往

ШульгаП.И. 指出，德沃尔齐类型石板墓文化和玉皇庙文化存在着同质性，并认为这是两个文化之间的交流造成的。

再强调一次，出发地的德沃尔齐类型和到达地的玉皇庙文化考古资料很明确，但在两文化中间地带很难找到相关的考古资料。这可能是因为这两个文化都属于游牧社会，而非中原的定居方式，所以鲜有发现生活遗迹。如果是这样，那么以后即便这里发现了遗址数量也会非常稀少。

3. 小结

综上，本文讨论了德沃尔齐类型为代表的石板墓文化与夏家店上层文化和玉皇庙文化在与服饰有关的器物方面有相同之处，而且使用方法上基本一致，在装束方面的相同很大可能是人群之间的流动；传播距离是外贝加尔到蒙古国东部的沙漠，再转至内蒙古东南部的赤峰一带与冀北地区。

五、意　义

（1）从外贝加尔一带到赤峰一带，德沃尔齐类型为代表的石板墓文化与夏家店上层文化和玉皇庙文化之间有着人群之间的交往。与夏家店上层文化的交往的影响主体目前还不明确，但也有可能是相互的。

（2）和玉皇庙文化的交往从外贝加尔至蒙古国东部的沙漠，转至内蒙古东南部的赤峰一带与冀北地区的。这个研究更加丰富中国北方—蒙古高原冶金区内的文化交往内容。

（3）通过与中国北方的夏家店上层文化和玉皇庙文化的比较可以看出，德沃尔齐类型石板墓文化经历了较长的发展过程，至少可以分为 2 个阶段：早期与中国的夏家店上层文化年代相近，晚期和玉皇庙文化大体同时①。

---

① 德沃尔齐类型的上限年代为公元前 13～前 12 世纪，但下限年代较晚。从德沃尔齐类型与玉皇庙文化的交往来看，德沃尔齐类型存在的时间比较长。策比克塔洛夫指出德沃尔齐类型的下限年代是早期斯基泰时代（〔俄罗斯〕А.Д.策比克塔洛夫、孙危译：《蒙古与外贝加尔地区的石板墓文化》，2019 年，商务印书馆，164 页。），那么玉皇庙文化形成期与德沃尔齐类型晚期很可能是同时期或接近期。

The exchange and significance between the Slab-stone Tombs and Archaeological culture in northern China

Kim Dongil   Yang Jianhua

Abstract: The Dbortzoi or Dvortsoy culture is characterized by an early type of slab-stone tombs found in the Transbaikal area. The Dbortzoi culture is generally dated from 800 to 600 BC, although some place it between 700 and 500 BC, with new data pointing at dates as early as 1200 BC. In China, the Dbortzoi culture finds its equivalent in the upper Xiajiadian culture, the "deer" type Yuhuangmiao culture and the "horse" type Yuhuangmiao culture in Inner Mongolia.

The upper Xiajiadian culture is placed on migrating routes whereby an early stage of direct communication occurred. The "deer" type Yuhuangmiao culture corresponds to an intermediate stage of direct communication, while the "horse" type Yuhuangmiao culture in Inner Mongolia was characterized by indirect influence related to remaining cultural elements or the movement of people.

From the Transbaikal area to the Chifeng area, Dbortzoi cultural carriers were moving rapidly and had a huge impact on both the upper Xiajiadian and Yuhuangmiao cultures. The departing, ending and intermediate section of their migration route are located in the desert which ranges from Transbaikal and the East of Mongolia, to the Chifeng area in Southeastern Inner Mongolia and Northern Hebei province. The related artifacts are mainly elements of clothing, whose form and function remain unchanged, by which we conclude that their diffusion was related to the movement of people. While at least two waves of migration can be distinguished, there is the possibility of consecutive migration and communication.

Keywords: Dbortzoi culture; Northern China; culture contact

汉塞外列城与西夏长城的考古学观察

魏 坚[1] 白晓璇[2]

（1. 中国人民大学北方民族考古研究所，北京，100872；
2. 北京市文物进出境鉴定所，北京，100098）

内容摘要：阴山以北的戈壁荒漠地带，有两条东西横亘的长城，在长城沿线分布有大小城障，它们一直被笼统地认为是汉代塞外列城。本文梳理了历年来在中国境内和蒙古国的考古调查资料，结合前人的研究成果和2016年的最新调查材料及Google Earth卫星图像，分别对中国境内的南、北两线长城和向西延伸至蒙古国境内的长城及沿线城障进行分析，重新确认了各段长城墙体及沿线城障的构筑年代，并结合史料记载，对汉代塞外列城的沿革和西夏长城的存在进行了讨论。

关键词：汉代长城；塞外列城；西夏长城

一、引 言

内蒙古阴山以北广袤的戈壁荒漠地带，丘陵起伏，沟壑纵横，自然环境十分恶劣。经历年考古调查确认，在这里有两条东、西横亘的长城，呈一南一北大致平行分布。两条长城均东起内蒙古呼和浩特市武川县境内，向西经过包头市固阳县、达茂旗和巴彦淖尔市乌拉特中旗、乌拉特后旗，在乌拉特后旗境内西侧偏向西北方向延伸。其中南线长城终止于乌力吉苏木西北部，北线长城由乌力吉苏木西北部进入接壤的蒙古国南戈壁省境内。

两条长城自发现以来，我国的考古工作者在调查、发掘和研究方面做了大量工作。1974年，李逸友与贾洲杰考察了乌拉特中旗川井苏木和乌兰苏木的长城，李逸友又于1997年两次到武川县进行调查，基本确定了两条长城东南端的起点在武川县境[①]；1975年，唐晓峰和宝音陶克涛调查了乌拉特后旗等地的长城[②]；1975~1976年，陆思贤、盖

---

① 李逸友：《中国北方长城考述》，《内蒙古文物考古》2001年1期。
② 唐晓峰：《内蒙古西北部秦汉长城调查记》，《文物》1977年5期。

山林调查了乌拉特后旗乌力吉苏木境内的长城,并在1976年发掘了朝鲁库伦城址①。诸位学者都将这两条长城遗迹认定为汉代塞外列城,此后这一观点一直为学界公认,并为《中国文物地图集·内蒙古自治区分册》所采用②,之后,瓯燕③、赵化成④等人的相关研究也是基于此观点。

关于蒙古国境内的长城,2005年和2007年,俄罗斯学者科瓦列夫和蒙古国学者额尔德涅巴特尔等对蒙古国南戈壁省的长城进行了实地调查,认为中国境内延伸至蒙古国境内的北线长城部分是由西夏建造的⑤。2011年,北京"长城国际之友"协会会长威廉·林赛(William Lindesay)调查了蒙古国境内的长城并提取样本进行碳十四测定,证明墙体的修筑使用是在西夏时期⑥;2011~2012年,日本学者森谷一树、白石典之和相马秀广等学者也对蒙古国南戈壁省的长城、城址进行了调查,通过对城址和长城墙体木头标本所做的碳十四测定,也认为这段长城为西夏所建⑦。

进入新世纪以来,中国人民大学北方民族考古研究所对这两条长城进行了多次实地调查。2007年和2009年,中国人民大学魏坚教授率队,联合巴彦淖尔市文物站和乌拉特后旗文管所共同调查,确认了一批长城沿线的汉代城址和西夏城址⑧,并对塞外列城的认定和沿革进行了讨论⑨。2012年,中国人民大学尹姗姗的硕士论文通过对沿线城址调查材料的统计分析,提出了汉塞外列城的认定和其后西夏长城沿用的看法⑩。2016年,中国人民大学魏坚教授再次组队,对乌拉特后旗境内南线长城沿线的17座城障进行了调查,其中有7座城址和1座障址是这次调查发现和记录的。通过几次调查,基本摸清了这两条东西延续的长城走向及所属城址、障址和烽火台的分布(图一)。通过梳理近

---

① 盖山林、陆思贤:《潮格旗朝鲁库伦汉代石城及其附近的长城》,《中国长城遗迹调查报告集》,文物出版社,1981年,25~33页;《内蒙古境内战国秦汉长城遗迹》,《内蒙古文物资料续辑》,内蒙古自治区文物队,1984年,90~100页。

② 国家文物局:《中国文物地图集·内蒙古自治区分册》,西安地图出版社,2003年。

③ 瓯燕:《我国早期的长城》,《北方文物》1987年7期。

④ 赵化成:《中国早期长城的考古调查与研究》,《长城国际学术研讨会论文集》,吉林人民出版社,1995年,238~249页。

⑤ A·A·科瓦列夫、额尔德涅巴特尔:《蒙古国南戈壁省西夏长城与汉受降城有关问题的再探讨》,《内蒙古文物考古》2008年2期。

⑥ 威廉·林赛:《走失的长城》,《华夏地理》2012年3期。

⑦ 森谷一树、白石典之等:《2011~2012年蒙古国南戈壁省长城、城堡遗址调查报告》,《东北亚古代聚落与城市考古国际学术研讨会论文集》,科学出版社,2014年,76~79页。

⑧ 魏坚:《阴山沧桑——乌拉特后旗历史文化遗存调查报告》,内蒙古人民出版社,2010年。

⑨ 魏坚:《河套地区战国秦汉塞防研究》,《边疆考古研究》第6辑,科学出版社,2007年

⑩ 尹姗姗:《西夏长城研究——汉代塞外列城再探讨》,中国人民大学历史学院2013年硕士学位论文。

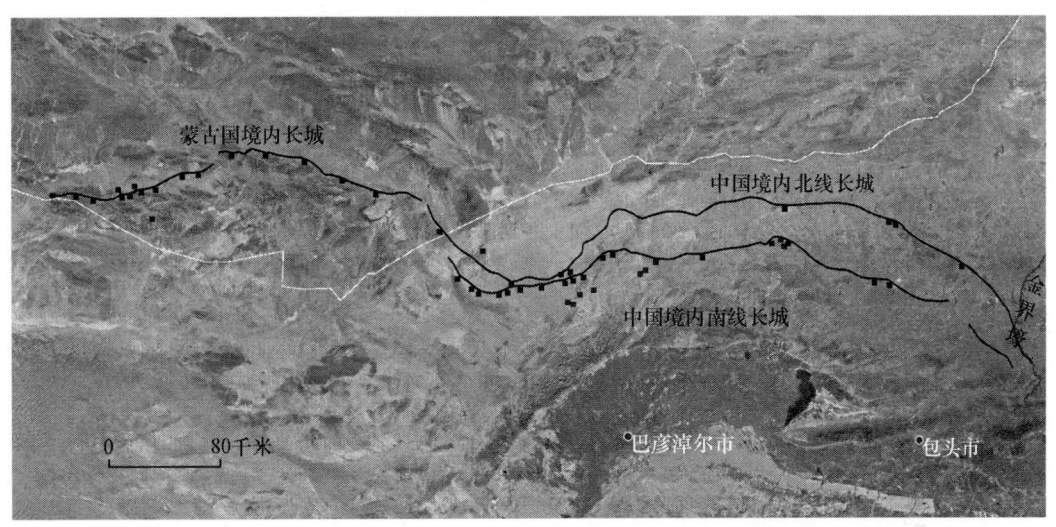

图一 中国境内与蒙古国境内长城及城址、障址分布示意图

年来国内外学者最新研究成果和分析重点调查的新材料，我们在逐步确认这些城址的年代和性质的基础上，对汉塞外列城和西夏长城的分布、构筑方式和沿线对应的城址有了一些新的认识[①]。

二、中国境内的南、北两线长城及城、障

中国历代王朝修筑长城的目的，主要在于防御北方游牧民族的南下，故历代长城也均大致呈东西方向分布。阴山以北地区的南、北两线长城自东向西延伸，走向基本一致，相距3～40千米不等。依据实地调查材料并结合卫星图像搜寻，在南、北两线区域目前共计发现和记录城址30座，障址4座，烽火台11座，另有一些在卫星图像上新发现的城址，因缺少实地调查数据，目前暂不列入讨论。我们根据城址与长城墙体的相对位置，分为南、北两线叙述，即位于北线长城墙体南、北的城址归入北线范围，位于南线长城墙体以南的城址归入南线范围。

（一）北线长城及城、障

北线长城东南端起点在武川县哈拉合少乡后石背图村后的大山顶上，位于南线长城起点以东约7.5千米处。长城自起点向西北方向延伸至阿路康卜村，经乌日塔、火烧羊圈、二份子村、三份子村后伸入达茂旗境内，这其中一段墙体已被后来的金界壕改筑沿

---

① 结合目前已知调查成果，基于 Google Earth 卫星图像绘制，墙体的长距离中断已标示，因山脉、河流等形成的短距离中断均以实线带过。

用①。北线长城在进入达茂旗后经坤兑滩乡继续向西北行，至圐圙苏木村西进入乌拉特中旗桑根达来苏木，再向西至额和音查干西北方进入乌拉特后旗巴音前达门苏木境，又折向西南方向延伸，在苏亥西北方折向西北，行经五日特、呼仁陶勒盖等地，在乌力吉苏木西北部进入蒙古国南戈壁省瑙木冈县境内（图二）。

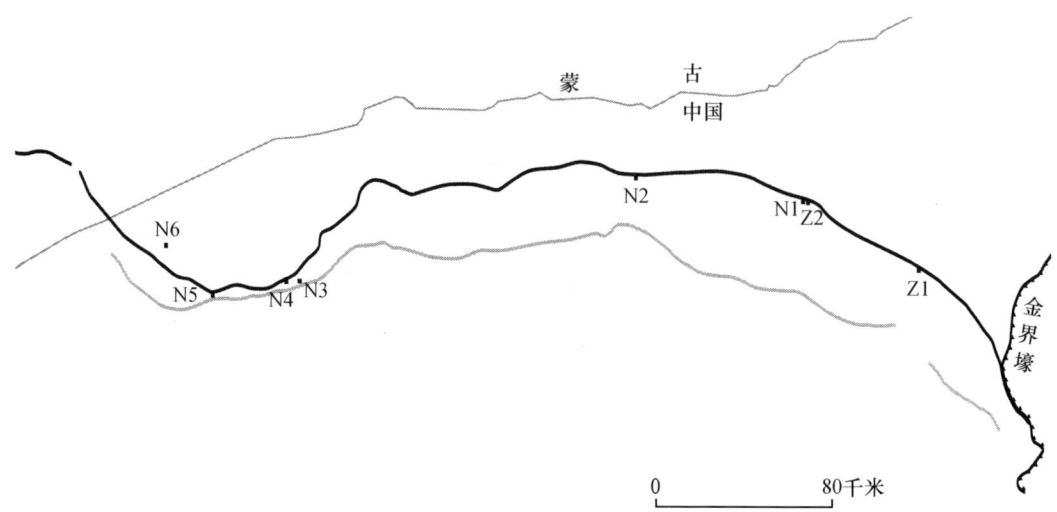

图二　北线长城及城址、障址分布示意图
北线长城沿线城址、障址（由东向西排序）：
Z1 丹山障址　Z2 苏木图障址　N1 库伦苏木城址　N2 台郭勒城址　N3 哈日乌苏城址
N4 德格都毛赖城址　N5 苏亥城址　N6 巴音库伦城址

经调查确认，北线长城在中国境内全长为 527 千米②，墙体构筑皆因地制宜、就地取材。大部分地段为夯筑土墙，在达茂旗段局部为土石混筑，乌拉特中旗和乌拉特后旗段大多为石块砌筑。夯筑地段的墙体因坍塌和风蚀，地面调查已经很难了解墙体的宽度和实际高度；石块砌筑地段的墙体保存较好，乌拉特后旗巴音努如段底宽一般在 2.3～2.4 米，顶宽约 2 米，高约 1.1～1.2 米（图三，1、2），在沟壑和低洼处墙体底部可见有水门遗迹（图三，3）。在靠近长城的山坡地段，发现有多处片石采石场③，当是修筑长城时开采石料的遗址（图三，4）。长城沿线散布有灰陶片、五铢铜钱等遗物。

北线长城沿线共发现有城址 6 座，障址 2 座，未见烽火台（附表一），其中除巴音库伦城址位于北线长城以北外，其余城障均位于北线长城以南沿线，目前保存情况较好的有德格都毛赖城址、苏亥城址和丹山障址。

---

① 国家文物局：《中国文物地图集·内蒙古自治区分册》，西安地图出版社，2003 年，53 页。

② 同①。

③ 魏坚：《阴山沧桑——乌拉特后旗历史文化遗存调查报告》，内蒙古人民出版社，2010 年，77 页。

图三 北线巴音努如段长城
1. 石砌墙体 2. 墙体细部 3. 石砌水门 4. 采石场

1. 德格都毛赖城址（N4）

位于乌拉特后旗潮格温都尔镇巴音努如嘎查的南北两线长城之间，北距北线长城约1千米，南距南线长城约3千米。地理坐标为东经106°48′00.0″，北纬41°43′38.8″，海拔1251米，方向为北偏东18°。城址基本方形，北墙长约115米，南墙长约104米，东、西墙均长约100米，墙基以土和砂石夯筑，宽约4米，存高0.5～1米。门址位于东墙中部，宽约8米，城墙四角设有角台，墙外有护城壕，壕宽9米，壕外有墙体，高约1米、宽约2.6米，壕外东墙中部设门，门宽7.6米。城内发现有龙泉窑瓷片（图四，1）。

2. 苏亥城址（N5）

位于乌拉特后旗乌力吉苏木东北约8千米处，北距北线长城约1.3千米，南距南线长城1.6千米。地理坐标为东经106°26′29.5″，北纬41°41′09.8″，海拔1243米，方向为北偏东35°。城址基本呈长方形，北墙长131米，东墙长110米，墙基以土含沙石夯

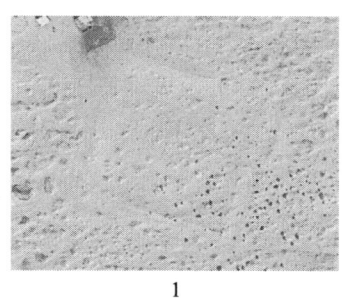 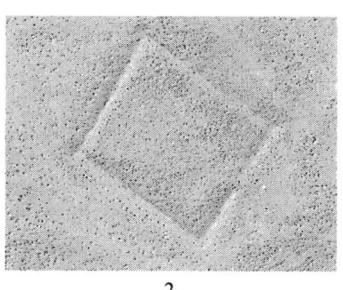 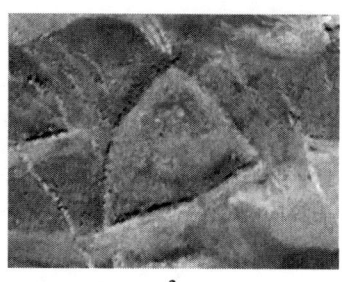

图四 北线长城沿线城址、障址举例（图片采自 Google Earth）
1. 德格都毛赖城址　2. 苏亥城址　3. 丹山障址

筑，残高 1~1.5 米，顶宽 2.8 米。东墙中部设门，城门宽 7 米，没有瓮城，城址四角设有角台，东北角台长 6.2 米，宽 5 米，城外隐约可见城壕遗迹。遗物很少，仅采集到黑釉瓷片（图四，2）。

3. 丹山障址（Z1）

位于达茂旗百灵庙镇西南 2 千米处的一个小山顶上。地理坐标为东经 110°24′19.22″，北纬 41°41′17.96″。障址呈底边平直，两侧弧线略对称的三角形，东墙为直线，长 60 米，西北墙和西南墙均对称外弧，各长 75 米。墙体由石块垒砌，基宽约 4 米，高约 2.5 米，西南墙正中设门，门道宽约 4 米。地表散见有灰陶片（图四，3）。

（二）南线长城及城、障

南线长城东南端起点位于武川县西乌兰不浪乡西南的马鞍山之山顶，向西北延伸经西红山乡老银哈达村、土城子村、杨树功村南进入固阳县大庙乡石兰哈达村北，再向西北延伸至边墙壕村北进入达茂旗乌兰忽洞乡，向西北经西河乡至巴音珠日和苏木进入乌拉特中旗新忽热苏木境内，继续向西北延伸至巴音杭盖苏木南面进入乌拉特后旗巴音前达门苏木南部，又向西至格日勒图苏木折向西南，于乌力吉苏木境内折向西北。关于之后的走向，学界有一种看法认为南线长城经海力素延伸进入了蒙古国境内[①]，根据蒙古国的考古调查资料和 Google Earth 卫星图像观察，我们认为南线长城在乌力吉苏木西北部，经朝鲁库伦城址北侧再向西北延伸约 7 千米后终止，地理坐标为东经 105°57′9.68″，北纬 41°47′25.45″（图五）。

经实地调查，南线长城在中国境内的全长约 487 千米[②]，略短于北线长城。南线长

---

① a. 李逸友：《中国北方长城考述》，《内蒙古文物考古》2001 年 1 期。
　　b. 国家文物局：《中国文物地图集·内蒙古自治区分册》，西安地图出版社，2003 年，616 页。
② 同①b。

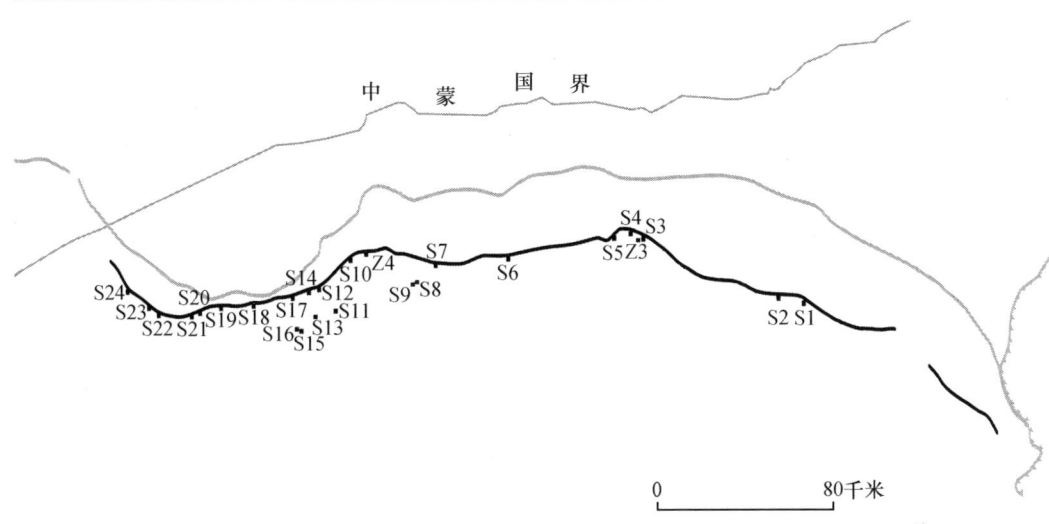

图五　南线长城及城址、障址分布示意图

南线长城沿线城址、障址（由东向西排序）：

S1 库伦城址　S2 白生城址　S3 乌兰城址　Z3 东乌兰障址　S4 努和日勒城址　S5 乌兰西城址　S6 沃博尔忽热城址　S7 阿日库伦城址　S8 查干套海北城址　S9 查干套海南城址　Z4 海力素太障址　S10 哈那城址　S11 双城子城址　S12 查干朝鲁扎德盖城址　S13 红旗城址　S14 宝音图城址　S15 查干额日格城址　S16 乌兰呼舒城址　S17 哈登扎德格城址　S18 乌兰呼都格城址　S19 乌力吉高勒城址　S20 呼鲁斯东城址　S21 呼鲁斯西城址　S22 乌兰库伦城址　S23 青库伦城址　S24 朝鲁库伦城址

城墙体的构筑也是采取因地制宜的方法，大部分地段为夯土筑成，因水土流失严重，现观察底宽约 4~6 米，保存高度多在 1 米左右；局部为土石混筑或石块砌筑，在保存较好的乌拉特后旗乌力吉地段，墙体两侧由石片叠砌，中部填以砂土碎石，底宽 3.4~3.5 米，顶宽约是底宽的一半，高约 2.2~2.3 米[①]（图六，1、2）。在南线长城南侧沿线发现有城址 24 座（图六，3），障址 2 座，烽火台 11 座（图六，4），烽火台多位于长城南面的小山或高地上，间距 5~10 千米不等[②]（附表二）。

南线长城沿线保存较好的古城址有哈那城址、乌兰库伦城址、青库伦城址、朝鲁库伦城址等，介绍如下：

1. 哈那城址（S10）

位于乌拉特后旗巴音前达门苏木阿布日勒图嘎查，北距长城约 300 米。地理坐标为东经 107°11′8.08″，北纬 41°50′55.8″，海拔 1408 米，方向为北偏西 8°。城址平面呈方形，西墙长 136.7 米，南墙长 133 米，墙体以黄土夯筑，夯层清晰，墙底基宽 3.3 米，高约 2~3 米，城址四角有角台。南墙中部设门，宽 7 米，外有马蹄形瓮城，内径 8.6

---

① 魏坚：《阴山沧桑——乌拉特后旗历史文化遗存调查报告》，内蒙古人民出版社，2010 年，72 页。

② 李逸友：《中国北方长城考述》，《内蒙古文物考古》2001 年 1 期。

图六 南线长城及城址、烽火台
1. 南线长城乌力吉段 2. 南线长城乌力吉段 3. 南线长城乌兰呼都格城址 4. 南线长城朝鲁库伦烽火台

米,墙体厚2.8米。根据现存墙体夯筑情况来看,墙体有加筑痕迹,城内发现有汉代红陶片和西夏时期的黑釉陶片(图七,1;图八,1)。

2. 乌兰库伦城址(S22)

位于乌拉特后旗潮格温都尔镇乌力吉苏木西尼乌苏嘎查,北距长城约100米。地理坐标为东经106°10′15.6″,北纬41°37′57.4″,海拔1171米,方向为北偏东20°。城址平面呈方形,东墙长约128米,北墙长约130米,墙体为土石混筑,顶宽3.4米,残高约1~1.5米。东墙中部开门,宽4.5米,外有马蹄形瓮城,内径10米,墙体厚4.3米,瓮城南墙设门,门道宽3米。城址四角有角台,东南角台长6.9米,宽6.9米;西南角台长约5.8米,宽6.4米,高约1.5米。城内发现有汉代石磨、釉陶片和西夏时期的瓷片(图七,2;图八,2)。

3. 青库伦城址(S23)

位于乌拉特后旗潮格温都尔镇乌力吉苏木西尼乌苏嘎查,北距长城约50米。地理

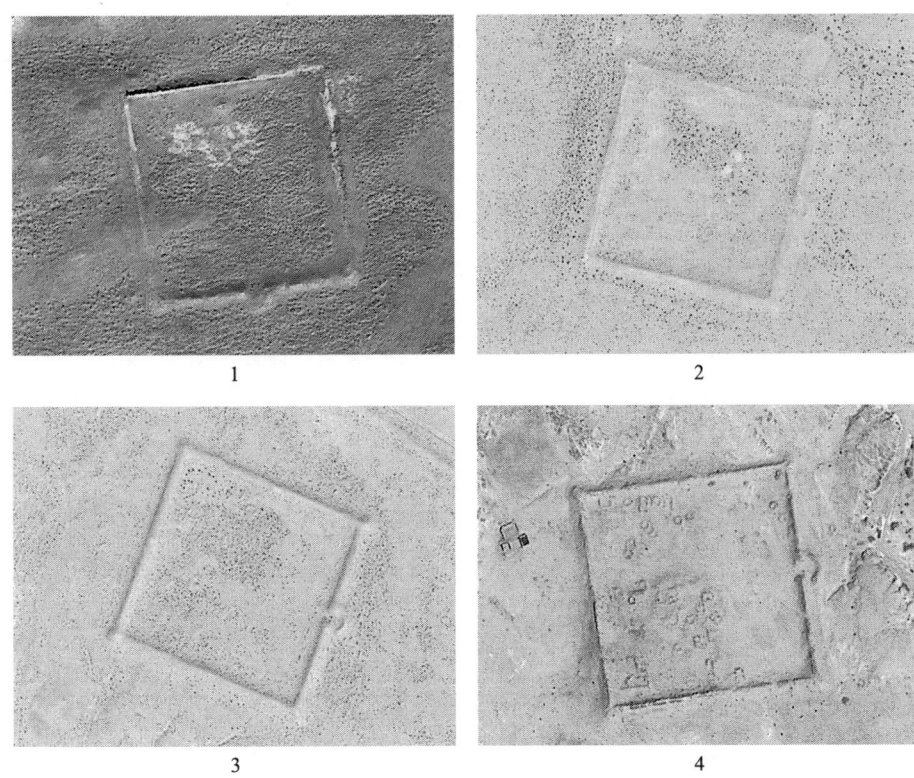

图七 南线长城沿线城址举例（图片采自 Google Earth）
1. 哈那城址 2. 乌兰库伦城址 3. 青库伦城址 4. 朝鲁库伦城址

坐标为东经 106°06′26.7″，北纬 41°40′13.4″，海拔 1128 米，方向为北偏东 20°。城址平面呈方形，每边长约 131 米，墙体由黄土掺和少量沙粒混合夯筑而成，基宽 5.8 米，顶宽 5.6 米，存高 1~2 米。东墙中部开门，宽约 6 米，外设马蹄形瓮城，内径 11 米，南北长 11 米，墙厚 5.1 米，瓮城南墙设门，宽 3.3 米。城址四周有角台，东北角台长 6.5 米，宽 6.4 米。城内地表发现有汉代和西夏时期的陶片，1976 年试掘出土有石夯、木橛和马、牛、羊骨骼，以及黑白瓷片等西夏时期遗物（图七，3；图八，3）。

4. 朝鲁库伦城址（S24）

位于乌拉特后旗乌力吉苏木西尼乌素嘎查宝力格小组，北距长城 500 米。地理坐标为东经 105°59′53.5″，北纬 41°44′06.5″，海拔 1026 米，方向为北偏西 10°，城址平面呈方形，北墙和东墙长 128 米，西墙和南墙长 126.9 米，四边墙体均为大、小石块垒砌，两侧平齐，中间填以碎石和泥土。墙体大部分保存较好，西墙南段基宽 5.5 米，残高 2.7 米，顶宽 2.6 米，四角有方形角台，边长 4.8 米。东墙中部设门，宽 4.5 米，外有弧形瓮城，东西径 8.5 米，南北最宽处 9.5 米。城门两侧、城内四角都砌有登城的踏道，在城内西南部为一"子城"状院落，内有散布的石砌房址。1976 年，内蒙古考古工作

图八 南线长城城址
1. 哈那城址南墙及瓮城 2. 乌兰库伦城址全景（东北向西南）
3. 青库伦城址东门瓮城（北向南） 4. 朝鲁库伦北墙及东墙（西向东）

者对该城址进行了发掘①，发现大量的布纹板瓦、筒瓦、"千秋万岁"文字瓦当和陶器残片，出土铜镞、铜弩机、铁制盾鼻、铁釜、铁剑、铁钁残片和砺石等西汉中期遗物。此外，在发掘中发现有西夏房屋遗址，地表还发现有西夏遗物（图七，4；图八，4）。

三、蒙古国境内的长城

北线长城于乌拉特后旗乌力吉苏木西北部进入蒙古国南戈壁省瑙木冈县境内，通过 Google Earth 卫星图像观察，确认长城与中蒙两国边界的交叉点地理坐标为东经105°52′28.29″，北纬41°59′12.12″。长城沿宝日德中格戈壁荒漠南缘向西北延伸，至乌兰德勒山转向西南方向，经赫日门温都尔山至西沃哈塔布齐，继续向西经和尔门县、巴彦达赖县、诺彦县，至阿拉嘎乌拉山以北终止，西部端点在东经102°24′51.44″，北纬

---

① 盖山林、陆思贤：《潮格旗朝鲁库伦汉代石城及其附近的长城》，《中国长城遗迹调查报告集》，文物出版社，1981年，25~33页。

42°10′24.90″附近，目前观察，并未向西南进入中国额济纳旗境内。

据蒙古国学者的计算，其境内长城的长度不少于315千米。根据对瑙木冈县、和尔门县和巴彦达赖县实地调查，我们可知长城的构筑方式有两种，建造在山上的为石砌墙体，平原上的由夯土构成或梭梭夹杂着夯土层构成，均为因地制宜、就地取材。有些地段的石砌墙体高达3米，梭梭和夯土墙体高度超过2.5米，其余地段墙体高度约为1米，宽约3米。墙体两侧均有壕沟，宽2～3米，深达1米。通过对西沃哈塔布齐障址附近的长城墙体所做碳十四测定，可知其建造年代不晚于13世纪初期[①]。

长城沿线发现有13座城址、6座障址（图九）和2座烽火台。其中保存情况较好或具有准确的碳十四测定数据的有阿尔善城址、无名城址①、无名城址②、赫日门温都尔城址和西沃哈塔布齐障址等（附表三）。

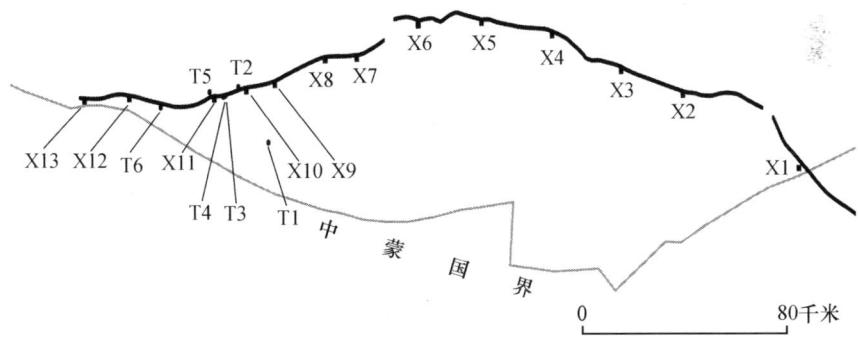

图九　蒙古国境内长城及城址、障址分布示意图

蒙古国境内长城沿线城址、障址（由东向西排序）：

X1 乌兰什沃特城址（Ulaan Shiveet）　X2 甘查毛顿胡图克城址　X3 德尔森乌苏城址（Dersen Us）
X4 赫日门查干城址（Khermen Tsagaan）　X5 阿尔善城址（Arashaan）　X6 无名城址①
X7 赫日门呼都格城址（Kherem Khudag）　X8 无名城址②　X9 哈拉西沃城址　T1 查干乌拉山障址
X10 百兴图城址　T2 百兴图札答盖障址　T3 无名障址①　T4 无名障址②　X11 赫日门温都尔城址
T5 西沃哈塔布齐障址　T6 无名障址③　X12 亦和浩特格尔城址　X13 阿拉嘎城址

1. 阿尔善城址（X5）

位于蒙古国瑙木冈县，北距长城约500米，地理坐标为东经104°19′24″，北纬42°28′25″，方向为北偏东9°。城址基本呈方形，东西长137米，南北宽120米。东墙中间设门，四角有角台，城墙外围设有城壕（图一〇，1；图一一，2）。城址内采集有磁州窑系瓷片。

---

① A·A·科瓦列夫、额尔德涅巴特尔：《蒙古国南戈壁省西夏长城与汉受降城有关问题的再探讨》，《内蒙古文物考古》2008年2期。

2. 无名城址①（X6）

位于蒙古国和尔门县，北距长城 130 米，地理坐标为东经 104°1′51″，北纬 42°28′19″，方向为北偏西 20°。城址略呈长方形，南北长 143 米，东西宽 128 米，南墙正中设门，四角有角台，墙外有城壕。采集有白釉、黑釉残片（图一〇，2）。碳十四年代测定结果是公元 1216～1257 年[①]。

图一〇　蒙古国境内长城沿线城址举例（图片采自 Google Earth）
1. 阿尔善城址　2. 无名城址①　3. 无名城址②　4. 赫日门温都尔城址

3. 无名城址②（X8）

位于蒙古国和尔门县，北距长城 530 米，地理坐标为东经 103°36′54″，北纬 42°20′24″，方向为北偏西 38°。城址基本呈方形，西墙长 115 米，北墙长 108 米，东墙中部设门，四角有角台，墙外有城壕。北墙经发掘，墙体为沙土与梭梭逐层混筑，宽 2.6～

---

① 森谷一树、白石典之等：《2011～2012 年蒙古国南戈壁省长城、城堡遗址调查报告》，《东北亚古代聚落与城市考古国际学术研讨会论文集》，科学出版社，2014 年，76～79 页。

2.7 米，高 1.5 米（图一〇，3；图一一，3）。碳十四年代测定为公元 1047~1166 年[①]。

4. 赫日门温都尔城址（X11）

位于蒙古国巴彦达赖县，北距长城 2.5 千米，地理坐标为东经 103°0′44.13″，北纬 42°09′2.04″，方向为北偏西 15°。城址略呈菱形，每边墙体长约 95 米，四角有角台，高约 2.5 米，东南墙中部设门，门道宽约 7 米。城墙外有城壕，宽约 5 米，深约 1 米（图一〇，4）。通过对城墙上的红杨（疑为胡杨）木桩进行碳十四测定，年代在公元 10~13 世纪末[②]。

图一一 蒙古国境内长城沿线城、障址
1. 西沃哈塔布齐障址 2. 阿尔善城址角台外侧城壕 3. 无名城址②梭梭混筑墙体

[①] 森谷一树、白石典之等：《2011~2012 年蒙古国南戈壁省长城、城堡遗址调查报告》，《东北亚古代聚落与城市考古国际学术研讨会论文集》，科学出版社，2014 年，76~79 页。

[②] A·A·科瓦列夫、额尔德涅巴特尔：《蒙古国南戈壁省西夏长城与汉受降城有关问题的再探讨》，《内蒙古文物考古》2008 年 2 期。

5. 西沃哈塔布齐障址（T5）

位于蒙古国巴彦达赖县，属长城以北的障址，南距长城 3.1 千米，地理坐标为东经 102°58.453′，北纬 42°11.640′。障址坐落在一个小山包之上，平面略呈椭圆形，东西长 25 米，南北宽 16 米。城墙高约 4 米，内壁垂直，外壁漫坡状，西城墙内有 1.5 米宽的登墙踏道（图一一，1）。对障址内探沟出土木头所做碳十四测定，校正年代为 1220～1275 年[①]。

四、讨 论

长城作为中国历史上重要的军事防御体系，是诸多中原王朝为抵御北方民族南下而修筑的宏大建筑工程。历史上无论朝代更迭，还是技术创新，其由高大坚实的墙体、沿线城址、亭障址和烽火台及道路交通网络共同构成的基本体系则基本是不变的。墙体阻挡外来之敌，沿线城障是戍卒驻扎之所，烽火台则起到烽火瞭望、传递信息的作用。此外，长城作为中国北方的农牧分界线，由于其建筑工程浩大，耗费大量人力和财力，所以后代王朝根据需要，部分沿用前代长城的情况在考古调查中也屡有发现。

（一）长城墙体及沿线城址年代的判定

本文所涉及的长城墙体，以中国境内南线和北线长城中用片石砌筑的墙体保存较好并具有代表性。北线长城乌拉特后旗巴音努如的呼伦陶勒盖一段，墙体是在小山包裸露的山岩上就地取材，以片状石块交错叠砌，中部填以土石而成，墙体底宽 2.3～2.4 米，高约 1.1～1.2 米，顶宽约 2 米；南线长城保存较好的乌拉特后旗乌力吉苏木宝力格小组段，也是利用小山包的片状岩石，就地取材，以石片叠砌，两侧平齐斜收，中部填砂土碎石砌筑而成，墙体底宽 3.4～3.5 米，高约 2.2～2.3 米，顶宽约是底宽的一半。据汉代规制和内蒙古中南部汉墓考古发掘出土实物[②]，一汉尺约为 23 厘米，考虑到在实际应用中的误差，北线墙体的底宽和高度大约正好是汉代规制的一丈和五尺；南线墙体的底宽和高度正好约是汉代规制的一丈五和一丈[③]。结合沿线调查所得实物，其为汉代所筑应无问题。

根据目前公布的蒙古国的调查数据，其长城墙体除了构筑方式因受条件所限也是就地取材以外，在很多方面与中国境内的长城存在有较大的不同。首先，蒙古国境内长

---

① A·A·科瓦列夫、额尔德涅巴特尔：《蒙古国南戈壁省西夏长城与汉受降城有关问题的再探讨》，《内蒙古文物考古》2008 年 2 期。

② 魏坚：《内蒙古中南部汉代墓葬》，中国大百科全书出版社，1998 年，44、107 页。

③ 魏坚：《阴山沧桑——乌拉特后旗历史文化遗存调查报告》，内蒙古人民出版社，2010 年，72 页。

城保存较好的石砌墙体的宽度、高度均约为3米，与中国境内南、北两线长城的规制有着较大差异；其次，蒙古国境内长城墙体的两侧多加挖有约3米宽的壕沟，这在中国境内南、北线长城上并未发现；再次，墙体构筑使用石块、泥土与梭梭混合砌筑的方法也与中国境内南、北线长城有所不同，而与阿拉善盟发现的许多西夏城障的构筑方式一致①。若以西夏一尺约为31.2厘米的规制计算②，则蒙古国境内长城墙体的高度、底宽和壕沟的宽度均约是西夏规制的一丈。西沃哈塔布齐障址附近长城墙体和无名城址②的碳十四测年数据也印证了其属于西夏时期这一推断。

中国境内南、北两线长城范围的城址大多没有进行考古发掘，但通过城址形制和采集的地表遗物还是可以大致确定其所属年代。就目前几次调查所见分析，凡仅有汉代遗物或既有汉代遗物，也有西夏遗物的城址当属汉代所建应无疑问；凡城址规模与汉代城址相当或略小，墙体外侧挖有城壕，城内只有西夏遗物的城址当属西夏时期所建。

就目前发现的城址分布来看，北线长城中，唯一位于北线长城北侧的巴音库伦城址和属于北线长城南侧东段的台郭勒、库伦苏木城址，以及苏木图、丹山障址等，从城址规制和仅发现汉代陶片看应属于汉代所建；北线长城西段的哈日乌苏和苏亥城址内只见西夏遗物，不见汉代遗存，德格都毛赖城址位于上述两城之间，城外挖有城壕，城内也发现了西夏遗物，因此，这3座城址应均为西夏所建。

南线长城南侧的城、障址分布相对较为密集，其中靠近长城沿线的多距长城在1千米之内，偏南一线区域的则多在9~16千米范围之内。为了叙述方便，我们将该段长城及城址分为东端向西北方延伸至乌兰城址（S3）的东段；从努和日勒城址（S4）向西延伸至哈那城址（S10）的中段；从查干朝鲁扎德盖城址（S12）向西南再折向西北至朝鲁库伦城址（S24）的西段。在南线长城以南的这些城、障址中，库伦（S1）、白生（S2）、努和日勒（S4）、沃博尔忽热城址（S6）和东乌兰障址（Z3）、海力素太障址（Z4）等，城址外不见城壕，城、障址内采集仅见汉代陶片或虽未有汉代陶片也未采集到西夏遗物，从建筑规制分析应属汉代城址和障址；阿日库伦（S7）、查干套海北（S8）、查干套海南（S9）、双城子（S11）、查干朝鲁扎德盖（S12）、查干额日格（S15）、哈登扎德盖（S17）、乌兰呼都格（S18）、呼鲁斯东（S20）和呼鲁斯西城址（S21）等，城外多见挖有壕沟，并在城址内采集有典型西夏瓷片，应为西夏时期所建；乌兰（S3）、乌兰西（S5）、哈那（S10）、红旗（S13）、宝音图（S14）、乌兰呼舒（S16）、乌力吉高勒（S19）、乌兰库伦（S22）、青库伦（S23）和朝鲁库伦（S24）等城址，既有汉代陶片也有西夏瓷片，应是汉代所建，又在西夏时期被利用的城址。其中的乌兰（S3）、乌兰西（S5）、乌兰呼舒（S16）和乌力吉高勒（S19）4座城址，既在城址

---

① 内蒙古自治区文化厅（文物局）、内蒙古自治区文物考古研究所：《内蒙古自治区长城资源调查报告·阿拉善卷》，文物出版社，2016年，145~159页。

② 史金波：《西夏度量衡刍议》，《固原师专学报（社会科学版）》2002年3期。

内采集到汉代陶片，也在城墙外发现有城壕，说明这些汉代城址在西夏时期被重新利用时，按照西夏建城的规制，在城外挖建了城壕。其他西夏沿用汉代城址未见城壕者，也不排除早年调查时因未曾仔细观察而遗漏的可能。

蒙古国境内长城沿线发现的无名城址①（X6）、无名城址②（X8）和赫日门温都尔（X11）等城址的共同点是它们在建筑规制上都是在墙外挖有城壕，地表发现有白釉、黑釉瓷片，并未发现汉代遗存，根据测定的碳十四数据，可以判断城址应当修建于西夏时期。根据俄罗斯、蒙古和日本学者的调查材料和碳十四数据的测定[①]，目前蒙古国境内发现的长城，以及从最东端的乌兰什沃特城址（X1）到最西端的阿拉嘎城址（X13），其间共13座城址、6座障址和2座烽火台，就其长城建筑规制、城址外普遍挖有城壕和未曾发现任何汉代遗物的情况分析，其均属西夏时期所建应无问题。

通观中国境内南北两线长城沿线的发现，建于西夏时期的城址也大部分具有城壕，这与蒙古国境内发现的西夏时期城址建有城壕，长城墙体两侧挖壕的现象可以相互印证。说明西夏营建边城时，可能是将城壕内的土在里侧夯筑城墙，同时在城壕外侧也建有一定规模的外城墙体，这种筑城方式既省工省力，又加强了边城的防御能力。

综上所言，在分析了中国境内南、北两线长城和蒙古国境内发现的长城后，我们可以认为：目前中国境内的南、北两线长城及部分城、障址，确实为汉代所筑；北线与南线长城相距最近的中段、西段和内侧的城址，在西夏时期大多曾被再次利用，并增筑了部分城址；蒙古国境内的长城虽与中国境内的北线长城相连，但它应是始建于西夏时期的长城，而非以往认为的汉代长城（图一二）。

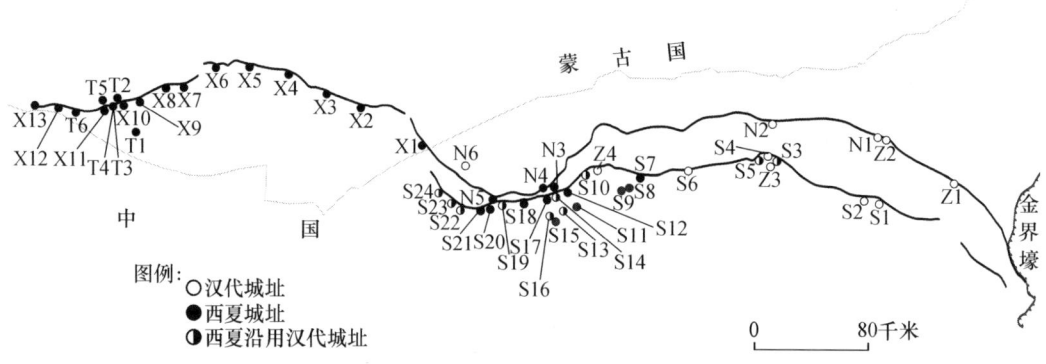

图一二　中国境内南、北线长城和蒙古境内长城及沿线城址、障址分布图

---

① a. A·A·科瓦列夫、额尔德涅巴特尔：《蒙古国南戈壁省西夏长城与汉受降城有关问题的再探讨》，《内蒙古文物考古》2008年2期。

b. 森谷一树、白石典之等：《2011~2012年蒙古国南戈壁省长城、城堡遗址调查报告》，《东北亚古代聚落与城市考古国际学术研讨会论文集》，科学出版社，2014年，76~79页。

（二）文献记载中的塞外列城

汉文帝时，匈奴灭月氏，定楼兰、乌孙、呼揭及其旁二十六国，"诸引弓之民，并为一家"①，其势力东接朝鲜，北至贝加尔湖，河西走廊和西域诸国都在其控制之下。经过汉初的休养生息，到汉武帝时期已是府库充盈，国力强盛。汉朝军队从元光六年（前129 年）开始主动出击匈奴，经元朔二年（前 127 年）的河南之战、元狩二年（前 121 年）的河西之战两役后，河套和河西地区尽为汉朝所控制，元狩四年（前 119 年）的漠北之战后，匈奴远遁，从此"幕南无王庭"②，阴山山脉转而成为汉军的后方。太初三年（前 102 年），汉武帝遂"使光禄徐自为出五原塞数百里，远者千里，筑城障列亭至庐朐。而使游击将军韩说、长平侯卫伉屯其旁，使强弩都尉路博德筑居延泽上③。"光禄勋徐自为所筑"城障列亭"，在《汉书》中又被称作"外城""塞外列城"。西汉之五原塞即今日包头市以西至河套地区朔方郡之间以北区域④，也即南北两线长城之所在地。

文献史料中只有关于"塞外列城"的说法，并未见有关于南、北两条长城的记载。据《汉书》载，塞外列城自太初三年（前 102 年）夏四月开始修建，"其秋，匈奴大入云中、定襄、五原、朔方，杀略数千人，败数二千石而去，行坏光禄所筑亭障⑤。"也即外城在修筑尚未完工的当年秋天，就遭到了匈奴的南下破坏。考古调查所见北线长城沿线的城址较少、未见烽火台，城址内所见遗物不多，说明使用时间不长，且长城墙体多处中断，规模也明显小于南线，故北线长城很有可能便是兴筑未久就被迫中断的"光禄所筑亭障"。

关于其后长城的修筑，史料中并未有具体记载，但汉昭帝初年，有"匈奴三千余骑入五原，略杀数千人，后数万骑南旁塞猎，行攻塞外亭障，略取吏民去"的记载⑥。汉元帝时颇习边事的侯应曾对元帝道："臣闻北边塞至辽东，外有阴山，……至孝武世，出师征伐，斥夺此地，攘之于幕北。建塞徼，起亭燧，筑外城，设屯戍，以守之，然后边境得用少安。幕北地平，少草木，多大砂，匈奴来寇，少所蔽隐，从塞以南，径深山谷，往来差难。边长老言匈奴失阴山之后，过之未尝不哭也⑦。"可见自汉武帝至西汉晚期，在北方边境一直存在有"外城"防线。考古所见南线长城墙体规模较大、保存

---

① （西汉）司马迁：《史记·匈奴列传》，中华书局，1963 年，2896 页。
② （东汉）班固：《汉书·匈奴传》，中华书局，1962 年，3770 页。
③ 同②，3776 页。
④ 魏坚，郝园林：《秦汉九原—五原郡治的考古学观察》，《中国历史地理论丛》2012 年 4 期。
⑤ 同②，3776 页。
⑥ 同⑤，3784 页。
⑦ 同⑤，3803 页。

较好，沿线城障分布密集，尤其是西段部分，城障之间的间距多在 10～15 千米，每隔 5～10 千米便建有烽火台，防御体系较为完善，从保存较好的朝鲁库伦等城址看，城内留存的汉代遗物也较多，说明使用时间较长，故南线长城极有可能是在北线长城被破坏后，又重新修筑的"塞外列城"。

至汉宣帝时，匈奴发生内讧，五单于争立，国势衰弱，无力寇边。地节二年（前 68 年）宣帝曾一度"罢外城，以休百姓"。匈奴单于得此消息，"召贵人谋，欲与汉和亲"。五凤四年（前 54 年），汉"以边塞亡寇，减戍卒什二"，再次减弱塞外列城的守卫力量。后匈奴呼韩邪单于朝见汉廷，归国时"单于自请愿留居光禄塞下，有急保汉受降城[1]。"至竟宁元年（前 33 年），呼韩邪再次入朝，娶王昭君为妻，再次提出保塞请求："愿保塞上谷以西至敦煌，传之无穷，请罢边备塞吏卒，以休天子人民[2]。"郎中侯应认为不可，指出："如罢戍卒，省候望，单于自以保塞守御，……小失其意，则不可测[3]。"汉元帝采纳了侯应的建议，谢绝了呼韩邪的保塞请求。但此后汉朝的北方边境一直处于稳定状态，塞外列城的军事防御作用也逐渐弱化了。

（三）西夏长城的认定

西夏从公元 1038 年建国，建都兴庆府（今宁夏银川），至 1227 年被成吉思汗攻灭，立国 190 年。据目前的文献和研究所见，未有西夏修建长城的记载。西夏军事体系的重点在于监军司，《宋史·夏国传》载："置十二监军司，委豪右分统其众[4]。"西夏监军司的设置一直随着政治形势与疆域边界的变化而有所变化，研究者历来分歧较大。但可以确定的是，西夏在北部地区只设置有黑水镇燕军司和黑山威福军司两个监军司。黑水镇燕军司驻居延海，治所在今内蒙古额济纳旗黑水城遗址[5]，早期防御契丹，后期防御蒙古；黑山威福军司的地望所在一直有争议，过去一般观点认为是巴彦淖尔市新华镇古城村的高油坊古城[6]，近年来的考古调查资料显示，在地处阴山北麓的乌拉特中旗新忽热古城，曾经采集到具有唐和西夏两个时期特征的陶、瓷片，地理位置也正当西夏长城以南偏东之处，其很可能是西夏黑山威福军司的地望所在[7]。这个军司早期主要防备辽、

---

[1] （东汉）班固：《汉书·匈奴传》，中华书局，1962 年，3797 页。

[2] 同[1]，3803 页。

[3] 同[1]，3804 页。

[4] （元）脱脱：《宋史·夏国传》，中华书局，1977 年，13994 页。

[5] 内蒙古文物考古研究所阿拉善盟文物工作站：《内蒙古黑水城考古发掘纪要》，《文物》1987 年 7 期。

[6] a. 鲁人勇：《西夏监军司考》，《宁夏社会科学》2001 年 1 期。

　　b. 国家文物局：《中国文物地图集·内蒙古自治区分册》，西安地图出版社，2003 年，615 页。

[7] 中国人民大学 2006 年调查资料。

金从天德或河清、肃州的进攻。随着北方蒙古的崛起，这里自然成为了西夏后期在长城以南，防御成吉思汗南下的前沿之地。

根据地理位置判断，黑水镇燕军司和黑山威福军司两个监军司地处西夏北境的东、西两地，彼此相距千里，其间基本为沙漠戈壁，若无其他军事建制，便成为缺少防御的真空地带。目前我们所发现的西夏长城正好位于蒙古高原的南缘和西夏国境的北边，因而也就成为了防御蒙古骑兵南下的战略要地。这一段西夏长城沿线城址的分布较为密集，城与城之间相距约30千米左右，亭障烽燧齐备，可以烽火候望，与监军司体系形成互补。西夏王朝就是利用了这一区域的汉代塞外列城的中段和西段，再向西北方向延伸，扩展了自己在西北边境的防线。

据史料记载，从1205年到1227年蒙古军曾先后6次攻打西夏，2次围困西夏都城中兴府，其中至少有3次是自北境南下进攻。以此看来，西夏修建长城防线的目的是为了防御蒙古的进攻，但这条长城作为军事防御体系，并没有成功抵御蒙古铁骑的南下。

五、结　　语

通过多次对阴山以北"塞外列城"的考古调查，在进一步梳理前人研究成果的基础上，我们通过对中国境内南、北线长城和蒙古国境内与北线长城衔接的长城遗迹，以及长城沿线的城址、障址和烽火台等的研究，可以得出如下认识：

（1）中国境内的南、北两线长城应是汉武帝遣光禄勋徐自为所筑之"塞外列城"。其中北线长城及沿线城障尚未修筑完成便遭匈奴破坏，之后又修筑了较为完善的南线长城及沿线城障及烽火台。

（2）汉宣、元之际，匈奴呼韩邪单于与汉和亲，留居塞外列城，此后塞外列城的军事防御作用逐渐弱化，其前后存在可能不足70年。

（3）西夏时期为防御蒙古南下，在汉塞外列城以西修筑了西夏长城的西段，西夏长城的东段则利用了汉塞外列城北线与南线长城相距最近的中段和西段及内侧的城址，并增筑了部分城址加强防御。

（4）西夏长城与金界壕一样，都是为了抵御成吉思汗南下而修筑的军事防御体系。西夏长城的发现与确认，证实并填补了黑水镇燕军司和黑山威福军司之间边境防线上的空白。

（5）加强对中国北方历代长城的调查与辨识，对于我们研究农牧交融的历史，探讨中华民族多元一体格局形成的历史进程具有重要意义。

附表一　中国境内北线长城沿线城址、障址登记表

编号	名称	位置	尺寸	墙体	门址与瓮城	角台	城壕	遗物	年代	参考文献
N1	库伦苏木城址	达茂旗红牧场苏木图村东北1千米	平面呈方形，每边长89米	夯筑城墙，基宽10米，残高2.5米，夯层厚9~15厘米	—	四角有角台	墙外40米有护城壕，宽20米	采集有弦断绳纹陶罐等残片	汉	①
N2	台郭勒城址	108°45′49.88″E, 42°9′16.15″N 北偏西15° 乌拉特中旗巴音苏木台郭勒嘎查西500米	平面呈长方形，南北90米，东西160米	夯筑土墙，宽8米，高1.2米。外围有坞墙	东墙中部偏北设门，宽6米，外加筑瓮城	—	—	地表散布灰陶弦纹罐、盆等残片	汉	①
N3	哈日乌苏城址	乌拉特后旗宝音图苏木哈日乌苏嘎查西南3千米	平面呈长方形，东西150米，南北100米	夯筑土墙，基宽3米，残高0.5米	东墙中部设门宽6米	—	—	采集有白瓷碗、罐、黑瓷壶残片	西夏	①
N4	德格都毛赖城址	106°48′00.0″E, 41°43′38.8″N 海拔1251米, 北偏西18° 乌拉特后旗潮格温都尔镇巴音努如嘎查南, 北距长城之间, 北距北线约1千米, 南距南线约3千米	平面基本呈长方形，北墙115米，南墙104米，东、西墙长100米	墙基以土和砂石夯筑墙宽4米，残高0.5~1米，南、北、西墙中部内侧有登城踏道	东墙中部设门，宽8米	四角有角台，西北、东南角有角台略清楚，其余不清	有护城壕，宽9米，壕中有墙高1米，宽2.6米，东墙中部设门，宽7.6米		西夏	③
N5	苏亥城址	106°26′29.5″E, 41°41′09.8″N 海拔1243米, 北偏东35° 乌拉特后旗乌力吉苏木东北约8千米, 南、北长城之间, 北距北线长城约1.3千米, 南距南线1.6千米	平面基本呈长方形，每边长150米	土含沙石夯筑，残高1~1.5米，顶宽2.8米	东墙中部设门，宽7米，没有瓮城	四角有角台，东北角台长6.2米，宽5米	城外隐约可见城壕遗迹	遗物绝少，仅见到西夏时的黑瓷一片	西夏	②③
N6	巴音库伦城址	乌拉特后旗乌力吉苏木巴努如西，长城北面山顶上	平面呈方形，每边长150米	石块砌筑，残基宽3米，高2米	南墙中部设门，宽3米	四角有角台	—	地表散布灰陶罐、盆等残片	汉	①

续表

编号	名称	位置	尺寸	墙体	门址与瓮城	角台	坡壕	遗物	年代	参考文献
Z1	丹山障址	110°24'19.22"E, 41°41'17.96"N 达茂旗百灵庙镇西南2千米 位于山顶	平面呈底边平直、两侧弧线对称的三角形。东墙为直线,长60米,西北墙和西南墙均对称外弧,各长75米	石块垒砌,基宽4米,高约2.5米	西南墙正中设门,宽4米	—	—	地表散见有灰陶片	汉	①
Z2	苏木图障址	达茂旗红旗牧场苏木图村东北2千米	平面呈五边形,周长165米	夯筑城墙,基宽3.2米,残高3.4米,夯层厚11厘米	—	—	—	采集有灰陶弦断绳纹盆、罐等残片	汉	①

附表二 中国境内南线长城沿线城址、障址、烽火台登记表

编号	名称	位置	尺寸	墙体	门址与瓮城	角台	城壕	遗物	年代	参考文献
S1	库伦城址	109°36'53.39"E, 41°40'28.57"N 方向10° 达茂旗新包力格赤木伦村南约500米	平面呈长方形,长140米,宽128米	土筑城墙,基宽4米	西、南墙上设门,宽7米	—	—	—	汉	①
S2	白生城址	109°19'42.41"E, 41°43'32.69"N 南北向 达茂旗巴音珠日和苏木白生村 紧邻长城南侧	平面呈方形,每边长140米	夯筑城墙,残高0.5米,夯层厚9厘米	门址不详	四角有角台	—	—	汉	①

续表

编号	名称	位置	尺寸	墙体	门址与瓮城	角台	坡壕	遗物	年代	参考文献
S3	乌兰城址	108°49'11.92"E, 41°55'4.18"N 北偏东25° 乌拉特中旗乌兰苏木政府驻地东南4千米 北距长城约30米	平面呈方形，东墙长134米，南墙长134米，西墙长134米，北墙长130米。	夯筑土墙，残基宽4米，高1.5米	南墙中部设门，宽6米，外加筑马蹄形瓮城	—	四周有环壕	采集有灰陶弦纹罐、盆等残片，采集有酱釉陶碎片	汉·西夏	①⑥
S4	努和日勒城址	108°44'28.31"E, 41°56'43.88"N 北偏东15° 乌拉特中旗乌兰苏木东北距长城10米	平面呈不规则长方形，东墙长134米，南墙长133米，西墙长134米，北墙长133米	坡墙保存较好，现存高度1.5~2米。墙基处宽6.5米，高3米处宽4.5米	南墙正中设门，外有马蹄形瓮城，瓮城门向东	四角有角台，高度高于墙体	—	地表遗物较少，采集有灰陶碎片	汉	⑥
S5	乌兰西城址	108°39'23.08"E, 41°56'34.39"N 北偏西20° 乌拉特中旗乌兰苏木政府驻地西11千米 北距长城约550米	平面呈长方形，东墙长130米，南墙长135米，西墙长130米，北墙长127米	夯筑土墙，残基宽4米，高1.5米。南墙和西南角台仍见夯层，夯层厚6~12厘米	东墙中部设门，宽6米，外加筑瓮城，瓮城门门开向南	四角有角台	北城墙外隐约可见有壕沟，宽10米	采集有灰陶弦纹罐等残片	汉·西夏	①⑥
S6	沃博尔忽热城址	107°58'13.00"E, 41°51'29.15"N 北偏东20度 乌拉特中旗川井苏木政府驻地西22千米 北距长城250米	平面呈方形，每边长135米	夯筑土墙，残基厚5米，高1~3米	南墙中部开门，宽6米，外有瓮城	—	—	—	汉	①

续表

编号	名称	位置	尺寸	墙体	门址与瓮城	角台	城壕	遗物	年代	参考文献
S7	阿日库伦城址	107°38′21.8″E，41°50′7.8″N 海拔1525米，北偏东2°乌拉特后旗巴音前达门苏木与乌拉特中旗巴音杭盖苏木交界处北距长城约60米	平面基本呈方形，东墙长134.5米，北墙长133米	黄土夯筑，内含砂石。北墙夯层清楚，厚约9～12厘米，墙体厚2.6米，高2.3米，北墙西段、南墙部分保存较好	南墙中部设门，宽8.6米，有马蹄形瓮城，内径6.4米，东墙设门，门道宽3.3米	四角有角台，西南角台黄土夯层厚6～7厘米，高3米，半径3.1米	四周有城壕，宽11米，壕外墙体宽3米，残高0.5～1米，瓮城门外环壕凸出呈弧形	少量白釉陶片，西夏时期的石磨，宋代钱币"乾元重宝"	西夏	③⑥
S8	查干套海北城址	107°31′45.96″E，41°46′42.22″N 北偏东32°乌拉特后旗乌拉特长城约9千米	平面呈长方形，东墙长125米，南墙长127米，西墙长140米，北墙长140米	城墙土筑，西墙墙体高0.6米处，墙宽4米	东墙设门，宽4.5米，外无明显的瓮城遗迹	四角有角台，高度略高于地表	四周有环壕，宽10米	地表遗物较少，采集有少量酱釉陶碎片	西夏	⑥
S9	查干套海南城址	107°31′40.05″E，41°46′39.09″N 北偏东42°乌拉特后旗乌拉特长城约9千米	平面呈长方形，东墙长115米，南墙长125米，西墙长115米，北墙长130米	城墙保存较差，仅地表可辨认痕迹，宽3.5米	东墙正中设门，流水冲刷严重，无明显瓮城遗迹	—	四周有壕沟，宽10米	地表遗物较少，采集有少量酱釉陶碎片	西夏	⑥
S10	哈那城址	107°11′8.08″E，41°50′55.8″N 海拔1408米，北偏西8°乌拉特后旗巴音前达门苏木阿布日勒图嘎查以北15千米北距长城约300米	平面呈方形，西墙长136.7米，南墙长133米	黄土夯筑，风蚀严重，夯层厚7～10厘米。北墙西段保存较好，墙底基宽3.3米，高2～3米，墙体有加筑痕迹	南墙中部设门，门宽7米，外有马蹄形瓮城，内径8.6米，东西长12.3米，墙体厚2.8米	四角有角台	—	汉代红陶片，西夏时期的黑釉陶片	汉、西夏	③

续表

编号	名称	位置	尺寸	墙体	门址与瓮城	角台	城壕	遗物	年代	参考文献
S11	双城子城址	东城 107°7′57.82″E，41°39′56.52″N；西城 107°7′54.06″E，41°39′56.19″N 均为北偏西约 40° 乌拉特后旗北距长城约 16 千米	两城平面均呈方形，东城西南角敞西城打破。东城东墙长 134 米，北墙长 135 米；西城东墙长 134 米，南墙长 132 米，西墙长 134 米，北墙长 132 米	两城周边不见散落石块，推测为土筑。东城的北墙和东墙保存完整，东墙基宽 3.5 米；西城四周城墙保存较清晰，高出地表不足 1 米	东城的城门无法辨认；西城的城门应位于东墙正中，地表水流冲刷，无法判断是否有瓮城	两城均有角台，角台略高于地表	两城均有环壕，宽 10 米	采集有少量酱釉陶碎片以及白瓷碎片	西夏	⑥
S12	查干朝鲁盖扎盖城址	107°03′37.4″E，41°44′43.3″N 海拔 1432 米，北偏东 20° 乌拉特后旗巴音前达门苏木巴音哈少嘎查北距长城 1 千米	平面略呈方形，北墙长 128.6 米，西墙长 132 米	黄土夯筑，破坏严重。现存北墙、西墙较为明显，南墙和东墙不明显，残高 0.5 米	南墙中部设门，门宽 8 米	东北角和西北角有角台痕迹	—	西夏时期陶片	西夏	③
S13	红旗城址	107°2′13.67″E，41°38′54.33″N 北偏东 10° 乌拉特后旗北距长城约 10 千米	平面呈方形，东墙长 124 米，南墙长 140 米，西墙长 124 米，北墙长 135 米	保存较差，西墙和南墙地表现象较明显。东墙和北墙不清，城内散落大量石块，推测城墙包石	城门具体位置不清，推测应位于东墙之上	四角有角台，略高于地表	—	采集有酱釉陶片、白瓷碎片，灰陶碗底，以及红陶口沿	汉·西夏	⑥
S14	宝音图城址	107°012.34″E，41°44′26.65″N 北偏东 12° 乌拉特后旗宝音图苏木北距长城 100 米	平面呈方形，东墙长 137 米，南墙长 125 米，西墙长 136 米，北墙长 140 米	土筑城墙。南墙距地表 1 米处墙宽 4 米，靠近西南角台的墙基宽 7.2 米	现代公路破坏了东墙和南墙，无法判断城门位置	四角有角台，西南角台夯土层厚 13 厘米	—	地表遗物较少，采集有少量酱釉陶片	汉·西夏	⑥

续表

编号	名称	位置	尺寸	墙体	门址与瓮城	角台	坡壕	遗物	年代	参考文献
S15	查干额日格城址	106°56′31.16″E，41°35′36.47″N 北偏西7° 乌拉特后旗 北距长城约15千米	平面呈长方形，东墙长126米，南墙长142米，西墙长126米，北墙长144米	城墙现存不到1米，城墙上有整齐排列的石块，推测应为包石结构	东墙正中设门	四角有角台，高度略高于坡墙	三面有壕沟，东墙外无壕沟遗迹，壕沟宽10米	采集有酱釉釉陶碎片和厚5厘米左右的青砖残块	西夏	⑥
S16	乌兰呼舒城址	106°56′16.70″E，41°35′47.99″N 北偏东40° 乌拉特后旗 北距长城约14千米	平面基本呈方形，东墙长126米，南墙长132米，西墙长125米，北墙长130米	城墙保存较好，高出地表1~1.5米。城墙与角台上散落大量石块，推测为包石结构	东墙正中设门，外有马蹄形瓮城	四角有高角台，高度高于墙体	西、南、北三墙外有壕沟，壕沟宽10米	采集有红陶碎片、酱釉釉陶碎片和白色瓷碗碎片	汉·西夏	⑥
S17	哈登扎德盖城址	106°54′37.8″E，41°43′13.8″N 海拔1318米，北偏东5° 乌拉特后旗巴音哈达门苏木巴音哈少嘎查西南约5千米 北距长城200米	平面基本呈方形，南墙长133米，西墙长132米	残高1~2.5米	流沙覆盖，估计位于东墙中部	四角有角台，西南和东北角台保存较好，边长6米	—	西夏时期的釉陶罐、小口壶和未和陶缸残片	西夏	③
S18	乌兰呼都格城址	106°39′53.9″E，41°40′48.9″N 海拔1355米，北偏东32° 乌拉特后旗乌力吉苏木东北约20千米 西北距长城50米	平面略呈方形，东墙长114米，南墙120米	城墙土石混筑，墙宽3.2米，残高2~3米	东墙中部设门，门宽5米，有马蹄形瓮城，内径长9.4米，墙体厚4米，瓮城南墙设门，门道宽3.6米	四角有角台，东北角台长6.6米，宽5米，西北角台高3米，东南角台高4米	四周均有护城壕，宽10米	西夏时期黑釉缸底残片	西夏	③⑥

续表

编号	名称	位置	尺寸	墙体	门址与瓮城	角台	城壕	遗物	年代	参考文献
S19	乌力吉高勒城址	106°29′05.1″E，41°39′46.5″N 海拔1289米，北偏东8° 乌拉特后旗潮格温都尔镇查干敖包城距长城约500米	平面呈方形，每墙边长130米	墙基宽8米，顶宽3.3米，残高1.5~2米	东墙中部设门，宽5.1米，有马蹄形瓮城，内径长9.6米，南北长8.5米，墙体厚4.5米，瓮城南墙设门，门道宽2.9米	四角有角台，东南角台长6.5米，宽7.8米	外有护坡壕，东侧宽11.3米，南侧宽6.7米，西、北侧被掩埋。壕外围墙宽6.7米，残高1米。壕和围墙在四角处向外凸出呈弧形	汉式绳纹陶片、西夏陶、瓷片	汉·西夏	①②③
S20	呼鲁斯东城址	106°20′42″E，41°38′09″N 海拔1265米，北偏东23° 乌拉特后旗潮格温都尔镇巴音努如嘎查北距长城约25米	平面呈方形，西墙长132米，南墙长131.3米	黄土夯筑含砂石，墙底基宽4.5米，顶宽3.2米，残高2米，东、西、北墙内侧有登城踏道	南墙中部设门，宽5米，有马蹄形瓮城，内径宽8.4米，城墙厚4.3米，瓮城东墙设门，宽3.3米	四角有角台，东北角台长6.8米，宽5.8米	四周有城壕，宽10米，东墙约6.7米处有外墙体，宽3米	零星的西夏时期的黑釉缸陶残片、碗底残片等	西夏	③⑥
S21	呼鲁斯西城址	106°20′10.6″E，41°37′43.5″N 海拔1259米，北偏东20° 乌拉特后旗潮格温都尔镇巴音努如嘎查北距长城600米	平面呈方形，北墙长140米，西墙长141米	墙体由含砂石的黄土夯筑，宽3.1米，残高0.5米	东墙中部设门，门外有马蹄形瓮城，内径长9米	四周有角台，被自然破坏，尺寸不清	—	—	西夏	③

续表

编号	名称	位置	尺寸	墙体	门址与瓮城	角台	城壕	遗物	年代	参考文献
S22	乌兰库伦城址	106°10′15.6″E，41°37′57.4″N 海拔1171米，北偏东20° 乌拉特后旗乌力吉苏木西尼乌素嘎查东南15千米 北距长城约100米	平面呈方形，东墙长128米，北墙长130米	土石混合夯筑，顶宽3.4米，残高1~1.5米，城内四角及南、北、西墙内侧有登城踏道	东墙中部设门，宽4.5米，有马蹄形瓮城，内径10米，墙体厚4.3米，瓮城南墙设门，门道宽3米	四角有角台，东南角台长6.9米，宽6.9米，西南角台长5.8米，宽6.4米，高1.5米	—	石杵、黑釉瓷片器、灰红色陶器和末钱"元祐通宝"等 汉代石磨，釉陶片、西夏时期的瓷片	汉·西夏	①②③
S23	青库伦城址	106°06′26.7″E，41°40′13.4″N 海拔1128米，北偏东20° 乌拉特后旗乌力吉苏木西尼乌素嘎查北距长城约50米	平面呈方形，每边长131米	墙体由黄土掺和少量沙粒混合夯筑而成，顶宽5.6米，基宽5.8米，高1~2米不等，城内四角及南、北、西墙内侧有登城踏道	东墙中部设门，宽6米，有马蹄形瓮城，内径11米，墙厚5.1米，瓮城南墙设门，宽3.3米	四角有角台，东北角台长6.5米，宽6.4米	—	试掘出土石砖、木椽、黑白瓷片和马、牛、羊的骨头等 城内有汉代和西夏时期的陶片	汉·西夏	①②③
S24	朝鲁库伦城址	105°59′53.5″E，41°44′06.5″N 海拔1034米，北偏西10° 乌拉特后旗乌力吉苏木西尼乌素嘎查宝力格小组 北距长城500米	平面呈方形，北墙、东墙128米，南墙、西墙126.9米	大小石块垒砌，两侧平齐，中间填以碎石泥土 西端南段基宽5.5米，顶宽2.6米，残高2.7米 城门两侧、城内四角都有登城踏道	东墙中部设门，宽4.5米，有方形瓮城，东西长8.5米，南北宽9.5米	四角有角台，边长4.8米	—	出土有大量绳纹筒瓦、板瓦和千秋万岁瓦当；灰陶罐；铜镞、铁矛、铁镞、铁镰、铁镞、铁剑、铁甲片、五铢铜钱等	汉·西夏	①②③

续表

编号	名称	位置	尺寸	墙体	门址与瓮城	角台	坡壕	遗物	年代	参考文献
Z3	东乌兰障址	108°48'46.15"E, 41°54'58.91"N 北偏东20° 乌拉特中旗乌兰苏木东北距乌兰城址约500米 北距长城约360米	平面呈方形，坡墙外侧边长16米，内侧边长10米 以北侧山间深沟为依托，建于沟南侧一平坦小高地	墙体厚3米，墙外砌石，墙内土石混筑	城门宽1.5米，向东开	—	—	—	汉	⑥
Z4	海力素大障址	107°16'25.5"E, 41°52'39.2"N 海拔1427米，北偏东8° 乌拉特后旗巴音前达门苏木哈拉图嘎查	平面呈方形，四角略呈圆弧状，东西长22.6米，南北长23米	墙体两侧砂岩垒砌，中间填充砂石。南墙宽2.8米，东墙南端宽4.1米，北侧宽3.75米，墙高1～2米	南墙中部设门，门宽2.5米	—	—	—	汉	③
F1	哈那东南烽火台	乌拉特后旗巴音前达门苏木阿布日勒图嘎查哈那城址东南方向约200米	—	—	—	—	—	—	汉	③
F2	哈那西北烽火台	乌拉特后旗巴音前达门苏木阿布日勒图嘎查哈那城址西北方向约500米山头上	—	—	—	—	—	—	汉	③
F3	宝音图烽火台	乌拉特后旗宝音图苏木南约4千米 北距长城约70米	近方形覆斗状，底边长近6米，残高4米左右	就地取土，逐层夯筑，夯层厚10～12厘米。夯层中夹杂石子。整体保存较差	—	—	—	—	汉	③

续表

编号	名称	位置	尺寸	墙体	门址与瓮城	角台	城壕	遗物	年代	参考文献
F4	青库伦西土筑烽火台	乌拉特后旗乌力吉苏木西尼乌素嘎查青库伦城址西0.5千米	直径8米，现高3米	土筑	—	—	—	—	汉	②
F5	青库伦西石筑烽火台①	乌拉特后旗乌力吉苏木西尼乌素嘎查青库伦城址西3.5千米	已坍塌	石筑	—	—	—	—	汉	②
F6	青库伦西石筑烽火台②	乌拉特后旗乌力吉苏木西尼乌素嘎查青库伦城址西6千米	方形，基宽5×5平方米，现高4~5米，台前联筑一小院	石筑	—	—	—	—	汉	②
F7	查干呼苏烽火台	106°02′E，41°42′N 海拔1078米 北距长城60米	方形覆斗状，边长约7米，残高3.5米，南侧与一处房址连在一起	烽火台和房址墙体砌筑方法相同，都是两侧以石片垒砌，中部填砂土石块	—	—	—	0.3米厚的草木灰烬和少量汉代灰陶片	汉	③
F8	朝鲁库伦烽火台	105°58′724″E，41°44′880″N 海拔1036米 北偏西60°	方形覆斗状，边长6.5米，残高3.5米	台周边以石块叠砌，厚1.1米，内里用土石混筑，从坍塌处观察，每层石块下垫有棱梭	—	—	—	—	汉	③
F9	西尼乌苏烽火台	105°57′814″E，41°46′057″N 海拔1020米 正南北向	方形覆斗状，底宽5.5~5.7米，残高3米，南侧留有大约9米见方的房屋基址	片石垒砌边框，内里填充砂石	—	—	—	—	汉	③

续表

编号	名称	位置	尺寸	墙体	门址与瓮城	角台	坡壕	遗物	年代	参考文献
F10	赫日敏扎木烽火台	乌拉特后旗乌力吉苏木边防派出所附近长城南侧	残高2米，夯层均匀，厚0.1米左右	土筑	—	—	—	—	汉	③
F11	达勒盖沟烽火台	乌拉特后旗巴音宝力格镇新大队达勒盖沟	分两部分，上为烽火台，下侧有房址，房址分割成好几个区	四周有石砌围墙，南北长60米，东西宽40米	—	—	—	—	汉	③

附表三　蒙古国境内长城沿线城址、障址、烽火台登记表

编号	名称	位置	尺寸	墙体	门址与瓮城	角台	城壕	遗物	年代	参考文献
X1	乌兰什沃特城址（Ulaan Shiveet）	105°44′57″E，41°58′42″N　北偏西25°　蒙古国南戈壁省瑙木冈县　东北距长城约8千米	平面呈方形，南北长144米，东西长142米	—	城址严重毁坏，门址不明	—	—	—	西夏	⑤
X2	甘查毛顿胡图克城址	105°19′54.25″E，42°13′15.64″N　北偏西35°　蒙古国南戈壁省瑙木冈县　北距长城2.5千米	平面呈方形，西北长111米，东南长117米，东北、西南长135米	宽5米，高1米	东墙中间设门，宽4米	直径8米，高2米	有壕，宽4米，深1米	在城址里挖了2处探沟，未见文化层	西夏	④
X3	德尔森乌苏城址（Dersen Us）	104°59′52.74″E，42°18′52.72″N　北偏西47°　蒙古国南戈壁省瑙木冈县　北距长城850米	平面基本呈方形，南北长123米，东西长137米	残高1米，宽2米	东北墙中间设门	有角台	—	—	西夏	⑤
X4	赫日门查干城址（Khermen Tsagaan）	104°39′56.42″E，42°26′14.78″N　北偏东15°　蒙古国南戈壁省瑙木冈县　北距长城约1千米	平面基本呈方形，南北长118米，东西长137米	宽2.5米，残高0.5米	东墙中间设门，宽约5米	有角台，直径8米，高2米	有壕沟，宽3米，深1米	在城址里挖了2处探沟，未见文化层	西夏	④⑤

续表

编号	名称	位置	尺寸	墙体	门址与瓮城	角台	城壕	遗物	年代	参考文献
X5	阿尔善城址（Arashaan）	104°19'24"E, 42°28'25"N 北偏东 9° 蒙古国南戈壁省谢木冈县 北距长城约 500 米	平面基本呈方形，南北长 120 米，东西长 137 米	—	东墙中间设门	有角台	有城壕	采集有磁州窑系残片	西夏	⑤
X6	无名城址①	104°1'51"E, 42°28'19"N 北偏西 20° 蒙古国南戈壁省和尔门县 北距长城 130 米	平面呈长方形，南北长 143 米，东西长 128 米	—	南墙设门	有角台	有城壕	采集有白釉、黑釉残片 有碳十四数据	西夏	⑤
X7	赫日门呼都格城址（Kherem Khudag）	103°44'20.47"E, 42°20'43.08"N 北偏西 20° 蒙古国南戈壁省和尔门县 北距长城 130 米	平面基本呈方形，南北长 115 米，东西长 93 米	—	应该东墙设门	有角台	—	—	西夏	⑤
X8	无名城址②	103°36'54"E, 42°20'24"N 北偏西 38° 蒙古国南戈壁省和尔门县 北距长城约 530 米	平面基本呈方形，西壁长 115 米，北壁长 108 米	使用了胡杨木	东墙设门	有角台	有城壕	有碳十四数据	西夏	⑤
X9	哈拉西沃城址	103°17'22.27"E, 42°14'11.70"N 北偏西 10° 蒙古国南戈壁省和尔门县 北距长城 120 米	平面基本呈方形，南北长 110 米，东西 96 米	宽 7 米，高 1.5 米	东墙中间设门，宽 10 米	四角有角台，高达 2.5 米	有壕沟，宽 6 米，深 1 米	在城址里挖了两处 1 米×1 米的探沟，未见文化层	西夏	④
X10	百兴图城址	103°8'32.79"E, 42°11'28.61"N 北偏西 10° 蒙古国南戈壁省和尔门县 北距长城 1 千米	平面基本呈方形，南北长 100 米，东西长 87 米	宽 6 米，高 1.5 米	东南墙中间设门，宽 6 米	四角有角台，高 2 米	有壕沟，宽 7 米，深 1 米	在城址里挖了 3 处 1 米×1 米的探沟，未见文化层	西夏	④

续表

编号	名称	位置	尺寸	墙体	门址与瓮城	角台	城壕	遗物	年代	参考文献
X11	赫日门温都尔城址	103°0′44.13″E，42°09′2.04″N 北偏西15° 蒙古国南戈壁省巴彦达赖县 北距长城2.5千米	平面略呈菱形，每侧城墙95米	宽6米，高1.5米 城墙上垂直插有红杨（疑为胡杨）木桩	东南墙中间设门，宽7米	四角有角台，高2.5米	有城壕，宽5米，深1米	在城址里挖了5米×5米的探沟，未见文化层 有碳十四数据	西夏	④
X12	亦和浩特格尔城址	102°39′17.31″E，42°11′25.52″N 北偏西约30° 蒙古国南戈壁省巴彦达赖县 北距长城60米	平面基本呈方形，北墙78米，南墙86米，东、西城墙72米	宽5米	东墙中间设门，宽5米	有角台，直径9米	有城壕，宽4.5米	—	西夏	④
X13	阿拉嘎城址	102°25′3.52″E，42°10′18.15″N 北偏西60° 蒙古国南戈壁省巴彦达赖县 北距长城90米	平面基本呈方形，西北78米，东南86米，东北、西南90米	宽5米	东南墙中间设门，宽6米	有角台，直径9米	有城壕，宽5米	—	西夏	④
T1	查干乌拉山障址	103°15.992′E，42°1.140′N 蒙古国南戈壁省和尔门县 海拔1311米	平面呈椭圆形，西北—东南走向，长13.6米，宽7.4米	城墙高达3米	—	—	—	—	西夏	④
T2	百兴图札答盖障址	103°6.295′E，42°11.768′N 蒙古国南戈壁省和尔门县 海拔1314米	长4米，宽3米	北墙用石头和梭梭砌成，南面岩石包围	—	—	—	—	西夏	④
T3	无名障址①	103°1.8′E，42°10.63′N 蒙古国南戈壁省巴彦达赖县 海拔1310米，山顶	石筑		—	—	—	—	西夏	④
T4	无名障址②	103°1.8′E，42°10.63′N 蒙古国南戈壁省巴彦达赖县 海拔1310米，山顶	石筑		—	—	—	—	西夏	④

续表

编号	名称	位置	尺寸	墙体	门址与瓮城	角台	坡嶝	遗物	年代	参考文献
T5	西沃哈布塔齐障址	102°58.453'E，42°11.640'N 蒙古国南戈壁省巴彦达赖县 南距长城 3.1 千米	平面略呈椭圆形，东西长 25 米，南北宽 16 米	高 4 米，外壁漫坡状，内壁垂直 西城墙有 1.5 米磴道	—	—	—	有碳十四数据	西夏	④
T6	无名障址③	102°47.199'E，42°10.053'N 蒙古国南戈壁省巴彦达赖县 北距长城 100 米山上	平面呈圆形，直径 5 米	城墙用石块和梭梭建成，高 3 米	—	—	—	—	西夏	④
F12	乌兰什沃特烽火台	105°44'45"E，41°58'37"N 蒙古国南戈壁省额木冈县 乌兰什沃特城址西南约 250 米山上	平面呈方形，每边长 19 米	石头垒砌，高 1.5～2 米	—	—	—	—	西夏	⑤
F13	无名烽火台	102°50.079'E，42°10.312'N 海拔 1337 米 蒙古国南戈壁省巴彦达赖县 南距长城 1 千米	石砌 直径 4 米，高 3 米	—	—	—	—	—	西夏	④

资料来源：
① 国家文物局主编：《中国文物地图集·内蒙古自治区分册》，西安地图出版社，2003 年。
② 文物编辑委员会编：《中国长城遗迹调查报告集》，文物出版社，1981 年。
③ 魏坚主编：《阴山汲桑——乌拉特后旗历史文化遗存调查报告》，内蒙古人民出版社，2010 年。
④ A·A·科瓦列夫、额尔德涅巴特尔：《蒙古国南戈壁省西夏长城、城堡遗址调查报告》，《东北亚古代聚落与城市考古国际学术研讨会论文集》，科学出版社，2014 年。
⑤ 森谷一树、白石典之等：《2011～2012 年蒙古国南戈壁省长城、城堡遗址调查有关问题的再探讨》，《内蒙古文物考古》2008 年 2 期。
⑥ 中国人民大学 2016 年调查资料。

An Archaeological Observation on the Han-Period Saiwailiecheng and the Great Wall during the Western Xia Period

Wei Jian   Bai Xiaoxuan

Abstract: Two sections of the Great Wall run latitudinally across the Gobi Desert to the north of Yin Moutain. Their cities and fortresses have been generally regarded as the Han-period Saiwailiecheng ("the line of towns outside of the borders"). This paper, based on a review of archaeological investigations in China and Mongolia, as well as on the latest survey in 2016 and Google Earth satellite images, analyzes the northern and southern section of the Great Wall in China and its western extension in Mongolia. The dating of each section of wall, as well as cities and fortresses along the walls is discussed. Combined with a reading of historical sources, the evolution of the Han-period Saiwailiecheng is reconsidered, as well as the existence of the Great Wall under the Western Xia Dynasty.

Keywords: Han-period Great Wall; Saiwailiecheng; Western Xia-period Great Wall

中古时期贵州所出大口釜研究 ①

吴小平

（浙江大学艺术与考古学院，杭州，310007）

内容摘要：东汉晚期开始至宋代，贵州境内的贞丰、镇宁、清镇、平坝、开阳一带涌现一批宽折沿束颈鼓腹的大口釜，根据所出墓葬有石棺葬、岩洞葬，或者同出大量的装饰件来看，推断使用的人群为活跃在当地的"牂牁僚人"。东晋南朝时期类似大口釜在峡江和川东地区的出土，与史书记载的"僚人入蜀"息息相关。但是大口釜的源头在广西的贺州、合浦等地，其在贵州的出现与东汉晚期开始发生在广西一带的动乱迫使部分土著西迁有关。

关键词：大口釜；牂牁；僚人

中古时期，在贵州境内出现一批大口釜，其特征为宽斜折沿、束颈、鼓腹。其来源何处，发展变化过程如何，为何人所用等问题，鉴于当前并未引起学界关注，下面便对这些问题进行探讨。

一、出土概况与使用人群

在黔中的清镇平坝、黔东的开阳和黔西南的贞丰、镇宁一带均有出土大口釜，具体如下。

1. 镇宁田脚脚、贞丰小河口 ②

出土几百件陶釜，可惜未发现完整器（图一，1~6）。从残片来看，均为敞口、宽折沿、束颈、腹部不明，推测应该有鼓腹或者垂腹。纹饰多样，有叶脉纹、小方格纹、绳纹、篮纹。时代为东汉晚期至宋代。

---

① 本文得到浙江大学中央高校人文社会科学研究基金的支持。
② 报告中的部分陶罐大口、束颈与同出的釜完全相同，应当也是釜。另外，报告将起始年代推断在魏晋，鉴于部分瓷器在广西东汉晚期已经大量出土（详细的考证文中有展开），故其起始时代可前推至东汉晚期。贵州省文物考古研究所：《贵州董菁考古发掘报告》，文物出版社，2012年。

2. 清镇干河坝石棺葬①

M190 出土 1 件夹砂陶釜，大敞口、宽折沿，束颈，垂鼓腹，圜底。器表施方格纹（图一，7）。时代为宋代。

3. 平坝马场东晋南朝墓②

铜釜有 15 件。据 M34 所出来看，为大敞口、宽折沿略内凹，束颈、垂鼓腹，圜底。腹部两侧置对称环耳（图一，8）。时代应该在南朝至唐代。

4. 开阳平寨岩洞葬③

发现 1 件陶釜，敞口，束颈，鼓腹，器表饰方格纹（图一，9）。时代为宋代。

5. 清镇三国——宋墓④

清 M95 出土陶釜 3 件，夹砂，色黑灰。清 M29 出土铜釜 2 件，敞口宽唇。由于未公布详细材料，据发掘报告初步推断为南朝至宋代。

6. 平坝尹关六朝墓⑤

M9 出土铜釜 3 件。据同出镰斗、盏托来看，时代应该在南朝。

7. 平坝"棺材洞"⑥

出土陶釜 5 件，夹砂灰陶，敞口，束颈，垂鼓腹。器表饰方格纹。时代为唐宋时期。

8. 平坝马场唐宋墓⑦

M43、M56、M60、M63 等出土陶釜 7 件。均为大敞口、束颈，垂鼓腹，圜底。器

---

① 何凤桐、李衍垣：《贵州清镇干河坝石棺葬》，《考古与文物》1982 年 3 期。
② 贵州省博物馆考古组：《贵州平坝马场东晋南朝墓发掘简报》，《考古》1973 年 6 期。发掘报告将其年代全部推断为南朝时期，但是据 M49、M47 出土铁鼎多见于唐宋墓葬如清镇 M35，其年代应该在唐代。
③ 贵州省文物考古研究所：《贵州开阳平寨岩洞葬》，《中国国家博物馆馆刊》2011 年 7 期。
④ 贵州省博物馆：《贵州清镇平坝汉至宋墓发掘简报》，《考古》1961 年 4 期。
⑤ 陈默溪：《贵州平坝县尹关六朝墓》，《考古》1959 年 1 期。
⑥ 熊水富：《平坝"棺材洞"清理简报》，《贵州田野考古四十年》，贵州民族出版社，1993 年。
⑦ a. 贵州省博物馆：《贵州平坝县马场唐宋墓》，《考古》1981 年 2 期。
b. 贵州省文物考古研究所、中国社会科学院考古研究所、四川大学历史文化学院、成都市文物考古研究所、贵安新区党工委管委会：《黔中遗珍——贵安新区出土文物精粹》，科学出版社，2016 年。

表多施方格纹（图一，10~13）。时代为唐宋时期。

具体如下图所示（图一）。

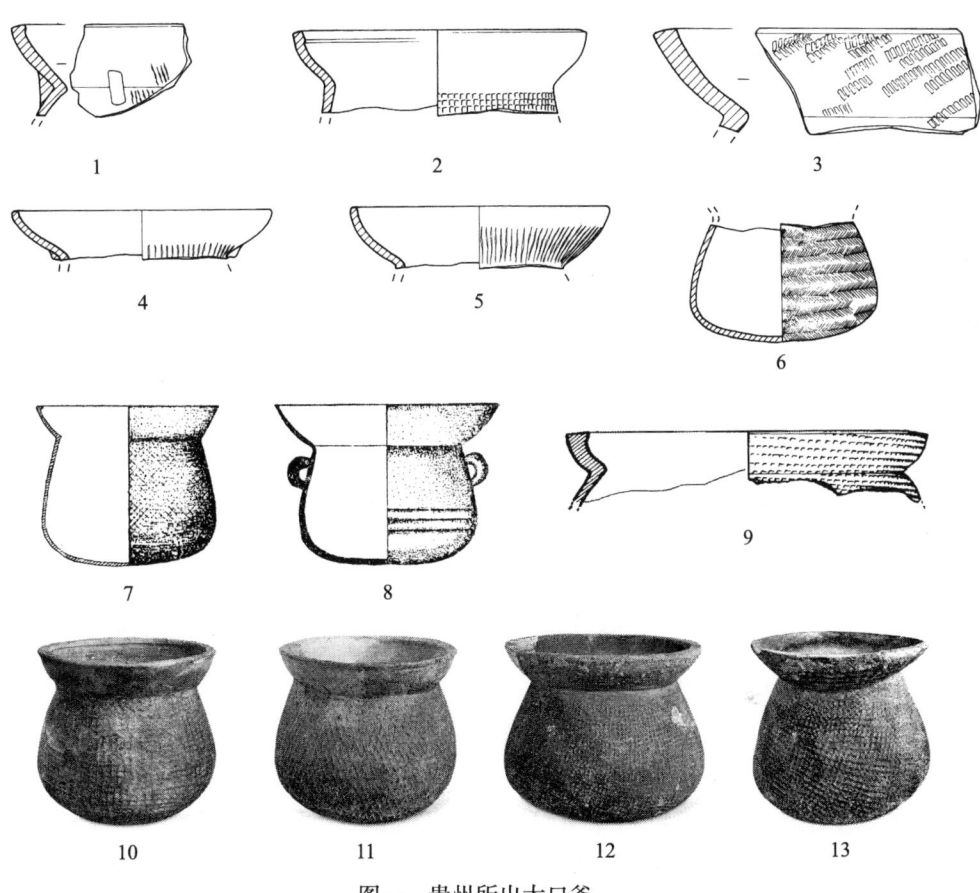

图一 贵州所出大口釜

1. 镇宁田脚脚 05ZTT17④：1 2. 镇宁田脚脚 05ZTT17④：5 3. 镇宁田脚脚 05ZTT20④：1
4. 贞丰小河口 05ZZDNT8②：4 5. 贞丰小河口 05ZZDNT8②：19 6. 镇宁田脚脚 05ZTT18③：1
7. 清镇干河坝 8. 平坝马场 M34 9. 开阳平寨 10. 平坝马场坝脚平 M65 11. 平坝马场坝脚平 M60
12、13. 平坝马场坝脚平 M63

从上看出，大口釜主要分布在黔西南和黔中地区，但两地差异较为明显。

黔西南的贞丰、镇宁所出均为夹砂陶，其始于东汉晚期，延续到唐宋，数量也最多，高达数百件。器类既有鼓腹，亦有垂腹，纹饰有叶脉纹、绳纹、小方格纹、篮纹。

黔中的清镇平坝既有青铜也有夹砂陶类，均为垂腹，陶釜表面饰小方格纹，时代集中在南朝至宋代前后。

从贞丰、镇宁所出时代早、器类和纹饰较为复杂来看，初步断定贞丰、镇宁所出为贵州境内大口釜的源头。

其使用人群是谁？

田脚脚和小河口遗址的文化内涵发掘报告认为"既不同于安顺宁谷遗址及墓葬出土

的文化遗存，也不同于兴义万屯及兴仁交乐汉墓出土的文化遗存和普安铜鼓山战国秦汉遗址的文化遗存，具有更多的自身文化特点"。根据贞丰小河口遗址发现两座石棺葬、贞丰浪更燃山[①]发现大量石棺葬可知，黔西南一带东汉晚期开始盛行石棺葬，而这并非汉人葬俗。

黔中黔东地区，出土大口釜的墓葬有狭长石室墓、石棺葬、岩洞葬。墓葬中均出土有较为复杂的头饰或者其他装饰品，各发掘报告亦推断为少数民族使用。

《晋书·武帝纪》载西晋武帝太康四年（283年）六月"牂柯獠二千余落内属"。《三国志·蜀志·张嶷传》裴松之引陈寿所作的《益部耆旧传》注曰"平南事讫，牂柯兴古獠种复反"。《太平寰宇记》卷七五引《益州记》云"李寿从牂柯引僚入蜀境"。可知贵州境内六朝时期多为"獠"所占据。另据《北史·獠传》所载獠人炊具甚有特色，"铸铜为器，大口宽腹，名曰铜爨，即薄且轻，易于熟食"。从器型方面来看，贵州考古所出釜与爨十分接近，均呈现为大口、宽腹特征。综合判断考古所出大口釜就是文献所述獠人的爨。

二、川渝地区所出与僚人入蜀事件

目前在川渝地区亦发现大口釜，且数量不少，具体如下。

（一）重庆境内

（1）忠县崖脚[②]。出土铜釜2件（图二，1、2）。
（2）丰都汇南墓地[③]。出土陶釜6件（图二，5）。
（3）涪陵石沱[④]。出土陶釜2件。

---

① 贵州省文物考古研究所、贞丰县文物管理所：《贵州贞丰浪更燃山汉代石板墓》，《考古》2013年6期。

② 北京大学考古文博学院三峡考古队、重庆市忠县文物管理所：《忠县崖脚墓地发掘报告》，《重庆库区考古报告集1998》，科学出版社，2003年。

③ 四川省文物考古研究所、丰都县文管所：《丰都汇南墓群发掘简报》，《重庆库区考古报告集1997》，科学出版社，2001年；《丰都汇南墓群发掘报告》，《重庆库区考古报告集1998》，科学出版社，2003年。

④ a. 北京市文物研究所、重庆市文物局，重庆市涪陵区博物馆：《涪陵石沱遗址2001年度发掘报告》，《重庆库区考古报告集（2001下）》，科学出版社，2007年。

b. 北京市文物研究所三峡考古队、涪陵区博物馆：《涪陵石沱遗址发掘报告》，《重庆库区考古报告集（1997）》，科学出版社，2001年。

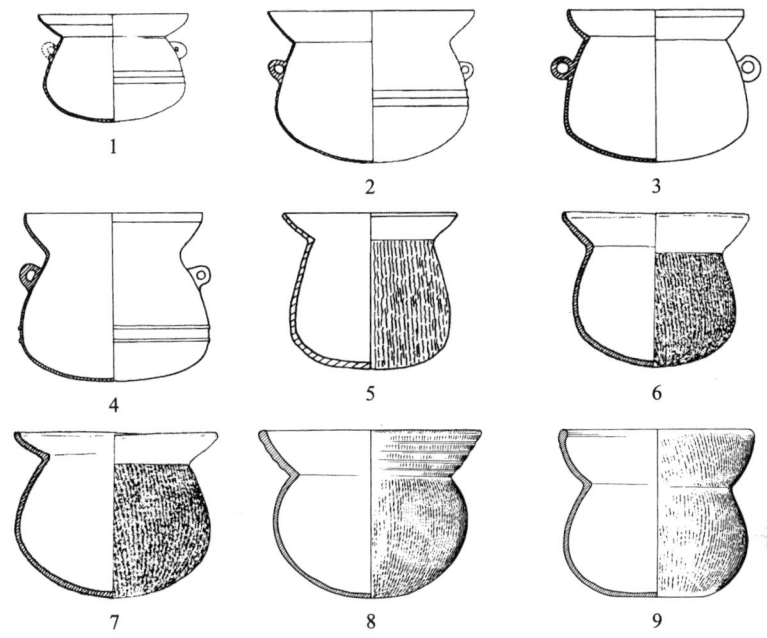

图二　川渝地区所出大口釜

铜釜：1、2.忠县崖脚　3、4.绵阳高柏梁

陶釜：5.丰都汇南　6、7.三台果园山　8、9.忠县土地岩

（4）万州大地嘴[①]。出土陶釜2件。

（5）丰都槽房沟[②]。出土陶釜1件。

（6）忠县土地岩[③]。出土陶釜15件（图二，8、9）。

（7）丰都袁家岩。M2、M21各出土陶釜3件[④]。

（8）万州屠户湾。M2出土陶釜1件[⑤]。

（9）万州瓦子坪。M6、M7各出土陶釜1件[⑥]。

---

① 青海省文物考古研究所三峡考古队、重庆市文物局、重庆市万州区文物管理所：《万州大地嘴遗址青龙嘴墓地发掘报告》，《重庆库区考古报告集（2001中）》，科学出版社，2007年。

② 重庆市文物考古所、宝鸡市考古工作队、重庆市文物局、丰都县文物管理所：《丰都槽房沟墓地发掘报告》，《重庆库区考古报告集（2001下）》，科学出版社，2007年。

③ 重庆市文物局、重庆市移民局：《忠县仙人洞与土地岩墓地》，科学出版社，2008年。

④ 重庆中国三峡博物馆、重庆市文物遗产研究院：《丰都袁家岩遗址2001年度发掘简报》，《重庆库区考古报告集（2003第1册）》，科学出版社，2019年。

⑤ 重庆市文化遗产研究院、万州区博物馆：《万州屠户湾墓群2003年度发掘简报》，《重庆库区考古报告集（2003第4册）》，科学出版社，2019：

⑥ 山东省博物馆：《万州瓦子坪遗址2003年度发掘简报》，《重庆库区考古报告集（2003第4册）》，科学出版社，2019年。

（10）万州武陵。M32 出土陶釜 1 件①。

（11）万州大湾。M2 出土 1 件②。

（12）万州梁上。M2 出土 2 件铜釜③。

（13）万州糖坊。M10 出土 1 件陶釜④。

（14）忠县渔洞十一队。M1 出土 1 件陶釜⑤。

（15）丰都大湾。M12、M10 各出土 1 件陶釜⑥。

（二）四川境内

（1）绵阳涪城区高柏梁崖墓⑦。出土 3 件，其中 2 件铜质（图二，3、4），1 件陶质。

（2）绵阳西山崖墓⑧。出土铜釜 4 件、陶釜 4 件。

（3）三台后庙山、果园山⑨。出土陶釜 9 件（图二，6、7）。

（4）昭化宝轮镇⑩。出土铜釜 9 件，陶釜 8 件。

根据质地的差异可分为铜、陶二类。

第一类：铜釜。发现 19 件。均为大敞口，束颈，垂鼓腹。上腹对称置两小环耳。时代为东晋南朝。

---

① 重庆市文化遗产研究院、万州区博物馆：《万州武陵墓群 2003 年度第二次发掘简报》，《重庆库区考古报告集（2003 第 4 册）》，科学出版社，2019 年。

② 重庆市文化遗产研究院、沈阳市文物考古研究所、万州区博物馆：《万州大湾墓群 2003 年度发掘简报》，《重庆库区考古报告集（2003 第 4 册）》，科学出版社，2019 年。

③ 上海大学文物考古研究中心、北京大学考古文博学院、万州区文物管理所：《万州梁上墓群 2001 年度发掘简报》，《重庆库区考古报告集（2003 第 1 册）》，科学出版社，2019 年。

④ 山东省博物馆：《万州糖坊墓群 2002 年度发掘简报》，《重庆库区考古报告集（2003 第 1 册）》，科学出版社，2019 年。

⑤ 郑州大学历史学院、忠县文物管理所：《忠县渔洞十一队墓地 2001 年度发掘简报》，《重庆库区考古报告集（2003 第 2 册）》，科学出版社，2019 年。

⑥ 重庆市文物遗产研究院、宝鸡市考古工作队、丰都县文物管理所：《丰都大湾墓群 2003 年度发掘简报》，《重庆库区考古报告集（2003 第 3 册）》，科学出版社，2019 年。

⑦ 绵阳博物馆，成都市文物考古研究所：《绵阳崖墓》，文物出版社，2015 年。

⑧ 绵阳博物馆：《四川绵阳西山六朝崖墓》，《考古》1990 年 11 期。

⑨ 四川文物考古研究院、三台县文物管理所：《绵遂高速公路（三台段）后庙山隋代崖墓群发掘简报》，《四川文物》2013 年 5 期；《绵遂高速公路（三台段）果园山隋代崖墓群发掘简报》，《四川文物》2014 年 4 期。

⑩ a. 沈仲常：《四川昭化宝轮镇南北朝时期的崖墓》，《考古学报》1959 年 2 期。

b. 张彦煌、龚廷万：《四川昭化宝轮院屋基坡崖墓清理记》，《考古》1958 年 7 期。

第二类：陶釜。共发现 57 件。器型基本相同，均为大敞口、束颈、鼓腹或垂腹、圜底。器表均饰绳纹。时代为东晋至隋（图二，9～15）。

从上可知，川渝所出无论是铜釜、还是陶釜，均为大口、束颈、垂鼓腹、圜底特征，风格与贵州并无二致。鉴于贵州所出时代早，推断川渝所出源自贵州境内。

众所周知，陶器的传播与瓷器、铜器或者金银器之类有别。后者多为贵重器，传播的途径多样，有移民携带、贸易、馈赠等方式，而陶器为一般生活所用粗陋之物，其远地的传播唯有移民携带方可合理解释。大口釜尤其是陶大口釜东晋时期开始在川渝地区的大量出土，反映出大量贵州人群迁徙的事实，而这应该与历史上著名的"僚人入蜀"事件有关。

公元 4 世纪的成汉时期，原居住在牂柯的僚人北上入蜀，散布在梁、益二州境内，史称"僚人入蜀"。《太平寰宇记》卷七五引《益州记》云"李寿从牂柯引僚入蜀境"。公元 338 年李寿即位后，成都仍然是"郊甸未实，都邑空虚"，"乃徙彷郡户三丁以上以实成都，又从牂柯引僚入蜀郡。自象山以北，尽为僚居。蜀本无僚，至是始出巴西、渠川、广汉、阳安、资中、犍为、梓潼，布在山谷，十余万家。"①《北史·僚传》载"蜀人东流，山险之地多空，僚遂挟山傍谷"，所言也是此事。

据研究②，僚人主要分布在长江两岸、嘉陵江、岷江、沱江、涪江两岸。而上文可知，川渝所出大口釜主要分布在峡江地区、绵阳、昭化、三台等涪江、嘉陵江地区，显然这并非巧合。有学者对昭化宝轮镇在内的部分南北朝时期崖墓进行了分析，根据所出大量的装饰品推断墓主并非汉人③，而这些墓葬均发现大口釜。川渝所出大口釜亦是僚人所用。

但是必须看到，文献所载当时川渝地区僚人势力十分惊人，数量动辄数万、数十万。如《华阳国志校注》卷九载李势统治期间，"引牂柯僚人十余万家入蜀……蜀土无僚，至是始从山出，自巴至犍为、梓潼，布满山谷，大为民患"；《魏书》卷"一〇一"《僚传》云，"建国中，李势在蜀，诸僚始出巴西、渠川、广汉、阳安、资中，攻破郡县，为益州大患。势内外受敌，所以亡也。自桓温破蜀之后，力不能制，又蜀人东流，山险之地多空，僚遂挟山傍谷。与夏人参居者颇输租赋，在深山者仍不为编户。萧衍梁、益二州，岁岁伐僚以自裨润，公私颇藉为利"；《周书·陆腾传》：武帝保定二年，"资州磐石民反，杀郡守，据险自守，州军不能制。腾率军讨击，尽破斩之。而蛮、僚兵及所在峰起，山路险阻，难得掩袭。腾遂量山川形势，随便开道。蛮僚畏威，承风请服。所开之路，多得古铭，并是诸葛亮、桓温旧道。是年，铁山僚抄断内江路，使驿不通。腾乃进军讨之，一日下其三城，斩其魁帅，俘获三千人招纳降附者三万户"；《隋

---

① （宋）郭允蹈：《蜀鉴》卷四，巴蜀书社，1984 年，52 页。

② 蒙文通：《汉、唐间蜀境之民族迁徙与户口升降》，《南方民族考古》第 3 辑，四川科学技术出版社，1991。

③ 罗开玉：《四川非汉系崖墓初探》，《四川文物》2008 年 4 期。

书·卫玄传》载文帝仁寿初,"仁寿初,山獠作乱,出为资州刺史以镇抚之。玄既到官,时獠攻围大牢镇,玄单骑造其营,……诸贼莫敢动。于是说以利害,渠帅感悦,解兵而去,前后归附者十余万口"。

如何看待上述僚人遍野的现象,不妨借鉴历史学界对中古时期的蛮、山越性质的研究成果。他们认为中古时期的"蛮"或者"山越"为"不著户籍,不服徭役、不纳或少纳赋税,不居于国家控制地区,属社会群体或者地域居民集团";或者"具有内部的多样性,不能简单视为单个族群。"① 若此,中古时期活动在巴蜀境内的僚人,其内部结构也应具有多样性,而非单个族群,内部应该有大量不愿纳税的汉人或者其他群体。由于他们"不著户籍,不服徭役、不纳或少纳赋税",从而被各统治者统称为各种僚。

必须看到,川渝地区的大口釜大致消失在唐代,而贵州所出则宋代仍有发现。这种状况无疑与唐宋王朝对两地的控制程度差异有关。川渝地区僚人在经过上百年郡县统治的磨合,最终避免不了被汉化的命运。相反由于生存状态的封闭性,贵州境内并未受到外来因素的太多干扰,直至明清时代改土归流才逐渐改变。

三、源头及其输出背景

从上可知,川渝地区所出大口釜源自贵州境内,但贵州所出源自何处?鉴于当地早期并未发现类似器物,不妨将目光投向邻近地区。

在广西境内发现一批陶釜,大致有:广西昭平汉墓,出土有敞口小方格釜1件和同样风格的鼎3件②;广西梧州富民坊汉代印纹陶窑址,出土大量敞口釜③;贺州凤凰岭出土大量敞口釜和类似的鼎④;桂平大塘城遗址汉墓中发现类似的釜鼎3件⑤;荔浦县笔村汉墓出土1件⑥;全州罗家山发现1件⑦;广西阳朔高田镇出土敞口釜10件和类

---

① a. 鲁西奇:《释"蛮"》,《文史》2008年3期。
   b. 罗新:《王化与山越》,《历史研究》2009年2期。
② 广西壮族自治区博物馆、昭平县文物管理所:《广西昭平东汉墓》,《考古学报》1989年2期。
③ 李乃贤:《广西梧州富民坊汉代印纹陶窑址发掘》,《中国古代窑址调查发掘报告集》,文物出版社,1984年。
④ 广西文物保护与考古研究所、贺州市博物馆:《贺州凤凰岭古墓群发掘报告》,《广西考古文集》第五辑,科学出版社,2013年。
⑤ 广西文物考古研究所、桂平市博物馆:《桂平大塘城遗址汉墓发掘报告》,《广西考古文集》第四辑,科学出版社,2010年。
⑥ 广西文物考古研究所:《荔浦笔村一座东汉墓葬的清理》,《广西考古文集》第四辑,科学出版社,2010年。
⑦ 广西文物考古研究所、桂林市文物工作队,兴安县博物馆,全州县文物管理所:《全州至兴安高速公路沿线两晋南朝墓发掘报告》,《广西考古文集》第四辑,科学出版社,2010年。

似风格的鼎 1 件[①]；广西北流铜石岭汉代冶铜遗址也采集到大口釜[②]；钟山铜盆墓地出土 2 件鼎[③]。如下图所示（图三）。

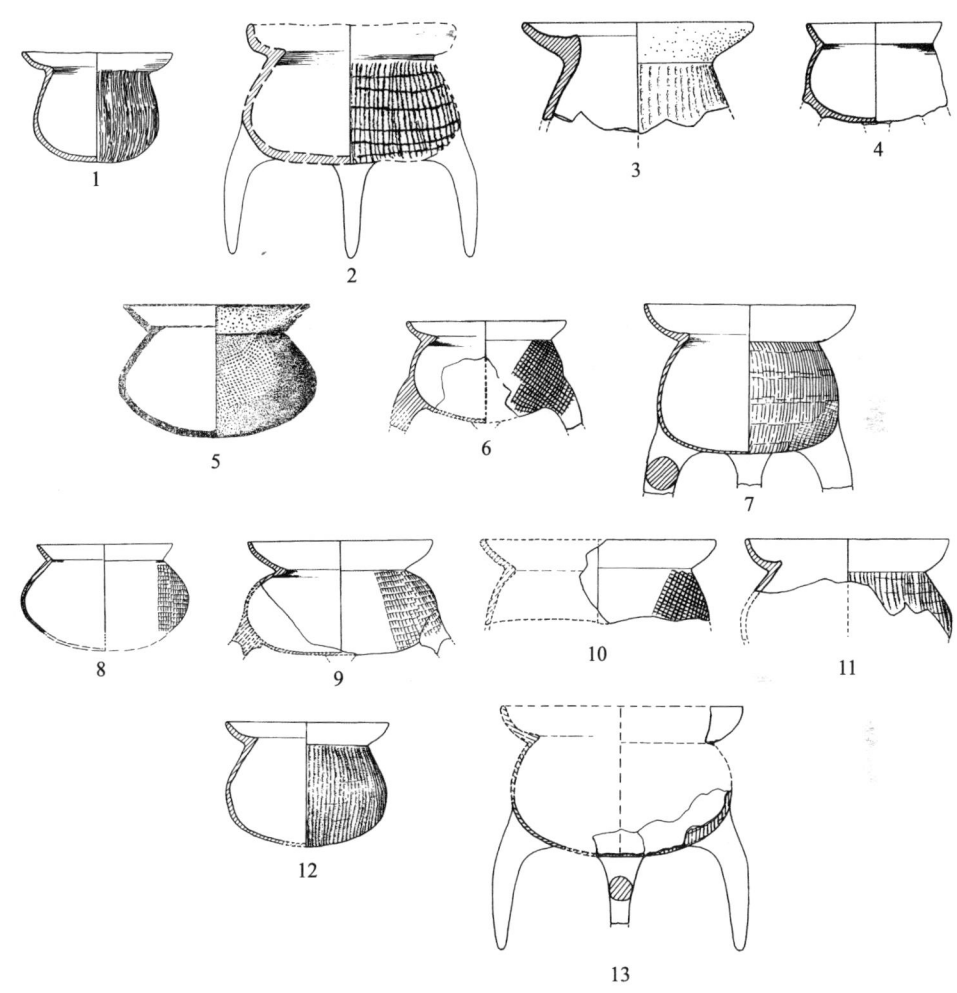

图三　广西出土的陶釜、鼎
1、3~8、10、11. 贺州凤凰岭　2. 昭平东汉墓　9. 桂平大塘城　12、13. 钟山铜盆

从上看出，广西所出亦为宽折沿、大敞口、束颈、扁鼓腹或者垂鼓腹，器表施小方格纹、绳纹或者篮纹。时代大致集中在东汉早期至三国西晋。

将上述广西与镇宁所出进行比较，可以看出两者有较大的共性：宽折沿略内凹、大

---

① 广西文物考古研究所、桂林市文物工作队、阳朔县文物管理所：《2005 年阳朔县高田镇古墓葬发掘报告》，《广西考古文集》第三辑，科学出版社，2007 年。

② 广西壮族自治区文物工作队：《广西北流铜石岭汉代冶铜遗址的试掘》，《考古》1985 年 5 期。

③ 广西文物保护与考古研究所，钟山县文物管理所：《钟山铜盆墓地》，科学出版社，2018 年。

场口、束颈、垂鼓腹，器表施小方格纹、绳纹或者篮纹。

除了陶釜外，镇宁所出的四系罐、大口罐、盆、钵等也与广西所出①一致，如下图所示（图四）。

广西所出的时代大致在东汉早期至魏晋，而董箐所出为汉末至宋。不难看出，董箐所出源自广西境内。

除了镇宁外，在贵州其他地区还发现不少来自广西及其邻近地区的器物，如贞丰浪更燃山、兴义万屯、安顺宁谷、兴仁交乐、黔西火电厂等墓地均发现四系罐、大口罐等②，时代为东汉晚期或稍后。

由此推断从东汉晚期开始至西晋时期，广西一带的人群便陆续西迁至贵州境内。与东汉晚期至魏晋时期贵州董箐一带大量出土大口釜巧合的是，类似釜东晋南朝时期广西境内基本绝迹，从而更加印证了广西一带的人群向外迁徙的事实。有史实为证，据《太平御览》卷一六八"巴州"条引唐《四夷县道记》，"李特孙寿时，有群僚十余万从南越入蜀汉间"③。

广西一带的人群缘何纷纷离开故土，西迁至贵州境内？其与东汉中期开始政治腐化从而动乱频繁战争不已关系甚大。史载"旧交址土多珍产，明玑、翠羽、犀、象、玳瑁、异香、美木之属，莫不自出。前后刺史率多无清行，上承权贵，下积私赂，财计盈给，辄复求见迁代，故吏民怨叛"④，各种怨叛如下所示。

《后汉书》卷八六《南蛮西南夷列传》："元初二年（115 年），苍梧蛮夷反叛，明年，遂招诱郁林、合浦蛮汉数千人攻苍梧郡。邓太后遣侍御史任逴奉诏赦之，贼皆降散。"

《资治通鉴》卷第五十二载，永和二年（137 年）"象林蛮区怜等攻县寺，杀长吏。

《资治通鉴》卷第五十四载："延熹五年（162 年）夏，四月，长沙贼起，寇桂阳、苍梧……长沙、零陵贼入桂阳、苍梧、南海，交趾刺史及苍梧太守望风逃奔，遣御史中丞盛修督州郡募兵讨之，不能克。"

《资治通鉴》卷第五十五载："延熹八年（165 年）苍梧太守张叙为贼所执，及任胤皆征弃市。胡兰余党南走苍梧，交趾刺史张磐击破之，贼复还入荆州界。"

---

① a. 广西文物保护与考古研究所、合浦县文物管理局：《2009～2013 年合浦汉晋墓发掘报告》，文物出版社，2016 年。

b. 广西壮族自治区文物工作队、合浦县博物馆：《广西合浦县九只岭东汉墓》，《考古》2003 年 10 期。

c. 广西壮族自治区文物工作队、贵港市文物管理所：《广西贵港市孔屋岭东汉墓》，《广西文物考古报告集（1991～2010）》，科学出版社，2012 年。

d. 广西文物保护与考古研究所、贺州市博物馆：《贺州凤凰岭古墓群考古发掘报告》，《广西考古文集》第五辑，科学出版社，2013 年。

② 吴小平：《云贵地区汉墓中的岭南因素器物》，《考古学报》2019 年 1 期。

③ （北宋）李昉等撰：《太平御览》，中华书局，1966 年，816 页。

④ （宋）范晔：《后汉书》卷三十一，中华书局，2007 年，328 页。

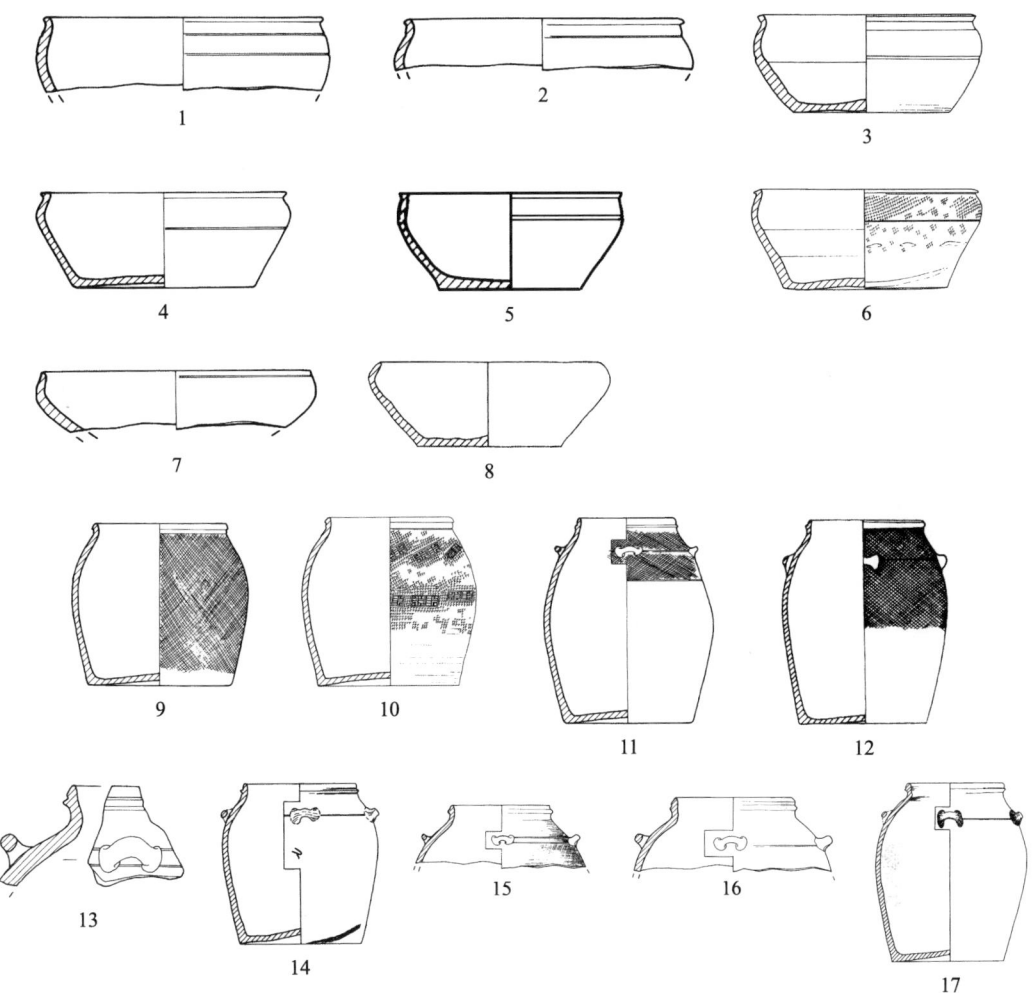

图四　贵州镇宁与广西所出比较

盆：1、2、4. 镇宁田脚脚 05ZTT8④：1、05ZTT6③：16、05ZTY1：4

3、5、6. 合浦 10HTQM1：扰 4、合浦九只岭 M6a：84、合浦 09HYGM11a：8

敛口钵：7. 镇宁田脚脚 05ZTY1：11　8. 贺州凤凰岭 M36：7

大口罐：9. 镇宁田脚脚 05ZTT8③：1　10. 合浦 11HFPM8：31

四系罐：11、13、15、16. 镇宁田脚脚 05ZTY1：5、05ZTT7④：1、05ZTY1：15、05ZTT7④：1

12、14、17. 贵港孔屋岭 M1：59、贺州凤凰岭 M28：5、贺州凤凰岭 M28：4

《后汉书》卷八《灵帝纪》云"光和元年（178年）春正月，合浦、交址乌浒蛮叛，招引九真、日南民攻没郡县。"

《资治通鉴》卷第五十七载光和三年（180年），"苍梧、桂阳贼攻郡县。"

《资治通鉴》卷第五十八载光和四年（181年），"交址乌浒蛮久为乱，牧守不能禁。交趾人梁龙等复反，攻破郡县。"

《后汉书》卷三一《贾琮列传》载"中平元年（189年），交址屯兵反，执刺史及合浦太守，自称"柱天将军"

从上可知，广西等邻近地区差不多每隔数年便发生较大的动乱。进入三国吴统治时期，这种状况并未改观，反而有加剧之势。

《三国志·吴书·吕岱传》："延康元年（220年），代步骘为交州刺史。到州，高凉贼帅钱博乞降。岱因承制，以博为高凉西部都尉。又郁林夷贼，攻围郡县，岱讨破之。是时，桂阳浈阳贼王金，合众于南海界上，首乱为害。权又诏岱讨之，生缚金，传送诣都，斩首获生凡万余人。"

"零陵、苍梧、郁林诸郡骚扰，（吕）岱自表辄行，星夜兼路。"

《三国志·吴书·陆胤传》"赤乌十一年（248年），交阯九真夷贼攻没城邑，交部骚动。"

《资治通鉴》卷第七十八载景元四年（263年），"吴交趾太守孙谞贪暴，为百姓所患；会吴主遣察战邓荀至交趾，荀擅调孔雀三十头送建业，民惮远役，因谋作乱。夏，五月，郡吏吕兴等杀谞及荀，遣使来请太守及兵，九真、日南皆应之。"

其后便是吴、晋对交州长达近十年的争夺，战争十分惨烈①。

在吴国灭亡前夜，广西一带仍然发生动乱。

《资治通鉴》卷第八十载咸宁五年（279年），"吴桂林太守修允卒，其部曲应分给诸将。督将郭马、何典、王族等累世旧军，不乐离别，会吴主料实广州户口，马等因民心不安，聚众攻杀广州督虞授，马自号都督交、广二州诸军事，使典攻苍梧，族攻始兴。"

上述战乱发生地多集中在合浦、苍梧、郁林、交趾一带，即使发生在长沙、桂阳、南海等地，广西地区也往往受到波及。在这种环境下，当地人群唯有逃向人烟稀少的桂西②及红水河和南盘江一带。其最为便捷的方式便是通过早已开发的牂牁水道，首先到达今贞丰、兴义一带，然后再通过陆路至黔中地区。

当然，在广西一带的人群西迁牂牁的同时，应该也有其他地区的人群加入，才形成了牂牁僚人复杂的墓葬现象③：石板墓、瓮棺葬、岩洞葬。

需要注意的是，上述战乱发生区域的人群中频繁出现当地土著的身影，他们有的被称呼为"夷"、有的或为"蛮"或为"乌浒蛮"或为"蛮里"或为"夷越"，其中也有

---

① 胡守为：《岭南古史》，广东人民出版社，2014年，89~105页。

② 在偌大的桂西境内，目前仅都安县发现九如汉墓群，时代为东汉中晚期。资料引自蒋廷瑜：《广西考古通论》，广西科学技术出版社，2012年。

③ 有学者认为贵州境内岩洞葬的出现与广西关系较大，所出现的石棺葬则受到川滇的影响。可参考李飞：《贵州崖葬略论》，《贵州民族研究》2009年1期；《试论贵州地区"石棺葬"的族属和源流》，《四川文物》2010年2期。

"俚僚"①。无疑,在逃离的大军中,这些土著应是主力。在进入贵州后,他们便与当地土著被笼统冠之为"牂牁僚"。

Study on the Wide Mouth Jars Unearthed in Guizhou and Related Issues in middle Ancient Times

Wu Xiaoping

Abstract: A series of wide mouth jars with a wide rim, a narrow neck and a round belly dated back to the medieval period, between the Eastern Han and the Song Dynasty, were found in the sites of Zhenfeng, Zhenning, Qingzhen, Pingba and Kaiyang in Guizhou province. These jars were unearthed from burials in stone coffin or cave burials together with a large numbers of ornaments, and were attributed to the "*Liao* people from Zangke", a local group of the ancient Southwest. Similar jars dated back to the Eastern Jin and Southern Dynasties were discovered in the Xiajiang River and in Eastern Sichuan, two regions related to historical mentions of the "*Liao* people entering Shu". While the wide mouth jar originates in Hezhou and Hepu, Guangxi zhuang autonomous region, its appearance in Guizhou province can be related to the westward movement of aborigines in the late Eastern Han Dynasty, a period of unrest.

Keywords: wide mouth jar; Zangke; *Lao* people

---

① 胡守为先生对此有较为详细的梳理,可参见胡守为:《岭南古史》,广东人民出版社,2014年,226~246页。

北朝邺城及周边地区造像佛衣类型及风格分析

陆 一

（中国美术学院，杭州，310002）

内容摘要：本文将主要就北魏中后期至北齐时期的邺城及周边地区（主要为现河北地区境内）造像佛衣样式进行分类整理及风格分析。关于造像中佛衣、僧服的形制问题近年来愈加受到中日学者的关注，云冈、龙门、麦积山、响堂山等为人所熟知的石窟造像及敦煌彩塑中的佛衣样式均或多或少有过相关的研究发表。随着近年邺城遗址、北吴庄造像坑发掘考古材料及展览的数量增多，即使部分造像的局部有所损毁，我们仍可以辨别梳理出部分北朝造像上的佛衣形制并发现一定的规律。

将邺城、响堂山、曲阳、沧州、定州、冀州及青州等地的北朝造像上各佛衣类型进行横向及纵向的比较，会发现从北魏中后期至北齐这段政权更迭的时间里，北地佛衣样式取向、衣纹雕刻选择的一个大致变化，而这些变化与相似性背后可能存在的历史文化因素也是本文所要探寻的。

关键词：南北朝；邺城；佛衣样式

随着佛教传入中土以来信众的增多与信仰程度的加深，佛教艺术也在中原各地日渐繁盛。北魏时期，平城和洛阳两地先后成为中原北方地区的佛教文化中心，孝文帝实行"太和改制"，更是给政治经济及佛教艺术带来深远影响。534年，权臣高欢挟孝静帝至邺都，"诸寺僧尼亦与时徙"，佞佛之风尤甚。河北邯郸临漳、曲阳等地出土大量造像，从铭文中可见造像供奉者上有王公贵族，下有百姓沙门。

而以邺城周边地区为主的高齐王朝辖区内的石窟与单体造像的佛衣样式与雕刻方法的研究，随着新材料的出土有了更大的空间。高齐辖区佛像上出现了如"敷搭双肩下垂式"[①]的新样式，"通肩式"与"右袒式"的传统印度佛衣样式似得到回归，而佛衣的雕刻方法与笈多时期的艺术风格也似乎存在着千丝万缕的联系。虽然造像艺术上的佛衣样式与其时现世沙门僧尼服可能存在一定的差别，但作为了解当时人们对于佛主或佛弟子

---

① 本文所采用的佛衣类型定名如"敷搭双肩下垂式""褒衣博带式"及其演化样式等参考费泳：《中国佛教艺术中的佛衣样式研究》，中华书局，2012年。

应该如何着装才显得庄严合礼的意识观念具有很大的参考价值。北朝中后期邺下地区造像与最初东渐的印度造像上，佛衣样式与风格缘何产生借鉴、区别或改造的原因可进一步展开分析比较研究。

一、各佛衣类型在邺城及周边地区的表现

1. 半披式

现发现纪年最早的着"半披式"佛衣的坐佛像为炳灵寺169窟泥塑无量寿佛，另较早的单体造像是北凉缘禾四年索阿后塔佛像[①]。公元5世纪出现的"半披式"佛衣，虽在各地材质、塑造方式上存在不同，但表现出的相似特征为内着僧祇支，外披袈裟偏袒右肩或右臂。在邺城北吴庄遗址造像中可见着此类佛衣的主要为北魏太和年间造像，其中太和十九年（495年）刘伯阳造释迦像（图一），大衣衣缘呈U形波折反复状的衣纹尤其值得注意。相似的"领襟"衣纹也出现在定州博物馆藏北魏佛坐像上的"半披式"佛衣（图二）胸前。自右肩过肘下、腹胸、左肩并一直延雕至身后，在竖条平行阴刻底纹上作U形连续状雕刻，且斜垂在身后部分的衣物长度直至肘下。

此类衣缘雕刻与佛衣穿着方式与云冈一期洞窟中的第20窟正壁佛（图三）、东壁上部右坐佛等相似。但与云冈20窟佛像不同的是，邺城刘伯

图一　北吴庄北魏太和十九年（495年）刘伯阳造释迦像[②]

阳造像的衣纹采用的是阴线双刻沿手臂、双腿呈弧形分布，在右臂及身后并无衣物披垂。反倒是定州馆藏的造像右臂上并列且末端作弯状褶皱的衣物，及身后衣物的斜垂与衣缘U形装饰都与云岗20窟正壁主尊极其一致，不过是体量大小之差。在5世纪末的邺城及定州地区，此类"半披式"佛衣很可能受到当时由皇家营建的云冈石窟造像影响。

东魏北齐时期的邺城、响堂山石窟、曲阳、沧州等地可搜集到的着"半披式"佛衣

[①] 陈悦新：《云冈—龙门—巩县—响堂山石窟的佛衣类型》，《考古》2009年4期，69页。

[②] 图一来自何利群：《从北吴庄佛像埋葬坑论邺城造像的发展阶段与"邺城模式"》，《考古》2014年5期，76~87页。

图二 北魏坐佛①

图三 云冈一期洞窟中的第20窟正壁佛②

图四 赵郡王高叡造无量寿佛像③

造像数量不可谓多，但灵寿县幽居寺塔出土与北齐赵郡王高叡相关的汉白玉佛像（图四）却多着"半披式"大衣，雕刻风格、衣纹与北魏相州邺城、定州造像完全不同。该尊汉白玉佛像身形自然健壮圆润，佛衣轻薄贴体，衣缘褶皱扁圆流畅如云。

2. 褒衣博带式及演化

"褒衣博带"一词原本是形容中原士大夫阶层的儒服，与此类造像上的佛衣形制只是外形相似④。已发现最早纪年，且被认为是此类佛衣的参考范本是四川茂汶齐永明元年（483年）造像碑正面弥勒坐佛、背面无量寿立佛。学界普遍认为此类佛衣样式是于南朝出现，在北魏太和改制（486～495年）后影响了北方几大处在当时政治、文化中心的石窟造像上佛衣的雕造，继而大范围的流行于北方其他地区。在流传的同时，此类佛衣也

---

① 图二来自叶书苑拍摄于定州博物馆。
② 图三来自山西省文物工作委员会，山西云冈石窟文物保管所编：《云冈石窟》，文物出版社，1977年，2页。
③ 图四来自叶书苑摄于河北省博物馆。
④ 陈悦新：《云冈—龙门—巩县—响堂山石窟的佛衣类型》，《考古》2009年4期，289页。

出现了所谓的"褒衣博带演化式"。[①]

邺城北魏中后期着"褒衣博带式"佛衣的造像多为青石质，而曲阳造像则多为白石质，且此时期的邺城造像在佛衣细节的处理上的统一度略低于曲阳白石造像。正始二年（505年）三禋法荣造像（图五），系结后，长带在外垂至腹部，衣纹呈阶梯状均匀分布，这些细节与此时期的曲阳造像相近。邺城佛三尊像作立像的主尊（图六）衣摆及褶皱与诸如曲阳北魏正光元年（520年）佛坐像（新42924，图七）等衣摆近似，带胸前带结并不外置。但其他造像如和熙平二年（517年）佛三尊像，则是可见结但飘带却不见或置于内。在"裳悬座"的处理上，邺城造像衣摆大致有分成2片椭圆状多层，或是多片相连（与定州博物馆藏坐佛像类似，图八）这2种。而曲阳北魏造像中多见的垂直且较长、排列生硬的衣摆与大多数的邺城造像似并无共同点。曲阳造像的衣纹的刻痕较邺城的明显较深，也较为厚重。

作为北魏中后期邺城造像的代表三禋法荣造像与云冈石窟第五A窟北壁主尊（图九），无论是在平行带状"衣领"、带结、周身衣纹还是"裳悬座"的两片式及末端褶皱形状都极其相似。且造像整体风格偏向于所谓"秀骨清相"之态，不过图九双臂垂下的衣物向内有弯曲弧度，更有身体的曲线感。云冈石窟第5窟开凿时间约太和元年至太和七年

图五　正始二年（505年）三禋法荣造像[②]

图六　北魏佛三尊像主尊[③]

[①]　费泳：《中国佛教艺术中的佛衣样式研究》，中华书局，2012年。
[②]　图五来自何利群：《邺城地区佛教造像的发现及相关问题的探索》，《华夏考古》2015年3期，彩图版。
[③]　图六来自叶书苑摄于临漳县佛教造像博物馆。

图七　曲阳北魏正光元年（520年）佛坐像[①]　　图八　定州博物馆藏北魏坐佛像[②]

间（477~483年），在学界多认为此像属于龙门风格，且悬裳座已经发展的较为成熟。[③] 而观北魏景明元年至正光四年（500~523年）龙门宾阳中洞正壁主尊像（图一〇），却与邺城、曲阳等地造像相似度不高，且出现了在"褒衣博带式"佛衣右肩偏袒衣角的佛衣样式。已是正始二年（505年）的三穜法荣造像仍旧采用类似于云冈第5窟的佛衣表现形式。龙门石窟在北魏中后期营造已趋衰落，《魏书·刑罚志》记："孝昌已后，天下淆乱"，而至北魏终了（538~534年）。[④] 故而进一步证明，北魏中后期邺城及周边地区造像风格很可能是受到云冈石窟建造风格的影响。

北齐邺城造像在造型与衣纹的表现上发生与北魏时期相异可谓之巨变，而这些改变也并非一蹴而就，东魏便是重要的过渡期。且自东魏始，邺城京畿及周边地区造像风格便开始出现趋同倾向。东魏后期，最外层大衣右领襟改覆于左肩的"褒衣博带演化式"佛衣样式开始出现，在邺城发现的仵文贤造释迦像与背屏残件皆为白石质，胸前带结小

[①]　图七来自故宫博物院：《故宫博物院藏品大系：雕塑编7》，《河北曲阳修德寺遗址出土佛教造像》，紫禁城出版社，2009年。

[②]　图八来自定州博物馆：精品文物［EB/OL］.http://www.dzhmuseum.com/Szbwg/cpfl_ErWeiJingPin01?fenLeiId=%2F%E7%9F%B3%E5%88%BB%2F&curColumnId=0d1d211e31954fc6987551239ff3c5f3.2018-08-08.

[③]　水野清一、长广敏雄：《云冈石窟第一期第1~7卷》，科学出版社，2014年。

[④]　宿白：《洛阳地区北朝石窟的初步考察》，《中国石窟：龙门石窟》（第1卷），文物出版社，1991年，225~239页。

图九　云冈第五A窟北壁主尊[①]

图一〇　龙门宾阳中洞正壁主尊像[②]

且无带垂下。但此类演化式佛衣在曲阳地区的出现却是在北齐早期。在东魏中后期的邺城"褒衣博带式"及演化式的衣纹雕刻，多为平滑石质上阴线单刻或平行双刻，并无部分曲阳等定州造像上的阶梯感刻痕，且带结从一端长飘带垂在外发展至演化式的无飘带小带结。现可见东魏时期邺城及定州、冀州等地具有相似性的细节为胸前一段外露长飘带、末端衣缘连续状褶皱、立像中双臂垂下袈裟"袖口"从重叠多层、末端刻褶皱到褶皱数量变少、多层次的外观简化却渐趋写实。所谓"悬裳座"的长度也开始减短、层数变少，这点在曲阳造像上尤其明显。东魏后期的曲阳造像依旧是多为典型着长飘带带结的"褒衣博带式"佛衣，衣摆长度的简短与层数的减少却明显可见，定州博物馆藏白石质立佛像亦是如此。地处冀州却与司州清河郡密切相关的南宫后底阁遗址东魏造像（NH：006，图一一），虽为演化式佛衣胸前带结一端垂下，双臂垂下袈裟的褶皱与部分邺城造像近似，但就阶梯状刻痕内阴线双勾等特征看却近似曲阳等定州造像。北齐透雕

---

① 图九来自京都大学人文科学研究所，水野清一，长广敏雄：《云冈石窟第二期》，科学出版社，2016年，61页。

② 图十来自龙门文物保管所，北京大学考古系编：《中国石窟：龙门石窟》（第1卷），文物出版社，1991年，7页。

背屏式一铺五尊像主尊（NH∶007，图一二），白石质，造型圆润自然，主尊着无带结的"褒衣博带演化式"佛衣，通身连腿部光滑无衣纹，可见三层上衣，僧祇支衣缘阴线浅刻，中衣衣缘薄可见层叠。自腿部垂下衣摆两层紧贴，末端褶皱呈规律连续折叠状。令人联想起邺城造像中出现过的通身不作佛衣雕刻，只在四肢转折部位作雕刻的手法。

图一一　南宫后底阁遗址背屏式一　　图一二　南宫后底阁遗址北齐透雕背屏式一铺五尊像主尊[①]
　　　　铺五尊立像

北齐前期，邺城、曲阳、沧州等地仍存在延续东魏后期的传统"褒衣博带式"佛衣，但无带结与演化式佛衣似有取而代之之势。在衣纹的处理上，平滑石面阴刻双勾线似已在邺城及周边地区造像上稳定，且衣纹间的间距加大、数量减少、沿着身体经腹部至双肩身后。且在层数已经减少但仍想营造出华丽质感的衣摆上，基本为左右腿下各一片（有时相连），且部分曲阳造像、南宫后底阁遗址北齐造像（图一二）的末端连续褶皱形状与上文着"半披式"佛衣的高叡三座白石像基座上的衣摆褶皱类似，呈中间有弧度弯曲下垂，两端有小波折与另一褶对称相连。

北齐晚期（560～577 年），邺城及南北响堂山石窟出现的"褒衣博带式"或其演化式演示极少，曲阳地区多为外观似"通肩式"的演化式佛衣，"领口"下垂至胸腹部，可辨别出除外层袈裟外内里仍有衣物，衣纹多为阴线浅刻单线。南宫后底阁遗址北齐像（图一二）内可见僧祇支的演化式佛衣，已是通身光滑无衣纹。"褒衣博带式"佛衣在定州造像中的生命力似乎强于邺城地区。

---

① 图一一、一二来自叶书苑摄于河北省博物馆。

3. 通肩式

作为传入中土最早且使用范围最广的佛衣样式，"通肩式"大多为最外层袈裟通覆双肩，右上角搭于左肩。在邺城东魏时期、北响堂第一期出现的"通肩式"大衣，衣领位于脖根处，佛衣整体的塑造偏向厚重感，以突出庄严之意。北响堂第4、9窟中，衣纹稠密仿泥塑贴条，此塑造方式在贵霜、笈多时期的秣菟罗均有运用。费泳认为此"通肩式"佛衣在响堂山石窟早期佛像中短暂兴起后又再度式微。① 但从北齐时期邺城、曲阳、南宫后底阁遗址出土的，最外层袈裟同样通覆双肩，但却领口低垂的这种"褒衣博带演化式"看，在僧装佛衣汉化的过程中，似乎是在寻求一种与印度传统佛衣样式间的平衡。

东魏北齐时期邺城、水浴寺石窟出现的"通肩式"大衣（图一三），强调衣领，左右基本对称的衣纹U形阴线刻，虽然依旧是平行分布但却明显与同期其他佛衣样式保持着一致的简洁疏朗感。这种平行阴线双刻在大英博物馆藏犍陀罗晚期佛像所着的"通肩式"大衣身上也有发现。对称U形阴线刻通肩式衣纹也出现在贵霜秣菟罗，如秣菟罗博物馆藏佛陀立像（No.00.A.4，图一四），便是这种浅刻阴线单线衣纹，佛衣贴体，

图一三　水浴寺石窟西窟后壁定光佛②　　　图一四　秣菟罗博物馆藏佛陀立像③

---

① 费泳：《中国佛教艺术中的佛衣样式研究》，中华书局，2012年，158页。
② 图一三来自罗世平编：《世界佛教美术图说大典》，湖南美术出版社有限责任公司，2017年，324~327页。
③ 图一四来自ARTstor艺术科学图像库。

赵玲推测其为公元 2 世纪初期作品，且受到犍陀罗和阿马拉瓦蒂风格的影响。[1] 但是佛像的躯体及隐私部位在佛衣下有较明显的轮廓，在北朝晚期的邺城及周边地区造像佛衣虽也有腿部的弧度表示，但却含蓄且没有那么写实（图一五）。

曲阳武平六年（575 年）白石质释迦佛像（图一六）与新疆喀什图木舒克出土的 5 世纪佛坐像（图一七），虽然同为这种只雕出圆领，周身几无衣纹的通肩式大衣，但曲阳像中在腋下、脚下压褶处仍有一两根阴线表示，且上衣与腿侧衣物分开。图一七却是臂肘的衣物垂下覆盖双腿，双脚被上身衣物覆盖，故而腿部衣物看来似分 3 片。邺城部分北齐造像中，还有些"通肩式"佛衣突出衣领，周身虽无纹，但衣下及面颈部肌肤匀称贴金（着"右袒式"佛衣的造像也存在此情况）。《十诵律》中提及佛有："三十二相，八十种好，身真金色，项有圆光。"[2] 佛有真金色身，故而给石质佛像表示肌肤的裸露处贴金。

北齐邺城、沧州、定州博物馆造像中，通身既无衣纹亦无圆领雕刻，只刻出身体各

图一五　北齐邺城天保元年（550 年）
长孙氏造阿弥陀佛像[3]

图一六　曲阳武平六年（575 年）
释迦佛像[4]

---

[1] 赵玲:《印度秣菟罗早期佛教造像研究》, 上海三联书店, 2012 年, 116 页。

[2] 《十诵律》十四卷, 大正新修大藏经本, No.181。

[3] 图一五来自何利群:《邺城地区佛教造像的发现及相关问题的探索》,《华夏考古》2015 年 3 期, 彩图版。

[4] 图一六来自故宫博物院:《故宫博物院藏品大系：雕塑编 7》,《河北曲阳修德寺遗址出土佛教造像》, 紫禁城出版社, 2009 年。

部分转折处，肘下仍有垂下衣物的样式，应也是通肩式大衣的一种。这种造像令人很容易联想到笈多萨尔纳特（鹿野苑）的通肩式佛衣。5世纪晚期（约475年）出自北方邦瓦拉纳西萨尔纳特的佛坐像（图一八），周身衣物似薄纱无衣纹，双肘下亦有衣物垂下露出双脚，佛像身体部分写实度较高且贴近现实人体。但河北地区出土的这些无衣纹通肩式佛衣中身体轮廓却不清晰，有的身形圆润、双肩敦实，且前后者体量相差较大。此外这种佛衣雕刻的习惯多出现在河北地区白石材质上，且有的上面仍残留有彩绘。贵霜秣菟罗、笈多萨尔纳特的通肩式佛衣风格出现均远早于6世纪中期的邺城及周边地区，前者对后者的影响可能是间接性的。①

图一七　新疆喀什图木舒克佛坐像　　图一八　北方邦瓦拉纳西萨尔纳特的
　　　　　　　　　　　　　　　　　　　　　　　佛坐像①

4. 右袒式

天竺佛衣样式中的另一种"右袒式"，在北朝晚期的邺城及周边地区也有大量的发现。在古印度乃至现在，仍以右为尊，见长者、佛主袒露右肩是一种礼仪。但因各国的民俗不同，"右袒式"在中土早期的传播中的数量与规模确实不及"通肩式"大衣，且在其后的发展也多有汉地的自主改良。"半披式"佛衣便似是在原"半披式"基础上的加了覆盖物以避免右臂的全部裸露，此类佛衣的流行或也可理解为另一种改良版"右袒式"佛衣的流行。而下文将提及的6世纪中期后"敷搭双肩下垂式"佛衣，也是采用在

---

① 图一七、图一八来自罗文华：《笈多艺术及其对中国佛造像的影响》，《紫禁城》2016年10期，56～58页。

最外层袈裟作"右袒式"穿法。

北齐时期的邺城、曲阳、幽居寺塔造像中,"右袒式"佛衣薄衣贴体,有可见双层衣物与仅可见外层大衣的两种分类,但佛衣整体包括衣纹的选择符合高齐王朝时期造像上诸类佛衣偏向简约自然的倾向。在佛衣的衣纹雕刻方面很多与同时期通肩式大衣类似。邺城有衣纹作自左肩斜向下的凸起线(仿泥塑贴条)的坐佛像,2世纪中期~3世纪犍陀罗地区也有多数"右袒式"大衣衣纹作凸起线(此类造像多藏于白沙瓦、拉合尔博物馆),佛像手势做说法印。据费泳总结在犍陀罗地区的"右袒式""通肩式"大衣内均还有一层上衣(僧祇支)[1]。而在邺城及其周边地区的北齐"右袒式"佛衣中既存在可见僧祇支,也有只可见最外层大衣的情况。

至秣菟罗地区佛衣上左肩至腹部的衣纹作密集浅雕阴线刻,而左臂上的衣物作有阴线间于其中的平行密集褶皱突出感。阿玛拉瓦蒂的"右袒式"佛衣(图一九)则是作自左肩向右斜下方的密集分布,有微阶梯感。笈多秣菟罗的佛像中较流行"通肩式"大衣,其中也有通身作对弧微凸起的衣纹线条的情况。据笔者观察,北齐邺城及周边地区的"右袒式"大衣绕过右身侧的衣缘有很多位于腰际或略偏上的位置,则与贵霜秣菟罗的"右袒式"佛衣衣缘位置近似。犍陀罗与阿玛拉瓦蒂地区的"右袒式"佛衣,则是僧祇支从腋下绕过,外大衣衣缘在胸侧位置。[2][3]

邺城造像中只雕出衣领通身不作衣纹的"右袒式"佛衣(图二〇)与上文提及的

图一九 秣菟罗坐像[2]

图二〇 北齐邺城释迦牟尼说法像主尊[3]

---

[1] 费泳:《中国佛教艺术中的佛衣样式研究》,中华书局,2012年,97页。

[2] 图一九来源于网络。

[3] 图二〇来自叶书苑摄于河北省博物馆。

同期此地所出只雕出衣领的通肩式大衣整体风格相近，且也大多为左手施无畏印，右手作与愿印。应该是保持了与只有"圆领"而无衣纹"通肩式"大衣的一致性，或也可以理解为间接接受了萨尔纳特的审美影响。

在灵寿县幽居寺塔的白石佛像（图二一）中"右袒式"佛衣有3层，暗红色僧祇支、深蓝色衣缘部分、青蓝色外层大衣。而关于僧侣服装的用色在《摩诃僧祇律》中记："若比丘的新衣，当三种坏色，若一一坏色青、黑、木兰。"这里的"木兰"色可能是一种暗红色。至宋赞宁的《大宋僧史略》中记到："案汉魏之世，出家者多着赤布僧伽梨，盖以西土无丝织物，又尚木兰色并干陀色，故服布而染赤然也。则西方服色亦随部类不同，萨婆多部皂色衣也，昙无德部绛色衣也，弥沙塞部青色衣也。着赤布者乃昙无德僧，先到汉土。耳后梁有慧朗法师，常服青纳。"[②]北朝时期在

图二一　北齐灵寿县幽居寺塔
彩绘白石小龛像[①]

汉地无论是本土还是西方僧侣衣着用色可能多为青、黑、赤红三色，在北朝佛教造像的衣物也多为这几种色彩（或间有黄色）。其时现实法衣的穿着可能影响到了造像的塑造，造像上的佛衣制作也不太可能为了追求奢华而太过违背戒律。

5. 敷搭双肩下垂式

"敷搭双肩下垂式"佛衣是东魏北齐时涌现出的一批新样式佛衣，此类属于在佛经律典与中土习俗间寻求平衡的汉化风格，多见于南、北响堂山、曲阳修德寺、安阳等地石窟，这些造像佛衣由两层袈裟组合穿着而成，左右肩各为一件，并且在陈悦新与费泳的总结中，此种佛衣穿着时最外层袈裟过右腋及下垂的内层佛衣，敷搭至左前肩或左前臂。

邺城、曲阳出土所着"敷搭双肩下垂式"佛衣的造像多为白石质，体量也较响堂山石窟而言略小。袈裟轻薄，肩臂部衣纹或做阴线单刻、平行双刻或无刻痕，衣缘（"领口"）部分强调出来。中衣右半身衣摆部分有外露、内收于最外层大衣的两种方式，似乎并无定式。邺城北齐造像中的佛衣上尚留有平涂红色表示中衣与外层大衣（图二二）。

---

① 图二一来自叶书苑摄于河北省博物馆。
② 赞宁：《大宋僧史略》，《大正藏》，54册，237、238页。

北齐曲阳造像中敷搭双肩下垂式佛衣也多出现在双佛并坐佛像上（图二三）。

图二二　天保十年（559年）邺城释迦牟尼三尊像①　　图二三　河清四年（565年）曲阳白石双佛像②

　　学界主要讨论的高齐辖区佛衣新式样（本文所提及的"敷搭双肩下垂式"）多以响堂山、水浴寺石窟为例，陈悦新将之分为中衣搭肘二式，不同之处在于Ⅰ式外层大衣右衣缘搭左肘，Ⅱ式右衣角搭左肩。③且Ⅰ式出现的情况皆在北响堂南洞（第3窟，图二四），大致年代在北齐初至天统四年（568年）之前，右衣角搭左肘的方式可能受到"褒衣博带式"或其演化样式里衣角搭肘的影响，但响堂山石窟较大龛内诸尊均无着此佛衣的形象出现。右衣缘搭于左臂，最外层大衣作类"右袒式"（如图二五）的出现稳定似乎是在Ⅰ式之后。且诸如普泰元年（531年）龙门普泰洞北壁坐佛，及其后的东魏武定二年（544年）山东四门塔坐佛、北齐天保元年至六年（550~555年）安阳小南海西窟正壁主尊上等这些较早出现的"敷搭双肩下垂式"佛衣也大多为右衣角敷搭于左前臂。

　　在北齐时期邺城、定州、响堂山石窟的诸多弟子像所着法服也多为"敷搭双肩下垂式"穿着。响堂山石窟中弟子像作为主尊胁侍，有着传统"右袒式"，但多数为中衣右衣缘垂于外层大衣外，外层袈裟衣缘搭于左前臂的立像，例子颇多：北响堂中洞中心塔柱正壁龛左右侧、北响堂南洞北壁佛龛左右侧、南响堂第1窟正龛、第3窟、第7窟胁

---

① 图二二来自叶书苑摄于临漳佛教造像博物馆。
② 图二三来自故宫博物院：《故宫博物院藏品大系：雕塑编7》，《河北曲阳修德寺遗址出土佛教造像》，紫禁城出版社，2009年。
③ 陈悦新：《5~8世纪汉地佛像着衣法式》，社会科学文献出版社，2014年，172页。

图二四　北响堂第 3 窟主龛主尊[①]

图二五　南响堂第一窟中心柱正龛主尊释迦佛[②]

侍弟子像等。而北齐圆雕作品的石质比丘像似乎更加真实，面容身形、法服披覆也看来似乎更可能符合现实情况，台北震旦文教基金会藏北齐比丘像（图二六），与响堂山大多数弟子像着衣方式相同。定州博物馆藏的白石弟子像，大衣的衣缘部分应也是搭于左前臂，并有一道弯曲褶皱，但这种搭肘的表现不是特别明显。

"敷搭双肩下垂式"佛衣在东魏北齐兴起后，经隋唐时期发展演变渐成为汉地佛像种最常见的佛衣样式之一，且影响长远，至现代汉地僧众袈裟穿着方式外观也与之相似。在故宫博物院收藏的曲阳隋代白石佛像中，存在外层袈裟衣缘均覆于左肩，有僧祇

图二六　台北震旦文教基金会藏北齐比丘像[③]

---

① 图二四来自徐亚平主编：《中国成语典故之都：邯郸》，河北美术出版社，2006 年，183 页。
② 图二五来自赵立春主编：《河北响堂山石窟》，重庆出版社，2000 年，封底，图 14-2。
③ 陈慧霞、李玉珉：《雕塑别藏》，台北故宫博物院，1997 年，图版 36。

支出现带结的情况，新增加左肩缝制圆形钩纽系绳带来固定袈裟衣缘。南宫后底阁村唐龙朔三年（663年）韩善行等五十人造佛坐像中，僧祇支上腰腹部见明显绳带系结，左肩钩纽的带结作花样，与上文提及的隋曲阳白石像类似。隋唐时期，在莫高窟、龙门、四川等地也开始广泛出现，且存在结合"半披式"的穿着方式。

二、佛衣样式、风格历史成因分析及历史上的地缘作用

1. 邺城与曲阳等地

邺城在南北朝时期作为宗教活动的重镇与其重要的政治地位性不可分割，随着近年赵彭城北朝佛寺遗址、北吴庄造像埋葬坑的发掘清理，北朝邺城造像群在北朝佛教造像中的重要性也愈来愈凸显。《北齐书·路去病》："京城下有邺、临漳、成安三县。"① 北齐时的邺县、临漳县、成安县都位于现在河北临漳县西南方，且同治邺城。东魏孝静帝从洛阳迁至邺城，先居于（邺）北城，随后便新建起（邺）南城。《周书·武帝纪》："并、邺二所，奢侈过度。"此乃北齐宫殿奢丽的形容，且这种奢侈之风不仅限于此。东魏武定四年（546年）道智造释迦像的题记中如此记载："大魏武定四年，岁次丙寅……比丘僧道智……采匠京都，敬造释迦石像一区……素饰奇丽，辉光妙特，实未曾有……"在东魏定都之际从洛阳带走大批僧尼工匠至邺城，并在武定四年时邺城地区造像的水平与风格应该已是北方地区的翘楚。

然提及北朝白石造像，更广为人知的却是曲阳造像。曲阳位于洛阳以东、邺城以北。而雕刻佛像的石料主要采用曲阳县的黄山白石，其外观如白玉般细腻洁白。从北魏开采，至今仍有使用。② 据李静杰在《定州系白石佛像研究》一文中的总结，修德寺出土的造像铭文中，北魏晚期至东魏前期当地人造像居多，东魏武定八年（549年）及之后的数年里，外地像主的人数明显增多。也有推测部分邺城造像可能是造于曲阳或是采用曲阳石材。③ 但从本文所整理的造像看，白石材质在邺城造像中的大量使用应是在东魏末至北齐，北魏至东魏前期还是以青石质居多。从佛衣的流行样式变化趋势与衣纹雕刻看，邺城与曲阳两地佛像大体一致，前期主要流行"褒衣博带式"，中期"褒衣博带式"及其演化样式式微，后期"右袒式""通肩式"再兴，新样式（"敷搭双肩下垂式"）兴起。衣纹表现从厚重阶梯感至薄衣贴体，简洁阴线刻、无衣纹雕刻。

从上文所列佛像的铭文看，临漳地区北魏晚期佛像的题材有释迦，释迦、定光、无量寿三尊；东魏时期有释迦，药师佛；北齐时期有阿弥陀，释迦，释迦、多宝，无量寿

---

① （唐）李百药：《北齐书》，中华书局，2013年，646页。
② 张淑敏：《四门塔阿閦佛与山东佛像艺术研究》，中国文史出版社，2005年，85页。
③ 李静杰，田军：《定州系白石佛像研究》，《故宫博物院院刊》1999年3期，76页。

佛。且在东魏北齐时期，三尊、五尊、七尊像的数量不在少数。曲阳地区北魏晚期出现的有弥勒，释迦；东魏时期有弥勒，释迦，多宝；北齐时期有弥勒，释迦，多宝，阿弥陀。相较邺城而言，东魏北齐时期曲阳的双身像居多。

定州博物馆所藏的北魏时期造像材质也同邺城造像一般有采用石灰石材质，白石材质在东魏北齐时期开始流行。灵寿县幽居寺塔的北齐白石造像，可视为北齐定州造像的代表。据高叡三尊较大白石佛像的竖刻发愿铭文及修寺颂记碑所记，北齐赵郡王高叡任使持节散骑常侍，都督冀、定、沧、瀛、幽、殷、并、肆、云、朔十州，抚军将军，司定州刺史（551年），六州大都督。孝昭帝时任尚书左仆射行并州（太原）事。[①]最终于雀离佛院被害。铭文中多次提及像主在定州的军事地位，高叡督建的祁林院中白石诸像的石质也来源于定州，但是否来源于盛产汉白玉的曲阳地区尚未可知。虽然北齐时期曲阳造像也倾向于雕刻轻薄贴体的佛衣，但修德寺遗址整理公布出的"半披式"佛衣造像数量并不多，且衣缘褶皱形状、华丽精美程度也与高叡诸像不同。高叡造像的题材主要为释迦、无量寿、阿閦佛像。

因曲阳东与定州毗邻，历史上也长期作为定州的辖区，故而在李静杰文中提出这一类的造像为"定州系白石佛像"。这个系统的范围在以"定州为中心的华北平原北部及太行山东麓地区，已发现的地点北起河北易县，南至临漳，东自山东博兴，西及山西昔阳。"[②]本文所涉及的北齐白石造像大部分处于这个系统所覆盖的地区。但是，白石在这些地区的广泛使用多在东魏后期至北齐，北魏后期并不普及，且考虑到邺城的政治地位及自洛阳迁来工匠造像的影响，将邺城及周边地区皆归为此系统，尚需考量。

沧州地区东魏北齐造像也多为白石材质，且北齐时期衣纹阴线平行双刻及周身不作雕刻的造像与邺城造像一致。此时期的背屏式造像，三尊、五尊像的形式可能应更多考虑到邺城地区的关联性。而东魏北齐时期的冀州，造像佛衣变化趋势也同邺城造像一致，先为阶梯式雕刻衣纹的"褒衣博带式"，后出现通身光滑几无衣纹的演化式。沧州与邺城、定州等地上层政治流动频繁，如高叡在出任定州刺史后的第五年又任为沧州刺史，后一年赶赴邺城。[③]且值得注意的是冀州地区出现的陶质佛像，也同时出现在青齐地区。且邺城及周边地区北朝造像与青齐地区的相似处还不仅于此。

东魏北齐两朝，以邺城为上都，晋阳为陪都。晋阳作为高欢父子常驻之地，高氏领导人经常携百官往返两都之间。并邺道间的路线的滏口道，自邺城出发，穿过上党高原至晋阳城。滏口与邺城距离接近，南响堂便位于其中，在第2窟的前室后壁所刻隋碑

---

① a. 李静杰、田军：《定州系白石佛像研究》，《故宫博物院院刊》1999年3期，68~70页。

b. 中国人民政治协商会议灵寿县委员会文史资料委员会：《灵寿县文史资料》第6辑，1997年，172~176页。

② 同①a，66页。

③ （唐）李百药：《北齐书》，中华书局，2013年，171页。

《滏山石窟之碑》上说："有灵化寺比丘慧义，仰惟至德，俯念巅危，于齐国天统元年乙酉之岁，斩此石山，兴建图庙。时有国大丞相淮阴王高阿那肱，翼帝出京，憩驾于此，因观草创，遂发大心，广舍珍爱之财，开此口口之窟……"。[①] 故而响堂山石窟的营建于邺城与晋阳之间，受都城而来的崇佛之风影响且符合高齐皇室的宗教审美。响堂山诸石窟中的新样式（"敷搭双肩下垂式"）、简化衣纹风格与邺城造像东魏北齐佛衣雕刻大体为一脉，但依然存在着体量上与像主身份的差异。

本文所整理的河北地区造像在南北朝时为平城、洛阳、邺城、晋阳等多个政治中心围合区域，社会文化风气、宗教信仰传播之间各地互通有无，相互促进发展。

2. 邺城与青州

青州地区与邺城造像的相似性问题已经有学者关注到，但并未展开深入讨论。北魏晚期青州佛像的样式也多作"褒衣博带式"，胸腹前带结一侧外露，在衣纹的雕刻上也有作阶梯式雕刻的情况，与上文所提及河北地区的阶梯式衣纹相似。但阴线刻衣纹，佛衣表现明显变薄的情况在北魏晚期至东魏的青州像中已经出现，似乎比邺城等地出现的要早。北魏晚期，河北流民多散于青州，宿白先生认为青齐地区东魏北齐时期造像与河北、邺城地区相近的原因应该考虑到河北流民中的工匠。《魏书·孝庄纪》："幽州平北府主簿河间邢杲率河北流民十余万户反于青州之北海，自署汉王。"永安二年（529年），于齐州兵败之后，这批河北流民应该流散于青齐。[②] 但杨泓先生却觉得青州造像并不是仿自河北地区。[③] 青州造像风格来源复杂，是多重历史原因造成。

东魏至北齐时期青州地区造像的造型及贴金彩绘技术愈渐发展成熟，"右袒式""通肩式""褒衣博带演化式"佛衣出现频率增多，与河北地区一致，但少见"敷搭双肩下垂式"。造像上佛衣的制作较之前期更加贴合身体曲线，多用以下几种方法表示佛衣：U形阴线平行双刻或仿泥条贴塑法表示衣物垂坠感；通身未做过多雕刻，突出衣缘部分（类似寻常衣物的领口处）；在以上的雕刻基础上红绿彩绘作（田相）袈裟，衣缘多用淡蓝色。临漳地区附近近年来出土大批北朝造像，其中东魏北齐时期造像中也存在不少的贴金彩绘造像，虽体量不及青州像，但造像上佛衣的制作可与其进行对比研究。北齐青州造像通肩式佛衣上贴塑的仿泥条（图二七），较邺城造像右袒式佛衣上的更为密集，且为双排。而阴线所刻的平行衣纹在胸腹前也为双排，在手臂处的为单线，布局疏简。

在青州的右袒式佛衣造像上（图二八），佛主裸露肌肤处皆贴金，暗红色袈裟，衣缘淡青色。邺城北齐坐像中也有外露肌肤包括脸颈部皆贴金，佛衣用暗红色的选择取

---

① 峰峰矿区文物保管所、北京大学考古实习队：《南响堂石窟新发现窟檐遗迹及龛像》，《文物》1995年5期。

② 宿白：《青州龙兴寺窖藏所出佛像的几个问题——青州城与龙兴寺之三》，《文物》1999年10期，47页。

③ 杨泓：《关于南北朝时青州考古的思考》，《文物》1998年2期，48页。

向。而另一尊佛立像，表面光滑未作衣纹雕刻，通身彩绘田相袈裟，着"通肩式"佛衣（图二九）。与邺城"右袒式"佛衣（图三〇）造像大小规格虽然不同，但佛衣的制作手法却极其相似。

在北齐青州也有白石造像的发现，着"褒衣博带演化式"佛衣（图三一），可见腹

图二七　北齐青州贴金
彩绘石雕佛立像

图二八　北齐青州贴金
彩绘石雕佛立像

图二九　北齐青州贴金
彩绘石雕佛立像

图三〇　北齐邺城倚坐佛

图三一　北齐青州彩绘汉白玉佛坐像[①]

---

① 图二七、图二八、图二九、图三一，杨晓慧摄于青州市博物馆。图三〇来自杨晓慧摄于临漳佛教造像博物馆。

部带结，衣纹为凸出单线分布疏朗，上有彩绘，肩部齐挺，整体身形与响堂山坐像相似。河北邺城东魏北齐造像与曲阳、沧州、定州等地的白石造像或可看作一系，而此白石像应与此系同。虽然青州地区北朝造像与邺城周边地区造像在体量、组合形式有着许多不同之处，但其在上文所述的在彩塑技法层面的共通性不容小视。邺城、青齐地区于贴体佛衣上着彩绘似乎是一种自身的艺术变通方式。

历史上的青齐地区，自南燕割据之后，迁入了一批河北大姓。南燕灭亡之后此地便几乎由这几个河北大姓支配。南北军事形势以及北魏孝文帝政策加强了鲜卑贵族与汉族豪门联合统治的原因更使得北来豪强能够在青齐地区形成势力[①]。而青齐地区与南方各地的联系更是广为学界所认同。或不可断而言之，青州与邺城周边地区哪方接受到另一方的影响，但其之间的联系与共通之处确是不能忽略的。

三、历史政治与民族化

1. 东魏北齐鲜卑西胡化

陈寅恪先生提出："魏晋南北朝时期的民族，往往以文化来划分，而非血统。而北齐最高统治者皇室高氏为汉人而鲜卑化者。鲜卑化的贵族甚至会反对汉人和汉化的胡人。"[②] 自六镇鲜卑进入中原，权势日大。[③] 可以说高氏家族及上层统治集团有保持鲜卑的习俗风尚，孝文帝时期推行的汉化也在一定程度上受到阻碍。

东魏北齐时的中原北地与疏勒、安国、龟兹等地均交往不断。据《魏书》卷一载："后魏太祖既平北魏冯氏，通西域，得疏勒、安国等乐。"上层沉溺于西域的歌舞，甚至北齐后帝想做"龟兹国子"，同时起用大批西域胡人，专门从事游乐。"西夷来附者处崦嵫馆，赐宅慕义里。自葱岭以西，至于大秦，百国千城，莫不欢附，商胡贩客，日奔塞下，所谓尽天地之区矣。乐中国土风，因而宅者，不可胜数。是以附化之民万有余矣。"[④] 这些杂胡有一些是从洛阳而来，有些则是从丝路西域而来。西域诸国如龟兹等地流行佛教。虽未能确言邺城地区的印度佛衣样式回归与雕刻手法由这些西胡而来，但也应该考虑到他们的影响（或是有西域工匠、画师聚集于邺城，或是随着西胡们自身信仰带至邺城的天竺佛像影响）。

据《北齐书·高叡传》载，高齐王室应是在邺城华林园营造了雀离佛院，并成为

---

① 唐长孺：《魏晋南北朝史论拾遗》，中华书局，1983年，92～122页。
② 万绳楠整理：《陈寅恪魏晋南北朝史讲演录》，黄山书社，2000年，292～300页。
③ 段锐超：《东魏北齐民族关系辨析》，西北师范大学，2010年，29页。
④ 范祥雍：《洛阳伽蓝记校注》，上海古籍出版社，1978年，160页。

进行一定政治活动的地点。① 而《洛阳伽蓝记》载："至乾陀罗城,城南七里,有雀离浮图。"推究本源,为迦尼色迦王所造。而迦尼色迦王是古印度有名的圣王,对传播佛教作了很大贡献。②《水经注》卷二："释氏《西域记》曰:国北四十里,山上有寺,名雀离大清净。"③ 而据上下文推测此地应为龟兹附近。北齐雀离佛院的存在或为古印度佛教思想传播进高齐的物质文化证据之一,而这条线路是否与龟兹有关也未可知。

2. 天竺僧官与法上改革

北朝教团规模之大,自然需要相应的管理。而对于僧官制度的基本了解,有利于帮助我们研究东魏北齐时期天竺高僧那连提黎耶舍、优婆塞达摩般若,沙门大统释法上对于佛衣、僧服改革的影响及其在造像上的反映。

《魏书·释老志》："先是,立监福寺,又改为昭玄,备有官属,以断僧务。"到东魏北齐时期,昭玄寺已经变成处理僧务的官办机构。《隋书》卷二七《百官》："昭玄寺,掌诸佛教。置大统一人,统一人,都维那三人。亦置功曹、主簿员,以管诸州郡县沙门曹。"而昭玄寺的最高僧官应该只有一人,称"大统"为表尊崇之意,都维那是其副手,也可简称为"沙门都"。昭玄寺权力巨大,全国僧务一应由之管理,僧官可以说掌握教团内的立法、司法、人事及日常事务管理的直接权力。④ 再联系其时僧尼之众,建寺之多,确实不容小觑。

北天竺乌场国人(今巴基斯坦北部斯瓦特)那连提黎耶舍,"舍年十七发意出家。寻值名师备闻正教。二十有一得受具篇。闻诸宿老叹佛景迹。或言,某国有钵,某国有衣。"在"天保七年(556年),届于京邺。文宣皇帝,极见殊礼。"继而"授昭玄都,俄转为统。"⑤ 优婆塞达摩般若,其父本中天竺国人,后来"流滞东川","祖习传译"。"高齐之季为昭玄都"。⑥ 这两人皆是天竺外域人,主要做译经工作,在昭玄寺担任副手的要职,那连提黎耶舍后来一度成为昭玄统,管理高齐僧团事物。天竺衣物与中土不同,这些天竺高级僧官自身僧服穿着及在天竺所见佛像的佛衣雕造方式,皆有很大可能陶染邺都僧众及当地造像风格。

而明确东魏北齐僧服样式需要改变的则是释法上,"京师极望。道场法上。斯言允矣。年阶四十游化怀卫。为魏大将军高澄奏入在邺"。⑦ 由此可以确定其在邺城的活动。

---

① (唐)李百药:《北齐书》,中华书局,2013年,173页。

② 向荣译注:《洛阳伽蓝记》,中华书局,2017年,387页。

③ (北魏)郦道元:《水经注·卷二》,清武英殿聚珍版丛书本,17页。

④ 谢重光:《中古佛教僧官制度和社会生活》,商务印书馆,2009年,53~66页。

⑤ 道宣:《续高僧传》,文殊出版社,1988年,27页。

⑥ 道宣:《续高僧传·卷二》,大正新修大藏经本,446页。

⑦ 道宣:《续高僧传·卷八》,大正新修大藏经本,105页。

"故魏齐二代历为统师。昭玄一曹纯掌僧录。令史员置五十许人。所部僧尼二百余万。而上纲领将四十年。……乃下诏为戒师。"法上历东魏北齐两朝,后又为戒师,而按律穿着僧服也是律典中所要求的。

法上本人"衣服率素纳补为宗。五条祇支由来以布。法衣瓶钵以外更无余财。"[①]他向以田相袈裟为宗,其五条袈裟(安陀会)及僧祇支均是布材,皆为依律从事。[②]"自上未任已前仪服通混。一知纲统制样别行。使夫道俗两异。""仪服通混"的形式,可从"褒衣博带式"佛衣看出端倪,佛衣雕造仿照的是士族大夫的穿着[③],僧俗相混杂,不利于教团管理与弘法修行,也不符合佛教的戒律,为了佛教更好地在中土发展,法上便开始进行回归天竺服制的僧衣改革,推测其改造沙门衣着可能始于534年。[④]

北齐天保十年(559年)释迦牟尼三尊像(图二二)与北齐弟子像的佛衣样式,在响堂山石窟主尊及弟子像中也有体现,可能是法上改革僧服为了符合天竺旧制但又不彻底的产物。袒右,在印度是一种表示尊敬的礼仪,无论是在佛门还是在世俗,在面见尊者、佛主时须着"右袒式"大衣。但是这些与中土风俗不合,在造像中有所体现是可以的,在日常僧服穿着中长期实行似有不妥。而邺城的这几座造像的佛衣、僧衣中层的衣服盖住右肩并下垂,外层袈裟作类似"右袒式"的穿着,这也算是佛衣的汉化体现了律典和传统间的妥协。

3. 小结

北魏中后期(5世纪末6世纪初),邺城、定州等地部分造像应受云冈石窟造像的影响,主要表现在"半披式"佛衣的衣缘细节U形等。此外,受太和改制影响,"褒衣博带式"佛衣大规模流行北地,北魏晚期至东魏前期的邺城、曲阳、定州、沧州、青州各地均为主流佛衣,胸腹部带结明显,下摆繁复多层甚至有很多不符实际仅为形式上的华丽。

东魏北齐时期,高齐辖区内的造像体态愈渐流畅自然,佛衣的雕刻也一改之前的厚重感而变得轻薄。衣纹从北魏中后期的阶梯式变为阴线单刻或双刻乃至邺城、曲阳、沧州、青州等地出现的不作衣纹。鲜卑西胡化的高氏王朝对鲜卑民族文化与西域文化明确的偏好倾向,汉化趋势受到阻碍,但从在邺城造像中仍在雕造的"褒衣博带式"及其演化样式佛衣数量和渐高的雕刻水平来看,也不能说北齐社会进行着全盘"反汉化"。6世纪中后期,法上在邺都倡行僧衣服饰改革,回归天竺正统。处于政治中心的邺城造像及皇家石窟响堂山,出现"敷搭双肩下垂式"这样的新样式,于僧祇支、中衣之外的

---

① 道宣:《续高僧传·卷八》,大正新修大藏经本,105页。
② 费泳:《七世纪前汉地佛像服饰研究》,南京艺术学院,2007年,97页。
③ 何利群:《从北吴庄佛像埋葬坑论邺城造像的发展阶段与"邺城模式"》,《考古》2014年5期,86页。
④ 费泳:《七世纪前汉地佛像服饰研究》,南京艺术学院2007年博士学位论文,97页。

袈裟作如"右袒式"披覆。"通肩式""右袒式"大衣似乎出现某种程度的回归，而一些佛衣的衣纹处理方法与印度笈多秣菟罗或萨尔纳特雕造手法类似。且"敷搭双肩下垂式"类型佛衣可能直接影响到隋唐佛教造像中的服饰雕刻，也与现代僧装的穿着在外观上有着相似性。造像上佛衣样式的研究不止于此，而邺城及周边地区与青州、晋阳等地的共通性，也不仅限于佛衣类型。

Analysis of Clothing Style of Buddhist Sculpture of Ye City and Its Surroundings in the Northern Dynasties

Lu Yi

Abstract: This paper classifies and analyzes the clothing style of the Buddhist sculpture from ancient Ye City and its surroundings, in present day Hebei Province, from the middle Northern Wei to the Northern Qi period. In recent years, this topic has attracted the increasing attention of Chinese and Japanese scholars. Similar research was published for well-known sculptural ensembles in the Buddhist cave temples of Yungang, Longmen, Maijishan and Xiangtangshan, as well as for painted sculptures in Dunhuang. Following the excavation of the ancient City of Ye and the Beiwuzhuang hoards, the unearthed statues were initially considered as insufficient or too damaged to support research. In recent years, however, with the increase in the number of publications and exhibitions, a growing number of clothing styles were sorted out for the Northern Dynasties period.

A comparison of Northern Dynasties Buddhist robes in Ye City, Xiangtangshan, Quyang, Cangzhou, Dingzhou and Jizhou reveals that, from the middle and late Northern Wei Dynasty to the Northern Qi Dynasty, changes occurred in clothing style and engraved decoration. The author investigates the historical and cultural factors behind this evolution as well as factors of continuity.

Keywords: Southern and Northern Dynasties; Ye City; Buddhist sculpture; clothing style

中国辽金考古研究四十年（上篇）

丁利娜[1]　魏　坚[2]

（1.北京市文物研究所，北京，100009；
2.中国人民大学北方民族考古研究所，北京，100872）

内容摘要：近四十余年间，随着中国改革开放的不断深入，考古发掘与研究取得了许多重要的成果。这期间，由于辽金时期契丹、女真等北方民族文化的研究逐渐受到学界的重视，辽金考古取得了很多突破性的进展，在北方民族考古研究中独树一帜。越来越多的考古发现表明，辽金时期，契丹与女真和中原汉文化之间的交流是一个双向传播与交融互动的发展过程。本文遍搜四十余年来辽金时期契丹、女真考古的重要发掘与研究成果，从城市、帝陵、墓葬、手工业及佛教考古等方面入手，分上、下二篇，扼要总结改革开放以来辽金时期考古的主要收获，意在探讨中华民族多元一体格局形成过程中的辽金历史进程。

关键词：改革开放；辽代考古；金代考古；发现与研究

辽金两代是我国古代北方民族建立的政权。契丹辽王朝雄踞北疆二百余年，全盛时期曾出现"万国来朝"的景象，当时的中亚地区"无闻中国有北宋，只知契丹即中国"。女真崛起，金朝灭辽，不再满足于北部的半壁江山，在"天下一家，然后可以为正统"、"据天下之正"（《金史》）等理念的指导下，其盛时曾统一大半个中国。

20世纪早中期，受"正统"等思想的影响，学界对辽金历史文化的研究多从"汉化""中原化"的视角出发，提出过"骑马征服论""王朝征服论"等明显带有民族偏见的观点。改革开放以来，随着思想的解放，辽金时期契丹、女真等北方民族本体文化逐渐受到学界的重视。四十余年间，伴随着城市基本建设事业的开展，考古机构的增设、重组等际遇，考古学取得了长足的发展，辽金时期的各类考古成果不断更新着以往的观点，掀起了研究北方民族文化的一个热潮。尤其是新世纪以来，在弘扬优秀传统文化思想的指导下，辽金时期的考古更是取得了斐然的成绩，很多方面都有了突破性的进展。本文拟从城市、帝陵、墓葬、手工业、佛教考古等方面入手，扼要叙述改革开放以来辽金时期的考古发现和研究。

一、辽金城市考古

辽金两代都有着非单一政治中心的传统。辽代实行五京制,一般认为辽上京为早期都城,辽中京为中后期的都城。其他三京辽东京、辽南京、辽西京均是辽政权在占领一地后为战略防卫而营建的古城,更加突出军事防御功能。金代最终确立的是一都五京制,早、中、晚期的都城分别是金上京、金中都和金汴京,其他三京东京辽阳府、西京大同府、北京大定府的性质实际相当于路治所在。

辽金城市考古工作具有很大的不平衡性,典型的荒野型城址如辽上京和金上京,基本无后期城市的叠压,保存相对比较完整,较易开展大规模的考古发掘工作。古今重叠型城址如辽南京、金中都和金汴京等,不仅叠压在前代都城基础之上,并且被现代城市再叠压,难以开展大规模的考古工作,多在配合基建的考古工作中得以勘探和小规模发掘。以下从都城遗址、行宫和皇家祭祀遗址、中小型城址及聚落遗址等几个方面来梳理辽金城市考古工作的进展。

(一)都城遗址

1. 辽代都城遗址

辽上京城址的考古工作在20世纪90年代中期以后有了较大的进展。1994年发表的1962年对辽上京皇城的全面勘探成果,是20世纪对辽上京所做的最重要的考古工作。此次发掘明确了辽上京的形制结构为日字形南北二城,城墙为夯土版筑,也基本掌握了城垣周长、城门结构、城内道路布局以及"大内"建筑基址等的大致情况,并且绘制了皇城遗迹平面图[①]。2001年再次对辽上京城址开展的重点勘探和试掘工作,揭露了皇城南门和宫殿区之间的南北大街,理清了道路的使用年限以及两侧房址用白灰砌砖缝的现象[②],是新世纪初对辽上京城址考古的新收获。2011年以来,在大遗址保护规划理念的指导下,由中国社会科学院考古研究所内蒙古第二工作队与内蒙古文物考古研究所联合组成的辽上京考古队,开始了对辽上京城址的全面勘测和有计划的连年考古发掘工

---

① 内蒙古文物考古研究所:《辽上京城址勘查报告》,《内蒙古文物考古文集》第1辑,中国大百科全书出版社,1994年。

② 塔拉、董新林:《辽上京城址初露端倪》,《中国文物报》2001年11月9日1版;《辽上京城址》,《中国考古学年鉴(2002年)》,文物出版社,2003年。

作，陆续对辽上京皇城西门——乾德门①、皇城西山坡遗址②、皇城1号街道及临街建筑遗迹③、宫城城墙及西门遗址④、宫城东门遗址⑤、宫城南门遗址及皇城东门内大街⑥、宫城东向轴线西侧宫殿址及西北侧建筑址⑦等重要遗址点进行了较为详细的考古工作。这些工作对于进一步明晰辽上京的城市布局及沿革历史意义非凡。第一，解剖、探明了皇城和宫城城门的结构。皇城西门—乾德门由城门和瓮城组成，且皇城西门和北门均为单门道过洞式，而皇城东门为三门道过洞式，规模大、等级高；发掘了宫城南门承天门址，发现宫城南门和西门均为单门道过洞式，而宫城东门为殿堂式，形制、地位特殊。第二，确认了辽上京的东向轴线。通过对皇城东门、宫城东门、1号院廊庑和大殿、2号院廊庑以及皇城3号建筑址的发掘，确认了辽上京东向轴线的存在，并且在辽代一直沿用。第三，确认了护城壕及壕沟的存在。在皇城东、西、北三面发现了护城壕迹象，在宫城南墙和北墙外也发现了壕沟遗迹。第四，发现的祭祀遗迹填补了辽上京考古的学术空白。在宫城南门外路面下发现了与城门祭礼有关的动物埋藏坑；在宫城西北部1号建筑基址下发现了分别瘗埋有人和马的2个祭祀坑，对研究当时的民族礼俗意义重大。第五，补充更正了以往对皇城建筑和宫城范围的模糊认识。发掘确认了皇城西山坡遗址为佛教寺院建筑，3座佛塔采用一大两小、一字排开的布局形式，位置重要、规模庞大，国内罕见。同时，发掘工作首次确认了宫城南墙、北墙和西墙的准确位置和建筑规模。

---

① 董新林、陈永志等：《辽上京城遗址首次大规模考古发掘乾德门遗址》，《中国文物报》2012年1月20日8版。

② a.董新林：《辽上京皇城遗址近年考古发掘新收获》，《2012东北亚古代聚落与城市考古国际学术研讨会》，2012年。

b.董新林，陈永志等：《内蒙古巴林左旗辽上京皇城西山坡佛寺遗址考古获重大发现》，《考古》2013年1期。

c.董新林、陈永志等：《内蒙古辽上京遗址探微》，《中国文化报》2013年6月7日4版。

③ 董新林、陈永志等：《2013年辽上京皇城遗址考古发掘取得重要收获》，《中国文物报》2014年2月14日第8版。

④ a.董新林、汪盈：《辽上京宫城遗址》，《大众考古》2015年3期。

b.董新林、陈永志等：《考古发掘首次确认辽上京宫城形制和规模》，《中国文物报》2015年1月30日8版。

c.汪盈、董新林等：《内蒙古巴林左旗辽上京宫城城墙2014年发掘简报》，《考古》2015年12期。

⑤ a.汪盈、董新林等：《内蒙古巴林左旗辽上京宫城东门遗址发掘简报》，《考古》2017年6期。

b.董新林、陈永志等：《辽上京城址首次确认曾有东向轴线》，《中国文物报》2016年5月6日8版。

⑥ a.汪盈、董新林等：《内蒙古巴林左旗辽上京遗址的考古新发现》，《考古》2017年1期。

b.汪盈、董新林等：《内蒙古巴林左旗辽上京宫城南门遗址发掘简报》，《考古》2019年5期。

⑦ 董新林、曹建恩等：《辽上京宫城考古：发现大型建筑基址和祭祀坑》，《中国文物报》2019年4月19日5版。

对辽中京城址开展的比较重要的考古工作有 3 次。改革开放前内蒙古自治区辽中京发掘委员会对城址开展的考古勘探和发掘，基本弄清楚了中京城的沿革、规模和布局，且对中京城的三重城墙进行了研究[①]。1986～1988 年，内蒙古文物考古研究所和宁城县博物馆对辽中京大塔基座覆土进行了发掘，大塔位于辽中京外城内靠近皇城南墙的位置，通过发掘得知塔基西侧扩出部分与基座不是同一时期形成，但基座与塔身为同一时期建筑[②]。1997 年中国历史博物馆与内蒙古文物考古研究所的联合航拍为辽中京城址留下了珍贵的图像资料[③]。

2. 金代都城遗址

金上京城址在 20 世纪 70、80 年代做过一些调查及测绘工作，主要是对上京城的周长、城门、瓮城及马面的数量进行摸底排查[④]，1986 年出版的《中国大百科全书·考古学》一书中对金上京遗址的介绍基本采用了这些调查测绘的成果。1999～2000 年黑龙江省文物考古研究所对金上京皇城址进行了全面调查勘探，新发现了皇城中轴线上的殿址遗迹；2006 年又重新探查了城门数量及瓮城门的建筑结构等[⑤]。随着金上京大遗址保护工作的推进，2013 年黑龙江省文物考古研究所正式启动了五年工作计划，开始了对金上京城址的全面考古工作，陆续对南北二城的腰墙、北城西墙、南城北墙[⑥]；南城南墙西门址[⑦]；皇城西区中部带院落的礼制性建筑址[⑧]；皇城东部 1 号建筑址[⑨]；皇城东部宫殿

---

① a. 辽中京发掘委员会：《辽中京城址发掘的重要收获》，《文物》1961 年 9 期。
  b. 内蒙古自治区昭乌达盟文物工作站：《辽中京遗址》，《文物》1980 年 5 期。
② 内蒙古文物考古研究所、宁城县博物馆：《辽中京大塔基座覆土发掘简报》，《内蒙古文物考古》1991 年 1 期。
③ 中国历史博物馆遥感与航空摄影考古中心、内蒙古自治区文物考古研究所编撰：《内蒙古东南部航空摄考古报告》，科学出版社，2002 年。
④ a. 孙秀仁：《金代上京城》，《黑龙江古代文物》，黑龙江人民出版社，1979 年。
  b. 许子荣：《金上京会宁府遗址》，《黑龙江文物丛刊》1982 年 1 期。
  c. 景爱：《金上京的行政建置与历史沿革》，《求是学刊》1986 年 5 期。
  d. 赵永军：《金上京城址发现与研究》，《北方文物》2011 年 1 期。
⑤ 同④d。
⑥ 赵永军、刘阳：《考古发掘确定金上京城址建筑与使用年代》，《中国文物报》2014 年 5 月 9 日 8 版。
⑦ 赵永军、刘阳：《金上京考古取得新成果——发掘揭露南城南墙西门址》，《中国文物报》2015 年 1 月 30 日 8 版。
⑧ a. 赵永军：《金上京皇城揭露一组大型带院落建筑基址》，《中国文物报》2016 年 4 月 22 日 8 版。
  b. 赵永军、刘阳：《哈尔滨市阿城区金上京皇城西部建筑址 2015 年发掘简报》，《考古》2017 年 6 期。
⑨ 赵永军、刘阳：《黑龙江阿城金上京皇城东部 1 号建筑址》，《大众考古》2017 年 6 期。

及廊庑建筑址①；皇城外南侧道路遗迹②等进行了考古勘探和发掘工作，取得了一系列重要成果。揭露了金上京城墙夯土版筑的结构，发现南北二城的腰墙较其他城墙明显较宽，且有护城壕。发掘确认了金上京南城南墙西门与皇城南门在一条中轴线上，南城南墙西门由城门和瓮城组成，为单门道过梁式结构，在瓮城内发现了疑似卫戍居所，更多突显了城门的防御功能。首次在皇城西部揭示了一处完整的带有院落的礼制性建筑，在皇城东部发现带有取暖设施的宫殿遗存及大规模廊庑建筑址。同时在皇城与南城南墙西门址之间发现了道路及两侧的排水沟系统等。

对金中都的正式考古工作始于1958年北京大学阎文儒先生等进行的较为全面的考古调查、勘探和测绘工作，大致摸清了金中都的城垣布局、城墙位置、保存状况等，并绘制了金中都的第一幅考古草图③。1965~1966年中国社会科学院考古研究所徐苹芳等先生再次对金中都进行考古发掘、勘测等工作，明确了金中都南北中轴线的布局以及外城城门、街道系统等④。改革开放以来，尤其是1985年北京市文物研究所成立以来，为配合北京市基本建设项目的开展陆续对金中都大安殿遗址⑤、南城垣水关遗址⑥、城外西北莲花池遗址⑦、宫城内鱼藻池遗址⑧等做了发掘或勘探工作。其中大安殿的发掘明确了金中都工字形宫殿形制以及应天门、大安门、大安殿的南北向中轴线布局。水关遗址的发掘及莲花池遗址的勘探工作确定了金中都城的确切水源路线，即从城外西北的莲花池引水入城，向东南进入宫城鱼藻池，之后穿过外城南城垣丰宜门和景风门之间的水关流向城外；同时水关遗址的建筑结构与《营造法式》"卷輂水窗"的做法完全一致，是研究古代建筑和水利设施的重要例证，被评为当年的十大考古新发现。鱼藻池的勘探工作确认了早晚两期的湖岸堆积。进入新世纪以来，配合基建考古，2005年和2012年又对鱼藻池遗址进行了探沟法试掘和正式发掘工作⑨，明确了鱼藻池湖岸和岛岸的砌筑方法，为

---

① a. 赵永军、刘阳：《黑龙江金上京遗址考古发掘获得新成果》，《中国文物报》2018年6月1日8版。
　 b. 刘阳，赵永军：《哈尔滨市阿城区金上京南城南垣西门址发掘简报》，《考古》2019年5期。
② 赵永军、刘阳：《金上京考古：发掘城内道路及排水沟》，《中国文物报》2019年4月19日5版。
③ 阎文儒：《金中都》，《文物》1959年9期。
④ 徐苹芳：《古代北京的城市规划》，《中国历史考古学论丛》，允晨文化实业股份有限公司（台北），1995年。
⑤ 北京市文物研究所：《北京西厢道路工程考古发掘简报》，《北京市文物与考古》第4辑，北京市文物研究所，1994年。
⑥ 王有泉：《北京地区基建考古工作回顾》，《北京文博》1998年1期。
⑦ 齐心：《近年来金中都考古的重大发现与研究》，《北京文物与考古》第4辑，北京市文物研究所，1994年。
⑧ 《金中都"太液池"遗址》，《中国考古学年鉴（1996年）》，文物出版社，1998年。
⑨ 2005年和2012年分别配合马连道道路工程和金宫花园工程进行的考古工作。

复原金代鱼藻池水系、研究鱼藻池湖岸盈缩变化提供了有力的考古证据。2010年配合丽泽金融商务区建设新发现了金中都城内西南的兵营遗址，2014年配合万泉寺住宅小区项目，又在这处兵营遗址和南城墙水关遗址之间发现了一处南北向道路遗迹，并在道路两侧发现了排水沟。2019年为配合金中都城墙遗迹保护工程，新发掘了金中都西、南城墙和护城河遗迹，更加明确了金中都外城西墙的城墙宽度及建造方式，基本确认了西侧护城河的位置。这是近年来对金中都考古的几项重要收获。

金代汴京城在北宋东京城的基础上改、扩建形成，对金代汴京城布局的辨识是随着对北宋东京城的考古工作展开的。20世纪70、80年代对北宋东京城外城[1]、内城[2]、皇城[3]的考古勘探、发掘以及对明周王府萧墙遗址[4]的试掘等工作中，都发现了金代汴京城的地层堆积、建筑遗迹及相关遗物，基本确定了城址的结构布局，自外向内有外城、子城（内城）、皇城、宫城四重城垣围护，由外城南门南薰门向北经新筑子城南门丰宜门、原宋内城南门丹凤门、再向北经州桥至金皇宫南门承天门之间的大道，为全城的中轴线[5]。考古工作也大致揭示了金汴京皇城在北宋皇宫基础上扩建，受到金中都宫室制度影响的格局模式[6]。

3. 辽金都城布局研究

城市布局和历史沿革是都城研究的重要方面，辽金都城的研究中对辽上京、金上京、金中都等城址的布局结构主要有以下观点。

就辽上京的城市布局，方志云等认为依照了中原城市规划原则，吸收了唐长安城的一些特点，尤其参考了唐洛阳城的形制[7]。杨宽等认为辽上京大体采用唐长安城的体制，但同时保留了契丹旧俗[8]。徐苹芳先生提出辽上京复古论，认为与东周时期的"两城制"相仿，但两者性质有很大不同，辽上京城以阶层为标准分为契丹统治阶层和汉族等被统治阶层，而东周两城的规划以区分血缘为基础将贵族与平民分开[9]。董新林在多年系统

---

[1] 开封宋城考古队:《北宋东京外城的初步勘探与试掘》,《文物》1992年12期。
[2] 开封宋城考古队:《北宋东京内城的初步勘探与测试》,《文物》1996年5期。
[3] 丘刚、董祥:《北宋东京皇城的初步勘探与试掘》,《开封考古发现与研究》,中州古籍出版社, 1998年。
[4] 刘春迎:《河南开封明周王府遗址的初步勘探与试掘》,《文物》2005年9期。
[5] 刘春迎:《金代汴京（开封）城布局初探》,《史学月刊》2006年10期。
[6] 刘春迎:《金汴京（开封）皇宫考略》,《文物》2005年9期。
[7] 方志云:《辽上京城建筑考》,《内蒙古社会科学》（汉文版）1982年6期。
[8] 杨宽:《中国古代都城制度史研究》,上海人民出版社, 2003年。
[9] 徐苹芳:《中国古代城市考古与古史研究》,《中国考古学与历史学之整合研究》,"中央"研究院历史语言研究所出版品编辑委员会, 1997年。

发掘的基础上总结了辽上京的布局特点,认为辽上京南北二城的日字形平面布局体现了"因俗而治"的理念,皇城和宫城回字形相套的格局承继了汉唐文化传统,东向中轴线布局或许受到唐大明宫规划的影响。而将这些特点融合为一体的布局在之前的都城模式中是没有过的,是辽上京开创的一种新模式,于是提出了"辽上京规制",对后世都城规划产生了深远影响[1]。

有关金上京的整体规划布局有三种观点:第一种观点认为金上京南北二城的形制以及自西向东的河流等都呈现辽上京的风格特征[2];第二种观点认为金上京仿照了北宋东京城的布局[3],且金上京"南皇城、北汉城"的布局与中原王朝前朝后市规划理念相同[4];第三种观点认为金上京布局规划受到北宋东京城和辽上京的共同影响,南北二城布局沿袭辽上京,而南城回字形相套则效仿了北宋东京城[5]。董新林认为,金上京南北二城日字形和皇城回字形的两个主要特征明显受到了辽上京的重要影响[6]。值得注意的是,金上京虽然承袭了辽上京南北双城制,但是金上京南皇城、北汉城与辽上京北皇城、南汉城的布局却是正好相反的,与辽上京的东向轴线也有所不同,还应该考虑各自营建背景的不同所形成的差异性。

学界一般认为金中都外城、皇城、宫城三城相套的格局仿自北宋东京城,《金中都与金上京比较研究》[7]、《兴庆府与金中都比较研究》[8]等文章都表达了类似观点。当然也有学者认为金中都皇城、宫城的布局类似于唐长安、洛阳城,而与北宋东京城区别较大[9]。董新林认为金中都与元大都并存期间呈现的南北双城制,可能也是对"辽上京规制"之"因俗而治"理念的传承[10]。此外,还应该注意,金中都是在唐幽州城、辽南京的基础上改、扩建而成,金中都新扩建的区域明显仿自北宋东京城,但是沿用的旧址布局中仍体现了隋唐城市的布局特点,开放式的长巷制和封闭的坊制共存,反映

---

[1] 董新林:《辽上京规制和北宋东京模式》,《考古》2019年5期。

[2] 王禹浪、王宏北:《女真族所建立的金上京会宁府》,《黑龙江民族丛刊》2006年2期。

[3] a.李士良:《金源故都—上京会宁府》,《农垦师专学报》1963年4期。
    b.孙秀仁:《金代上京城》,《农垦师专学报》1993年4期。

[4] 李建勋:《金上京史话两题》,《黑龙江农垦师专学报》2000年4期。

[5] 景爱:《金上京的规划及其他》,《北方论丛》1979年6期;《金中都与金上京比较研究》,《中国历史地理论丛》1991年2期。

[6] 同①。

[7] 景爱:《金中都与金上京比较研究》,《中国历史地理论丛》1991年2期。

[8] 沈平:《兴庆府与金中都比较研究》,《首都博物馆文集》第7辑,1992年。

[9] 陈朝云:《北宋东京皇城、宫城问题考辨——兼与孔庆赞先生商榷》,《郑州大学学报(哲学社会科学版)》1997年6期。

[10] 同①。

了古代城市规划从隋唐时期封闭式的坊制向宋以后开放式长巷制的转化[①]，且皇城前的T形广场也是唐代长安宫城前横街广场与北宋东京宫城前纵向广场相结合的结果[②]。可见，金中都城市布局正体现了我国古代都城制度中唐宋时期的重大变革。

就辽中京的形制布局，历来有仿自北宋东京城[③]、唐幽州城[④]、渤海上京城[⑤]等多种说法，其中以北宋东京城的说法占大多数，认为辽中京是在"澶渊之盟"背景下平地起建的一座新城，其外城、内城和宫城的回字形重城式的布局明显受到了北宋东京城的影响。

近年来，随着辽金都城考古工作的推进，对辽金都城形制布局特点有了较为细致而全面的把握。汪盈、董新林的《辽上京皇城和宫城城门遗址浅析》[⑥]、彭善国、孙旸的《契丹辽文化中渤海因素的考古学观察》[⑦]、孙晨《试论辽代都城之朝向——以辽上京和辽中京为例》[⑧]等研究都以考古发掘成果为基础，探讨了辽代高等级城门的独特规制，分析了契丹辽文化中的渤海因素以及辽代早期与中晚期都城城门朝向变化背后的政治原因等。董新林发表的《辽上京规制和北宋东京模式》[⑨]一文，认为唐朝以后的都城制度中存在两套系统，即"辽上京规制"和"北宋东京模式"，前者是北方少数民族统治时代"因俗而治"理念的政治表现形式，后者是汉族皇帝突出"皇权至上"思想的政治产物，文章系统归纳了宋辽金以来都城格局的传承关系，是目前对辽金都城形制布局分析最全面的认识。

（二）行宫、皇家祭祀遗址

金代行宫和皇家祭祀遗址的确认是近年来辽金考古工作的重要收获。河北崇礼金代行宫遗址（太子城遗址）是在配合冬奥会建设项目的考古工作中得以确认和推进的一处重要遗址。2017～2018年，由河北省文物研究所、张家口市文物考古研究所、崇礼区文广新局

---

① 秦大树：《宋元明考古》，文物出版社，2005年，57页。

② 杨宽：《中国古代都城制度史研究》上海古籍出版社，1993年，449页。

③ a. 徐苹芳：《元大都在中国古代都城史上的地位——纪念元大都建城720年》，《中国社会科学》1988年1期。

　b. 刘素霞：《从考古材料看契丹民族城镇建设的基本特点》，《北方文物》1990年2期。

　c. 董新林：《辽上京规制和北宋东京模式》，《考古》2019年5期。

④ 王玲：《辽代燕京与契丹社会的发展》，《辽金史论文集》，上海古籍出版社，1987年，159页。

⑤ 王洪北、树林娜：《辽代中京大定府略述》，《黑龙江民族丛刊》2007年6期。

⑥ 汪盈、董新林：《辽上京皇城和宫城城门遗址浅析》，《华夏考古》2018年6期。

⑦ 彭善国、孙旸：《契丹辽文化中渤海因素的考古学观察》，《边疆考古研究》，科学出版社，2018年。

⑧ 孙晨：《试论辽代都城之朝向——以辽上京和辽中京为例》，《文物鉴定与鉴赏》2019年6期。

⑨ 董新林：《辽上京规制和北宋东京模式》，《考古》2019年5期。

的组成的联合考古队连续两年对该遗址进行了全面测绘、勘探和局部重点发掘①,取得重要成果。第一,基本搞清了城址的主要格局和规模。平面长方形,周三里,城外有护城河;南墙和西墙各发现城门一座,南门外有瓮城;城内发现有"前朝后寝"大型建筑基址,且呈南北中轴线布局;西墙发现双重城垣迹象。第二,判定了遗址的皇家性质。出土了"尚食局"定窑白瓷、"内""宫"款的砖瓦以及铜坐龙、垂(戗)脊兽、兽面纹瓦等建筑构件。第三,依据遗址的位置、年代、性质、规模与等级特点,结合文献记载,确认该遗址为金章宗夏捺钵的泰和宫。这是第一座经过考古发掘的金代行宫遗址,为研究金代捺钵制度、行宫营造等提供了最直接的基础资料,被评为2018年的十大考古新发现。

2013~2017年吉林大学边疆考古研究中心、吉林省文物考古研究所等对金代宝马城遗址进行了连年的考古勘探和发掘工作,先后发掘了遗址核心区域回廊院中部的工字形殿址及其周边庭院②;回廊院的门殿址及门殿西北的建筑址,并同时揭露了庭院的局部和部分廊庑;回廊院外东南侧的建筑址、外墙南门及东南角③等,取得了重要的发掘成果。第一,修正了以往对遗址年代和性质的判定,为金代中晚期皇家祭祀长白山的神庙遗址④。第二,掌握了神庙遗址的结构布局,是一处以工字形殿址为中心的回廊院落,主体殿址南侧为院落正门,在正门与主体殿址之间有东西对称的亭式建筑,印证了《大金集礼》中的相关记载。第三,揭露了建筑址周边的散水、排水沟等配套设施,同时发现了院落内水井及院落外窑址等附属设施,有利于复原遗址全貌。该遗址被评为2017年的全国十大考古新发现。在此之前,1983年对内蒙古巴林右旗黄花沟遗址的发掘,发现了祭殿址、带有火墙和火炕等取暖设施的住房、高规格的砖瓦等建筑构件,确认了一处辽代帝王望拜黑山的巨大祭殿⑤。2002~2003年对金上京城东侧的刘秀屯遗址进行了发掘,确认了一处大型宫殿遗址,宫殿由前殿、廊、后殿及回廊等组成,整体呈工字形,根据出土的陶鸟、石螭首等建筑构件,初步推测是金代早期皇帝百官举行拜日祭祀活动的 "朝日殿"⑥,

---

① a. 黄信、胡强等:《河北张家口市太子城金代城址》,《考古》2019年7期。

b. 黄信、任涛等:《河北崇礼太子城发现一处金代行宫遗址》,《中国文物报》2017年12月15日8版。

c. 黄信、胡强等:《河北张家口发现金代皇家行宫遗址》,《中国文物报》2019年3月22日5版。

② a. 赵俊杰:《吉林安图发现金代皇家祭祀遗址》,《中国文物报》2014年10月24日8版。

b. 张梦纳、石玉冰等:《吉林安图宝马城遗址又获发现》,《中国文物报》2016年1月15日8版。

c. 赵俊杰、耿朔等:《吉林安图县宝马城遗址2014年发掘简报》,《考古》2017年6期。

③ 赵俊杰、刘庆彬等:《吉林安图县金代长白山神庙遗址》,《考古》2018年7期。

④ 赵俊杰:《关于宝马城性质的初步研究》,《北方文物》2015年3期。

⑤ 齐晓光:《内蒙古巴林右旗罕山辽代祭祀遗址发掘报告》,《考古》1988年11期。

⑥ a. 国家文物局:《2002年中国重要考古发现》,文物出版社,2003年。

b. 黑龙江文物考古研究所:《金上京朝殿宫门遗址》,《中国考古学年鉴(2004年)》,文物出版社,2005年。

c. 李陈奇:《黑龙江亚沟刘秀屯发现宋金时宫殿基址》,《中国文物报》2012年12月27日。

荣获 2002 年"全国十大考古新发现"称号。

（三）中小型城址及聚落遗址

20 世纪 80、90 年代以来，内蒙古、黑龙江、吉林、辽宁、河北等省市地方相关文物部门调查、勘测了一批辽金时期的中小型古城址。重要的如内蒙古林西县樱桃沟、井沟子古城址[①]、内蒙古翁牛特旗白音塔拉苏木古城[②]、内蒙古巴林左旗四方城[③]、内蒙古赤峰市巴林左旗宝泉城址[④]、赤峰市宁城县黑城城址[⑤]、赤峰市松山区城子村城址[⑥]、赤峰市元宝山区土城子城址[⑦]、赤峰市敖汉旗白塔子城址[⑧]以及正蓝旗四郎城[⑨]等。辽宁省沈阳市辽滨塔城址、高花城址、古城子城址[⑩]；朝阳市喀左大城子城址[⑪]；法库县小古城子山城址、五城店城址等[⑫]；阜新市土城子古城址、哈尔脑古城址等[⑬]；彰武县小南洼城址、金家屯城址[⑭]；北票市黑城子城址[⑮]、东港市西土城城址[⑯]以及黑龙江鹤岗市邵家店古城[⑰]、河北承德市隆化县皇姑屯土城子城址[⑱]等。这一时期对辽金古城的考

---

① 林西县文管所：《辽饶州及长乐临河安民三县调查》，《内蒙古文物考古》1998 年 1 期。

② 姜念思、冯永谦：《辽代永州调查记》，《文物》1982 年 7 期。

③ 国家文物局主编：《中国文物地图集·内蒙古自治区分册（下）》，西安地图出版社，2003 年，122 页。

④ 项春松：《内蒙古赤峰地区辽代中小城镇的发现与研究》，《北方文物》1994 年 1 期。

⑤ 冯永谦、姜念思：《宁城县黑城古城址调查》，《考古》1982 年 2 期。

⑥ 张松柏等：《辽金松山州遗址调查》，《内蒙古文物考古》1986 年 4 期。

⑦ 张松柏等：《辽高州调查记》，《内蒙古文物考古》1992 年 1、2 期合刊。

⑧ 邵国田：《辽代武安州城址调查》，《内蒙古文物考古》1997 年 1 期。

⑨ 尹焕良等：《正蓝旗四郎城调查简报》，《内蒙古文物考古》1999 年 2 期。

⑩ 冯永谦：《沈阳地区辽代城址调查》，《沈阳文物》1992 年创刊号；《沈阳地区辽代城址调查》，《沈阳文物》1993 年 2 期。

⑪ 于长江、傅宗德：《辽宁喀左县辽代利州城址的调查》，《考古》1996 年 8 期。

⑫ 冯永谦、温丽和：《法库县文物志》，辽宁民族出版社，1996 年。

⑬ 李宇峰：《阜新地区的辽代古城址》，《辽金契丹女真史研究》1987 年 1 期。

⑭ a. 孙杰：《彰武小南洼辽代城址调查记》，《辽金契丹女真史研究》1987 年 1 期。

　b. 李宇峰：《建国以来辽宁地区辽代城址的考古发现与研究》，《阜新辽金史研究》第 5 辑，中国社会出版社，2002 年。

⑮ 辽宁省文物考古研究所：《辽宁北票黑城子城址及出土的部分文物》，《北方文物》2005 年 2 期。

⑯ 王传璞、祝延学等：《东沟县新立西土城遗址调查简报》，《中国考古集成·东北卷》，北京出版社，1996 年。

⑰ 邹晗、程松、景山：《黑龙江省鹤岗市邵家店古城——辽代主偎古城考》，《北方文物》1996 年 1 期。

⑱ 郑绍宗、孙慧君：《隆化皇姑屯辽北安州及其附近遗迹调查简报》，《文物春秋》1991 年 2 期。

古工作主要是对地表遗物的采集，研究上主要是对城址地理方位、城址性质的考证，出现了一批考证性的研究文章，如《辽双州遗址遗物考》①、《辽代"官墙子"鹤野县址考》②、《金代行政建置——义州、锦州、广宁府等县城址考》③、《辽隰州来州城考》④、《辽严州兴城考》⑤、《辽代徽州城址考》⑥、《辽榆州城建置年代考》⑦、《辽、金、元时期的利州》⑧、《辽代松山州故城考略》⑨、《辽代懽州、顺州考》⑩、《辽代头下州探索》⑪、《城四家子古城为辽代长春州金代新泰州》⑫、《金元肇州考》⑬、《金代旧桓州城址考略》⑭等，确认了一批辽金州县等级的城址。同时也对黑龙江蒲峪路克东古城⑮、吉林后城子⑯等重要城址开展了考古发掘工作，对城址结构有了较为清晰的认识。

进入新世纪以来，学者们在对区域内的辽金古城进行梳理归纳的基础上，根据城址的周长尺寸、形制布局等将辽金古城的规制进行了等级分析⑰。并且开展了部分城

---

① 李仲元：《辽双州遗址遗物考》，《中国考古集成·东北卷》，北京出版社，1996年。

② 刘景玉：《辽代"官墙子"鹤野县址考》，《鞍山社会科学》1992年1期。

③ 刘谦：《金代行政建置———义州、锦州、广宁府等县城址考》，《辽金契丹女真史研究》1984年3、4期。

④ 刘谦：《辽隰州来州城考》，《辽宁省考古、博物馆》学会成立大会会刊，1981年。

⑤ 刘谦：《辽严州兴城考》，《中国考古集成·东北卷》，北京出版社，1996年。

⑥ 罗显明：《辽代徽州城址考》，《阜新辽金史研究》第5辑，中国社会出版社，2002年。

⑦ 李国学、冯文学：《辽榆州城建置年代考》，《朝阳市社会科学论丛》1991年2期。

⑧ 乌凤丽：《辽、金、元时期的利州》，《黑龙江民族丛刊》2004年2期。

⑨ 项春松：《辽代松山州故城考略》，《辽金契丹女真史研究》1985年2期。

⑩ 冯永谦：《辽代懽州、顺州考》，《北方文物》1985年2期。

⑪ 冯永谦：《辽代头下州探索》，《北方文物》1986年4期。

⑫ 宋德辉：《城四家子古城为辽代长春州金代新泰州》，《北方文物》2009年2期。

⑬ 李健才：《金元肇州考》，《北方文物》1986年2期。

⑭ 特尔木：《金代旧桓州城址考略》，《内蒙古文物考古》1999年2期。

⑮ 黑龙江考古工作队：《黑龙江克东县金代蒲峪路故城发掘》，《考古》1987年2期。

⑯ 庞志国、刘红宇等：《吉林省德惠县后城子金代古城发掘》，《考古》1993年8期。

⑰ a. 王禹浪、刘冠缨：《黑龙江地区金代古城分布述略》，《哈尔滨学院学报》2009年10期。

b. 王禹浪等：《辽宁地区辽、金古城的分布概要（一）~（三）》，《哈尔滨学院学报》2011年1~3期。

c. 王旭东：《中国境内金代上京路古城分布研究》，吉林大学2005年硕士学位论文。

d. 魏孔、赵晓峰：《内蒙古地区辽代城址研究综述》，《辽金历史与考古》2017年2期。

e. 王雪百：《辽宁地区辽金时期城址初步研究》，吉林大学2018年硕士学位论文。

f. 王晓琨：《内蒙古东南部辽代城址的分类及研究初识》，《北方民族考古》第1辑，科学出版社，2014年。

址的抢救性清理与主动性发掘工作，包括塔虎城[①]、敖东城[②]、永胜古城[③]、车家城子[④]、尼尔基边堡[⑤]等。2003～2004年对辽宁朝阳双塔区北大街遗址的发掘，清理了辽代兴中府城门遗址等多处遗存[⑥]。2004～2007年河北省文物研究所对张家口、承德地区43处辽金元时期的城址进行调查和试掘，测定了各城址的方位、规模、文化堆积等[⑦]。2013～2016年，吉林省文物考古研究所对城四家子城址展开连续性发掘，确认了该城址始建于辽代，金代沿用，且元、明两代继续使用。四年的发掘对城址的基本格局和功能分区有了一定了解，明确了城墙、城门、城内建筑址的营建方式和时代[⑧]。彭善国根据塔虎城出土遗存的年代，比对史料记载，认为塔虎城为金代肇州所在[⑨]。任冠对辽中京道的中小型城址[⑩]、周雪乔对阴山地区的金代城址[⑪]等都进行了调查梳理和综合研究，对城址的分布规律、形制与等级都做了深入的探讨。

辽金春捺钵遗址群是在2009年第三次全国不可移动文物普查时发现的，2013年吉林大学边疆考古研究中心与乾安县文物管理所合作先后对花敖泡后鸣字区遗址群、查干湖腾字区、藏字区、地字区遗址群等进行了考古调查和小范围试掘[⑫]；2014年

---

① 彭善国：《前郭塔虎城2000年考古发掘报告》，科学出版社，2017年。
② 王培新、傅佳欣等：《吉林敦化市敖东城遗址发掘简报》，《考古》2006年9期。
③ 吉林大学边疆考古研究中心、吉林省文物考古研究所：《吉林敦化市永胜金代遗址一号建筑基址》，《考古》2007年2期。
④ 李砚铁、张春峰等：《黑龙江双城市车家城子金代城址发掘简报》，《考古》2003年2期。
⑤ 内蒙古自治区文物考古研究所、呼伦贝尔民族博物馆等：《尼尔基金代边堡发掘报告》，《内蒙古文物考古文集》第4辑，科学出版社，2013年。
⑥ 中国考古学会编著：《中国考古学年鉴（2004年）》，文物出版社，2005年。
⑦ a. 黄信、梁亮等：《承德地区辽金元时期城址勘查报告》，《文物世界》2008年5期。
   b. 黄信：《论河北的辽金元时期城址》，《文物世界》2012年6期。
⑧ a. 吉林省文物考古研究所：《辽金城市考古的新发现：白城城四家子城址的发掘》，《中国文物报》2013年12月20日8版。
   b. 梁会丽：《城四家子城址的考古工作与认识》，《北方文物》2019年4期。
⑨ 彭善国：《吉林前郭塔虎城为金代肇州新证》，《社会科学战线》2015年10期。
⑩ 任冠：《辽中京道的城市考古学研究》，中国人民大学2016年博士学位论文。
⑪ 周雪乔：《阴山地区金元城址的考古学研究》，中国人民大学2019年博士学位论文。
⑫ a. 吴敬、冯恩学等：《吉林省乾安县查干湖西南岸春捺钵遗址群调查简报》，《边疆考古研究》第18辑，科学出版社，2015年。
   b. 冯恩学、王中军等：《乾安春捺钵遗址群后鸣字区遗址调查简报》，《边疆考古研究》第20辑，科学出版社，2016年。

对后鸣字区遗址进行复查与发掘[①]；2016年对查干湖3个遗址群进行了地面踏查与航拍[②]。辽金春捺钵遗址群是近年来辽金考古工作的重大收获。第一，确认了春捺钵遗址群始建于辽代，金代仍被使用。数量最多的土台遗迹即当时人们搭建帐篷临时生活的建筑设施，最初平地起建，后经过多年人工垫筑并伴以踩踏、夯打而形成高大的土台。第二，除了居住的土台遗迹，在后鸣字区西部还发现了铁匠炉等可能与冶铁有关的手工业遗迹，在东北部发现了可能与春捺钵祭祀活动相关的庙址，对于认识春捺钵遗址的区域功能划分有了较为明确的认识。第三，遗址群的分布以及土台遗迹的布局规律体现了等级差异。花敖泡后鸣字区遗址群的规模最大，查干湖3个遗址群中又以居中的藏字区规格最高。同一区域内也有小土台环状包围大土台、大小相当的土台呈直线或弧线的分布特点，可能体现了居住者身份地位等级差异。

二、辽金帝陵考古

帝陵考古是辽金考古的一个重要方面，与都城考古息息相关。一为生前治理之所，一为逝后安身之地，都城与帝陵相辅相成、思想理念相互印证。21世纪以来随着大遗址保护理念的深入，辽金帝陵考古工作也取得了突破性的进展。

（一）辽代帝王陵

辽代皇帝有五处帝陵，分为南北两个大的区域，北部陵区位于辽上京城西北方向，有内蒙古巴林左旗的祖陵、巴林右旗的怀陵和庆陵；南部陵区位于辽上京城东南、辽东京城西部，有辽宁省北镇市的显陵和乾陵。20世纪对辽代帝陵的考古工作仅限于零星的调查和对周边墓葬的抢救性发掘，比较重要的有汪宇平、贾洲杰等对祖陵的调查[③]、张松柏等对怀陵的调查[④]以及对怀陵床金沟4、5号墓的抢救性发掘等。21世纪以来，床金沟两座墓葬的资料得以公布，执笔者分别将其识别为辽太宗耶律德光陵寝以及皇室嫔妃萧氏[⑤]。

---

① a.冯恩学、武松：《吉林乾安县辽金春捺钵遗址群后鸣字区遗址的调查与发掘》，《考古》2017年6期。
b.冯恩学：《吉林乾安发现辽金时期春捺钵遗址群》，《中国文物报》2015年3月27日8版。
② 武松、王春委、冯恩学：《吉林省查干湖西南岸春捺钵遗址2016年调查简报》，《地域文化研究》2018年1期。
③ a.汪宇平：《内蒙古文化局调查辽代祖州城太祖墓》，《文物参考资料》1955年5期。
b.贾洲杰：《内蒙古昭盟辽太祖陵调查散记》，《考古》1966年5期。
④ 张松柏：《辽怀州怀陵调查记》，《内蒙古文物考古》1984年3期。
⑤ 内蒙古文物考古研究所：《巴林右旗床金沟5号辽墓发掘简报》，《文物》2002年3期；《内蒙古巴林右旗床金沟4号辽墓发掘简报》，《文物》2017年9期。

庆陵在20世纪上半叶几经盗掘与劫掠，后日本学者鸟居龙藏等做过实地调查和测绘[1]。90年代初巴林右旗博物馆抢救性清理了庆陵陪葬墓——耶律弘世夫妇合葬墓和耶律弘本夫妇合葬墓，资料于21世纪初发表[2]，墓志中"陪葬兴宗陵"的记载对于认识庆陵永庆陵、永兴陵、永福陵三陵的归属提供了重要线索，学者就此展开讨论[3]，目前尚无定论。

20世纪70年代在辽宁北镇龙岗发现辽魏国王耶律宗政和郑王耶律宗允墓[4]，墓志中有归葬、陪葬乾陵和显陵的记载，为寻找二陵的具体位置提供了线索。1980年第二次全国文物普查期间在龙岗子村、新立村发现了新立辽代建筑遗址、琉璃寺西山等重要陵寝相关遗址[5]。1991年，在北镇高起堡村发掘了辽广陵郡王耶律宗教墓，墓志中有祔葬乾陵的记载[6]。2012~2013年辽宁省文物考古研究院连续两年在医巫闾山展开考古调查，陆续发现了偏坡寺、骆驼峰、坝墙子、石板道、三道沟瞭望台等一批辽代遗址，初步确定医巫闾山东麓的二道沟和三道沟地区为辽代帝王陵区[7]，2014年对新立遗址、琉璃寺遗址和洪家街墓地、小河北墓地进行了发掘和清理，2015年发掘了洪家街M2耶律弘礼墓[8]，取得了辽代帝陵考古的重大突破[9]。第一，基本确定了北镇二道沟和三道沟分别属于辽显陵和辽乾陵陵区范围，并锁定琉璃寺和偏坡寺两处建筑遗址与两陵玄宫直接相关。第二，通过对新立建筑遗址的发掘，推定这处四面有回廊的四合院建筑是辽乾陵玄宫前的享殿遗迹，享殿北侧发现的大型墓葬M2可能正是辽景宗的玄宫所在。第三，在三道沟沟口乾陵兆域内发现了耶律隆运和耶律隆裕的家族墓地，是帝陵陪葬墓的重要发现。第四，基本理清了两陵的布局特点。背靠医巫闾山，面朝辽河，不同于祖陵和怀陵的封闭性选址，也不同于庆陵选址的开放性；陵区分为内陵和外陵，之间有人工修筑的分界墙，帝陵玄宫位于内陵区，外陵区为高级陪葬墓区。

对辽祖陵陵园遗址的系列考古工作也是新世纪以来辽代帝陵的重要收获。考古工作

---

[1] 参见闵宣化：《东蒙古辽代旧城探考记》（冯承钧译），中华书局，2004年。
[2] 巴林右旗博物馆：《辽庆陵又有重要发现》，《内蒙古文物考古》2000年2期。
[3] a. 盖之庸：《近年庆陵出土辽代墓志补证》，《内蒙古文物考古》2002年1期。
　　b. 彭善国：《辽庆陵相关问题刍议》，《考古与文物》2008年4期。
[4] 张克举：《北宁龙岗辽墓》，《辽宁考古文集》，辽宁民族出版社，2003年。
[5] 转引自辽宁省文物考古研究所：《辽宁北镇市辽代帝陵2012~2013年考古调查与试掘》，《考古》2016年10期。
[6] 鲁宝林等：《北镇辽耶律宗教墓》，《辽海文物学刊》1993年2期。
[7] 辽宁省文物考古研究所：《辽宁北镇市辽代帝陵2012~2013年考古调查与试掘》，《考古》2016年10期。
[8] 司伟伟、万雄飞等：《辽宁北镇市辽代耶律弘礼墓发掘简报》，《考古》2018年4期。
[9] 辽宁省文物考古研究院、锦州市文物考古研究所，北镇市文物管理处：《医巫闾山辽代帝陵考古取得重大收获》，《中国文物报》2019年3月22日5版。

者在对祖陵陵园进行系统考古调查[①]的基础上，陆续清理了祖陵内1号陪葬墓[②]和陵园外东侧的龟趺山建筑基址[③]，并对甲组建筑基址进行抢救性发掘[④]，也试掘了太祖陵前的封土堆和2、3、4号重要的建筑基址，正式发掘了黑龙门址[⑤]和4号建筑基址[⑥]。2014~2015年又对龟趺山建制基址进行了更加全面的二次发掘[⑦]。通过多年系统的考古调查及重点发掘工作，对1号陪葬墓、黑龙门遗址及龟趺山基址有了较为全面的认识。1号陪葬墓位于祖陵外陵区，是一座大型砖筑五室墓，根据出土实物及文献记载，大致推定该墓主为辽太祖第三子耶律李胡。墓前的4号建筑基址可能是"献殿"性质的祭祀遗址。黑龙门作为祖陵陵园最重要的正门，为一门三道的规制，代表了辽代最高等级的门制。门址主体建筑保存完好，石地栿、木地栿和排叉柱相结合的结构，开启辽代特色。黑龙门慢道形制是《营造法式》中"五瓣蝉翅慢道"的重要考古实例。龟趺山基址是辽代早期营建的"辽太祖纪功碑楼"，位于通往陵门神道的一侧，开启了明清帝陵设立神功碑楼的先河。通过二次发掘，理清了碑楼面阔三间、进深三间、辅以"副阶周匝"的平面布局以及内柱采用"移柱造"的做法。同时通过全面考古调查，明确了祖陵位于口袋型封闭型山谷中，由内陵帝陵区和外陵陪葬墓区构成，内、外陵区之间有界墙。在祖陵东南有奉陵邑祖州城，陵园黑龙门外有龟趺山"太祖纪功碑"等诸多祭祀性建筑。

辽代在帝陵附近置城以奉祀卫护陵寝，称"奉陵邑"。20世纪学者曾对祖州城、庆州城和怀州城做过调查工作。1997年中国历史博物馆和内蒙古文物考古研究所曾联合对辽上京、辽中京、祖陵、祖州城、庆陵、庆州城等做过航空考古勘察和拍摄[⑧]，提供了最直观的图像材料。新世纪以来，随着对显陵、乾陵的考古调查、勘探和发掘，有学

---

① a. 董新林、王青煜等：《辽代祖陵考古调查推进辽代陵寝制度研究》，《中国文物报》2003年12月12日。
　b. 董新林、肖淮雁等：《辽代祖陵的陵寝建筑初现端倪》，《中国文物报》2004年11月26日。
② 董新林、汪盈：《内蒙古巴林左旗辽祖陵一号陪葬墓》，《考古》2016年10期。
③ a. 董新林、塔拉等：《内蒙古巴林左旗辽代祖陵考古发掘的新收获》，《考古》2008年2期。
　b. 董新林、塔拉、康立君：《内蒙古巴林左旗辽代祖陵龟趺山建筑基址》，《考古》2011年8期。
④ a. 董新林、塔拉等：《内蒙古巴林左旗辽代祖陵陵园遗址》，《考古》2009年7期。
　b. 董新林：《大辽祖陵探秘》，《中国文化遗产》2010年1期。
　c. 董新林、塔拉等：《内蒙古巴林左旗辽代祖陵陵园黑龙门址和四号建筑基址》，《考古》2011年1期。
⑤ 董新林、汪盈：《辽祖陵黑龙门遗址发掘报告》，《考古学报》2018年3期。
⑥ 董新林：《辽祖陵黑龙门遗址初探》，《辽金历史与考古国际学术研讨会论文集》，2011年。
⑦ 汪盈、董新林：《从考古新发现看辽祖陵龟趺山基址的形制与营造》，《考古》2016年10期。
⑧ 中国历史博物馆遥感与航空摄影考古中心，内蒙古自治区文物考古研究所编撰：《内蒙古东南部航空摄考古报告》，科学出版社，2002年。

者考证了显州城位置在今北镇市老城区、乾州城在北镇庙南侧的小常屯古城①，有待今后进一步的考古工作去印证。

（二）金代帝王陵

金代皇帝比较明确的陵区有三处，一是金太祖阿骨打陵址（俗称斩将台），在今黑龙江金上京城址西南约 300 米，没有陵号；二是金熙宗时为金太宗新开辟的和陵，位于黑龙江省阿城市胡凯山（俗称老母猪顶子山），后又将太祖陵迁于此，并为熙宗父及建国前十帝分别建陵。第三处即完颜亮时开辟的大房山金陵，在今北京市房山区周口店镇龙门口村，有帝陵、坤厚陵、诸王兆域等陵区。

最早有关阿骨打陵址位置的调查和推断见《阿城县白城略考》②。20 世纪 70 和 90 年代，阿城市文物管理所曾做过考古勘探和物理探测，并清理出金代砖瓦等构件，发现疑似围墙遗迹③。许子荣等也做过调查，发现了陵址南侧的金代桥址④。2018 年笔者实地考察时，陵址尚存呈龟形高约 10 米的大土堆，周围复建了陵墙及享殿等建筑。太祖阿骨打陵寝被迁至胡凯山陵区后称为睿陵，太宗和陵改为恭陵，这两座帝陵 20 世纪 90 年代景爱、张连峰、伊葆力等都曾做过调查，景爱推测西侧砖室墓为太祖睿陵，东侧尚存封土的坟丘当是太宗恭陵所在⑤。

对中都房山金陵遗址的考古工作，2006 年出版的《北京金代皇陵》一书曾做过梳理⑥。新中国成立后至 20 世纪 70、80 年代陵区曾陆续有过零星的重要发现，包括祝版哀册、鎏金银面具、"萧何月下追韩信"瓷枕等。1985 年北京市文物研究所成立，1986～1989 年对金陵遗址进行了全面的考古调查，发现了"睿宗文武简肃皇帝之陵"青石碑等。2001 年北京市文物研究所金陵考古队通过第一次发掘初步了解了陵寝的分布范围、形制以及遗址的地层关系等。2002 年考古队第二次正式发掘，清理了帝陵主陵区的石桥、神道、台址、大殿基址、排水沟等遗迹，通过对之前调查发现的"祭祀坑"的发掘，证实其为一处陵寝遗迹。《北京金代皇陵》一书对 2001～2002 年的考古工作进行了系统报告，基本梳理了房山金陵的布局面貌。其选址依山为陵、四面环山、相对密

---

① 冯永谦：《辽东京道失考州县新探——〈辽代失考州县辨证〉之一》，《辽金历史与考古》第一辑，辽宁教育出版社，2009 年。

② 周家璧：《阿城县白城略考》，1937 年。

③ 王春蕾、张建华：《完颜阿骨打陵址的调查与分析》，《中国文物报》2000 年 7 月 19 日 3 版。

④ 许子荣：《金太祖完颜阿骨打陵址》，《黑龙江文物丛刊》1983 年 4 期。

⑤ 景爱：《金上京》，三联书店，1991 年；《金中都与金上京比较研究》，《中国历史地理论丛》1991 年 2 期。

⑥ 北京市文物研究所：《北京金代皇陵》，文物出版社，2006 年。

闭；帝陵主陵区坐北朝南，以神道为中轴线，两侧建筑对称分布，金太祖睿陵、太宗恭陵、德宗顺陵三陵并排而处，位于最北制高点[①]。三陵规模之小、间隔距离之近在历代帝王陵中罕见，笔者分析认为符合其二次迁葬陵的特点，其房山金陵在陵寝选址、葬制、随葬品等方面都保留了较多女真民族的传统特色[②]。此外，发掘报告对金建国前的十帝陵、后陵坤厚陵以及诸王兆域的范围也都做了调查和推断。笔者初步绘制了金陵诸陵区之间的布局示意图，以帝陵主陵区为中心，分布在东北——西南走向的环形山脉的山峪之中[③]。2017年北京市文物研究所又组织对金陵石门峪陵区进行了再次调查，认为石门峪陵区属于金陵诸王兆域的可能性更大[④]，尚待进一步的考古发掘工作以证实。

Forty Years of Research on the Archaeology of the Liao and Jin Dynasties in China (Part I)

Ding Lina   Wei Jian

Abstract: As a result of the reform and opening up of China, during the last forty years, northern cultural groups such as the Khitan and the Nüzhen increasingly attracted the attention of the academic community, and many breakthroughs were made in the archaeology of the Liao and Jin Dynasties. A growing number of archaeological discoveries have shown that cultural exchange between the Liao and Jin and the Central Plains was a dynamic process of interaction occurring both ways. This article departs from the characteristics of cities, imperial mausoleums, tombs, handicraft industry and buddhist archaeology, divided chronologically in two parts. The authors summarize archaeological discoveries and studies on the Liao and Jin periods. The historical evolution of the Liao and Jin cultures is replaced in the pluralistic process of integration that eventually leads to the formation of the Chinese nation.

Keywords: reform and opening up; Liao archaeology; Jin archaeology; discovery and research

---

① 北京市文物研究所：《北京金代皇陵》，文物出版社，2006年。
② 丁利娜：《中都金陵背后汉文化与游猎文化的融合》，《中国社会科学报》2014年10月22日。
③ 丁利娜：《试析金代中都皇陵的布局特点》，《北方民族考古》第8辑，科学出版社，2019年。
④ 北京市文物研究所：《北京金陵石门峪陵区2017年考古调查简报》，《北方文物》2019年4期。

吉林省西部几处辽金遗存年代问题再探讨

孟庆旭

（吉林省文物考古研究所，长春，130033）

内容摘要：本文详细梳理了近年来吉林省西部地区发掘的辽金遗址，对孙长青遗址的遗迹进行了层位上的梳理，并对其各自的出土遗物进行对比研究，认为孙长青遗址年代为辽代早中期。对金家遗址早期台基和晚期房址进行了分析，通过对各自出土遗物的对比研究认为金家遗址年代为辽代中晚期及辽末金初。对仕家子遗址F1和F2进行了分析对比，通过对地层中遗物对比认为仕家子遗址的房址属于金代遗存。对长岭县蛤蟆沁墓葬进行了形制对比研究和出土遗物对比研究，综合分析认为蛤蟆沁墓葬年代为辽代。

关键词：辽代；金代；陶器；地层学

吉林省西部地区是嫩江平原和科尔沁草原的连接地带，也是内蒙古高原进入东北平原的交通走廊，嫩江、洮儿河、霍林河等河流流经境内，在辽代，设长春州管辖该区域，治所在今洮北区德顺乡城四家子古城，金代，改为泰州，辽金之际的一系列政治军事行动皆与该区域相关，因此，在吉林省西部地区留下了众多的辽金时期遗存。

近年来，吉林省文物考古研究所等单位对该区域的辽金时期遗存展开了大规模的考古发掘和研究工作，发掘研究的对象既有如城四家子城址这样的大型州城，也有如永平遗址这样的宗教建筑址，同样不乏如孙长青遗址这样的普通聚落址。然而，仔细梳理这些发掘资料，不少遗址的年代确认上存在着或多或少的问题。

一、孙长青遗址

2009年，吉林省文物考古研究所为配合珲乌高速建设对孙长青遗址进行了发掘清理，"孙长青遗址位于吉林省白城市洮北区平安镇一心村孙长青屯北侧100米处的耕地中，遗址分布面积较大"[①]。发掘者根据出土遗物对比判断孙长青遗址年代为金代。

---

① 吉林文物考古研究所、白城市文物管理所等：《吉林省白城市孙长青遗址发掘简报》，《北方文物》2010年4期，41页。

仔细审视孙长青遗址的发掘资料可知，该遗址虽然受破坏较严重，但是仍然保存了部分文化层和开口层位明确的遗迹。该遗址最早的遗存为开口于二层下的K3、K4两个遗迹，其次为第二层文化层，最晚的遗迹为开口于一层下的H1、H2、H3、K1和G1等遗迹，由于第二层文化层有受破坏缺失现象，所以，不排除上述遗迹单位开口地层更早的可能。

简报中可见的最早两个遗迹单位K3与K4出土遗物仅有K3发表了3件，分别为铁钉、多孔器和1件陶盆。铁钉与多孔器暂无法判断年代，K3出土的陶盆为泥质灰褐陶，侈口圆唇，上腹内折呈束颈状，下腹斜直。腹部有三周条带状滚压篦纹。此类陶盆，在内蒙古巴林右旗塔布敖包M1[①]以及辽宁喀左王悦墓[②]出土过类似的折腹陶盆，但折腹均不如孙长青K3陶盆明显，上述墓葬时代为辽代早中期，敖汉旗白塔子辽墓[③]出土的折腹盆形制与巴林右旗塔布敖包M1及喀左王悦墓出土的陶盆形制一致，唯其折腹平滑不明显，敖汉旗白塔子辽墓为辽代晚期墓葬，由此可见，此类折腹盆演变趋势为折腹由明显向不明显转变。因此，孙长青K3所出的陶盆折腹明显呈束颈状，其年代应该不晚于内蒙古巴林右旗塔布敖包M1以及辽宁喀左王悦墓的陶盆。也即，孙长青遗址的最早期遗存，其年代可以早至辽代早中期（图一）。

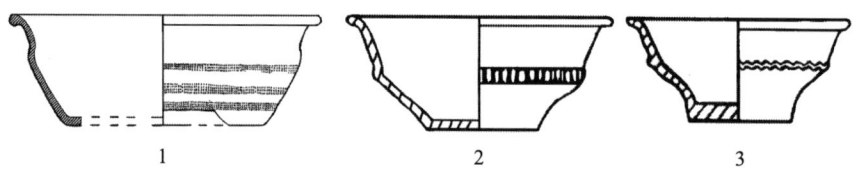

图一　孙长青遗址出土陶盆对比图
1.孙长青遗址K3　2.辽宁喀左王悦墓　3.巴林右旗塔布敖包M1

孙长青遗址简报中晚期遗迹共5个，发表了遗物2件，一件是出土于G1的陶器底部，为大凹底结构，凹底结构常见于辽代的早中期陶器，另一件是出土于G1的陶罐标本，直口卷沿高领，此类高领罐，还见于查干乌苏墓[④]和巴扎拉嘎墓[⑤]。查干乌苏墓的高领罐，桥梁先生认为其属于高领罐的晚期形态，其年代早于与陈国公主墓接近的西窑村墓[⑥]。巴扎拉嘎墓的高领罐，宋雨晗先生认为其"出现于辽早期，中期沿用"[⑦]。由此可

---

① 齐晓光:《巴林右旗塔布敖包石砌墓及相关问题》,《内蒙古文物考古文集》,中国大百科全书出版社,1997年,454～461页。

② 辽宁省博物馆文物队:《辽宁喀左县辽王悦墓》,《考古》1962年9期,479～483页。

③ 敖汉旗文化馆:《敖汉旗白塔子辽墓》,《考古》1978年2期,119～121、154～155页。

④ 苗润华:《内蒙古巴林右旗查干乌苏辽墓》,《辽海文物学刊》1995年2期,20～25页。

⑤ 苏日泰:《科右中旗巴扎拉嘎辽墓》,《内蒙古文物考古》1982年2期,64～68页。

⑥ 乔梁:《契丹陶器的编年》,《北方文物》2007年1期,33～43页。

⑦ 宋雨晗:《东北地区契丹——辽陶器初探》,吉林大学2015年硕士学位论文,46页。

见，此类高领罐的年代应属于辽代早中期，不会晚至金代（图二）。

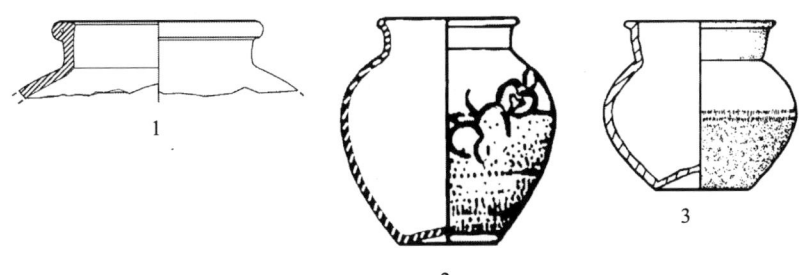

图二　孙长青遗址出土陶罐对比图
1. 孙长青遗址　2. 查干乌苏墓　3. 巴扎拉嘎墓

孙长青遗址文化层及其他遗迹中出土的陶器多饰篦纹，盆类陶器皆平折沿，罐瓮类陶器口沿多实心、内卷或有明显折棱，未见金代的大卷沿特征，因此，其出土陶器时代也应为辽代，且部分器物通体饰篦纹，各类器物的篦纹形态多样，并不统一，反映了早期纹饰特点。

遗址出土的瓷器多为东北窑口的粗白瓷，胎体粗糙，釉色不纯，多为支烧法烧制，内底可见较大的椭圆形支烧痕迹，多数器物外壁施半釉，少量瓷器还施有化妆土，反映了瓷器烧造工艺的进步和年代上的差异，总体来看，孙长青遗址出土的瓷器多为赤峰缸瓦窑产品，施用化妆土的瓷器应是其中晚期产品。总体年代上应都属于辽代。

由此可见，孙长青遗址早期遗存内出土遗物的年代可以到辽代早期，晚期遗存内出土的遗物时代上亦属于辽代，并且多属于辽代早中期，其他地层及遗迹内出土的遗物也属于辽代，并无典型的金代遗物，因此，孙长青遗址的年代应该修正为辽代遗址，且其大部分遗存应该属于辽代早中期。

二、金家遗址

"金家遗址位于吉林省白城市洮北区三合乡金家村六队东北约 1 千米处"[①]。2009 年，吉林省文物考古研究所为配合珲乌高速公路建设对遗址进行了发掘，清理出土了大量遗迹遗物，发掘者根据出土遗物的对比研究认为，金家遗址的年代为金代，同时还提到，金家遗址地层堆积简单，各单位出土遗物具有很大相似性，是一处同一时期单一文化堆积的遗址。

然而，文章中又提到 F1 房址垫土层中的滴水瓦与 1 号建筑址废弃堆积中所出的瓦

---

① 吉林省文物考古研究所：《吉林省白城市金家金代遗址的发掘》，《边疆考古研究》第 12 辑，科学出版社，2012 年，63 页。

件形制相同,并认为F1年代晚于1号建筑址,两处描述有前后矛盾之嫌。金家遗址文化层堆积仅有第②层一层,清理出的遗迹有TJ1、F1、F2、G1、G2和H1~5共计10个单位。除H5开口于第①层下外,其余遗迹均开口于第②层下或起建于②层下的生土上。简报中并未提及H5的其余信息,无法判断其时代。金家遗址其余遗迹有如下的打破关系,G1打破G2,H3打破F2,虽然上述单位除G1外均未出土有明显时代特点的遗物,但是也足以说明金家遗址并非只存在一个时期的文化遗存。

上文提到的F1晚于TJ1的相关信息,查阅F1出土的相关遗物,发现其出土的矮领陶罐F1:37与东辽县尚志窑址①出土的陶罐形态一致,尚志窑址原报告认为其年代为金代晚期,有人根据近年新出土材料对比研究认为其出土的"陶盆口沿均为平折沿,少部分有微下卷迹象,其风格均为辽末金初"②。且F1内出土的白釉瓷碗外壁半釉,内底有支烧痕迹,其风格特点亦为辽末金初,其余出土器物也没有明显金代中晚期特征,出土的铜钱中最晚为圣宋元宝,不见更晚时代的钱币,因此,F1的年代应该为辽末金初。

TJ1出土遗物以建筑构件为主。建筑构件中以瓦当的研究讨论最多,最容易判断其时代特征,金家遗址TJ1出土的瓦当有两类,一类是乳钉纹瓦当,另一类是兽面纹瓦当,两类风格迥异的瓦当很难同时出现在同一建筑上,因此TJ1可能经过不同时期的使用或修缮。

金家遗址TJ1出土的乳钉纹瓦当中心为一颗凸起的较大的乳钉,其外侧为一圈凸棱,再外围为16枚乳钉环绕,最外侧为一周凸棱。此类瓦当形态为更早期的莲花纹瓦当简化而成,东北地区莲花纹瓦当盛行于渤海时期,其后鲜见,辽金时期瓦当纹饰多为兽面纹,因此。此类瓦当的使用年代应该早于遗址内的兽面纹瓦当。

金家遗址TJ1出土的兽面纹瓦当兽面结构紧凑,髭须浓密飘逸,外侧无圆周状凸棱,直接围绕以一周乳钉纹,此类瓦当还见于白城城四家子城址2013~2014年发掘清理的建筑台基早期遗存③,以及内蒙古巴林右旗罕山辽代祭祀遗址F4④。内蒙古右旗罕山辽代祭祀遗址F4的年代为辽代中期,城四家子城址建筑台基早期建筑遗存的年代为辽代晚期,金家遗址出土的同类兽面纹瓦当时代当与此二者接近。其乳钉纹瓦当年代要早于兽面纹瓦当,因此,金家遗址TJ1的使用年代当为辽代中晚期(图三)。

同时TJ1出土的檐头板瓦及建筑饰件风格形态与城四家子城址建筑台基早期遗存及

---

① 唐洪源:《吉林东辽县尚志金代窑址的清理》,《考古》2004年6期,92~96页。

② 孟庆旭、赵里萌:《吉林省中部辽金遗存探讨》,待刊。

③ 吉林省文物考古研究所、白城市文物保护管理所等:《吉林白城城四家子城址建筑台基发掘简报》,《文物》2016年9期,1、39~55页。

④ 内蒙古自治区文物工作队:《内蒙古巴林右旗罕山辽代祭祀遗址发掘报告》,《考古》1988年11期,1002~1014、1062页。

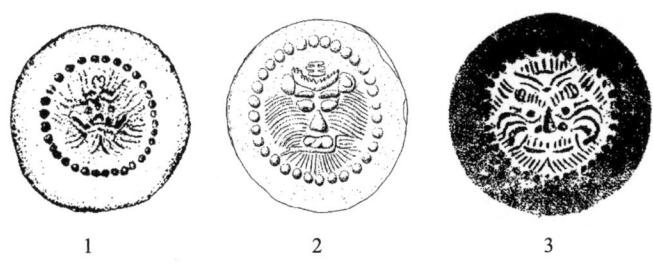

图三　金家遗址兽面纹瓦当对比图
1. 金家遗址　2. 城四家子城址　3. 巴林右旗罕山

白城永平遗址①出土的遗物风格形态一致，永平遗址大型建筑址年代亦为辽代晚期。金家遗址根据其出土的人物塑像及彩绘来看，其性质应为寺庙建筑，与城四家子城址建筑台基及永平遗址建筑址性质一致，唯其规模等级较小，同时，三者不仅时代性质相类，在其周围均修建有时代稍晚的小型房屋类建筑，此类现象成因值得注意。

三、仕家子遗址

双辽市仕家子遗址位于"吉林省双辽市王奔镇光明村稍户屯西北小清河左岸台地南坡上"②。2008 年为配合大广高速公路建设吉林省文物考古研究所对遗址进行了抢救性考古发掘，发掘清理出大量遗迹遗物，因发掘区域受限及受晚期遗存影响，发掘者未对遗址年代进行明确界定。

仕家子遗址清理出的遗迹主要为房址、灶、灰坑及灰沟。其中灰坑和灰沟内均出土有晚期的青花瓷片，其时代当为晚清民国时期。遗址出土的遗物中尚有不少具有辽金时期风格的陶瓷器标本，因此，需考虑遗址中是否有辽金时期的遗迹。

遗址除灰坑外还清理出土房址两座，虽然 F1 房址内堆积也出土了晚期青花瓷片，但是考虑到遗迹本身已被破坏，并未保留墙壁等可界定房址范围的遗迹，也未保存有居住面，因此，无法界定房址内堆积和普通地层堆积，简报中所提的房内堆积并不能认定为房址使用堆积，而应该是遗址的普通地层堆积，其出土的晚期遗物与房址本身无关。且 F1 又被晚期的灰坑所打破，因此，F1 的年代应该重新考虑。

房址 F2 也同样被破坏，但是尚存留有曲尺形火炕烟道，烟道数量较少，两座房址的火炕烟道结构与双辽电厂贮灰场③辽金时期房屋火炕结构一致，其时代上应该相近。

---

① 吉林省文物考古研究所：《白城永平辽金遗址 2009～2010 年度发掘报告》，科学出版社，2015 年，42 页。

② 李光日、顾聆博：《吉林双辽仕家子遗址发掘报告》，《东北史地》2009 年 5 期，8～13、97 页。

③ 吉林省文物考古研究所，四平市文管会办公室等：《吉林双辽电厂贮灰场辽金遗址发掘简报》，《考古》1995 年 4 期，325～337、388 页。

因此，这两座房址年代应该为遗址早期的辽金时期遗存。

仕家子遗址地层内出土有各类卷沿双耳罐口沿残片及卷沿深腹盆标本，其风格特征与前郭塔虎城①金代城址内出土陶器风格相类，其时代当为金代，遗址内的早期遗迹 F1 与 F2 时代当与地层中的早期遗物年代一致，也即都属于金代遗存，因此，双辽仕家子遗址发掘清理出的早期遗存年代应为金代。

四、蛤蟆沁墓葬

2016 年，吉林省文物考古研究所对长岭县太平川镇蛤蟆沁村西南的一处受破坏砖室墓进行了抢救性发掘，发掘显示，该墓葬"为小型砖室墓，即先挖好土坑，后于坑内砌筑砖室，地表未发现有封土迹象"②。墓葬由墓道、甬道、墓门和墓室构成，墓道平面呈梯形，斜坡式阶梯状，甬道为砖砌穹庐状，墓门未封堵，墓室为穹庐顶，底部铺砖，墓室西部有砖砌棺床。清理出土有各类遗物 23 件，发掘者根据遗物对比研究认为墓葬年代为金代早期。

吉林省西部地区发掘清理的带斜坡墓道的辽金时期砖室墓数量不多，主要有吉林双辽高力戈辽墓群 M1③，吉林双辽农场辽墓④，吉林通榆同发辽墓⑤，吉林通榆团结辽墓⑥，吉林镇赉乌鸦山辽墓 M2⑦，吉林前郭查干吐莫辽墓⑧，吉林前郭茅山辽墓⑨，吉林白城城四家子城址城北辽墓 M2⑩等数处，这些墓葬的年代均为辽代。蛤蟆沁墓葬的斜坡式阶梯墓道形制与、前郭查干吐莫 M7 及白城城四家子城址城北辽墓 M2 相近，且城四家子

---

① 吉林省文物考古研究所、吉林大学边疆考古研究中心：《前郭塔虎城 2000 年考古发掘报告》，科学出版社，2017 年，75~86 页。

② 吉林大学考古学院、吉林省文物考古研究所等：《吉林长岭县蛤蟆沁金代砖室墓发掘简报》，《北方文物》2019 年 2 期，19~25、2 页。

③ 吉林省文物考古研究所：《吉林双辽县高力戈辽墓群》，《考古》1986 年 2 期，138~146 页。

④ 王建：《吉林双辽县发现两座辽墓》，《考古》1983 年 8 期，753、754 页。

⑤ 吉林省文物工作队：《吉林同发辽墓》，《考古》1985 年 7 期，668、669 页。

⑥ 吉林省文物工作队：《吉林通榆县团结村辽墓》，《考古》1984 年 9 期，859~861 页。

⑦ 吉林省文物考古研究所：《吉林省镇赉县乌鸦山村发现两座辽墓》，《北方文物》2011 年 4 期，14、15 页。

⑧ 吉林省文物考古研究所：《吉林前郭查干吐莫辽墓发掘》，《边疆考古研究》第 3 辑，科学出版社，2005 年，348~379、395~403 页。

⑨ 何明、马洪：《吉林前郭茅山辽墓》，《考古》1988 年 7 期，670、672 页。

⑩ 吉林省文物考古研究所、白城市洮北区文物管理所：《吉林白城市城四家子古城北发现三座辽代墓葬》，《文物春秋》2019 年 2 期，40~44 页。

城北辽墓 M2 同样在近墓门的填土内发现有陶瓷器碎片。其方形券顶墓室带砖铺棺床的结构亦与双辽高力戈辽墓 M1，同发辽墓结构一致。多人合葬现象还见于镇赉乌鸦山村辽墓 M2 和通榆团结辽墓。因此，从墓葬形制上看，蛤蟆沁墓葬的特征均能在周边区域辽代墓葬中找到，从墓葬形制上说无法判断其为金代墓葬。

蛤蟆沁墓葬虽然经过现代盗扰，但墓葬所在区域并未有其他时期文化层，因此，可以确定其出土的遗物虽经过现代扰乱，但是仍然属于该墓葬。墓葬中出土钱币 3 枚，2 枚开元通宝，1 枚皇宋通宝，无晚至金代的钱币。出土的瓷器为东北窑口的施有化妆土的粗白瓷，一件内底有支烧痕迹，其时代不晚于辽末金初。墓葬内出土的陶器一件为直口圆唇类器物与辽宁朝阳林四家子辽墓 M1 内陶罐形态一致，与金代卷沿类陶罐风格迥异。墓葬内出土的另一件陶器为平折沿圆腹类陶器，与辽宁朝阳龚祥墓[①]出土的陶盆形态一致，龚祥墓墓志记载墓主卒于辽乾统四年（1104 年），蛤蟆沁墓葬内的带口沿陶器年代均为辽代，其出土的陶器底部部分内凹亦是辽代陶器特点，还有部分器物上存有篦纹，亦是辽代陶器的风格，因此，从墓葬内出土的器物来看，蛤蟆沁墓葬的年代应定为辽代（图四）。

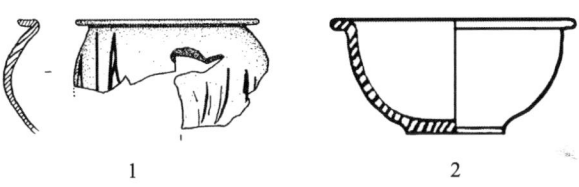

图四　蛤蟆沁墓葬出土陶盆对比图
1. 蛤蟆沁墓葬　2. 朝阳龚祥墓

2017 年，吉林省文物考古研究所为配合双嫩高速公路建设曾经对蛤蟆沁村附近进行过考古调查，在前蛤蟆村西发现一处辽代遗址，遗址面积较大，命名为前蛤蟆沁遗址，该遗址位于蛤蟆沁墓葬东约 2 千米处，该墓葬或即前蛤蟆沁遗址辽代居民墓葬。

由此可以看出，上述吉林省西部地区遗存年代以辽代为主，部分遗迹金代沿用，大型建筑址多为辽代所建，金代遗存以普通的房屋建筑为主，金代遗存的时代多为中晚期，这与历史上金代初期全力南下经营中原，世宗朝又重新重视东北腹地的发展的大趋势一致。该区域金代早期遗存较少，但是并非空白区，值得注意的是在双辽电厂贮灰场[②] Ⅰ 区房址 F3 内的居住面上出土一枚"建炎通宝"钱，说明该房址使用年代至少已经进入金代。该遗址内出土部分陶器有直口、圆唇、平折沿等特征，少量陶器带有篦纹，无金代大卷沿特征，瓷器亦多支烧，属辽末金初风格，可以认为该遗址部分遗存有

---

① 尚晓波：《辽宁省朝阳市发现辽代龚祥墓》，《北方文物》1989 年 4 期，28～31 页。
② 吉林省文物考古研究所、四平市文管会办公室：《吉林双辽电厂贮灰场辽金遗址发掘报告》，《考古》1995 年 4 期，325～337、388 页。

金代初期遗存，这部分遗物风格无明显变化，因此，该遗址部分遗存应属于金代初期的契丹人遗存。

吉林省西部地区辽金遗址众多，在辽金时期各个族群混杂居住，在文化面貌上亦比较接近，因而早年的考古工作对于具体的年代属性往往含糊不清，以辽金时期笼统称之，各发掘资料不加以辨明即互相对比引证，更加剧了这种年代上的模糊。随着城四家子城址、塔虎城、永平遗址等一批新材料的公布，为我们提供了新的有确切年代证据的资料，使我们有了重新梳理先前辽金遗存年代可能。但也应该注意到，还有更多的辽金时期遗存，尤其是墓葬资料，由于出土器物较少，或带有时代特征的器物较少，因而无法判定其具体年代，仍然笼统地以辽金时期称之，有待于进一步的研究讨论。

Further Discussion on the Dating of Liao and Jin Period Sites in Western Jilin Province

Meng Qingxu

Abstract: In this paper, the Liao and Jin period sites excavated in recent years in the western part of Jilin Province are reviewed in detail. The excavated structures and stratigraphy of the Sun Changqing site are sorted and analyzed, and the unearthed material is considered in a comparative approach. It is believed that the Sun Changqing sites date back to the early and middle period of the Liao Dynasty. The early stage foundations and the late stage buildings of the Jinjia site are analyzed, and the unearthed material is attributed to the middle and late Liao Dynasty and the early Jin Dynasty. The F1 and F2 structures of the Shijiazi site are analyzed together with artifacts found in the stratum, and dated back to the Jin Dynasty. A comparative study of the tombs in Changling County and the unearthed material was also carried out, and the tombs dated back to the Liao Dynasty.

Keywords: Liao Dynasty; Jin Dynasty; Pottery; Stratigraphy

哈拉和林遗址出土瓷器及相关问题

郝柯羽

（郑州大学历史学院考古学系，郑州，450001）

内容摘要：本文初步整理了哈拉和林城内出土的元代瓷器，推定了瓷器产地和输入都城的途径与路线，并探讨了瓷器在元人生活中所扮演的角色。哈拉和林遗址出土的瓷器有助于了解当时的制瓷业水平、商贸往来、交通运输和社会风俗等状况。

关键词：哈拉和林；瓷器产地；传布路线；元人生活

哈拉和林是大蒙古国时期，窝阔台于太宗七年（1235年）在漠北建立的第一座都城，都城遗址内出土了大量元代的瓷器。苏联考古学者叶弗楚霍娃（Евтюхова，哈拉和林的发掘者之一）最早对这些瓷器进行了介绍，并初步探讨了其工艺特征和窑口归属[1]。但这批材料尚未引起国内陶瓷考古界的关注，加之时代原因，原发掘者的研究尚存在值得继续探讨的地方。故笔者不惴简陋，在前人学者的研究基础之上重新梳理了这些瓷器，并对相关问题进行了初步探讨，不当之处，尚祈指正。

一、哈拉和林出土瓷器概述

哈拉和林是第一座蒙元都城，遗址位于今蒙古国中部前杭爱省的哈拉和林苏木内。都城由外城和宫殿两部分组成，外城平面呈不规则长方形，南北长1500米，东西长580~1120米[2]。宫殿区，即窝阔台汗兴建的"万安宫"，位于外城西南角，南北、东西范围都是260米[3]。

瓷器主要出土于被研究者称为"十字路口上的房屋"的外城中央的第一发掘区，其

---

[1] Л.А.Евтюхова: Древнекитайская керамика из Каракорума. СА，1959年3期。
[2] 白石典之、袁靖：《日蒙合作调查蒙古国哈拉和林都城遗址的收获》，《考古》1999年8期，86~91页。
[3] 白石典之、魏坚：《蒙元四都记之一——窝阔台的哈剌和林》，《文物天地》2003年10期，5~9页。

性质为城内的工商业区①。据发掘者统计,带釉瓷片总计8325块,包括淡蓝釉3845块、黑釉1546块、深蓝釉1016块、褐釉595块、青釉176块、灰釉87块、黄釉8块等②。其中以钧窑产品最多,其次为磁州窑③。通过梳理,可以判断哈拉和林出土瓷器种类主要有:白地黑花瓷、剔花瓷、划花瓷、青釉瓷、黑釉和褐釉瓷、红绿彩瓷、钧釉瓷、绞胎瓷、青花瓷和青白釉瓷等。器类以日常生活用器为大宗,少量陈设观赏类和祭祀用器。此外,在城西南角的宫殿区和东城门外也出土少量瓷片,种类与上述第一发掘区内出土物基本一致。

二、瓷器的类型与产地

哈拉和林出土的瓷器种类基本涵盖了元代瓷器的主要品种。这些瓷器的产地包括河北、河南、山西、陕西、浙江、江西等多个地区。窑口主要涉及磁州窑、钧窑,景德镇窑、耀州窑、定窑等。现择要简述如下,并对特征明显的瓷器进行产地推定。

(一)白地黑花瓷

图一 磁州窑白地黑花龙纹四系瓶
(复原图)
高70厘米 复原后口径10~12厘米
底径12~15厘米
采自[苏]C.B.吉谢列夫等著、孙危译:
《古代蒙古城市》,彩版一四,
商务印书馆,2016年

白地黑花瓷是磁州窑类型瓷器的常见品种,也是哈拉和林常见的瓷器品种之一。从造型来看,主要有碗、盘、罐、瓶、壶等,种类比较单一,但数量很大。纹饰多为花草纹,也有龙凤、鱼藻、诗文、花鸟等纹饰。工艺以绘画为主,兼以划、剔等手法。如出土的白地黑花四系瓶,其中一件高达70厘米,其颈部对称分布四系,腹部瘦长,器身有数条龙纹,其间夹杂云纹(图一)。另有一件白地黑花罐,方唇、直颈、圆腹、高圈足,器身褐彩绘弦纹和草叶纹。这类四系瓶和罐在彭城窑窑址均能找到同类器物,应是该窑产品无疑④。而一些纹饰简单的白地黑花瓷和剔花瓷的具体产地则很难确定,但可以肯定大部分属于河北南部(彭城窑和观台窑)、河南中部和北部(扒村窑、

---

① C.B.吉谢列夫著,孙危译:《古代蒙古城市》,商务印书馆,2016年,138、181页。
② 前揭《古代蒙古城市》,182页。
③ 前揭 Древнекитайская керамика из Каракорума. CA,1959年3期。
④ 穆青:《彭城窑元代白地黑花瓷器的艺术特色》,《中国古陶瓷研究》第11辑,紫禁城出版社,2005年,244~255页。

曲河窑、鹤壁集窑、当阳峪窑等），以及山西中部和南部（介休窑）等地窑口的产品。

（二）钧釉瓷

在元代，钧釉瓷的生产已经扩展到北方广大地区，不仅在河南的安阳、鹤壁、郏县等地有生产，在河北的磁县，山西的浑源和介休等地也有烧造[①]。据称，钧釉瓷是哈拉和林遗址中出土量最大的瓷器品种[②]。造型主要为碗、盘、碟、盏等日用器皿。如出土的一件钧釉瓷盘，敛口、斜直壁、圈足，内外满釉，底部露胎，釉色蓝中泛灰（图二）。关于这些钧釉瓷的产地，一部分来自中原地区，可能是河南中部或北部、河北南部和山西南部等地区窑场的产品。另一部分，据发掘者称产自当地，原因是"由我们在清理瓷窑时发现的残次品来证实的"[③]。但从公开图像资料无法判断窑炉和所烧产品情况，因此尚不能确定这些钧釉瓷是否为哈拉和林当地烧造。若是，则无疑对研究钧窑瓷器的产地分布及其差别提供了新的线索。但从出土数量可以看出，当时哈拉和林民众对中原地区所产钧釉瓷较为青睐，故可能有仿制行为。研究者认为哈拉和林城中应该有来自中国的制瓷工匠，这些人是作为俘虏被强制带到这里[④]。

图二　钧釉盘
前揭《古代蒙古城市》，彩版九，出土于第一发掘区 MH2 地段的第九层

（三）青　釉　瓷

哈拉和林遗址中出土的青釉瓷器种类多，数量大。器型多见碗、盘、碟、罐、高足杯等，也有笔洗、盏托、瓶。龙泉窑的碗、盘类器物多于内壁底采用模印贴塑或划刻花卉图案等方式进行装饰。如哈拉和林出土的青釉双鱼纹盘残片（图三），盘内壁贴塑模印成型的双鱼，这与龙泉窑东区窑址出土物类似[⑤]。另外，根据发掘者描述，应该有耀州窑青瓷[⑥]。可见，这些青釉瓷器主要产自浙江龙泉窑和陕西耀州窑。还有一些胎质较

---

① a：中国硅酸盐学会编：《中国陶瓷史》，文物出版社，1982年，332页。
　 b：权奎山：《简论钧窑系形成的过程》，《中原文物》1999年3期，59~65页。
② 前揭 Древнекитайская керамика из Каракорума. CA，1959年3期。
③ 前揭《古代蒙古城市》，182页。
④ 同②。
⑤ 浙江省文物考古研究所：《龙泉东区窑址发掘报告》，文物出版社，2005年。
⑥ 同③，209页。

粗，釉色灰暗的青灰釉瓷器，则可能产自附近窑场。

（四）青花瓷

哈拉和林发现的青花瓷大部分为残片，器型有碗和玉壶春瓶，可观察到的纹饰包括龙纹、海水纹、荷塘鸳鸯、蕉叶，花卉纹等。如青花龙纹碗，撇口，深腹，圈足，在碗口沿内部饰一周卷草纹，碗心绘云龙纹[①]（图四），这与1970年北京旧鼓楼大街元代窖藏出土的景德镇窑青花龙纹碗一致。哈拉和林出土的青花瓷，从造型和纹饰风格等方面来看，与集宁路窖藏以及元大都遗址出土物基本一致。通过检测，元大都出土的青花瓷是景德镇窑的产品[②]。故哈拉和林出土的青花瓷也应是江西景德镇窑的产品，只不过发现数量较少。

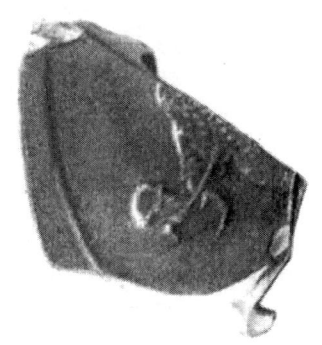

图三　龙泉窑鱼纹盘

前揭《古代蒙古城市》，彩版一八，编号2741
（出土于第一发掘区MH10地段的第九层）

图四　青花龙纹碗

采自萨仁毕力格：《蒙古帝国首都哈剌和林》，
内蒙古师范大学硕士论文，2007年

（五）青白釉瓷

据哈拉和林古城发掘者称，其中出土了景德镇窑的影青瓷，这类瓷器釉色青白，口沿部分很薄，其中包括几件模印纹饰的碗和瓶类，如有一件碗的内壁和底部模印花卉纹饰[③]。总体来说，哈拉和林出土的青白釉瓷数量不多，但在同为元代都城的元大都，青白瓷出土量很大，器型包括碗、盘、杯、匜、壶、造像等。如在北京阜外大街出土的水月观音像、安定门外元大都遗址出土的刻牡丹纹双耳扁壶、乳钉刻莲纹三足炉、饕餮纹双耳三足炉等，均是这一时期青白釉瓷器的典型代表。这类青白釉瓷器的产地如上述青

---

① 转引自萨仁毕力格：《蒙古帝国首都哈剌和林》，内蒙古师范大学历史文化学院，2007。
② 郭演仪、陈尧成：《元大都发掘的青花和影青瓷》，《考古》1982年1期，96～102页。
③ 前揭《古代蒙古城市》，211～212页。

花瓷一样，均产地江西景德镇窑。①

（六）白釉瓷与黑釉瓷

白釉瓷和黑釉瓷是哈拉和林古城中出土数量较多的瓷器品种，其器型主要为碗、盘、罐、瓶、盆等生活用具，大多无纹饰。根据胎质和烧造水平的差别，可以大致将其分为粗瓷和细瓷两类。其中出土的细白瓷主要为定窑、磁州窑和景德镇的卵白釉产品。至于黑釉瓷，有黑釉、黑釉褐花和黑釉划花等多种类型。如哈拉和林出土的黑釉划花罐（图五）、黑釉褐彩碗等，都属于胎质细腻，制作精致的黑釉瓷器。绝大多数粗瓷的具体产地都不清楚，只能推测为河北、山西或内蒙古等北方地区的窑场所烧，也有可能是都城附近的本地窑场制品。

图五　黑釉刻花罐
前揭《古代蒙古城市》，彩版二一，编号 390（出土于第一发掘区 M7 地段的第十一层）

（七）其　　他

除上述品种外，哈拉和林古城中还发现一些特征明显，但出土量极少的瓷器品种，这对于了解元代瓷器制造业的整体面貌以及产品的流布情况同等重要。如红绿彩盘（图六）、发掘者认为其年代为宋代②。但据秦大树等人研究，这种风格的瓷器在北方地区的磁州窑系窑场中有广泛烧造，如观台窑、八义窑、鹤壁集窑、鲁山段店窑、扒村窑、淄博窑等，其产生年代应在金代中后期③。哈拉和林出土红绿彩瓷的确切产地尚难考证，但其年代应在金元时期。还出土一种蓝釉釉下黑色彩绘的瓷器品种，被称为"翠蓝釉"或"孔雀蓝釉"（图七）。据分析，这种釉色的瓷器大约在蒙古时期到元初（13世纪后半），在北方的磁州窑、山西中南部和焦作地区创烧，并迅速发展④。哈拉和林和元大都遗址所出的翠蓝釉产品应产自上述地区。另外，在哈拉和林还发现有绞胎瓷。

虽然这些种类的瓷器发现数量都很少，但体现了当时瓷器制作的多元化特点，以及南北制瓷业的发展水平和产品流布态势。同时，这些产自河北、山西、河南、浙江、江西等地区的瓷器集聚于此，也体现了都城商业贸易的繁盛。

---

① 前揭《元大都发掘的青花和影青瓷》。
② 前揭《古代蒙古城市》，196 页。
③ 秦大树、马忠理：《论红绿彩瓷器》，《文物》1997 年 10 期，50~65 页。
④ 秦大树：《试论翠蓝釉瓷器的产生、发展与传播》，《文物世界》1999 年 3 期，59~67 页。

图六　红绿彩盘
前揭《古代蒙古城市》，一二，
编号 6（出土于第一发掘区 Л11 地段的第八层）

图七　翠蓝釉炉
前揭《古代蒙古城市》，彩版一六，编号 687
（出土于第一发掘区 Л10 地段的第八和第九层之间）

三、瓷器的输入方式及路线

哈拉和林地处漠北草原，大量生活用瓷需依靠贸易输入。元灭金和南宋后，实现全国统一，客观上促进了南北经贸往来。当时中原和南方的物资运往北方地区主要通过陆运、漕运和海运这三种途径，瓷器贸易也应是经此完成。

元初，江南物资北运，主要是利用隋代开凿的运河。这条航线是"自浙西涉江入淮，由黄河逆水至中滦旱站，陆运至淇门，入御河，以达于京"[①]。该路线，水陆并用，曲折绕道，极不方便。因此，元朝政府先后开凿和修治了通惠河、通州运粮河、御河、会通河、济州河，一直和南方原有的运河相连接，海河、黄河、淮河、长江、钱塘江五大水系，相互贯通[②]。江南的货物便可通过大运河直抵元大都。此外，朝廷先后于至元十九年（1282年）、二十九年（1292年）、至元三十年（1293年）开辟了3条海运航线。其起始点均从刘家港（今江苏太仓）出发入海，终点抵达京师附近海域，进而转入元大都[③]。为南北贸易往来，提供了便利条件。哈拉和林出土的浙江龙泉窑青瓷、江西景德镇窑的青花瓷、青白釉瓷等与江苏、山东、河北、北京等运河沿线地点发现的同类产品在风格上总体一致，推测这些瓷器在很大程度是通过运河或海运输入元大都，再经由大都转运到上都、哈拉和林等其他北方草原地区。由此可见，都城作为消费地的同时，也是商品集散地。

对于大量中原和北方地区瓷窑产品来说，由于距离都城较近，输入都城的方式应是水陆兼运。例如在河北磁县南开河旧道发现的元代沉船中，共发现瓷器379件，多数出

---

① 宋濂：《元史》，中华书局，1976年，2364页。

② 陈高华、史卫民：《元代大都上都研究》，中国人民大学出版社，2010年，82页。

③ 前揭《元史》，2365、2366页。

于一号船，除少数几件龙泉窑和景德镇窑瓷器外，其余均为磁州窑类型产品。报告者推测，一号船可能是由观台县驶出，沿漳河顺流进入南开河[1]。这可能是运往元大都的货船在途中因故沉没。就陆路而言，元朝政府在行省下设置的"路"一级的行政机构和驿站制度在商贸往来中起到了中转作用。如大同路、丰州路、集宁路、净州路等都是商品经济发达的贸易重镇。而驿站在"通达边情，布宣号令"[2]的同时，还肩负着为商人往来提供住宿和商品交易场所等便利条件的功能。从哈拉和林出土瓷器与内蒙古集宁路古城出土瓷器[3]的类型与风格对比来看，二者面貌完全一致。而集宁路古城正是大都进入漠北草原地区的必经道路之一。这也充分证实在瓷器贸易中，以集宁路为代表的重要商贸城镇在南北方瓷器经大都、上都中转后分散到哈拉和林和其他漠北地区的过程中发挥着重要作用。而哈拉和林也是漠北地区最重要的商贸集散地，是上都、集宁路等重要城市交通路线的汇集地，通过哈拉和林可以向更远的北方和西方地区输出货物。

而哈拉和林出土的一些山西北部、陕西等地生产的瓷器，由于距离哈拉和林或上都更近，可能不再通过大都中转，而是直接运达。

四、瓷器与元人生活

某一时期的陶瓷器能够在一定程度上反映当时人们的审美倾向和社会风俗特点。下文试图探讨瓷器在元人生活中的一般应用，由于能够确定蒙古人墓葬的材料非常有限，因此这里的元人不区分族属。

哈拉和林是当时世界上著名的商业城市，东西方商人汇聚于此，互通有无。据法国传教士鲁不鲁乞记述哈剌和林"城里有两个区，一个是萨拉森（伊斯兰）人区，市场就在这区内，许多商人聚集在这里"[4]。可知城中心区域在当时应该密集分布着商铺和手工业作坊。考古发现在哈拉和林城中心的十字街直到东门的道路两侧出土了大量的陶瓷器和钱币[5]。这些地点出土的陶瓷器应是供人们日常使用或商品贸易。

除哈拉和林之外，元大都、元上都，包括全国各地元墓、窖藏、窑址中出土了大量元代瓷器，这为我们探讨瓷器在元人生活中的功能提供了翔实资料。但出土瓷器只能说明当时人们使用过瓷器的种类，无法展现和复原人们使用瓷器的生活场景。令人欣慰的是，大量历史文献与图像资料在一定程度上可以使我们了解元人在某些特定的场景中使

---

[1] 朱金升：《河北磁县南开河村元代木船发掘简报》，《考古》1978年6期，30~41、79~82页。

[2] 前揭《元史》，2583页。

[3] 内蒙古自治区文物考古研究所：《内蒙古集宁路古城遗址出土瓷器》，文物出版社，2004年。

[4] 《鲁不鲁乞东游记》；道森编，吕浦译，周良霄注：《出使蒙古记》，中国社会科学出版社，1983年，203页。

[5] 前揭《古代蒙古城市》，139页。

用瓷器的状况。

在元人生活中，瓷器主要用作饮食器、储藏器、观赏器、祭器等。但相同造型的器物，在不同场合中可以具备不同的功用。如饮食所用碗盘亦可当作供奉神灵或祖先时的祭祀用具，桌几上的储物器同时具备实用和观赏两种功能。

日常生活中，用作饮食器和储藏器是瓷器的主要功能。饮食器中以盘、碗、杯、盏等为常见。元人诗云："上窑瓷器钉肴馔，长生木瓢行酒浆"[1]，"小阁红炉暖似春，白瓷瓶矮泻香醇"[2]。形象地描绘了使用瓷器盛装佳肴美酒的画面。文人刘祁《归潜志》："座中有定瓷酒瓯，因为联句，先子首唱云：'定州花瓷瓯，颜色天下白'，诸公称之"[3]。详细地记载了定窑白瓷作为酒器的情况。元墓壁画中常有表现备酒宴饮的题材，其中瓷器作为饮食器和储藏器往往同时出现。如山西兴县元至大二年（1309年）墓壁画绘备酒图[4]，画面中有一长桌，桌上置玉壶春瓶、荷叶盖罐、大碗等。桌边有三侍从正在备酒，其中一女子手持玉壶春瓶正往大碗里斟酒，而两个荷叶盖罐应是储酒容器。在河北涿州元至顺二年（1331年）壁画墓[5]侍奉图中可以看到大量用来储藏酒或其他物品的大罐。在陕西蒲城县洞耳村[6]、山西屯留县康庄村[7]、内蒙古赤峰市元宝山[8]等地的元墓壁画中都大量表现了瓷器作为饮食器和酒具的用途。图像中的器具在考古中多有同类出土，在哈拉和林发现不少用来储存液体或其他物品的罐、壶、梅瓶等，如白地黑花四系瓶、双系罐；元上都附近墓葬中出土的梅瓶、钧釉瓶、黑釉罐[9]；元大都出土的磁州窑系龙纹罐[10]、白地黑花龙凤纹四系扁壶等[11]。这些器物在当时大多作为储藏之用。

除了喝酒，饮茶也是元人生活中的重要部分。元杂剧常言"早晨起来七般事，柴米油盐酱醋茶"[12]。元人马祖常诗云："太官汤羊厌肥腻，玉瓯初进江南茶"[13]。可见，茶

---

[1] 陈镒：《午溪集》卷七，文渊阁四库全书本集部五。

[2] 舒頔：《贞素斋集》卷七，文渊阁四库全书本集部五。

[3] 刘祁：《归潜志》卷八，中华书局，1997年，91页。

[4] 韩炳华、霍宝强：《山西兴县红峪村元至大二年壁画墓》，《文物》2011年2期，2、41~47、99页。

[5] 徐海峰、刘连强：《河北涿州元代壁画墓》，《文物》2004年3期，3、42~60页。

[6] 《陕西蒲城洞耳村元代壁画墓》，《考古与文物》2000年1期，16~21、48页。

[7] 杨林中、王进先、李永杰：《山西屯留县康庄工业园区元代壁画墓》，《考古》2009年12期，39~46页。

[8] 项春松：《内蒙古赤峰市元宝山元代壁画墓》，《文物》1983年4期，42~48、99、104页。

[9] 魏坚：《多伦县砧子山西区墓地》，《元上都》，中国大百科全书出版社，2007年，328~585页。

[10] 元大都考古队：《北京西绦胡同和后桃园的元代居住遗址》，《考古》1973年5期，17~23、71~74页。

[11] 马希桂：《简论元大都遗址出土的瓷器（下）》，《收藏家》2005年8期。

[12] 臧晋叔：《元曲选》，中华书局，1958年，1321、1335、1425页。

[13] 马祖常：《石田先生文集》，中州古籍出版社，1991年，151页。

是"上而王公贵人之所尚，下而小夫贱隶之所不可缺"①。山西大同市元代冯道真墓壁画中的备茶图，为我们展现了当时日常所用茶具的基本种类。壁画中方桌上放置茶具，包括3个倒扣相叠的茶盏、3个相摞的盏托、1个贴有"茶末"标签的盖罐，以及茶筅、煮水器具等。桌旁站立一道童，右手端一茶盏和盏托②。这种成套的茶盏和盏托在北京市旧鼓楼大街元代窖藏曾出土两套青花盏和配套盏托③，顺义④、平谷⑤等地元墓中出土的和壁画中白瓷盏造型一致的茶盏。元代大量出现白瓷和青白瓷茶盏，反映出饮茶方式逐渐改变。宋代点茶、斗茶的茶色皆尚白。⑥蔡襄在《茶录》中论述："茶色白，宜黑盏，……其青白盏，斗试家自不用"⑦。宋徽宗在《大观茶论》中进一步明确表明："盏色贵青黑，玉毫条达者为上，取其焕发茶采色也"⑧。在此推动下，深色茶盏大肆流行，尤其是建窑所烧"兔毫"盏成为当时名品。而到了元代，饮茶方式发生了转变。前代"点茶"和"煎茶"之风虽依然盛行，但"煮茶芽"的方法日益流行起来⑨。元曲云："石鼎内烹茶芽，瓦瓶中添净水"⑩，"有客来，汲清泉，自煮茶芽"⑪。煮茶芽所出茶色多为青绿色，故用浅色盏能使茶色显得清白净透。

除作为实用器外，瓷器在元人生活中常被用作陈设观赏器。元人诗云"敲冰自换瓷瓶水，浸取梅花仔细看"⑫、"玉蕊花开触处芳，瓷瓶安顿细平章"⑬。可见，文人常用瓷瓶插花作为点缀空间的装饰品。如西安韩森寨元至元二十五年（1288年）墓，南壁墓门两侧各绘一长颈花瓶，瓶内插荷花、莲蓬等花卉。在该墓西壁侍宴图中绘有一高腿方桌，桌上放置一方形花瓶，内插几只红珊瑚⑭。除了这类花瓶之外，一些造型或纹饰精

---

① 王祯：《王祯农书》，中华书局，1956年，164页。

② 大同市文物陈列馆：《山西省大同市元代冯道真、王青墓清理简报》，《文物》1962年10期，34~46页。

③ 元大都考古队：《元大都的勘查和发掘》，《考古》1972年1期，20~29、73~75页。

④ 张智勇、冯双元、安喜林等：《北京顺义新城第五街区元墓发掘简报》，《北京文博文丛》2017年2期，59~62页。

⑤ 于璞、韩鸿业、杨科明：《北京平谷河北村元墓发掘简报》，《文物》2012年7期，36~48页。

⑥ 沈冬梅：《茶与宋代社会生活》，中国社会科学出版社，2015年，77页。

⑦ 蔡襄：《茶录》，中华书局，1985年，4页。

⑧ 朱自振、沈冬梅：《中国古代茶书集成》，上海文化出版社，2010页。

⑨ 史卫民：《元代社会生活史》，中国社会科学出版社，1996年，154页。

⑩ 隋树森：《全元散曲》，中华书局，1964年，114页。

⑪ 前揭《元曲选》，1677页。

⑫ 傅璇琮：《全宋诗》第二版，北京大学出版社，1995年，44414页。

⑬ 前揭《全宋诗》，42079页。

⑭ 西安市文物保护考古所：《西安韩森寨元代壁画墓》，文物出版社，2004年，26~30页。

美的贮藏器有的直接放置在桌几之上，可见它们在储物的同时也起到一定的装饰效果。如哈拉和林出土的元代青花玉壶春瓶（残片）、北京后桃园元代居址出土的一对钧窑连座瓶[①]等，应当是生活中的陈设观赏类器物。

元人祭祀祈福活动中所用祭器中也通常包括陶瓷祭器。《元史·祭祀一·郊祀上》载皇室祭祀所用器物分为八等，其中："三曰笾豆登俎。青瓷牲盘一。五曰牲齐庶器。毛血盛以豆，或青瓷盘，六曰香祝。从祀而下，香用沉檀降真，鼎用陶瓦[②]。"又《祭祀五·宣圣》："陶器三，瓶二，香炉一。"[③] 在一些地方学校、家族祠堂等场所也常配备陶瓷祭器。《至正四明续志》中记载奉化州儒学学堂内有瓷祭器"香炉花瓶一副（青瓷器），大香炉花瓶一副，廊炉八个。"[④] 该州医学堂祭祀场所三皇殿内有瓷祭器"大香炉一个，花瓶一副，小香炉九个。"[⑤] 可见，无论在皇室还是民间的祭祀用器中都包括一些陶瓷祭器，并且有青睐青瓷器的倾向。从出土材料来看，有一些墓葬直接在墓室内置供案，案上摆放陶瓷祭器。如西安曲江至元五年（1339年）张弘毅及夫人墓，M6张弘毅墓室南部东西两侧各有一供案。西侧供案上置青瓷碗、碟和陶扁壶、三足炉。东侧供案上置白瓷玉壶春瓶、青花瓷匜、白瓷单耳杯及白瓷盏和盏托三套。M5张弘毅夫人墓，供案位于墓室南侧正中，供案上放置陶匜、单耳杯、盏托、盘等[⑥]。江西萍乡一处元代窖藏出土的瓷器中有一件青花带座香炉，炉底露胎处墨书"宗位"二字。[⑦] 这些随葬品具有明确的供祀性质。在哈拉和林、元上都和元大都的考古中都曾发现与上述壁画和墓葬中的香炉、高足杯、瓶同样或相似造型的陶瓷器物。

此外，有元朝一代，统治者修建了大量寺院、教堂等宗教活动场所。当时哈拉和林有"十二座属于各种不同民族的异教徒的庙宇，两座伊斯兰教寺院，一座基督教的教堂"等宗教建筑。哈拉和林城内出土的一件翠蓝釉香炉底部墨书："天长观蓍住"，表明该件器物为道观里的供器。元上都"亦有广大寺院，其大如一小城"[⑧]。按照至元二十八年（1291年）管理全国佛教事务的宣政院统计，"天下寺宇四万二千三百一十八区"[⑨]。

---

① 元大都考古队：《北京西绦胡同和后桃园的元代居住遗址》，《考古》1973年5期，17～23、71～74页。

② 前揭《元史》，1798、1799页。

③ 同②，1893页。

④ 宁波市地方志编纂委员会整理：《宋元四明六志》（七），宁波出版社，2011年，403页。

⑤ 前揭《宋元四明六志》（七），437页。

⑥ 张小丽、朱连华、赵晶：《西安曲江元代张达夫及其夫人墓发掘简报》，《文物》2013年8期，27～48页。

⑦ 肖一亭：《萍乡市发现元代青花瓷器等窖藏文物》，《南方文物》1986年1期，46～48页。

⑧ 马可·波罗著，冯承钧译：《马可·波罗行纪》，上海书店出版社，2001年，175页。

⑨ 同②，354页。

显示了当时佛教的发展规模。除了香炉、瓶等礼佛供器外，还有一些佛造像也是瓷质的。如1955年北京西城区定阜大街西口出土的元代影青瓷观音塑像①、1966年北京昌平区出土的龙泉窑青釉释迦牟尼佛坐像和骑犼观音菩萨像，不仅是当时人们供祀祈福的对象，也是罕见的瓷器艺术珍品。

以上我们探讨了瓷器在元人生活中扮演的角色，但表现的均为瓷器在民间生活中的功用。至于蒙元宫廷内如何使用陶瓷器，以及皇室贵族对陶瓷器的使用是何态度，同样值得究明。遗憾的是，我们目前尚未发现确切表现蒙元宫廷生活中使用瓷器的图像资料。因此，只能通过文献与考古材料进行推断。元朝宫廷养生著作《饮膳正要》中常提到以"净磁器""大磁瓮"、"新磁瓶"等来储存药膳材料，这是宫廷使用瓷器作为储藏器的实例。②该书还提到宫廷中"御膳必须精制，所职何人，所用何物。进酒之时，必用沉香木、沙金、水晶等盏。斟酌适中，执事务合称职"③。《元史》舆服志记载："主服御者凡三十人，携金盆伊人，由左；负金椅一人，由右。携金水瓶、鹿卢一人，由左；执巾一人，由右。捧金香球二人，捧金香合二人，皆分左右行。捧金唾壶一人，由左；捧金唾盂一人，由右。执金拂四人，执升龙扇十人，皆分左右行。④"可见宫廷中日常生活器皿多由名贵材料制作而成，陶瓷器则多作为储藏器，并不被他们直接接触。甚至，贵族高官使用瓷器作为日常用具会被认为清正廉洁。如大臣何荣祖"身至大官，而僦第以居，饮器用青瓷杯。中宫闻之，赐以上尊，及金五十两、银五百两、钞二万五千贯，俾置器买宅，以旌其廉。⑤"由此可见，瓷器可在当时很可能不被统治者看重，甚至认为是清贫的表现。此外，前文中提到皇室祭祀所用的"青瓷器、陶器"等，但从数量和使用频率来说，只是其他材质礼器的补充，并不占重要地位。也许正如台湾学者施静菲所言："以蒙古人为首的皇室、贵族和高级官员偏好使用贵重、珍贵的材质（金、银、珍贵玉石、漆器等）来制作饮食器皿和其他用品，瓷器相对来说，似乎得不到蒙元宫廷的特别青睐"⑥。

五、结　　语

综上所述，哈拉和林古城中出土的瓷器品种丰富、产地多元，南北方瓷窑产品均有

---

① 张宁：《记元大都出土文物》，《考古》1972年6期，25~31页。

② 忽思慧：《饮膳正要》，人民卫生出版社，1986年，52、57、62页。

③ 前揭《饮膳正要》序，13页。

④ 前揭《元史》，2006页。

⑤ 同④，3956页。

⑥ 施静菲：《蒙元宫廷中瓷器使用初探》，《台湾大学美术史研究集刊》2003年15期，169~203、299页。

发现，几乎囊括了元代瓷器的主要种类。这些瓷器从产地通过海运、水运和陆路输往哈拉和林，显示了元代发达的交通网络和商业贸易的繁盛。瓷器在一般阶层的元人生活中应用广泛，从宴饮、储藏到观赏、祭祀等，都扮演着重要角色。而对于蒙元皇室贵族而言，在宫廷生活中则更青睐于其他贵重材料所制用器，对瓷器则不甚重视。

总之，哈拉和林城内出土的瓷器虽然只是其物质文化遗存的一部分，但能够在一定程度上折射出当时人们的生活状况、社会风俗和城市商贸繁荣程度。对都城遗址出土陶瓷器进行相关研究，既是都城考古发掘的应有之意，也是深化陶瓷考古研究的些许尝试。

A Discussion on the Porcelain Unearthed in the Karakorum Site

Hao Keyu

Abstract: Based on the porcelain unearthed in the Yuan-period city of Karakorum, this paper investigates the routes along which the porcelain is taken from its place of production to the capital, and the role of porcelain in the life of people in the Yuan period. The porcelain unearthed in Karakorum is helpful to understand the level reached by the porcelain industry, trade and transportation at that time, and the related social customs.

Keywords: Karakorum; porcelain production; porcelain transportation; Yuan period; social customs

叶尔盖尼丘陵古代墓葬

玛丽亚·敖其尔·戈尔亚耶娃、
奥列弗列德·哈斯诺维其·哈列科夫[1] 著　桑仁青格里[2] 译
（1. 俄罗斯科学院鞑靼斯坦考古研究所、喀山国立大学，喀山；
2. 中国人民大学北方民族考古研究所，北京，100872）

内容摘要：《叶尔盖尼丘陵古代墓葬》发掘报告于2016年在俄罗斯的喀山出版，作者为玛丽亚·敖其尔·戈尔亚耶娃和奥列弗列德·哈斯诺维奇·哈列科夫。本书介绍了位于俄罗斯联邦卡尔梅克共和国境内的5处古墓葬群，5处古墓葬群分布于黑海北部的叶尔盖尼丘陵地带。作者从1991年至2007年对其进行了考古发掘，出土的大量器物包括陶器、青铜器、铁器、骨制品等。墓葬年代包括青铜时代、铁器时代、萨尔马泰时期以及金帐汗国时期。全书共分为8个章节，本译文节选第2章节萨达Ⅰ区墓葬群的2组库尔干墓地进行介绍。本发掘报告对了解黑海北部——伏尔加河流域考古学文化的基本面貌具有重要学术价值。

关键词： 俄罗斯考古；卡尔梅克；库尔干；青铜时代；铁器时代；金帐汗国

一、《叶尔盖尼丘陵古代墓葬》专著简介

《叶尔盖尼丘陵古代墓葬》作者为玛丽亚·敖其尔·戈尔亚耶娃（М.А.Очир-Горяева）和奥列弗列德·哈斯诺维其·哈列科夫（А.Х.Халикова）。玛丽亚·敖其尔·戈尔亚耶娃1959年出生于俄罗斯联邦卡尔梅克共和国，1988年毕业于列宁格勒大学历史学院考古系，获历史学博士学位。现任俄罗斯鞑靼斯坦共和国科学院考古研究所史前考古部研究员、考古领队，兼任俄罗斯科学院卡尔梅克研究中心首席研究员。发表学术论著百余篇，代表作有《欧亚草原上的古代骑士》（莫斯科，2012年）等。奥列弗列德·哈斯诺维其·哈列科夫1929年出生于俄罗斯联邦鞑靼斯坦共和国，历史学博士，喀山国立大学教授，发表多篇与鞑靼人相关的历史著作。

《叶尔盖尼丘陵古代墓葬》发掘报告于2016年在喀山出版，全书共有8个章节、九篇附录。第一章，介绍位于卡尔梅克共和国北部偏西的玛利杰日别特Ⅱ区墓群（Мальe

Дербеты-Ⅱ）；第二章和第三章分别介绍位于卡尔梅克共和国北部偏西的萨达Ⅰ区（Садовое-Ⅰ）和萨达Ⅱ区墓群（Садовое-Ⅱ）；第四章介绍了位于埃利斯塔市东北部的工业区墓群（Промзона）；第五章和第六章分别介绍位于卡尔梅克共和国西北部的哈日祖哈Ⅰ区和Ⅱ区墓群（Хар-Зуха-Ⅰ-Ⅱ），哈日祖哈蒙古语意为黑色的火炉；第七章介绍位于埃利斯塔市东南部1990年发掘的乌兰祖哈墓群（Улан-Зуха），乌兰祖哈蒙古语意为红色的火炉；第八章介绍其后发掘的乌兰祖哈Ⅰ区墓群（Улан-Зуха-Ⅰ）。

叶尔盖尼丘陵是卡尔梅克共和国一个重要的区域，南北长350千米，东西宽20～50千米，海拔160～211米。最高点叶尔盖尼丘陵南部的夏勒德山（Шаред）高于海平面222米，其沿子午线方向延伸到伏尔加格勒区的东曼尼奇河谷，是顿河和伏尔加河流域的分水岭，属低洼盆地—高原丘陵，地形复杂，山沟和峡谷纵横。叶尔盖尼丘陵为温带大陆性气候，气候较为温和，降雨量较大，每年大约有300毫米降雨量。因此，地表面形成了许多河流，地下水资源也相当充足，滋养了各类灌木，正是这些环境条件对人们安定的生活方式起到至关重要的作用。

叶尔盖尼丘陵古墓葬数量达数百座，延绵数公里，山脊上可以看见两，三条有规律呈链状分布的墓葬群。有的库尔干（有高大封堆的墓葬称作库尔干）封堆高度达3～5米，卡尔梅克人称之为"克里敏托勒盖"（Кермен Толга），蒙古语意为墙头。1968～1970年，У.Э.额尔德尼（У.Э.Эрдниевым）在伊克布鲁勒区（Ики-бурул）发掘的库尔干墓葬，其高度达到了9米，直径约130米。

本专著介绍了在上述5个墓群中发掘的27处库尔干，共包含了94个墓葬。其中属于青铜时代中期的墓葬居多，有15处库尔干的57座墓葬，占总数的61%，平均每个库尔干包含3.8座墓葬。另有1处库尔干（工业区Промзона墓群的4号库尔干）是属于从青铜时代向早期铁器时代过渡阶段。此外，属于萨尔玛特时期（сарматское）的库尔干有4处，金帐汗国时期的库尔干有4处。纪念型库尔干有3处，出自哈拉祖哈（Хар-Зуха）墓群。发掘的铁器时代早期和中世纪墓葬共有24座，另12座墓葬因遭到破坏而无法测定年代。其中哈拉祖哈墓群（Хар-Зуха）2号库尔干的一座墓葬，经过考古调查证实属于现代。

根据年代学研究，库尔干中最早的竖穴墓文化遗存出现于属于同时期的迈科普文化（майкопской）晚期，为公元前3400～前3000年，延续至公元前2300年，大约存在1000年左右。根据研究，竖穴墓文化分为早期竖墓穴文化（公元前3400～前3000年）、中期竖穴墓文化（公元前3000～前2350年）和晚期竖穴墓类型（公元前2600～前2300年）3个阶段（Шишлина，2007. С.288）。

二、《叶尔盖尼丘陵古代墓葬》节译：第二章萨达Ⅰ区墓群

萨达Ⅰ区墓群位于萨达村（Садовое）以北3.6千米的叶尔盖尼丘陵山脊处。山脊

由西北向东南方向延伸，南侧坡度相当陡峭，止于一条名叫"泽勒敏"（Зелмень）的草原河流。"泽勒敏"河环绕山脊流动最终注入湖泊。库尔干墓群位于山脊东端丘陵的最高点，稍偏东南。墓群所在山地开始为缓坡，随后相当陡峭，平行于山脊的山谷中的一个小型湖泊，由"泽勒敏"河汇集形成。埃利斯塔—伏尔加格勒汽车公路穿过山脊，墓群的1号库尔干距离公路500~600米，与公路之间有一片树林。2号库尔干位于1号库尔干以东100米处。沿着这条山脊往东还有四个大小差不等的库尔干封丘，这里我们只讨论库尔干墓群1号库尔干和2号库尔干（图一）。

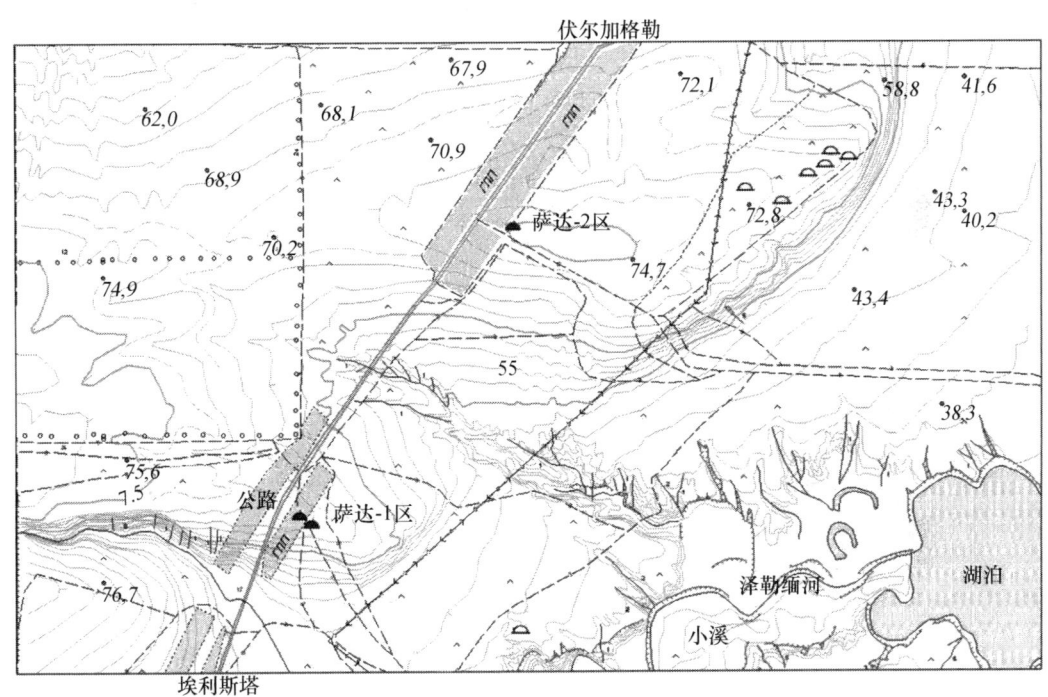

图一　萨达Ⅰ区、Ⅱ区库尔干墓地位置示意图

（一）1号库尔干

位于库尔干墓群最西边。封土呈规则的半球形，地表上层是均匀的草皮。南北直径22米，南部高度92厘米，北部高度82厘米。封土北坡比南部稍陡，南北两侧留有壕沟迹象，南部的壕沟宽约5~6米。库尔干表面被啮齿类动物大量挖掘破坏。封土正中开南北向探沟一条，形成东、西两个剖面。

1. 东侧剖面

第 1 层：封土的最顶层是 5~7 厘米厚的植被层，北部植被层较厚，可到 10 厘米。第 2 层：植被层下方是一层块状红土结构，被称作冻结层。在这层堆积北部 0.75~1.75 米处发现一种轮廓清晰的块状黏土，厚度达 20 厘米。在整个库尔干中，冻结层的深度实际可以达到墓葬填土。第 3 层：大陆层中包含一种黑色均匀黏土，在整个剖面上显得异常清晰。在墓葬土层剖面还发现了一层很长很厚的浅灰色沙壤土，没有挖掘的痕迹。墓葬的腐殖土夹层厚度达到 10 厘米，这在半荒漠草原区域认为是最大的，应该注意的是，现代植物层的厚度通常很少达到 10 厘米。

库尔干剖面中心最高点 0 坐标向北 760~1300 厘米处是一口大底小的梯形状壕沟，宽约 6 米，壕沟最深处距坐标点 136 厘米，距离原地表深 36~46 厘米。填充物是一种深色的均匀黏土。

2. 西侧剖面

第 1 层：上层是 7~10 厘米厚的植被层，北部的边缘区更厚一些。第 2 层：植被层下面是一层均质红黏土或称作冻结层，各种土色混合的堆积。库尔干剖面中心最高点坐标向北 3 米和向南 3 米处为一种松散的土质结构，堆积厚度达到 40 厘米。库尔干的冻结层实际达到了墓葬土壤层。第 3 层：在大陆层整个剖面有种非常清晰的深色均质黏土。整个墓葬层剖面有种很长很厚的浅灰色沙壤土，该层厚 5~10 厘米。0 坐标向北 5、深度 140 厘米处的墓中发现了一小片大陆层黄沙，最大厚度 15 厘米。这个位置的堆积被啮齿类动物的洞穴严重破坏。0 坐标向北 2 米处堆积有一块红色黏土碎块，尺寸约为 20 厘米×10 厘米，它的上部由一层古腐殖质覆盖。0 坐标向北 130 厘米处有同样的黏土碎块，呈相反的状态，其下层为腐殖质。大陆层被库尔干唯一的墓葬 1 打破形成墓葬开口，开口为 0 坐标向南 5~265 厘米处。0 坐标南 30~260 厘米处发现深色和浅色混合的薄带状黏土层，呈半圆的弧形两端向上，夹层轮廓大致呈漏斗状，上部直径为 220 厘米，下部直径 80 厘米，只有在一定的光线下才能清楚地看到夹层的黏土。在发掘时，墓坑下部土层没有发现痕迹，好像这些都是位于墓葬上部的痕迹。从剖面两侧看，有一层包含多种颗粒结构的堆积层，在中心发现了一个存在很久的漏斗形坑，周期性地被雨水淹没，随后被彻底填平。在库尔干顶端的凹陷部分上部没有发现迹象，已经注意到土丘为规则的球形（图二）。

3. 墓葬

位于库尔干西部，剖面范围为 0 坐标向北 5 厘米至 0 坐标向南 265 厘米。边缘为 0 坐标向北 2 米至 0 坐标向南 4 米之间。清理墓坑周边后，在墓葬上方清理出不规则的长方形墓圹，尺寸为 260 厘米×220 厘米，墓圹对角线为正南正北向。墓坑在两个层位上

叶尔盖尼丘陵古代墓葬

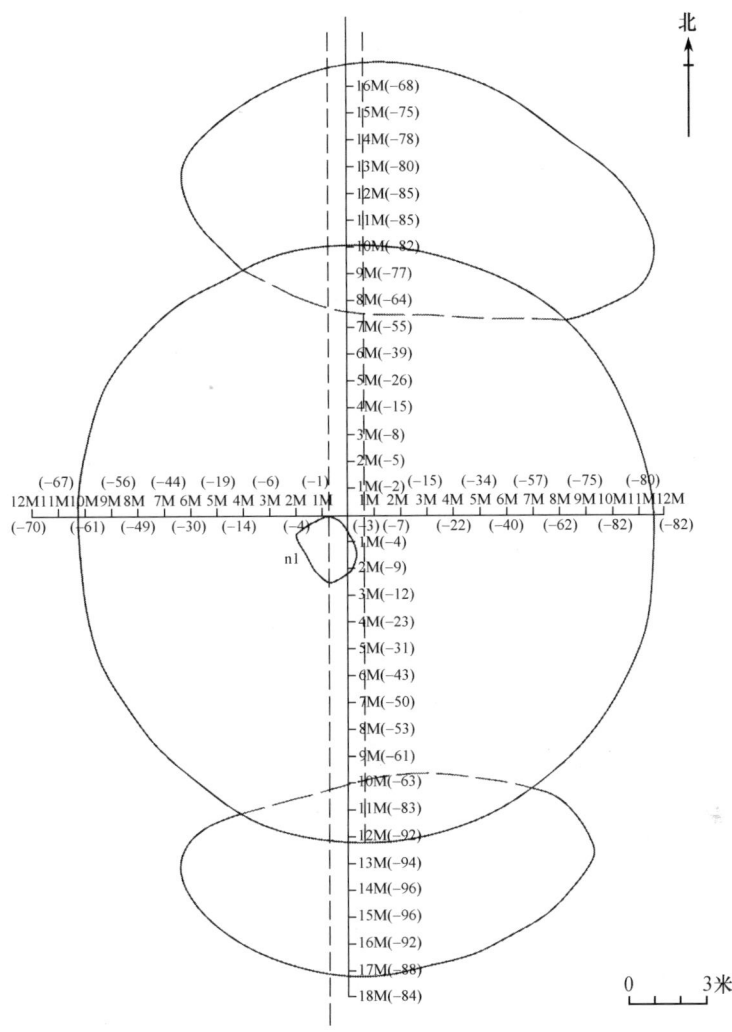

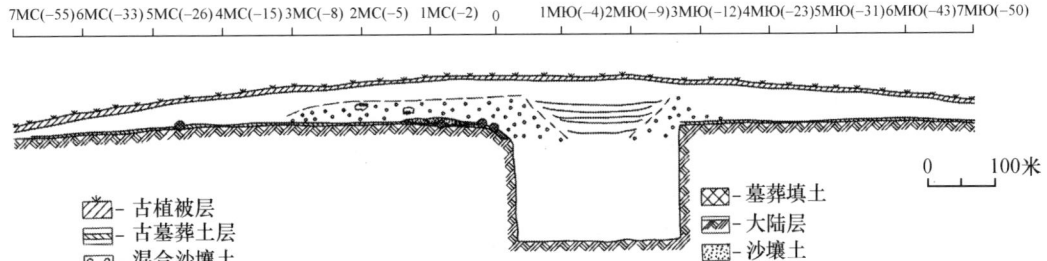

图二　萨达Ⅰ区1号库尔干平面、西侧剖面图

非常清晰：在西边的壕沟北侧圆角处保留了一层很厚的墓葬土壤，填土松散，容易挖掘。然而，为了追踪带状黏土，在坑的中心挖掘深度为1米的剖面，深处仍有松散的填土，因此在整个区域继续挖掘扩大墓坑范围。打掉坑壁后可以清楚地看到长220厘米，宽184厘米的长方形墓坑。坑的南端偏北。距离墓葬土壤层20厘米的深度，发现小块木质残片和人的尺骨和桡骨。在0坐标至149厘米和84厘米深度的早期水平层发现灰陶钵的残片。从库尔干基点到墓坑底部总深度220厘米。墓葬被破坏，人骨的位置完全混乱，在坑的中心发现翻转放置的人头骨。人骨其余部分都发现于墓坑边缘，好像它们被站在中心的人撒开一样。在东南角发现左腿股骨和灰陶钵的残片。沿着西壁不同层位发现许多遗骨和遗物，即：铁剑的残片，小块铁制品碎片（马衔？）和一些灰陶钵和灰陶碎片。沿着东壁东南角发现7块水平放置的木板残片，按轮廓猜测出它们的尺寸：长约90厘米，宽约13厘米。在木板南部边缘处发现矩形的白灰物碎片，中心有圆形凹槽。此外，在墓坑的中间，发现了烧毁的树和平行于墓坑中心的另一块木板的残片，板的延伸部分长40厘米，宽10厘米，残余的木块面积30厘米×40厘米，我们认为是小堆篝火的残余物。绘制完水平1层，清理1层所有的骨骼和器物残片后，经过进一步发掘，已经到墓坑底部，清理了在那里发现的骨骼和器物，墓坑底部尺寸略有缩小，形成长210厘米，宽170厘米，形状规则的长方形。在0坐标至232厘米深度（墓坑深度158厘米），墓坑的西北角发现未扰动的人骨的脚掌和脚趾骨。墓主人被埋置在方形墓坑的对角线上，头部朝向东南。此外，沿着坑的北壁，保留着腐烂的木板，在足骨后部有50厘米长，5厘米宽的板沿着坑的长轴放置。在已经描述过的木板的西边，在北壁中心发现长25厘米，宽10厘米的木板残片，其下方为两块长15厘米，宽8厘米的板。在坑壁最北端附近发现了五块木板的残段，沿着坑壁放置。在东北角，沿着东墙到北部末端也发现了木板。在清理水平1层时，在它上面发现了白桦树皮的碎片，很有可能是从木板未剥皮的部分而来。同样在北壁中心的西侧也发现了桦树皮碎片。白桦树皮很薄，仅集中在木板周围，根据出土位置推测，不是作为一种覆盖物的形式放置，重叠的木板应该来自没有剥皮的白桦树干。在东北角木板之间还清理出篝火残余与烧焦的木头碎片。尽管墓葬遭到了严重的破坏，但还是发现了相当数量和各种类型的器物（图三）。

4. 出土器物

墓葬中的陶片原出自两个分离的水平层和墓坑底部，进行了分类粘合之后，发现它们属于6个容器，但均已经残破。另有铁器、骨器、装饰品和羊骨及其他残件出土。

陶壶　颈部细长，敞口，仅存底部和颈部，口部由陶片拼合而成，灰陶，不可完全复原。口径10、底径12、残高14厘米（图四，1）。

陶壶　颈部细长，敞口，颈部有凹槽，器表有网格纹，灰陶，无法完整拼合复原（图四，2）。

陶钵　敛口，斜腹，小底内凹，壁厚，有残缺，可拼合可复原。夹砂灰陶，陶胎中

叶尔盖尼丘陵古代墓葬

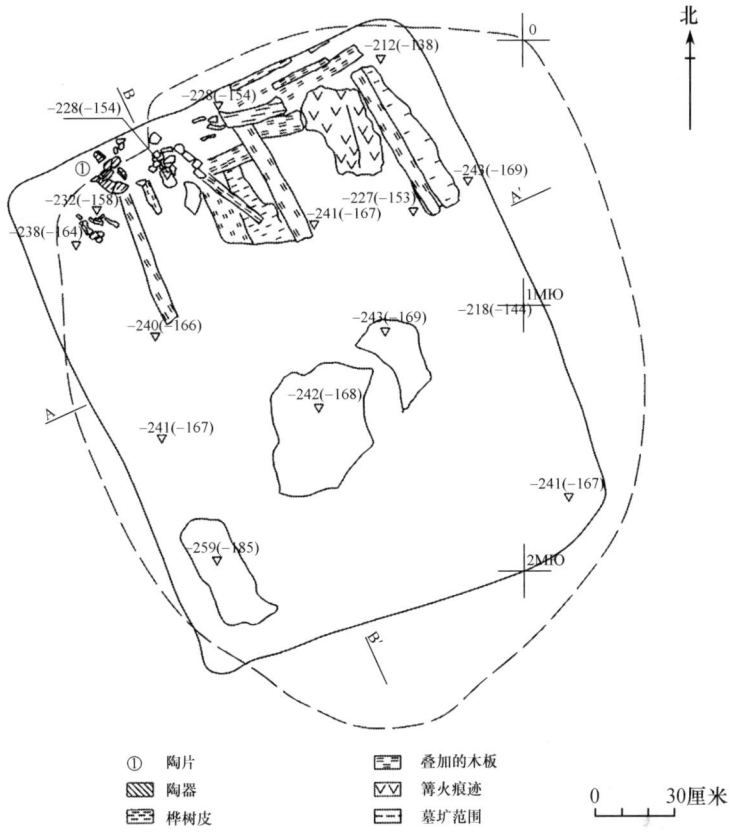

① 陶片　　　　　叠加的木板
　陶器　　　　　篝火痕迹
　桦树皮　　　　墓圹范围

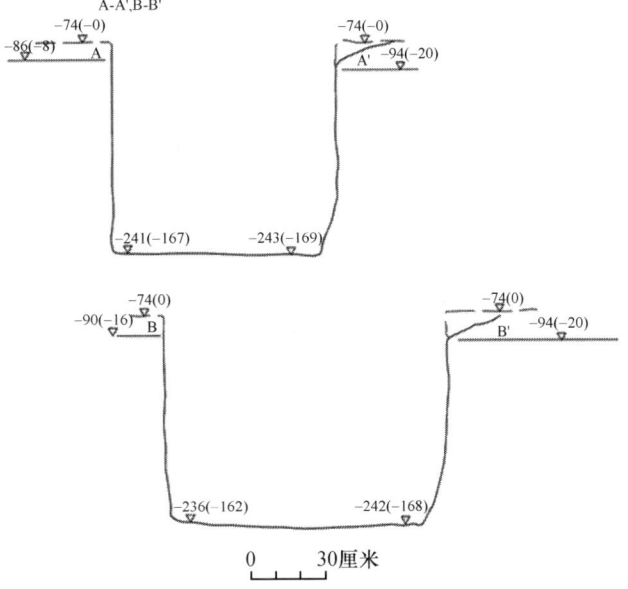

图三　萨达Ⅰ区1号库尔干墓葬平面二层、剖面图

泥与砂砾混合。最大腹径34、底部直径10、高10.7厘米（图四，3）。

陶罐　折沿，鼓腹，口沿外侧凸起，底部内凹，圜底（图四，4）。

陶罐　侈口，鼓腹，底残。陶制容器，夹砂黑陶，胎质粗糙，烧制均匀，有粗大的白色滑石参和物。根据口的宽度判断，容器的形状类似于铸铁坩埚。不是典型的萨尔马特墓葬。陶片收集不完全，只能复原容器边沿和器体上部部分。口径22厘米（图四，5）。

陶罐　侈口，鼓腹，口沿外侧凸起，口沿边缘有残缺口，底部较小，内凹。泥质红陶，烧制均匀，外部有强烈的烟炱痕迹。陶器类型属于萨尔马特墓葬。口径13、底径7.5、高17.5厘米（图四，6）。

陶钵　残片，曲腹，口沿残缺，泥质灰陶。

套管铁器　末端弯曲，有木杆痕迹。杆长7.5、直径0.9厘米（图四，7）。

铁马衔、马镳残片　总共14块（图四，8）。

铁镞残片　20件，其中5个有管状銎，3个箭镞残破，其余很难识别。

铁剑或刀　残片，28块（图四，9）。

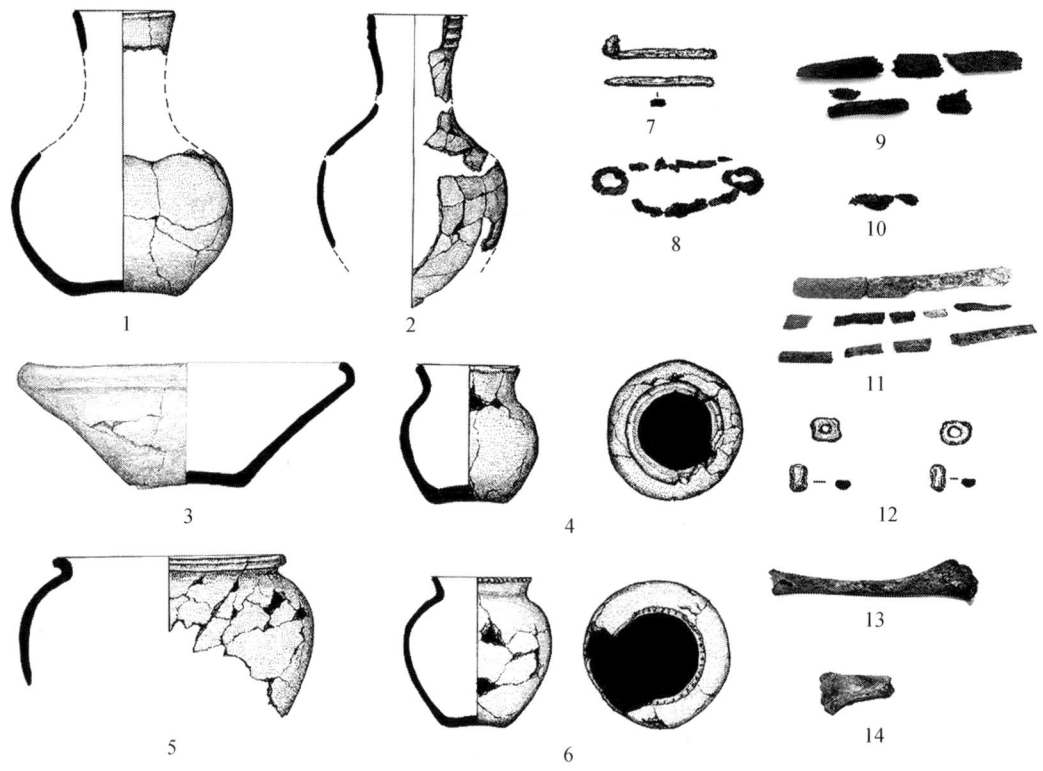

图四　萨达Ⅰ区1号库尔干墓葬出土器物

1~6.陶器　7.铁器　8.马衔　9.铁剑　10.青铜边饰木质碗
11.骨器　12.白灰珠子　13.羊骨（填土）　14.羊骨（填土）

木器　碗或杯残片，边缘有带青铜铆钉的青铜饰边。2厘米×1.5厘米（图四，10）。

骨器　残片11件。骨片一侧凸起，另一侧是平整，可能为器物装饰或骨笛残件？碎片最大尺寸是14.7厘米×2.5厘米和7厘米×3.4厘米（图四，11）。

白灰珠子　2件。一个是立方体，1.6厘米×1.4厘米，另一个椭圆形，直径1.5～2厘米（图四，12）。

羊腿骨　填土出土。位于0坐标南90、西40厘米处（图四，13）。

羊骨残段　填土出土（图四，14）。

木质残片　位于墓葬水平层深度20厘米处。

此外，还发现不规则立方体白粉状物残片、白灰块残片和鸡冠石碎块等。

墓葬属于萨尔马特中期晚段文化。墓圹为规整的长方形，墓圹对角线朝向着阳光的方向（正南正北45°角），遗骸按墓坑的对角线放置，头部朝向东南。墓内木板具有纵向和横向重叠的现象。根据填土地层，这个墓坑挖掘后打开放置很长时间，从墓坑上方剖面中的带状夹层，墓葬东北角重叠的木板和篝火遗迹证明，墓葬是先被挖掘，在遗体下葬后，进行完净化仪式墓坑被填平。在北边发现一处取土坑，比南边的深，最有可能，是从库尔干北侧取土用于回填和平整库尔干，这就是为什么库尔干的北面比南面的要陡的原因。

5. 结论

墓葬器物数目繁多且种类多样。具有代表性的武器有铁剑和铁箭头，马具有嚼环和马勒。根据现有的11块骨质碎片，可以推测，墓葬遗物包括弓。小块木制残片明显属于碗的一部分，口沿以精致青铜石竹花纹装饰。随葬的陶器有容器和饮器。炊具以圆形口陶器为代表，有灰陶钵和两个细颈壶。盛水器以3个陶罐为代表。其中一个尺寸非常大，为锅形状器身，敞口。武器装饰品，大概是白灰珠子和小件石器。在棺木盖板上，有白灰，鸡冠石碎片和火的痕迹，很可能是一个墓葬祭祀仪式的证据。墓葬中放置羊的一支后腿作为陪葬的食物。

（二）2号库尔干

位于库尔干墓地的东边。墓葬的封土呈圆形，中心顶部略微凹陷，轮廓不甚规则，北面封土坡度比南面大。封土的南部和北部发现了取土形成的坑或沟，宽度约4米，且北侧的沟明显更深，里边的草也是绿色的，与周围泛黄的草截然不同，东南面的沟则较平坦。封土的直径有19米，南部高度33厘米，北部高度79厘米。

1. 东侧剖面

第1层：封土的最顶层为植被层，厚度为4～5厘米。第2层：为沙壤土堆积层，包含块状土，沙子。植被层下部是一层块状结构的红色黏土，称作冻结层。库尔干的冻结层几乎可以达到墓葬土的深度。第3层：为大陆层，包括古植被层，在整个土层剖面上可以非常清楚地观察到均匀的黑色黏土。封土北部的填土则比较零碎，厚5~7厘米。唯一的墓坑打破大陆层，墓坑开口坐标0向北80厘米至0向南20厘米，在坐标0向北420厘米处发现疑似滑入沟中的一片黑土，沟的坐标为0向北700~950厘米，最大深度距埋藏土85厘米，沟中填土为深黑色匀质沙壤土。

2. 西侧剖面

第1层：植被层，封土北部上层土更厚。第2层：植被层下是一层均匀的红色黏土，即所谓的混杂层。0坐标往北3米往南3米处土层结构更加疏松，厚度有40厘米。墓葬填土剖面可以清楚地观察到一层黑色均匀黏土。封土北部的填土较疏松，厚度为4~5厘米。第3层：唯一的墓坑打破大陆层，墓坑开口在0坐标向北160厘米至0坐标向南80厘米之间。在墓葬深度40厘米处发现了块状土和直径约70厘米的碳层，厚15~30厘米。块状土下的情况与1号库尔干相同，发现漏斗型灰坑，中部下凹，带状黏土薄而色浅。坐标为0向北80到0向南40，深度为0.6~1.00米，据埋藏土10~30厘米。

3. 遗迹

清理东部封土时，在52厘米深处发现一件石器。发现石器埋于填土中，清理石器周围壕沟后出现形状近方形的范围，从基点处测量，边长大致123~126厘米。在遗迹中心，清理出一块椭圆形石头。遗迹东北方向51厘米深的区域发现了动物骨骼碎片。填土色泽杂乱，深浅色黏土混合。去除填土后，坑壁出现一层浅色黏土，坑底部深度达到93~96厘米，周长缩小了10~12厘米。进一步研究发现，石器被垂直放置在12~15厘米厚的平面石板边缘，石板宽47、深55厘米，表面凹凸不平。石板东侧是另一块石板的两块碎片，深度分别为71和69厘米。较大的石制残块为三角形，长25、宽45厘米，与前边的石板宽度一致，厚13厘米。另一石制残块为尺寸较小的圆形，长32、宽17、厚7~15厘米。表明石板是垂直放置的，用两块较小的石头加固，随后整个墓葬被封土覆盖。动物骨骼残片的发现表明其与一些丧葬习俗相关。由于缺少纪年器物，遗迹的年代难以推定。

4. 墓葬

墓坑在库尔干西侧剖面为0坐标北160、0坐标南80厘米，东侧剖面为0坐标北80、0坐标南20厘米，形状呈矩形，对角线为正南正北45°，尺寸为197厘米×152厘米。推土机的第一铲就发现了散乱的人骨。东南角两根人的股骨垂直放置在头部上方，在西南角发现人体右侧骨盆。在墓坑中间，两根胫骨并排放置在一起，膝盖骨部分向西，末端向东。在墓坑东南角发现人颅骨，向右侧卧位，骨骼面部向北，头骨的正面是倒置的下颌骨。

在骨盆旁边发现了人的肩胛骨，埋藏层位较低。旁边发现黑色黏土陶片。稍微远一点在坑的西南角，发现了一大块白灰。在去除人体骨骼后发现了一小块白灰。墓坑整个表面散落小块成人骨骼：椎骨、肋骨、锁骨、管状骨碎块。在胫骨附近发现了同样的黑色黏土陶片。

大部分骨骼和陶片集中在墓底南半部分，好像是被人为丢弃在墓坑的东北角。墓坑底部的轮廓和尺寸保持不变，从 0 坐标开始计算到墓坑底部深度为 204～207 厘米，从埋藏土层计算深度为 142～143 厘米。

5. 出土器物

仅见灰黏土陶器残片。

6. 结论

墓主的埋藏方式，从旁边 1 号库尔干的埋藏类比来看，最有可能的是按墓坑的对角线放置，头向东南方向。木块的腐质残片证明墓葬结构或物品中未保存完整的木制物。墓坑东部有三个石块组成部分，我们称之为综合体（遗迹），从整体现象看，与丧葬仪式相关联。墓葬年代可以追溯到萨尔马特中期（附表）。

附表　人类学材料研究结果（Балабанова М.А., Перерва Е.В.）

1	萨达 I 区	1 号库尔干	墓葬 1	男	35-40 岁	萨尔玛特时期
2		2 号库尔干	墓葬 1	男	45-55 岁	萨尔玛泰时期

Ancient Tombs in the Yergani Hills

Maria Ochir-Goryaeva　Alfred Khasanovich Khalikov

Abstract: The excavation report of *Ancient tombs in the Yerghani Hills*, authored by M. Ochir-Gorjaeva and A.K. Khalikov, was published in 2016 in Kazan, Republic of Tatarstan, Russia. This book introduces five ancient tombs located in the Yerghani hills north of the Black Sea, in the Republic of Karmec. Between 1991 and 2007, the authors carried out archaeological excavations in the area and unearthed a large number of artifacts, including pottery, bronze, iron, bone products, etc. The tombs date from the Bronze age, the Iron age, the Samaritan period and the Golden Horde period. The whole book is divided into eight chapters, and this paper is translated from the second chapter, entitled "Two groups of Kurgan cemetery in the tomb group of Sada area I". This excavation report is of great academic value to understand the basic features of archeological cultures in the Volga River Basin and the northern Black Sea area.

Keywords: Russian archaeology; Republic of Karmec; Kurgan; Bronze age; Iron age; Golden Horde

蒙古高原青铜时代石板墓的变迁和发展[1]

宫本一夫[1]著　戴　玥[2]译

（1. 日本九州大学人文科学研究院教授，日本福冈；
2. 天津师范大学历史文化学院讲师，天津，300387）

内容摘要：本文论述了蒙古中东部石板墓文化中的方形墓、亚腰形墓、典型石板墓的变化过程。方形墓和亚腰形墓的变化过程发生在公元前15世纪至前9世纪。方形墓最早出现在蒙古东南部，后逐渐向蒙古中部扩散，并且在蒙古中部演变为亚腰形墓。典型石板墓的形制在公元前8世纪至前3世纪的蒙古中东部逐渐从B型Ⅰ式演变为B型Ⅱ式、B型Ⅲ式。这个墓葬形制的变化伴随着欧亚草原东部畜牧社会的发展，尤其一些个人在社会分层的过程中获得了特殊的地位，由此这种个人的社会性阶层差异出现在了蒙古中东部的石板墓文化中。

关键词：蒙古高原；青铜时代；石板墓；变迁与发展

蒙古高原青铜时代墓葬属石造墓葬，其中一种是积石塚，有圆形石堆和石堆外的方形或圆形石圈，再有一种是石板墓，有露出地面的方形石围，石围内部填充石块，形成台状石堆。两者的墓葬形制有很大的不同，积石塚在地面配置石棺，头向西，石板墓挖墓坑，头向东。根据策比克塔洛夫（Cybiktarov）的研究，他认为积石塚位于蒙古西部，石板墓位于蒙古东部，两者分布交汇在蒙古中部[2]。放射性碳元素的测定结果也表明积石塚的年代要早于石板墓[3]。

这些青铜文化大致处在北方青铜文化中的卡拉苏克文化期向塔加尔文化期过渡的阶段。从塔加尔文化期开始北方青铜文化的地域性特征逐渐显现[4]，而在尚未出现整体的

---

[1] 原载九州大学大学院人文科学研究院：《史渊》，第153辑，2016年3月。

[2] Цыбиктаров А. Д.. Культура плиточных могил монголии и забайкалья. Издательство бурятского госуниверситета. Улан-Уде, 1998: 126-128.

[3] 宫本一夫. 漢と匈奴の国家形成と周辺地域—農耕社会と遊牧社会の成立—. 九州大学21世紀COEプログラム「東アジアと日本：交流と変容」統括ワークショップ報告書. 福岡：九州大学，2007：111-121.

[4] 宫本一夫. 中国古代北疆史の考古学的研究. 福岡：中国書店，2000.

地域特征的卡拉苏克文化阶段，墓葬形制的地域性特征就已经出现①。卡拉苏克文化阶段或者之前，墓葬形制的地域特征已经存在，并逐渐形成塔加尔文化以来的北方青铜文化的地域集团。因此，为了解北方青铜文化的地域集团，有必要先了解墓葬的形制。作为北方青铜文化的主要分布区域，蒙古高原的墓葬形制及其青铜器的研究严重滞后于米努辛斯克盆地和长城地带。从畜牧社会的角度考虑，墓葬形制的研究也十分重要。石板墓位于蒙古高原东部，其动态对于蒙古高原与长城地带的关系至关重要。已有相关的研究成果将石板墓与文献中的东胡联系起来②，将石板墓的变迁和历史定位与古代民族相对应也说明了石板墓研究的重要。因此为了从考古学的角度考察匈奴形成以前的北方民族，蒙古高原的墓葬形制特别是石板墓的研究就显得十分重要。

一、石板墓的研究史及其存在的问题

20 世纪上半叶，主要是波洛弗科（Borovko）、索斯诺夫斯基（Sosnovskiy）等俄罗斯学者在调查石板墓③。索斯诺夫斯基将布里亚特和蒙古的 50 座石板墓分三型。A 型是有高石围的石板墓，B 型是角石凸出的石板墓，C 型是石围内弯的石板墓（亚腰形墓）。A 型的年代是公元前 7～前 4 世纪或公元前 6～前 3 世纪，B 型和 C 型的年代是公元前 3～前 2 世纪，认为石板墓的年代处于卡拉苏克文化至匈奴之间。尽管在各型的年代方面还存在问题，然而整体的年代大体准确。蒙古考古学界至今依然沿用这样的分类标准④。

稍后，吉谢列夫（Kiselev）、奥克拉德尼科夫（Okladnikov）、克兹拉索夫（Kyzlasov）的调查推动了石板墓的研究。吉谢列夫认为成排的石板墓属氏族墓地。他根据 40 年来的研究，认为石板墓的形成曾经受到了斯基泰 - 塔加尔文化的影响。奥克拉德尼科夫认为石板墓出现在公元前 2 千纪中叶。这种观点与现今的看法一致，但是他认为石板墓属于卡拉苏克文化和塔加尔文化，最后被匈奴人驱赶，因此他认为他们与匈奴分属不同的社会集团。

季科夫（Dikov）曾经调查了贝加尔湖沿岸的石板墓，指出这些石板墓的年代属于青铜时代。他认同索斯诺夫斯基的编年，认为 A 型的年代是公元前 7～前 6 世纪，B 型的年代是公元前 5～前 2 世纪，C 型（亚腰形墓）的年代位于石板墓形成的最初阶段。从现在的观点来看，这些石板墓的年代非常恰当。和奥克拉德尼科夫一样，季科夫也否认石板墓与匈奴文化有关。

---

① Legrand Sophie. The emergence of the Scythians: Bronze Age to Iron Age in South Siberia. Antiquity, 2006 (80): 843-859.
② 〔日〕吉本道雅、東胡考：《史林》2008 年 91 卷 2 期，95～115 页。
③ 以下石板墓的研究史参照策比克塔洛夫《蒙古和外贝加尔的石板墓文化》（注释［1］）.
④ D. 체벤도르지. 몽골의 청동기와 초기 철기시대에 대한 연구. 부산박물관 2009 년 특별전시회 몽골. 초원에핀 고대문화, 2009：120-127.

沃尔科夫（Volkov）认同季科夫有关石板墓的年代，指出蒙古东部是石板墓的主要分布区域。沃尔科夫和蒙古学者纳文（Vavaan）都认为公元前1千纪的石板墓与匈奴的墓葬同时存在。

苏联时期，石板墓研究的主力依旧是格里申（Grishin）、诺夫格罗多瓦（Novgorodova）、奇列诺瓦（Chlenova）等苏联学者，但其并未形成体系。狄科夫和格里申调查了贝加尔湖南部的石板墓，认为贝加尔湖东西两岸有着不同的类型，两种类型在蒙古南部融合。受到调查地域的限制，此次调查未能构建起石板墓发展的历史框架。而策比克塔洛夫总结苏联学者的调查和研究并结合自己的调查，系统梳理了石板墓[①]。

策比克塔洛夫认为应从类型学的角度来分析石板墓的结构。他将石板墓分为Chulut期和Atsai期。分类结果与索思诺夫斯基A、B型相当，并且指出了石板墓类型的变化趋势。关于石板墓的年代，有学者根据塔加尔文化的器物认为石板墓的年代是公元前7~前3世纪，奥克拉德尼科夫则认为是公元前2千纪中叶~前2世纪。策比克塔洛夫根据塔加尔文化的器物指出Chulut期的年代是公元前13~前8世纪，Atsai期的年代是公元前8~前6世纪[②]，他认为石板墓的分布范围涵盖了蒙古高原和中国的东北地区。他还指出青铜时代蒙古高原的积石塚和石板墓的分布范围有所不同，积石塚分布在蒙古西部，石板墓分布在蒙古东部。

关于石板墓的起源学界存在不同看法。有人坚持本地起源的观点（奥克拉德尼科夫等），有人则认为和卡拉苏克文化相关（索斯诺索夫斯基、季科夫、沃尔科夫等）。这个问题又牵涉到石板墓结束后是否与匈奴一脉相承。策比克塔洛夫认为石板墓和匈奴墓之间存在空白期[③]。

苏联解体蒙古国建国后，以蒙古学者为主的蒙古考古学调查与研究的工作逐渐展开。然而他们依旧没有能够完成石板墓的系统整理。随着与美国、俄罗斯等国的合作，发掘工作逐步展开，确认了不同于积石塚的石板墓在蒙古高原青铜时代墓葬形制中的位置[④]。

---

① Цыбиктаров А. Д.. Купьтура плиточных могил монголии и забайкалья. Издательство бурятского госуниверситета. Улан-Удэ, 1998.

② 此后，他将Chulut期年代判定为前8~前3世纪，将Atsai期年代判定为前8~前6世纪 [Cybiktarov A. D.. Central Asia in the Bronze and Early Iron Ages(Problems of Ethno-Cultural History of Mongolia and the Southern Trans-Baikal Region in the Middle 2nd-Early 1st Millennia BC). Archaeology, Ethnology & Anthropology of Eurasia, 2003 (1-13):80-96.]，英文版误将Chulut期的年代写作前13世纪。

③ Цыбиктаров А. Д.. Купьтура плиточных могил монголии и забайкалья. Издательство бурятского госуниверситета. Улан-Удэ, 1998.

④ Honeychurch Willian, Wright Joshua, Amartuvshin Chuang. Re-writing monumental landscapes as Inner Asian political process. In: Social Complexity in Prehistoric Eurasia Monuments Metals and Mobility, edited by Hanks B. E., Linduff K.. UK: Cambridge University Press, 2009: 330-357.

科瓦列夫（Kovalev）、额尔德涅巴德尔（Erdenebaatar）认为青铜时代蒙古高原的墓葬形制依次经历了阿凡纳谢沃文化、切木尔切克文化（Chemurchek）、门海尔汗文化（Munkh-Khairhan）、特布希文化（Tevsh）、北塔文化（Baitag）五个时期。切木尔切克文化源自西欧，经哈萨克斯坦传播至阿尔泰，公元前4千纪在阿尔泰形成具有石人像、使用砾石建造的墓葬形制①。切木尔切克文化对考察早期青铜时代蒙古墓葬形制的形成具有重要意义。不过，这和石板墓的关联不大，我们留待他日考察。门海尔汗文化是公元前1700~前1400年蒙古中西部的墓葬形制②，日蒙联合调查的勃鲁敖包（Bor Ovoo）也曾发现门海尔汗文化的墓葬③。特布希文化相当于亚腰形的石板墓。科瓦列夫、额尔德涅巴德将索斯诺夫斯基C型亚腰形石板墓划分为独立的考古学文化。北塔文化相当于阿尔泰地区的卡拉苏克文化④。因此，这些公元前4千纪~前2千纪蒙古高原西部墓葬形制的研究，理应考虑蒙古高原与阿尔泰及米努辛斯克的关系。而且近年也有人认为索斯诺夫斯基A型方形墓是蒙古东南部的乌兰祖克文化（Ulaanzuukh）⑤。

因此，我们可以说蒙古高原的墓葬研究在轻率地建立新的考古学文化的同时，并没有能够关注墓葬谱系的变化以及地域之间的联系。石板墓系统化的研究，首先应该指出墓葬结构的分类与类型的变化。本文的主要目的是分析蒙古高原中东部的石板墓以及蒙古高原西部青铜时代积石塚的动态，从墓葬形制的角度诠释地域之间的关系。

---

① a. Ковалев А. А., Эрдэнебатар Д.. Чемурчекский Купытурный Феномен Исспедования последних лет. Санст-Петербург，2012.

b. 에르덴바타르, 디마자브. 몬곤 초원의 청동기 문화와 석인상 연구. 史学志，2012（44）：54-81.

② a. Kovalev Alexei A., Erdenebaatar, Diimazhav. Discovery of New Cultures of the Bronze Age in Mongolia according to the Date obtained by the International Central Asian Archaeological Expedition, In: Current Archaeological Research in Mongolia, edited by J.Bemmann, H. Pazinger, E. Pohl, D. Tseveendorzh, Papers from the First International Conference on "Archaeological Research in Mongolia" held in Ulaanbaatar, August 19th-23ed 2007, Bonn: Rheinsishe Friedriheh-Wihelms-Universitat, 2009: 104-117.

b. A. A. 科瓦列夫, Д. 额尔德涅巴德尔：《蒙古青铜时代文化的新发现》，《边疆考古研究》第8辑，科学出版社，2009年，246~279页。

③ a. 宫本一夫. モンゴル高原ボル・オボー青铜器时代墓地を掘る. シルクロード，2015（25）：2-5.

b. 宫本一夫，T.Amgalantugas, B.Tsogtabaatar. モンゴル国バヤンホンゴール県ボル・オボー遗跡の発掘調査からみた青铜器时代墓葬の展開. 第16回北アジア調査研究会報告会. 北アジア調査研究報告会実行委員会，2015：17-20.

④ Legrand Sophie. The emergence of the Scythians: Bronze Age to Iron Age in South Siberia. Antiquity, 2006 (80): 843-859.

⑤ Tumen Dashtseveg, Khatanbaatar Dorjpurev, Erdene Myagmar. Bronze Age Graves in the Delgerkhaan Mountain Area of Eastern Mongolia and the Ulaanzuukh Culture. Asian Archaeology, 2014 (2): 139-163.

二、分析的方法

策比克塔洛夫认为石板墓的研究应立足于墓葬型式的分类及其编年[①]。自 2009 年起笔者参与了日本与蒙古国的联合调查，得到了探明石板墓结构的机会[②]，了解了墓葬的建造过程，因此可以说更加容易对墓葬形制进行分类。此外，虽然没有随葬品，但是根据人骨的放射性碳元素年代的测定（校正年代），更加容易判断墓葬的相对年代。本文根据石板墓的已有研究，对地表使用砾石垒成的石堆进行分类，参照地下的墓坑，酌情考虑分类的合理性，并指出形制的变化。根据策比克塔洛夫所言，索斯诺夫斯基的 3 种类型在年代上有着不小的差距，而且不仅是类型之间的年代差，类型内部更有可能存在时间的变化。笔者根据这一点在重新分类的同时，考察了类型内部的时间性变化。

学界通常认为切木尔切克文化是从其他地区起源并传播至蒙古高原的[③]。因此，我们可以说和其他地区的比较非常重要，特别是和同样具有石像的米努辛斯克盆地墓葬的比较。米努辛斯克盆地、蒙古高原、长城地带的青铜器同属卡拉苏克文化或塔加尔文化。墓葬结构或谱系的差异表明，上述地区可能存在具有不同埋葬习惯的人类集团。这种对于不同人类集团的复原过程有利于还原整个蒙古高原青铜社会的状况，更有利于还原匈奴游牧国家的统合过程。

三、石板墓的分类和编年

和积石塚不同，蒙古高原的石板墓由地上石堆和一个地下墓坑构成。地上石堆是靠石围围成方形、长方形、亚腰形的轮廓，再在轮廓内填充砾石。积石塚是由圆形的石堆以及圆形或方形的石圈构成，墓主人被放置在地面的石堆内。而且放置随葬动物的位置也不相同。石板墓的随葬动物被放置在墓坑内，积石塚的随葬动物被放置在石圈外部的石堆内，积石塚石圈外部的石堆内埋有马骨，根据马的埋葬方向，可能是在膘肥马壮的

---

① Цыбиктаров А. Д.. Культура плиточных могил монголии и забайкалья. Издателыство бурятского госуниверситета. Улан-Уде, 1998.

② 宮本一夫. モンゴル高原の先史時代を探る—青銅器時代石板墓の発掘調査から—. 東アジアの砂漠化進化地域における持続可能な環境保全（九州大学東アジア環境研究機構 RIEAE 叢書Ⅵ. 花書院，2015：99-125.

③ a. Ковалев А. А., Эрдэнебатар Д.. Чемурческский Кулытурный Феномен Исследования последних лет. Санкт-Петербург，2012.

b. 에르덴바타르, 디마자브. 몬곤 초원의 청동기 문화와 석인상 연구. 史学志, 2012（44）：54-81.

晚秋时节，人们聚集在积石塚周围举行完祭祀活动后[1]将马骨放置在石堆中的。因此，石板墓与积石塚的葬俗存在明显不同，石板墓是在埋葬的过程中放置祭祀动物，积石塚是在埋葬行为完成以后放置祭祀动物，两种墓葬形制属于完全不同的体系。

策比克塔洛夫曾对石板墓进行过编年，他的分类基本与索斯诺夫斯基相同。本文首先根据索斯诺夫斯基和策比克塔洛夫的分类，将墓葬结构的不同作为大的类型，再将石围平面和断面的形状以及石围四周是否有辅石作为推测变化方向的标准[2]。

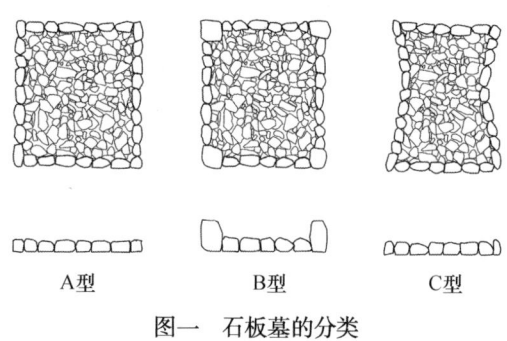

图一　石板墓的分类

索斯诺夫斯基将石围呈方形或长方形、四角不凸起的石板墓设置为 A 型，将石围呈方形或长方形、四角凸起的石板墓设置为 B 型，将石围的长边内弯、平面呈亚腰形的石板墓设置为 C 型（图一）。本文参考索斯诺夫斯基、策比克塔洛夫关于石围结构的分类，再考虑其他的因素对其进行详细的分类，特别是将石围外侧是否有辅石作为细分的标准。石围是石堆的轮廓，石堆是先挖出方形的浅坑，再沿浅坑边缘固定石围，最后在石围内填充人头大小的石块（图二，1）。而更为简便的方法是不需要挖出方形的浅坑，直接在石围外加置辅石，在石围内填充石块固定石围。因此，A 型可以细分为石围外侧没有辅石的 A 型Ⅰ式和石围外侧有辅石的 A 型Ⅱ式。前者没有辅石，石围呈方形或接近方形的长方形，后者石围呈长方形，有辅石。变化的方向从 A 型Ⅰ式演变为 A 型Ⅱ式（图二）。

C 型称"Figured grave"，石围长边内弯，整体呈亚腰形，又可称"亚腰形墓"[3]。C 型可分 C 型Ⅰ式和 C 型Ⅱ式。C 型Ⅰ式：石围呈方形或长方形长边和短边相等或差别不大，长边略弯，角石不凸起（图三，1）。C 型Ⅱ式：石围长边变长，整体呈长方形，长边更加内弯，角石凸起明显（图三，2）。近年在甘肃和内蒙古阴山发现的四角方形井字形墓[4]

---

[1] Allard Francis, Erdenebaatar Diimaajav. Khirigsuursritual and mobility in the Bronze Age of Mongolia. Antiquity，2005（79）：547-563.

[2] Миямото Казуо. Социальные изменения скотоводческого общества на основе анализа плиточных иогил Монголии. Современные решения актуальных проблем евразийской археологии. Издательства Алтайского государственного университета. Барнаул, 2013: 130-133.

[3] 宮本一夫. モンゴル高原の先史時代を探る—青銅器時代石板墓の発掘調査から—. 東アジアの砂漠化進化地域における持続可能な環境保全（九州大学東アジア環境研究機構 RIEAE 叢書Ⅵ. 花書院，2015 年，99～125 頁。

[4] 马健：《内蒙古阴山地区早期石板墓的初步调查与研究》，《中国北方及蒙古、贝加尔、西伯利亚地区古代文化（上）》，科学出版社，2015 年，278～286 页。

也可归为C型Ⅱ式。随着特布希石板墓的普及发生了C型Ⅰ式到C型Ⅱ式的变化（图三）。此外，作为石板墓变形的马蹄形墓葬①可设为C型Ⅲ式（图三，3）。C型有着明确的相对年代，但是形态的谱系关系还不明了。

B型石围基本呈长方形，角石凸起，属典型的石板墓。B型可分石围外没有辅石的B型Ⅰ式和石围外有辅石的B型Ⅱ式（图四），推测B型Ⅰ式到B型Ⅱ式的变化。有辅石，石围变大的墓葬可设为B型Ⅲ式。B型Ⅲ式的石围随着辅石的存在而增大，所以可以认为存在B型Ⅱ式到B型Ⅲ式的变化，推测变化的方向为"B型Ⅰ式→B型Ⅱ式→B型Ⅲ式"（图四）。

结合地上石堆以及地下埋葬墓主人的墓坑结构，下面我们将验证上述变化的合理性。A型—C型基本都有墓坑，存在墓坑上有盖石和没有盖石的两种类型。A型和C型的墓坑没有盖石（图二、图三），石围内的石块掉落在墓坑内。B

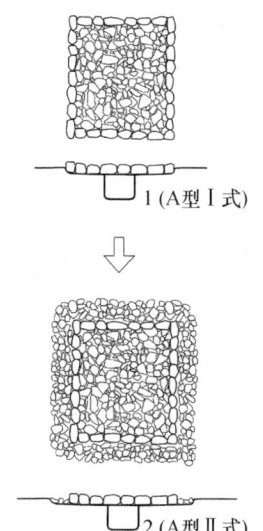

图二 石板墓A型（方形墓）的分类和变迁的模式

型的墓坑有盖石，石围内的石块不会掉落在墓坑内（图四）。再者，B型Ⅰ式的盖石较大，仅有一块，B型Ⅱ式和B型Ⅲ式的盖石较小，有三块或者三块以上。此外，相对B型Ⅰ式和B型Ⅱ式，B型Ⅲ式的墓坑有二层台，想必大的墓坑中央放置有木棺（图四，3）。

A型—C型的墓主人一般都头朝向东方②。A型和B型的墓主人仰身，C型的墓主人俯身。不同结构类型的葬式不同。不同的墓葬类型和不同的墓葬葬式实际上是不同集团或社会单位的表现。

表一是地上石堆（石围形状、有无角石、有无辅石）和地下墓坑（有无盖石，盖石数量，有无二层台）的要素组合。墓葬结构的要素组合很好地对应类型以及要素变化的

---

① a. Kovalev Alexei A., Erdenebaatar, Diimazhav. Discovery of New Cultures of the Bronze Age in Mongolia according to the Date obtained by the International Central Asian Archaeological Expedition, In: Current Archaeological Research in Mongolia, edited by J.Bemmann, H. Pazinger, E. Pohl, D. Tseveendorzh, Papers from the First International Conference on "Archaeological Research in Mongolia" held in Ulaanbaatar, August 19th-23ed 2007, Bonn: Rheinsishe Friedriheh-Wihelms-Universitat, 2009: 104-117.

b. A. A. 科瓦列夫，Д. 额尔德涅巴德尔：《蒙古青铜时代文化的新发现》，《边疆考古研究》第8辑，科学出版社，2009年，246~279页。

c. 马健：《内蒙古阴山地区早期石板墓的初步调查与研究》，《中国北方及蒙古、贝加尔、西伯利亚地区古代文化（上）》，科学出版社，2015年，278~286页。

② D. 체벤도르지. 몽골의 청동기와 초기 철기시대에 대한 연구. 부산박물관 2009년 특별전시회 몽골. 초원에핀 고대문화, 2009: 120-127.

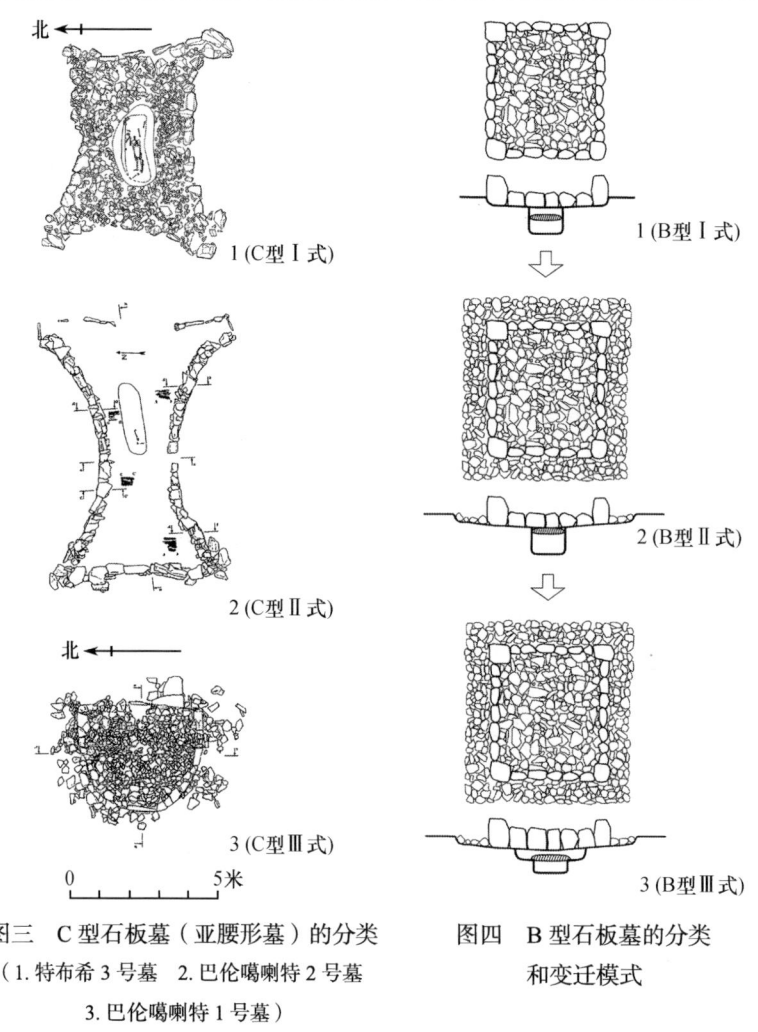

图三 C型石板墓（亚腰形墓）的分类　　图四 B型石板墓的分类
（1. 特布希3号墓　2. 巴伦噶喇特2号墓　　　　　　和变迁模式
3. 巴伦噶喇特1号墓）

方向。人骨或祭祀动物的碳十四年代（2σ）（表二）也能验证这种型式的变化。

表一　要素构成与石板墓的型式分类

方形石围	亚腰型石围	角石	辅石	盖石	土圹	型式
○	×	×	×	×	○	A型Ⅰ式
○	×	×	○	×	○	A型Ⅱ式
×	○	×	×	×	○	C型Ⅰ式
×	○	×	○	×	○	C型Ⅱ式
○	×	○	×	单数	○	B型Ⅰ式
○	×	○	○	复数	○	B型Ⅱ式
○	×	○	○	复数	二层台	B型Ⅲ式

表二 石板墓的型式与实际年代

墓葬名称	地名省	型式	大小	埋葬方式	头向	盖石	随葬品	年代（cal BC）	文献
Ulaanzuukh Row 1A（3）	Adgiin Gol Sukhbaataar	A型Ⅰ式	4.1×4.0	土圹	NE	0		1423~1288	Түмен et al. 2010, Tumen et al. 2014
Ulaanzuukh Row 1D（5）	Adgiin Gol Sukhbaataar	A型Ⅰ式	4.6×3.4	土圹	NE	0		1325~1192	Түмен et al. 2010, Tumen et al. 2014
Ulaanzuuk Row 2-6	Adgiin Gol Sukhbaataar	A型Ⅰ式						1456~1369	Tumen et al. 2014
Ulaanzuuk Row 2-3	Adgiin Gol Sukhbaataar	A型Ⅰ式						1322~1187	Tumen et al. 2014
Ulaanzuuk Row 2-2	Adgiin Gol Sukhbaataar	A型Ⅰ式						1443~1313	Tumen et al. 2014
Chandomani Khar Uul 2-p	Delgerekh Dornogovi	A型Ⅰ式	4.2×2.8	土圹	NE	0		1530~1380	Амартувшин et al. 2015
Chandomani Khar Uul 5-p	Delgerekh Dornogovi	A型Ⅰ式	6.7×5.7	土圹	NE	0	凹石	1440~1250	Амартувшин et al. 2015
Chandomani Khar Uul 33	Delgerekh Dornogovi	A型Ⅰ式	4.3×3.1	土圹	NE	0	玉	（1500~1250）*1	Амартувшин et al. 2015
Bitoogiin Tsagaan 2-p	Xytag-Undur Bylgan	A型Ⅰ式	6.5×6.5	土圹、俯身		0		（1116~906）*2	Торбат et et al. 2003
Chandomani Khar Uul 41	Delgerekh Dornogovi	A型Ⅱ式	5.4×4.3	土圹	NE	0	鬲	1440~1190	Амартувшин et al. 2015
Chandomani Khar Uul 130	Delgerekh Dornogovi	A型Ⅱ式	3.0×2.1	土圹	E	0		1400~1120	Амартувшин et al. 2015
Tavan Khailaast 3-No.1	Delgerhaan Hentiy	A型Ⅱ式	3.8×3.2	土圹、仰身	E	0	铜泡18	835~804	白石编 2013
Daram No.9	Delgerhaan Henty	A型Ⅱ式	4.7×3.8	土圹	E	0		896~806	Miyamoto & Obata 2016
Daram No.2	Delgerhaan Henty	A型Ⅱ式	4.0×2.5	土圹	E	0		769~407	Miyamoto & Obata 2016
Orog Hyyp 85-p	Bogd Baiankhongol	A型Ⅱ式	3.2×2.5	土圹、仰身	NE	0		1220~900	Гүнчинсүрэн et al. 2010
Chandomani Khar Uul 31	Delgerekh Dornogovi	C型Ⅰ式	11.5×7.7	土圹	E	0		1500~1250	Амартувшин et al. 2015
Baga Gazaryn Chuluu 1	Adaatsag Dundgovi	C型Ⅰ式	4.8×3.2	土圹	NE	0	铜刀、铜镞、磨石、陶器	1390~1110	Амартувшин & Жаргалан 2008, Nelson et al. 2009
Tevsh No.3	Bogd Uvuruhangai	C型Ⅰ式	6.5×6.0	土圹、俯身	E	0		1392~1264	Miyamoto & Obata 2016

续表

墓葬名称	地名省	型式	大小	埋葬方式	头向	盖石	随葬品	年代（cal BC）	文献
Tevsh No. 1	Bogd Uvuruhangai	C型Ⅱ式	8.5×7.5	土圹、仰身	W	0		901~812	Miyamoto & Obata 2016
Baruun Gyalaat 2	Baianlig Baiankhongol	C型Ⅱ式		土圹	E	0		1270~970, 960~930	Kovalev & Erdenebaatar 2009
Bor Ovo No.8	Bogd Baiankhongol	C型Ⅱ式		土圹	E	0		1112~974	宫本等 2015
Ulaanboom 16	Taishir Gobi-Altai	C型Ⅱ式	10×4			0		1270~970	Амартувшин & Адармөнх 2010
Daram No. 4	Delgerhaan Henty	B型Ⅰ式	8.5×7.5	土圹	E	1	铜泡3、玉1000	786~429	Miyamoto & Obata 2016
Daram No. 41	Delgerhaan Henty	B型Ⅱ式		土圹		3	陶片	404~205	Miyamoto & Obata 2016
Daram No. 1	Delgerhaan Henty	B型Ⅲ式	4.3×4.2	土圹	E	3	陶片	479~381	Miyamoto & Obata 2016

*1 原报告中写作 "3450~3200BP"，本表中转换为 "1500~1250BC"。

*2 这个年代有可能未经校正。

蒙古高原东部近年发现有 A 型，即乌兰祖克文化[1]。多数是 A 型Ⅰ式，碳十四年代是公元前 1456~前 1187 年（表二）。典型的墓葬有乌兰祖克的布鲁金艾克（Bulgiin Ekh）。[2] 布鲁金艾克未获碳十四年代，石围近似方形，有墓坑（图五，1）。墓坑又窄又浅，墓主人被放置在墓坑中。墓坑的位置稍稍偏离石围的中心。典型的 A 型Ⅱ式有达拉姆（Daram）9 号墓（图五，2）和达旺海拉斯特（Tavan Khailaast）第 3 地点 1 号墓[3]。石围外有辅石，石围呈长方形，墓坑偏北。A 型分布中心位于蒙古高原中、东部，A 型Ⅰ式相当于乌兰祖克文化，例如乌兰祖克、查德曼海鲁乌鲁（Chandoman Khar Uul）等[4]，集中在蒙

---

[1] Tumen Dashtseveg, Khatanbaatar Dorjpurev, Erdene Myagmar. Bronze Age Graves in the Delgerkhaan Mountain Area of Eastern Mongolia and the Ulaanzuukh Culture. Asian Archaeology, 2014 (2): 139-163.

[2] a. 同①。

b. Түмен Д., Эрдэнэ М., Хатанбаатар Д., Анхсанаа.Г., Ванчигдаш Ч.. Дород Монгол төслийн хүрээнд гүйцэтэсэн археологийн судалгаа(2010). Mongolian Journal of Anthropology, Archaeology and Ethnology, Улаанбаатар, 2010 (6-1): 167-215.

[3] 白石典之. イフハイラント・タワンハイオラースト　日本・モンゴル共同発掘調査「新世紀プロジェクト」2012 年調査報告. 新潟大学・モンゴル科学アカデミー考古学研究所，2013.

[4] Амгалантөгс Ц., Батболд Н., Эрдэнэ Г., Батдалд Б.. Чандмань Харуулын археологийн дурсгал. Улаанбаатар, 2015.

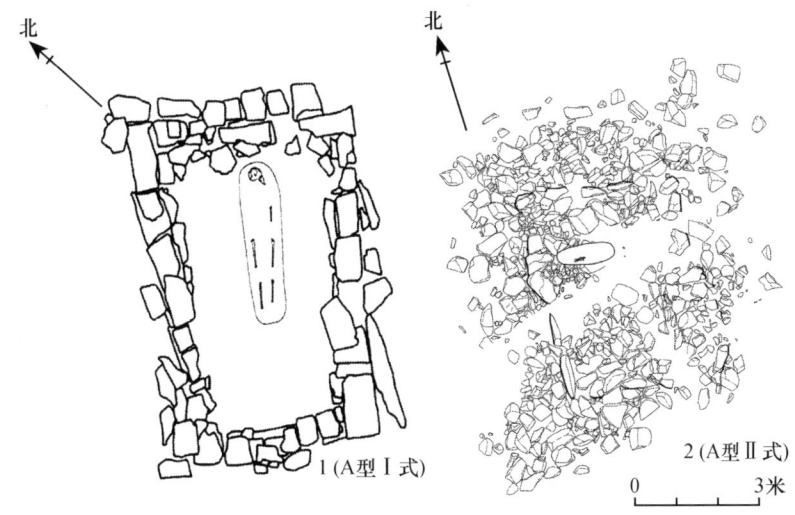

图五　方形墓的实例
（1. 布鲁金艾克　2. 达拉姆9号墓）

古高原东南部①。表二中，A 型 I 式的年代为公元前 16～前 12 世纪，A 型 II 式的年代为公元前 15～前 9 世纪，年代的差异印证了 A 型 I 式到 A 型 II 式的变化。

C 型是特殊的亚腰形墓。在策比克塔洛夫的分布图中，C 型分布在蒙古高原中部的贝加尔湖至前杭盖省特布希②。最近在巴彦洪戈尔省勃鲁敖包遗址也发现了 C 型墓，③ 它也位于蒙古高原中部。特布希人骨的碳十四年代④显示了 C 型 I 式到 C 型 II 式的时间差。C 型 I 式整体近方形，侧边略弯，例如特布希 3 号墓（图六，1）。C 型 II 式长轴变长，长侧边更加弯曲，例如特布希 1 号墓（图六，3）。我们接下来看 C 型 I 式到 C 型 II 式的变化。C 型 I 式的特布希 3 号墓的年代是公元前 1392～前 1264 年。C 型 II 式的特布希 1 号墓的年代是公元前 901～前 812 年，8 号墓（图六，2）的年代是公元前 1112～前 974 年（91.2%），碳十四的年代很好地对应了型式的变化（表二）。C 型基本上都有墓

---

① Tumen Dashtseveg, Khatanbaatar Dorjpurev, Erdene Myagmar. Bronze Age Graves in the Delgerkhaan Mountain Area of Eastern Mongolia and the Ulaanzuukh Culture. Asian Archaeology, 2014 (2): 139-163.

② Цыбиктаров А. Д.. Купьтура плиточных могил монголии и забайкалья. Издатепьство бурятского госуниверситета. Улан-Уде, 1998.

③ a. 宮本一夫，T.Amgalantugas，B.Tsogtabaatar. モンゴル国バヤンホンゴール県ボル・オボー遺跡の発掘調査からみた青銅器時代墓葬の展開. 第 16 回北アジア調査研究会報告会. 北アジア調査研究報告会実行委員会，2015：17-20.

b. 宮本一夫. モンゴル高原の先史時代を探る―青銅器時代石板墓の発掘調査から―. 東アジアの砂漠化進化地域における持続可能な環境保全（九州大学東アジア環境研究機構 RIEAE 叢書Ⅵ. 花書院，2015：99-125.

④ Miyamoto K., Obata H.. Excavation at the Daram site and the Tevsh site, Fukuoka: Kyushu University, 2016.

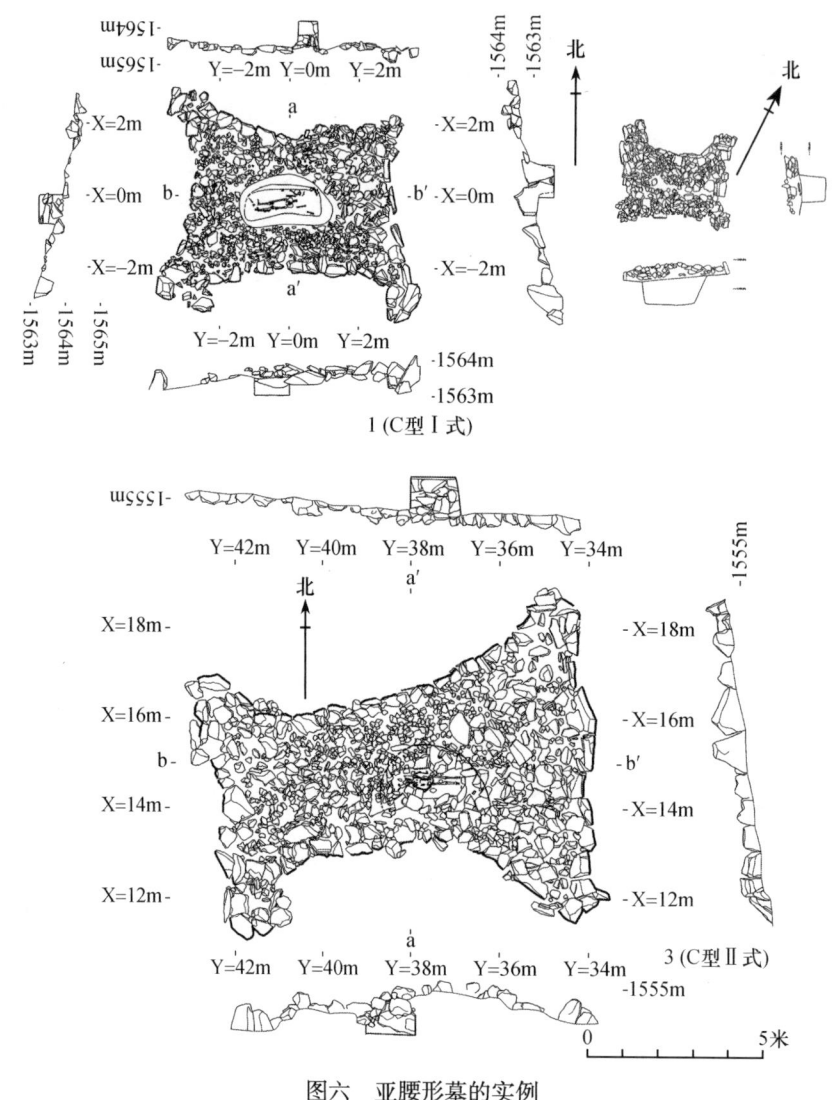

图六 亚腰形墓的实例
（1. 特布希3号墓　2. 勃鲁敖包8号墓　3. 特布希1号墓）

坑，头向东，俯身葬。然而特布希1号墓（C型Ⅱ式）的埋葬形式却略有不同，它和积石塚一样，墓主人被安置在地面上的石椁中，头向西。巴伦噶喇特（Baruun Gyalaat）1号墓[①]

---

① Kovalev Alexei A., Erdenebaatar, Diimazhav. Discovery of New Cultures of the Bronze Age in Mongolia according to the Date obtained by the International Central Asian Archaeological Expedition, In: Current Archaeological Research in Mongolia, edited by J.Bemmann, H. Pazinger, E. Pohl, D. Tseveendorzh, Papers from the First International Conference on "Archaeological Research in Mongolia" held in Ulaanbaatar, August 19th-23^{ed} 2007, Bonn: Rheinsishe Friedriheh-Wihelms-Universitat, 2009: 104-117.

b. A. A. 科瓦列夫，Д. 额尔德涅巴德尔：《蒙古青铜时代文化的新发现》，《边疆考古研究》第8辑，科学出版社，2009年，246~279页。

作为变形的马蹄形 C 型Ⅲ式，它的年代是公元前 1020~前 760 年，和 C 型Ⅱ式相当。

B 型有长方形石围，四角有立石构成角石。B 型Ⅰ式的石围外侧没有辅石，角石较低，典型墓葬有达拉姆 4 号墓（图七，1）。B 型Ⅱ式有凸起的角石，它的石围外侧有辅石。B 型Ⅱ式是达拉姆墓地最多的型式[①]，典型的墓葬有达拉姆 8 号墓（图七，2）和达拉姆 41 号墓（图七，3）等。石围变大，整体变高，依靠石围两侧的辅石固定，进而形成 B 型Ⅲ式。典型的墓葬有达拉姆 1 号墓（图七，4）和乌兰欧希古（Ulaan Uushig）石板

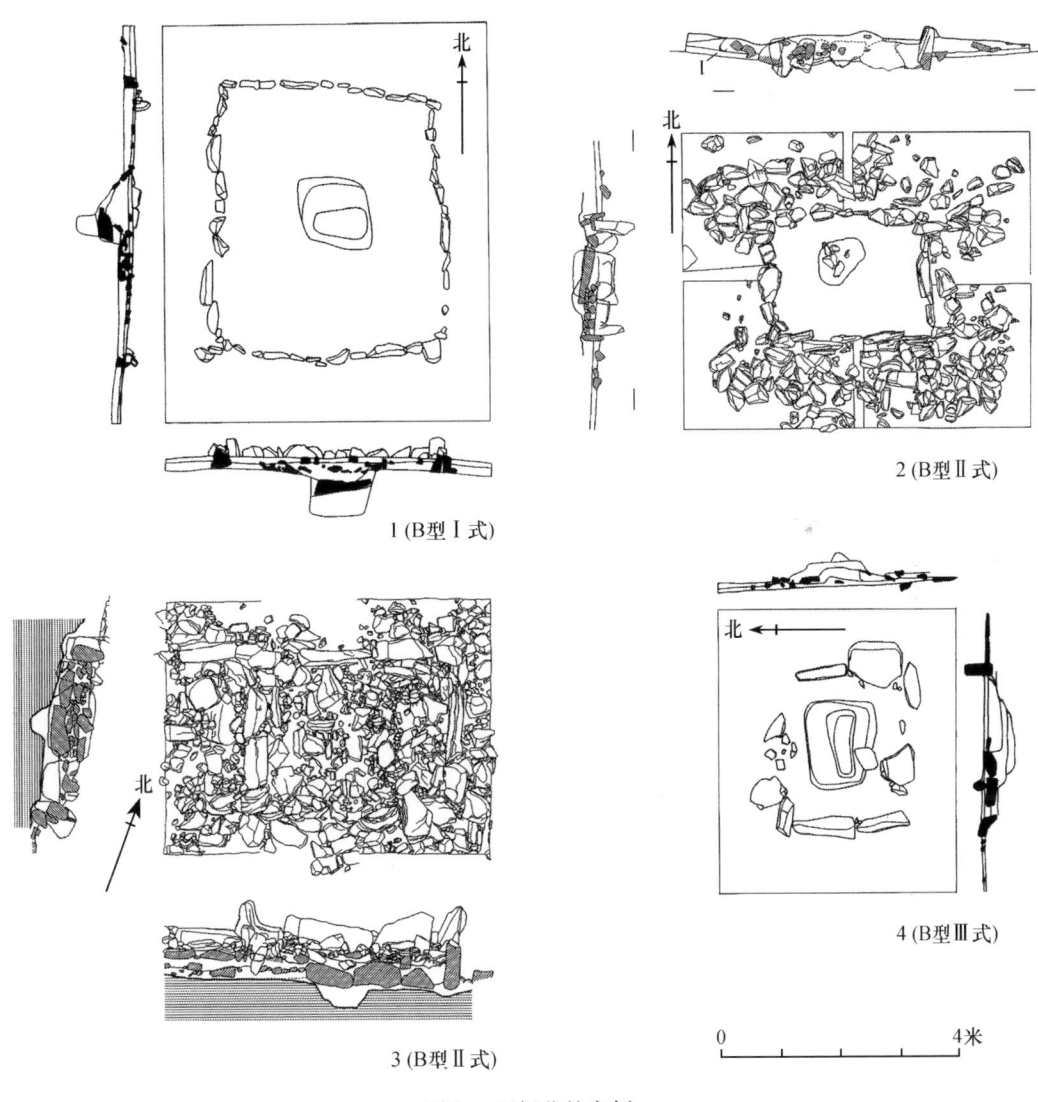

图七　石板墓的实例
（1. 达拉姆 4 号墓　2. 达拉姆 8 号墓　3. 达拉姆 41 号墓　4. 达拉姆 1 号墓）

---

① Miyamoto K., Obata H.. Excavation at the Daram site and the Tevsh site. Fukuoka: Kyushu University, 2016.

墓①。根据碳十四年代②，我们认为"B型Ⅰ式→B型Ⅱ式→B型Ⅲ式"的变化是成立的。再者，A型和C型几乎没有随葬品，B型一般随葬陶器、石质的装饰品、青铜的装饰品等。发现B型的遗址有中戈壁省巴嘎噶子林丘鲁（Baga gazrin chuluu）墓地③，中央省艾尔迪涅（Erdene）墓地④等，遗憾的是没有取得良好的碳十四年代。

四、石板墓的变迁和地域性的发展

综上所述，最先出现的是方形墓和亚腰形墓，随后出现的是典型的石板墓B型。我们将典型的石板墓B型称作"石板墓"，将方形墓、亚腰形墓、石板墓的编年整理成图八。根据达拉姆4号墓的年代，石板墓约在前8世纪出现。就欧亚草原东部的青铜文化而言，这个时期正是卡拉苏克文化向塔加尔文化过渡的时期。

策比克塔洛夫称，方形墓、亚腰形墓、石板墓分布在蒙古东部，积石塚分布在蒙古西部。蒙古高原西部的青铜时代墓葬的编年中，科瓦列夫和额尔德涅巴德尔将与积石塚类似的门海尔汗文化置于阿凡纳谢沃文化、切木尔切克文化、奥库涅夫文化之后，认为门海尔汗文化之后是亚腰形墓的特布希文化。在蒙古西北部存在类似于卡拉苏克文化的北塔文化⑤。门海尔汗文化的墓葬出现在南杭盖省勃鲁敖包墓地，墓葬形制与被称作

---

① 高濱秀. ユーラシア草原地帯東部における騎馬遊牧文化の成立に関する研究平成15年度～17年度科学研究費補助金（基盤研究）研究成果報告書，2006.

② a. 宮本一夫. モンゴル高原ボル・オボー青銅器時代墓地を掘る. シルクロード，2015（25）: 2-5.

b. Miyamoto K., Obata H.. Excavation at the Daram site and the Tevsh site, Fukuoka: Kyushu University, 2016.

③ Амартувшин Ч., Ханичёрч. Дундговь аймагтхийсэн археологий судалгаа: Бага газрын чулуу. Улаанбаатар, 2010.

④ 서울대학교 고고미술사학과, 서울대학교 박물관, 몽골 과학아카데미 고고학연구소, 몽골국립박물관. 몽골 에르드네 판석묘 유적, 2008.

⑤ a. Kovalev Alexei A., Erdenebaatar, Diimazhav. Discovery of New Cultures of the Bronze Age in Mongolia according to the Date obtained by the International Central Asian Archaeological Expedition, In: Current Archaeological Research in Mongolia, edited by J.Bemmann, H. Pazinger, E. Pohl, D. Tseveendorzh, Papers from the First International Conference on "Archaeological Research in Mongolia" held in Ulaanbaatar, August 19th-23ed 2007, Bonn: Rheinsishe Friedriheh-Wihelms-Universitat, 2009: 104-117.

b. A. A.科瓦列夫，Д. 额尔德涅巴德尔:《蒙古青铜时代文化的新发现》,《边疆考古研究》第8辑，科学出版社，2009年，246～279页。

c. 에르덴바타르, 디마자브. 몽골 초원의 청동기 문화와 석인상 연구. 史学志，2012（44）: 54-81.

"圆形墓"的形制相当①。根据遗迹的叠压关系，我们认为圆形墓早于亚腰形墓，从门海尔汗文化到特布希文化的演变顺序没有什么问题。就墓葬结构而言，圆形墓和积石塚不同，它更加接近米努辛斯克盆地的卡拉苏克文化②。因此，圆形墓和积石塚在卡拉苏克文化时期就已经分布在了蒙古西部③，而在蒙古东部有方形墓和亚腰形墓（图八）。方形墓和亚腰形墓各自从Ⅰ式向Ⅱ式转变。正如我们在前面所描述的那样，A型Ⅰ式集中在蒙古东部并逐渐向西扩散。在扩散的过程中，方形墓逐渐变成了亚腰形墓。而且我们在近年的调查中也发现，这种亚腰形墓出现在了内蒙古的阴山地区④。可以说亚腰形墓的分布从贝加尔湖、特布希⑤一直延续到了内蒙古的阴山地区。另外，在勃鲁敖包墓地除圆形墓外也有亚腰形墓的存在。

下面我们还需要讨论石板墓 B 型的起源问题。这个问题实际上牵涉到最早的 B 型Ⅰ式的形成。B 型Ⅰ式方形有角石，没有辅石。虽然方形没有辅石的结构接近 A 型Ⅰ式，但是问题在于角石的形成。如果亚腰形墓 C 型的石围内弯进而强化角石的功能，那么角石就存在着逐渐增大的过程。不过，这个假设很难验证。其实米努辛斯克盆地塔加尔文化巴伊诺沃期的墓葬结构与 B 型Ⅰ式更加接近⑥。巴伊诺沃期的墓葬结构基本上和 B 型Ⅰ式相同，有墓坑和一块盖石。这与达拉姆 4 号墓的结构相同。但是在米努辛斯克盆地，巴伊诺沃期墓葬形制的变化方向是石围内部的砾石逐渐增多形成大的石堆，石围

---

① a. 宮本一夫. モンゴル高原ボル・オボー青銅器時代墓地を掘る. シルクロード，2015（25）：2-5.

　　b. 宮本一夫，T.Amgalantugas，B.Tsogtabaatar. モンゴル国バヤンホンゴール県ボル・オボー遺跡の発掘調査からみた青銅器時代墓葬の展開. 第 16 回北アジア調査研究会報告会. 北アジア調査研究報告会実行委員会，2015：17-20.

② Legrand Sophie. The emergence of the Scythians: Bronze Age to Iron Age in South Siberia. Antiquity, 2006 (80): 843-859.

③ a. Цыбиктаров А. Д.. Купьтура плиточных могил монголии и забайкалья. Издателыство бурятского госуниверситета. Улан-Уде, 1998.

　　b. 宮本一夫. 漢と匈奴の国家形成と周辺地域—農耕社会と遊牧社会の成立—. 九州大学 21 世紀 COE プログラム「東アジアと日本：交流と変容」統括ワークショップ報告書. 福岡：九州大学，2007：111-121.

④ 马健：《内蒙古阴山地区早期石板墓的初步调查与研究》，《中国北方及蒙古、贝加尔、西伯利亚地区古代文化（上）》. 科学出版社，2015 年，278~286 页。

⑤ Цыбиктаров А. Д.. Купьтура плиточных могил монголии и забайкалья. Издателыство бурятского госуниверситета. Улан-Уде, 1998.

⑥ a. Грязнов М. П., Завитухина М. П., М. Н. Комарова, Миняев С.С., Пщеницына, Хубяков Ю.С.. Комплекс Археологических Памятников у Горы Тепсей на Енисее. Новосибирск:Наука, 1980.

　　b. Bokovenko Nikolay A.. The emergence of the Tagar culture. Antiquity, 2006 (80): 860-879.

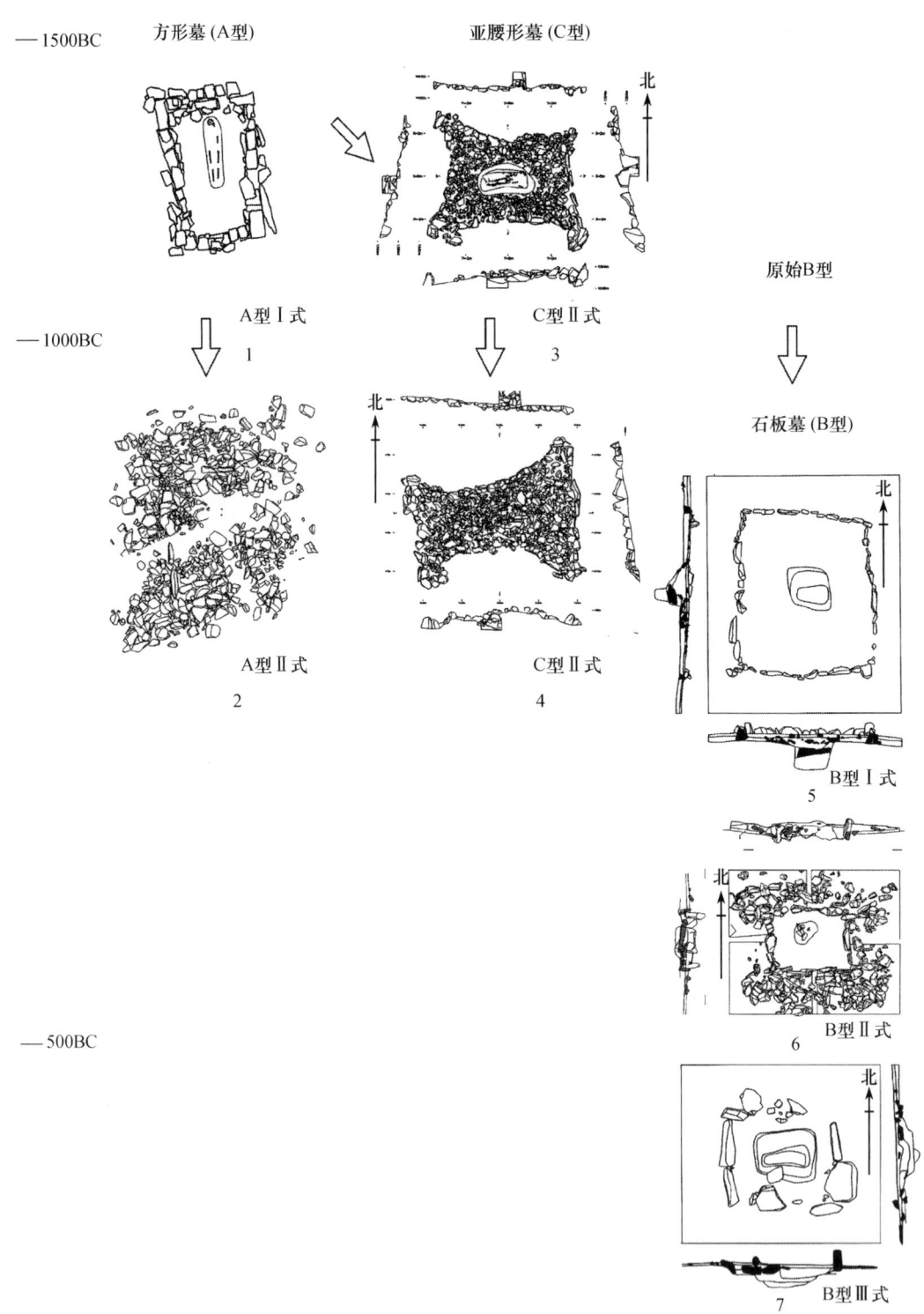

图八 蒙古高原中东部青铜时代墓葬的变迁
（1.布鲁金艾克 2.达拉姆9号墓 3.特布希3号墓 4.特布希1号墓
5.达拉姆4号墓 6.达拉姆8号墓 7.达拉姆1号墓）

渐次发达①。这个变化方向与 B 型不同。因此，虽然我们说在最初的阶段，米努辛斯克盆地和内蒙古东部都存在石板墓，但是米努辛斯克盆地和蒙古高原中东部的变化完全不同。巴伊诺沃期的年代是公元前 10～前 8 世纪②，早于蒙古高原中东部的石板墓 B 型 I 式（前 8 世纪）。随着塔加尔文化的扩张，石板墓可能从西向东扩散。也就是说，作为墓葬形制的石板墓的扩散趋势与作为新的青铜文化的塔加尔文化的扩散趋势一致。而且石板墓在稍后又出现了地域性的变迁。

和 B 型 I 式结构相近的还有积石塚，它们也可以被认为就是石板墓 B 型 I 式。例如，库苏古尔省的查干金乌兰乌尔（Tsagaangiin ulaan uul）2 号墓是一座方形墓（4.3 米 × 4 米），它有角石③。人骨年代 1267-993calBC，和典型积石塚的年代相当。戈壁阿尔泰省的哈尔哈拉齐（Khyar Khyaraach）1 号墓是一座方形墓（8 米 ×8 米），它有角石。人骨年代公元前 1265～前 1108 年（94.2%），和典型积石塚的年代相当④。它们都有墓坑，埋葬着人骨。从墓葬结构来看，它们更加接近石板墓 A 型，而从角石这点来看，它们又属于 B 型。哈尔哈拉齐 1 号墓的中心部有石堆，形成上圆下方的结构，不同于一般的石板墓结构。查干金乌兰乌尔 1 号墓、萨鲁希敏哈鲁哈布 3 号墓等的积石塚⑤有角石，它们的石堆形状呈方形。哈尔哈拉齐 1 号墓也可以说是积石塚的石堆和方形石围利用砾石连接的结果。这说明 B 型 I 式早在积石塚时期就在蒙古高原西部存在了。虽然查干金乌兰乌尔 2 号墓、哈尔哈拉齐 1 号墓等的结构更加接近方形墓 A 型 I 式，然而从角石的角度来看，它们更像是 B 型 I 式的祖形。而且 B 型 I 式也和中心部分有石堆的 A 型 I 式不同。这种 B 型 I 式的祖形，它的年代与一般的积石塚相当，要早于典型的石板墓（B 型）。因此，笔者将这种方形墓称作原始 B 型。它还出现在蒙古高原西部的库苏古尔省乌兰特鲁阁（Ulaan Tolgoi）墓地⑥。

B 型 I 式源自原始 B 型，米努辛斯克盆地塔加尔文化巴伊诺沃期的年代要晚于原始 B 型，因而它不能成为 B 型 I 式的源头。格里亚兹诺夫虽然将卡拉苏克文化至塔加尔文

---

① Bokovenko Nikolay A.. The emergence of the Tagar culture. Antiquity, 2006 (80): 860-879.

② 同①。

③ Амгалантөгс Ц., Эрдэнэ Б., Прохлич Б., Хант Д.. Умард монголд явуулсан археологийн судалгаа. Археологийн Судлал, 2007 (1-25): 106-130.

④ 宮本一夫，田尻義了，松本圭太，T.Amgalantugs，B.Batbold. モンゴル国ゴビ・アルタイ県ヒャウル・ヒャラーチ遺跡の発掘調査. 第 17 回北アジア調査研究会報告会. 北アジア調査研究報告会実行委員会，2016：13-16.

⑤ 同③。

⑥ Fitzhugh William. The Deer Stone Project Anthropological Studies in Mongolia 2002-2004. Washington D.C.: Arctic Studies Center National Museum of History Smithsonian Institution, Ulaanbaatar: National Museum of Mongolian History, 2005: 66, fig.5.9a.

化的过渡期合并为巴伊诺沃期，然而拉扎列妥夫却认为这个阶段应该存在卡拉苏克文化末期阶段的遗存和巴伊诺沃期的遗存。巴伊诺沃期的形成受到了哈萨克斯坦或者蒙古高原西部文化的影响①。因此，我们认为蒙古西部的原始 B 型很可能形成了巴伊诺沃期的墓葬，他的石堆呈方形并且有角石。这个问题对于塔加尔文化的起源或者说斯基泰文化的东方起源至关重要。虽然在本文中笔者并不想涉及塔加尔文化的起源问题，但是典型石板墓 B 型的起源完全可以追溯至蒙古高原西部的原始 B 型，这就牵涉到了塔加尔文化巴伊诺沃期的墓葬谱系。

公元前 800 年左右，蒙古高原中东部的方形墓（A 型）和亚腰形墓（C 型）逐渐过渡至典型的石板墓（B 型）。这不仅仅是单纯地从积石塚演变成为石板墓的问题，而是更加明确地表现了蒙古高原墓葬形制的地域性差异以及不同人类集团的存在。方形墓和亚腰形墓以及同一时期的积石塚，它们的整体规模显示了集团内部的统合力，然而却没有表现出阶层的差异。②方形墓和亚腰形墓皆属平等的社会集团。从典型的石板墓阶段才开始显现集团内部的个人财富的差异③。在典型的石板墓阶段，依照个人随葬品的多寡，逐渐显现出集团内部的阶层差异。南戈壁省额金（Egiin Gol）河流域的石板墓中陪葬有青铜冑④，达拉姆 4 号墓中陪葬有大量玉石和铜泡，这些现象表明在典型的石板墓阶段开始出现了个人随葬品的多寡表现的集团内部个人阶层的差异。公元前 800 年左右，墓葬形制发生变革的时期也是蒙古高原内部社会性质发生变化的时期。

五、结　　语

蒙古高原的青铜时代存在着以西部积石塚和东部石板墓为代表的两大社会集团。西部积石塚的年代较早，东部石板墓的年代较晚。我们根据石板墓的分类和变迁，再结合

---

① Амгалантөгс Ц., Эрдэнэ Б., Прохлич Б., Хант Д.. Умард монголд явуулсан археологийн судалгаа. Археологийн Судлал, 2007 (1-25): 106-130.

② Wright Joshua. Landscapes of Inequality? A Critique of Monumental Hierarchy in the Mongolian Bronze. Asian Perspectives, 2014 (51-2): 139-163.

③ Honeychurch Willian, Wright Joshua, Amartuvshin Chuang. Re-writing monumental landscapes as Inner Asian political process. In: Social Complexity in Prehistoric Eurasia Monuments Metals and Mobility, edited by Hanks B. E., Linduff K.. UK: Cambridge University Press, 2009: 330-357.

④ a. Төрбат Ц., Амартувшин Ч., Эрдэнэбат У.. Эгийн Горын сав нутаг дахь Археологйн дурсгалууд. Улаанбаатар, 2003.

b. Erdenebaatar. Burial materials related to the history of the Bronze Age in the territory of Mongolia. In: Metallurgy in Ancient Eastern Eurasia from the Urals to the Yellow River, edited by Linduff K. M.. Lewiston: Edwin Kellen Press, 2004.

年代和分布，完全可以重新解释这种历史性的趋势。

石板墓存在 3 种不同的形制。方形墓（A 型）形成于蒙古高原东南部，从蒙古东部向中部扩散。它的长边渐次内弯，并在蒙古中部形成亚腰形墓（C 型）。从 A 型发展至 C 型的过程中，它们都存在从蒙古高原东部向蒙古高原中部扩散的趋势。而且两者都有墓坑，墓主人的头向也基本朝向东方。只是葬式从仰身直肢葬（A 型）变成了俯身葬（C 型）。这种墓葬形制从东向西的传播与卡拉苏克文化前期长城地带的青铜器逐渐影响米努辛斯克盆地的方向一致[①]。

蒙古西部有圆形的积石塚与东部的石板墓对峙。方形（A 型）和亚腰形（C 型）的石板墓从蒙古东部向中部传播的同时，积石塚从蒙古高原西部向中部扩散。这个阶段相当于卡拉苏克文化时期。墓葬形制对应着青铜器的传播方向，存在着两大社会集团，它们各自作为源头，朝向对方的方向传播。哈尼查奇（Haneychurch）将 A 型和 C 型合称"乌兰祖克—特布希文化"，认为它们是位于蒙古高原东部至中南部的墓葬形制[②]，这和笔者的见解相似。关于典型的石板墓（B 型），哈尼查奇也认为它来源于乌兰祖克 - 特布希文化，这与本文中"A 型→C 型→B 型"的变化相同。

A 型和 C 型将蒙古高原东部作为起点，逐渐从东部向中部扩散。这一过程发生在公元前 15～前 9 世纪。而多数 B 型分布在蒙古高原中部至东部，表现了公元前 8～前 3 世纪墓葬形制的变迁。我们根据哈尔哈拉齐 1 号墓[③]认为原始 B 型作为 BⅠ式的祖形在积石塚的变化过程中（公元前 13～前 12 世纪）出现在了蒙古高原的西部。原始 B 型一方面在蒙古中西部发展成为石板墓 B 型，另一方面在米努辛斯克发展成为塔加尔文化巴伊诺沃期的墓葬类型。在 A 型和 C 型的阶段，蒙古中东部的石板墓和蒙古西部的积石塚都几乎没有随葬品，没有形成个人的社会性阶层差异。然而到了前 8 世纪的石板墓（B 型）阶段，随葬品的多寡及墓坑的差异逐渐凸显。这种差异的程度虽然没有米努辛斯克盆地的塔加尔文化那样明显，但我们也要承认蒙古高原的中东部存在社会性质方面的变化。

正如原始 B 型那样，在蒙古高原中东部的方形墓、亚腰形墓发展成为石板墓的过程中，随着墓葬形制和文化从东向西的扩展，今后我们需要明确蒙古高原西部积石塚的动态及其与蒙古高原中东部的关联，并且我们也需要解释公元前 8 世纪形成典型石板墓（B 型）的社会原因。虽然有的学者已经探讨了公元前 9 世纪的寒冷化对于米努辛斯克

---

① 松本圭太. カラスク式短剣の成立と展開. 古代文化，2009（61-1）：37-55.

② Honeychurch William. Inner Aisa and Spatial Politics of Empire Archaeology Mobility and Culture Contact. New York: Springer, 2015.

③ 宫本一夫，田尻义了，松本圭太，T.Amgalantugs，B.Batbold. モンゴル国ゴビ・アルタイ県ヒャウル・ヒャラーチ遺跡の発掘調査. 第 17 回北アジア調査研究会報告会. 北アジア調査研究報告会実行委員会，2016：13-16.

盆地社会变化的影响①，但我们还需要进一步了解塔加尔文化的社会背景。因为这个问题牵涉到骑马游牧文化在蒙古高原的兴起②，而且我们也需要探讨在蒙古高原墓葬形制的发展过程中不同的墓葬形制是如何被匈奴统合与再编的。

The Evolution of Bronze Age Stone-slab Graves in the Mongolian Plateau

Miyamoto Kazuo

Abstract: This paper shows the evolution of square shaped-stone burials, hourglass-shaped graves and stone-slab graves in the stone-slab burial culture of central and eastern Mongolia. Two burial customs, the square stone construction grave and the hourglass-shaped graves, gradually changed between the 15th and 9th centuries BC. Square-shaped stone graves originated in southeastern Mongolia and spread to central Mongolia, where they changed into hourglass-shaped graves. Typical stone-slab graves gradually evolved from Type BI to Type BII and Type BIII in central and eastern Mongolia between the 8th and 3rd centuries BC. This process of change also led to the social development of herding societies in the eastern steppe area. In particular, certain individuals gained a higher status within the social stratification. This social particularity is seen in the stone-slab burial culture of central and eastern Mongolia.

Keywords: Mongolian Plateau; Bronze Age; stone-slab graves; evolution

---

① Geel B. van, Bokovenko N.A., Burova N. D., Chugunov K.V., Dergachev V.A., Dirksen V.G., Kulkova M., Naglef A., Parzinger H., Plicht J. van der, Vasiliev S.S., Zaitseva G. I.. Climate change and the expansion of the Scythian culture after 850 BC: a hypothesis. Journal of Archaeological Science, 2004 (31): 1735-1742.

② Honeychurch William. Inner Aisa and Spatial Politics of Empire Archaeology Mobility and Culture Contact. New York: Springer, 2015.

哈拉和林"兴元阁"装藏遗迹的发现

У. 额尔德尼巴特[1]　К. 弗兰肯[1]　Т. 巴图巴依尔等著[1]　特尔巴依尔译[2]

（1. 蒙古国国立大学，乌兰巴托；
2. 中国人民大学北方民族考古研究所，北京，100872）

内容摘要：在2013至2014年，蒙古—德国联合对蒙古国境内的哈拉和林佛教寺庙遗址的考古发掘过程中，发现了位于遗址地基下的装藏遗迹。它是13世纪蒙古帝国第4任大汗蒙哥汗在位时期，在哈拉和林古城城内兴建"兴元阁"时在地基下放置的4件装藏遗迹。该遗迹的发现对研究哈拉和林古都的历史具有重要的学术价值。

在大殿平台的4个角下以及通往平台西侧和东侧的楼梯下均发现了装藏遗迹。这些带有盖子的大型陶容器内装有谷类食品，并且用织物包裹，即所谓的"九件珍贵物品"，由9种被认为有益的不同材料制成。例如，在成吉思汗和蒙克汗统治时期，有金币、银币、珍珠以及绿松石。

关键词：蒙古帝国；哈拉和林；兴元阁；蒙古佛教；装藏；哈拉和林大寺庙

蒙古国境内的古代都城哈拉和林城内西南角有座较高大凸起的建筑遗址群，这座遗址群在城内凸起建筑遗存中算是最大的一座，由中心建筑、周围的附属建筑和围墙等3部分组成。（图一，1）。1948~1949年，苏联与蒙古国联合调查队在С.В.吉谢列夫（С.В.Киселев）教授的领导下，对该遗迹群中心的大型建筑进行试掘后认为该遗迹是窝阔台的"万安宫"[①]，之后蒙古国与德国联合考古队研究结果证明，这座建筑遗址不是宫殿而是1256年专门立碑文兴建的，元朝末代皇帝妥懽帖睦尔汗1346年被赐名为"兴元阁"或"大寺之家"[②]的佛教寺庙遗址。

---

① Киселев 1965 - С.В.Киселев.Древнемонгольские города. – М., 1965.с.138~166ю
② Хюттель 2007 - Х.Г.Хюттель.Хархорумын "Хааны ордны дүүрэг" хэмээгчид хийсэн малтлага. – Чингис хаан хийгээд түүний өв. Эрхлэн гаргасан У.Б. Баркманн. УБ., 2007, 97-114. // Franken 2015- Christina Franken. Die, Grosse Halle "von Karakorum.Zur archaeologischen Untersuchung des ersten buddhistischen Tempels der alten mongolischen Hauptstadt. - Forschungen zur Archaeologie Aussereuropaeischer Kulturen- Band 12, Reichert Verlag, Wiesbaden 2015.

2001～2006年，蒙古国与德国联合考古队对"兴元阁"遗址进行了全面的发掘。"兴元阁"作为蒙古帝国统一与繁荣昌盛的象征，并且根据它的建造历史、建筑结构和在当时的城市中所占的历史地位等各方面的情况，两国学者一直认为有必要对"兴元阁"遗址进行实地保护，以便供公众参观。为此德国建筑师专门制定了遗址保护设计图，两国相关政府单位就建造遗址博物馆项目于2014年在乌兰巴托市进行了洽谈并签署了协议，为该项目的实施打下了坚实的基础。

2014年蒙古国与德国建交40周年纪念庆典期间，由德国外交部、格达·汉高基金会、德国考古研究院，蒙古国教育文化科学与体育部的资助下实施了哈拉和林城佛教遗址的保护与遗址博物馆项目，此项目决定在2年内竣工。

2013年，哈拉和林大寺庙遗址的保护与开发项目实施初期，蒙古与德国联合的鄂尔浑河谷项目，在进行田野调查的同时对佛教寺庙的地表建筑进行了测绘，为了明确遗址范围，考古队在遗址边缘处进行了试掘工作[1]。2014年继续对该遗址进行全面清理发掘，为保护和开发项目进行前期准备工作。联合考古队在发掘过程中发现了台阶，立于台基拐角处的长方形花岗石柱、刻有蒙古可汗家族印章的砖块和各类花纹的釉陶碎片、砖瓦、佛教神物、半人半鸟形的神鸟雕刻物残块、瓷器碎片、铜币、秤砣等遗物和开光仪式时安置于台基下的装藏遗迹等珍贵文物[2]。这些遗物的出土为断定该遗址的历史用途和建造时间提供了有利的史料依据。

一、台基结构特点

联合考古队为弄清台基址的规模，结构和建造方法，对遗址的四面进行了发掘。经初步发掘可知，这是一座高2.8～3米，42.5米×42.5米的正方形台基址，台基南侧有长方形平铺垒砌而成的石堆，平铺范围约32.5米×18米[3]。台基由沙土、砾石和黏土混合夯筑而成，外表有非常坚固的砖墙。其建造方法为：先清除表土层，之后用沙土、砾

---

[1] Эрдэнэбат, Батбаяр 2013 -У. Эрдэнэбат, Т. Батбаяр. Монгол-Германы Орхон экспедицийн 2013 оны хээрийн шинжилгээний тайлан. ШУА-ийн Түүх, археологийн хүрээлэнгийн гар бичмэлийн сан хөмрөг. - УБ., 2013.

[2] Эрдэнэбат, Франкен, Батбаяр 2015- У. Эрдэнэбат, К. Франкен. Т. Батбаяр. Хархорумын Цогт их сүмийн гэр буюу Юань улсыг мандуулах асар. - Хубилай сэцэн хаан ба Монголын Юань улс. Эрхэлсэн Ц.Цэрэндорж. УБ., 2015. 182-188.

[3] Franken 2012- Christina Franken. Die Befunde der, Grossen Halle "von Karakorum.Die Ausgrabungen im sogenannten Palastbezirk. Inaugural-Dissertation zur Erlangung der Doktorwuerde der Philosophischen Fakultaet der Rheinischen Friedrich-Wilhelms-Universitaet zu Bonn. vorgelegt von Christina Franken aus Bergisch-Gladbach. Bonn, 2012.64.

石、黏土以及建筑废弃物进行一层层夯筑。如，在台基中心位置共计有 40 层夯层，夯层内包含有沙子、砾石、黏土，每层厚度约 10～20 厘米，而台基南侧共有 25～28 层夯层[①]。这座台基现存地表高度为 1.6～1.9 米，基槽底部至地表台基高约 2.8～3 米。

此外，从台基北部隔梁的剖面情况看，此处由高低不同的 5 组夯土堆积层组成，他们的高度从左至右依次为：9.55 米，10.25 米，3.75 米，10.4 米，8.6 米。

二、建筑台基中发现的"装载"遗迹及出土遗物

2014 年，在清理方形土建筑地基时（图一，3、4），在地基东南角（图三，1、2）和北部两侧（图二，1、2；图四，1、2）夯基下以及露台之上的右侧台阶下（图五，1、2）等地，距夯基顶部表面以下 1.6～1.8 米深处发现夯筑时放置的 4 件陶器。陶器发现于夯基下圆形竖穴土坑内，土坑底部用石块或砖围成圆圈，石圈中部放置陶器，陶器有盖，竖穴土坑直径 0.6～0.8 米，深约 1.1～1.2 米。例如露台西侧台阶下发现的"装载"遗迹为先放置陶器后其外侧用青砖和石块单层垒砌包裹，而其余的几处遗迹由卵石单层垒砌而成。石圈高约 60～80 厘米，宽 40～50 厘米。

除上述之外，有必要说明在此前的发掘工作中，在建筑地基下也发现过类似的遗迹。如：吉谢列夫先生领导的考古队也在此遗址进行发掘，在露台中央首次发现 3 米 × 3 米的方形建筑遗迹，并且他们认为此遗迹是 17～18 世纪建筑寺庙时兴建的一座佛塔遗迹[②]。2004 年同样也在"吉谢列夫塔"中发现盛满植物种子的陶器遗存，与 2014 年我们发现的遗迹相同。因为 2004 年发现的放置陶器的遗迹形制和 2014 年的发现的放置陶器遗迹的形制完全相同。这些现象表明，这些遗迹是同一时间、同一文化的遗存。整体布局看，放置于地基中央和四个角下（或许地基中央、四个角、东西南北四个台阶下等地共计 9 个），很明显具有象征意义和建造这座建筑前进行"开光"仪式留下来的遗存（图一，2）。

哈拉和林城西南部的这座建筑地基中，共发现 5 处以石块垒砌棚盖的"开光"仪式所留下来的陶器遗物，其中 4 处位于地基下，另一个供奉于地基之上（图一，5、6）。陶器外有石或砖垒砌围棚盖物，其中一座为青砖垒砌，还有一座为砖石混合，其余的均为石块垒砌而成。从该遗迹剖面可了解到，几乎所有陶器底部都垫有青砖或大块石板，其上直接放置盛有遗物的陶器，之后用砖或石块单层垒砌成拱形进行棚盖，后用土和戈壁沙砂砾一层层夯筑填埋，装藏坑内除了装藏遗物和回填的土和砂砾外未发现

---

① Franken 2012- Christina Franken. Die Befunde der,, Grossen Halle "von Karakorum.Die Ausgrabungen im sogenannten Palastbezirk. Inaugural-Dissertation zur Erlangung der Doktorwuerde der Philosophischen Fakultaet der Rheinischen Friedrich-Wilhelms-Universitaet zu Bonn. vorgelegt von Christina Franken aus Bergisch-Gladbach. Bonn, 2012. 60-62.

② Киселев 1965 - С.В.Киселев.Древнемонгольские города, 1965.с.154ю.

图一
1、2. 哈拉和林与"兴元阁"与装藏遗迹发掘及平面图
3、4. 建筑地基2014年发掘情况 5、6. 建筑地基上和下发现的装藏遗迹

其他遗物。

根据上述情况看，这些遗迹虽然受到过一定程度的破坏，但基本保持原貌。这些遗迹中均发现有同一形制和类型以及具有某种象征意义的陶器，这些遗迹总体特点为在某种仪式过程中被放置于寺庙地基下的圆形竖穴土坑内，陶器底部用砖或石板垫底，外侧用石块包裹。这些出土遗物目前收藏于蒙古国前杭盖省哈拉和林苏木哈拉和林博物馆，介绍如下：

1. 1号"装藏"遗物（遗物编号：HD01-45/56Bef.6）

小口罐：经过岁月的洗礼，陶器被深埋于历史的地层之下，陶器整体出现裂痕，口沿和肩部处破裂，后在哈拉和林博物馆修复室进行修复。青灰色泥质陶，通过表面一道道细丝划痕可看出轮制的痕迹，敞口、圆唇、短颈、溜肩、鼓腹斜收、平底。颈部处发现几处用浅红色绘有双波浪纹痕迹，同时在颈部下鼓腹部以上的肩部发现用红或黑灰色痕迹，这些痕迹呈椭圆形或三角形。陶罐尺寸为高31厘米，口径13.5厘米，底径20.5厘米，唇厚1厘米，鼓腹直径29厘米，厚约1.2厘米，净重5269克（图二，1、3）。

陶罐盖子：该陶罐口用碗形盖子进行封盖。部分残缺后进行修复。青灰色泥制陶，轮制，素面。尺寸为高4~4.4厘米，口径12.2~12.5厘米，底径5厘米，厚0.6厘米。

陶罐内的遗物：2014年7月16日出土的陶罐在哈拉和林博物馆的修复室进行清理时，从陶罐中发现严重腐蚀的各类植物（？）种子、水果种子和不确定什么遗物的白色粉末物。植物种子中还有一件被丝织三层包裹的物品。最外层的用细绸编织折叠成方形，内同样包裹着方形折叠的金丝绸缎，其上面有类似绷带的银质带，金丝绸缎内包裹着木质元宝状圆形器物。与这一起还放有类似丝织捆绑在一起的一些带皮的动物骨骼。这些都与粗布粘在一起无法进行清理。

四周与卷线串：多层被折叠成方形的丝织品。在清理包裹有元宝的丝织品时，这些丝织品大多撕裂成了三部分。三部丝织品拼接在一起时，可看出类似金丝编织的痕迹。上部丝织品宽6厘米，长14厘米，厚3厘米，这些丝织品互相粘连在一起，无法判断有多少层以及什么类型的丝织品。中部丝织品宽9.5厘米，长15厘米，1.5厘米厚。共6层，一侧封闭，另一侧开口，剪切痕迹明显。下部丝绸长20.5厘米，宽10厘米，小木质品和银质带用细线绳捆绑在一起夹这些丝织品中，在他们之间同样也放置有元宝，并一侧口用大和细丝绸卷线串进行捆绑使他们很好的相接在了一起（图二，7）。

白色粉末物：在丝绸上方的遗物之间发现类似倾洒状的白色粉末物。

木质器物：薄木板削制而成，中间细两头大或元宝形，边缘处用金薄片包裹大痕迹。因与丝绸、银质带以及卷线串粘连在一起，所以无法进行测量（图二，7）。可能是某种象征意义的遗物。

银质带：与丝绸粘连在一起并与木质品一起用线生捆绑在一起的银质带状物（图二，7）。用银薄片打制而成。类似现代一次性"刮胡刀"状，弧形小短把。总长6.8

图二

1、2. 建筑地基下发现的 1 号装藏遗迹　3. 小口陶罐　4. 银币　5. 绿松石珠　6. 黄铜钉　7. 丝绸包裹的宝物

米，两端尖部做成波浪形，一段钻有 1 个孔，另一段钻有 2 个孔，孔径约 0.2 厘米，银质带宽 2.7 厘米，0.8 厘米高，把上饰有 3 条凹槽纹。

银币：重 3.504 克，直径 2.3～2.4 厘米，厚 0.1 厘米。两面都刻有阿拉伯文，因两面磨损严重导致有些文字磨平无法释读（图二，4）。

绿松石珠（2 枚）：两件都是橄榄形，青绿色（图二，5）。纵身有穿孔，一件直径 0.57 厘米，长 1 厘米，另一件长 1.1 厘米，总重 0.37 克。

黄铜钉（4 颗）：镀金，钉身一端有圆形钉头，一端无钉尖。最长的 1.4 厘米 ×0.2 厘米，短的 1.1 厘米 ×0.2 厘米（图二，6）。头顶平均直径 0.4 毫米，厚 2 毫米，4 颗钉子总重 2.27 克。

2. 2 号"装藏"遗物（编号：HD35-36/56 Bef.77）

小口罐：青灰色，泥制陶，通过表面一道道细丝划痕可看出轮制的痕迹，形制与之前的一样（敞口、圆唇、短颈、溜肩、鼓腹斜收、平底），腹部有破裂的缺口，用破裂出来的残片进行修复。陶罐尺寸为高 35 厘米，口径 12.8 厘米，底径 18.5 厘米，唇厚 0.8 厘米，鼓腹直径 29 厘米，净重 4150 克（图 3a，c）。

陶罐盖子：青灰色泥制陶，轮制，素面，形制为倒扣的碗，换句话说罐盖是用来烧纸的。尺寸为高 3.6 ~ 4.6 厘米，口径 12.2 厘米，底径 4.5 厘米，厚 0.6 厘米。

陶罐内的遗物：2014 年 8 月 8 日出土，26 号在哈拉和林博物馆的修复室进行清理时，从陶罐中清理出严重腐蚀的各类植物种子、水果种子以及黑灰色类似植物粉末物、用丝织品包裹的黄铜钉 4 颗，银币 1 枚、绿松石珠 4 枚、丝绸 2 块、元宝形木质器物 1 件、银质带 1 件，白灰色粉末物等。

黄铜钉（4 颗）：镀金，形制与 1 号遗迹陶罐中出土的钉相同（钉身一端有圆形钉头，一端无钉尖）。其中 3 颗尺寸相同 1.4 厘米×0.2 厘米，另一个 1 厘米×0.2 厘米（图三，6）。头顶平均直径 0.4 毫米，总重 2.32 克。

银质带：形制也与 1 号遗址中的陶器内出土的相似（图三，4）。一端已失去原貌，变平直，宽面穿孔处边缘有缺损，另一段较细三角形尖，也穿有孔。总长 8 厘米，另一端长 1 厘米，头端 2.5 厘米，厚 0.3 厘米，重 13.88 克。

绿松石珠（4 枚）：2 枚橄榄形，2 枚圆形（图三，7）。橄榄形石珠青蓝色，表面光滑，纵身有穿孔，一件直径 0.6 厘米，长 1 厘米，另一件直径 0.5 厘米，长 1.1 厘米，总重 0.74 克。圆形绿松石珠，青蓝色较光滑，纵身穿孔，直径 0.5 厘米，重 0.21 克。

丝织品：包裹有元宝物的丝织品进行清理时分为 2 大块。褶皱并相互粘连，编织较细致，丝绸线有金丝。一件 10.8 厘米长，4.8 厘米宽，中部 3.6 厘米宽，1.5 厘米厚。另一件宽 10 厘米，长 14 厘米，厚 0.8 厘米。因相互粘连无法进行分解和确定多少层（图三，9）。

白色粉末物：相互粘连的丝织品中发相互黏合成固体的灰白色物。尺寸长 5.2 厘米，宽 2.8 厘米，厚 0.8 厘米。

银币：重 3.329 克，直径 2.3 厘米，厚 0.1 厘米。一面有相互背对着的山字形图案，两面均有阿拉伯文。银币两面均磨损严重，因此阿拉伯文的某些字无法进行释读（图三，5）。1997 年在中亚奥特拉尔（Отрар）古城的发掘中出土过类似的银币，一般认为这种银币为公元 1254 年蒙蒙哥汗时期在哈拉和林铸造发行的。银币上的文字还没有人进行释，银币上阿拉伯文中的 "QRM" 字母，原学者们错拼读成 "Крым"，近几年学者们认为 "和林 Хорум"。

木质品：较薄的木板削制而成。中部较细两头大或元宝形（图三，8）。可能用金黄色涂料进行涂抹过，现残留于两端头部。长 8.8 厘米，中部宽 2.6 厘米，两端 4 厘米，厚 0.4 厘米，具有某种象征意义的遗物。

3. 3 号 "装藏" 遗迹（编号：HD05-47/56 Bef.8）

2014 年 7 月 17 日发掘出土的遗物，在哈拉和林博物馆修复室进行清理时发现与各

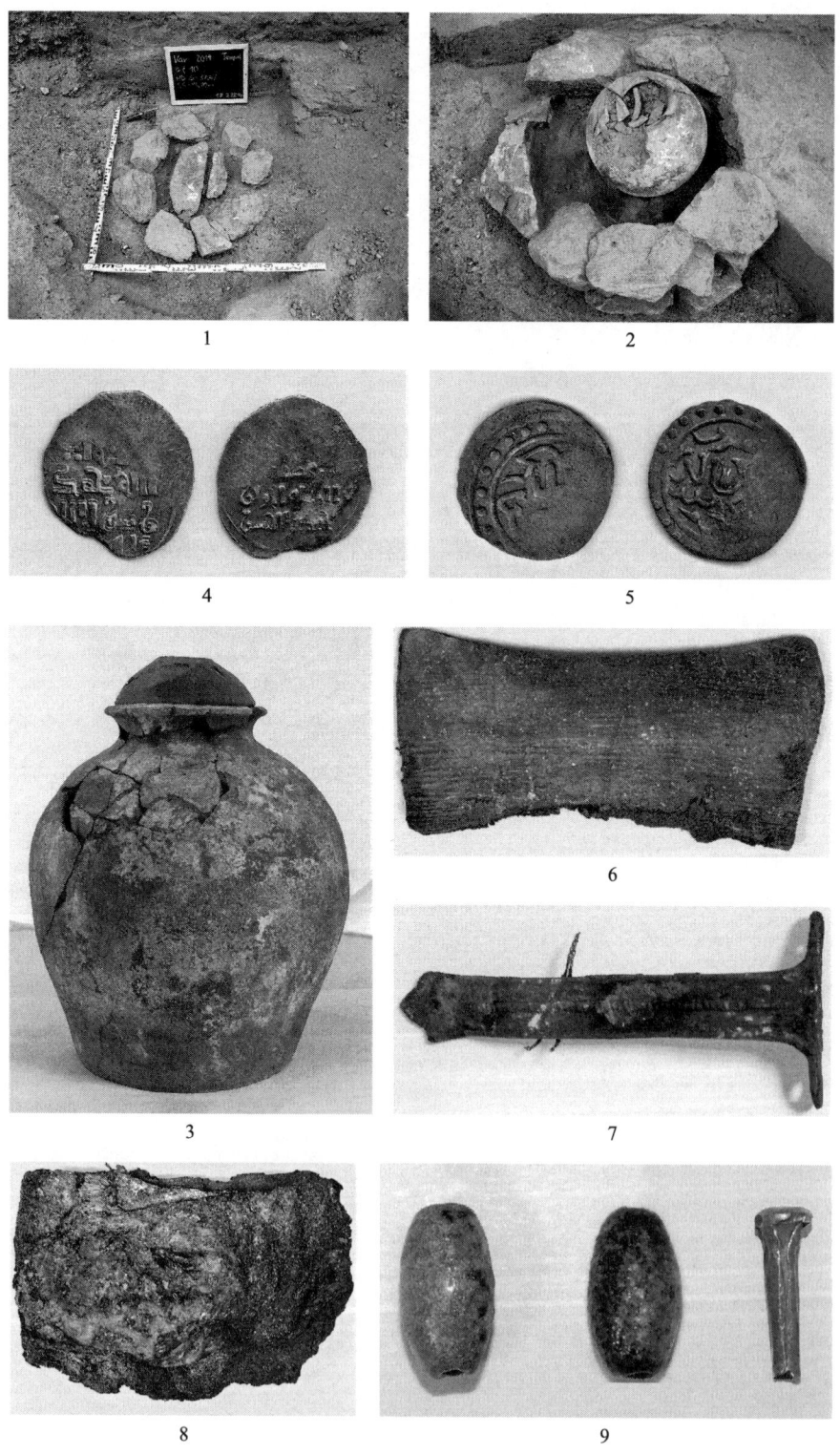

图三

1、2. 建筑地基下发现的 2 号装藏遗迹　3. 小口陶罐　4. 银质带　5. 银币
6. 黄铜钉　7. 绿松石珠　8. 木器　9. 丝绸包裹的宝物

类食物、瓜果种子一起包裹有丝绸品的遗物。相互叠压放置的丝织品遗物已经掉色变为棕色，最上面的丝绸明显用金丝进行编织。在叠压放置的丝织品中发现用丝绸制成的类似像绳带一样的遗物。在对包裹有遗物的丝织品时从折叠处裂开，其中发现用银质带叠压的元宝等遗物。

小口罐：青灰色，泥制陶，轮制，敞口、圆唇、短颈、溜肩、鼓腹斜收、平底。口沿和肩部因外部压力有点破裂，腹部有一周双线纹，罐底未发现轮制工具的痕迹。总体形制与之前的陶器相似（图4，2、3）。陶罐尺寸为高31厘米，口径14.5厘米，底径20.5厘米，唇厚1厘米，鼓腹直径30厘米，净重5340克。

陶罐盖子：青灰色泥制陶，轮制，素面，形制为倒扣的碗，腹部有几处轻微破裂。尺寸为高4.3厘米，口径11.7厘米，底径5厘米，厚0.7厘米。

陶罐内的遗物：各类（？）、水果种子以及黑灰色类似植物粉末物、用丝织品包裹的金币1枚，银币1枚，绿松石珠2枚，黄铜钉1颗，元宝形木质器物1件，银质带1件，白灰色粉末物等。

丝绸包裹的平板物（木？）：颜色已变为黄色的丝织物互相粘连在一起。丝织物中既有金丝精织的丝绸也有粗线编织的灰色的织物。这些织物严重腐蚀并粘连在一起无法进行进一步清理（图四，8）。尺寸长14厘米，宽8厘米，厚1.5厘米。

金币：重2.788克。尺寸为2厘米×2.1厘米，厚0.1厘米。两面都有阿拉伯文（图四，4）。因严重磨损其中的有些字无法释读，金币中可能含有一定比例的黄铜，颜色偏红。

银币：重3.263克，直径2.2厘米，厚0.1厘米。两面均有阿拉伯文，一面可能有山子形图案已磨损（图四，5）。

绿松石珠（2枚）：两枚均为橄榄形，暗绿色。直径为0.6厘米，长1.1厘米。总重0.7克。

黄铜钉（4颗）：形制与其他遗迹中的陶罐中出土的钉相同（钉身一端有圆形钉头，一端无钉尖）。镀金，尖部断裂。长1.2厘米，0.2～0.25厘米，钉头直径0.4厘米（图四，9-3）。

银带：形制与其他遗迹中出土的铜带相同（图四，7）。总长8.4厘米，把手宽0.9厘米，头端宽3厘米，厚0.2厘米，重12.2克。

元宝形木器：形制与其他陶器中出土的木器相同（图四，6）。两面还残留有金黄色涂料的痕迹，因丝织品包裹木器两面与丝织品粘合在了一起。尺寸长8.4厘米，厚0.3厘米，最窄处约3.2厘米，最宽处4厘米。上面还印有铜带叠压的痕迹。

白色粉末：严重腐蚀与粘连在一起的丝织品之间发现已固化的白色物体。宽2.2厘米，长4.7米，厚6毫米，重7.36克。

4. 4号"装藏"遗物（编号：HD11-35/36/45/46/55/56 Bef.47）

2014年8月29日在哈拉和林博物馆的修复时进行清理出土陶罐时从陶罐内发现瓜

图四
1、2. 建筑地基下发现的 3 号装藏遗迹　3. 小口陶罐　4. 金币　5. 银币
6. 木器　7. 银质带　8. 丝绸包裹的宝物　9. 绿松石珠，黄铜钉

果种子相互粘连成圆形的丝织物。工作人员 O. 昂嘎拉格苏荣在进行清理这件类似圆形的丝织物时，从这圆形遗物中清理出黄色的粉末物、以变成黑灰色的类似茶叶粉末物。从这些遗物的下面同样漏出与其他 3 件陶器中出土过的一样头端大中间较细，压着金银财宝的银质带。从它的尖部发现类似土块一样方形的银白色的固体。其下的丝织包裹中发现银币 1 枚，金币 1 枚，旁边发现绿松石珠，镀金黄铜钉 1 颗，项链珠 1 枚，类似银质带 1 件，丝绸织品 4 块，元宝形薄木器 1 件，珠子 90 枚，扣子 2 颗等遗物。包裹这些遗物等丝织品已相互粘连一起干枯成固体。

陶罐：形制与之前的陶器相同（图五，3）。口沿、颈部和腹部等几处有小破损。黑灰色、夹砂、平底、底部未发现轮制工具痕迹。高 34 厘米，底径 18.5 厘米，厚 0.7 ~

图五
1、2. 建筑地基下发现的 4 号装藏遗迹　3. 小口陶罐　4. 丝绸包裹的宝物　5. 金币
6. 银币　7. 木器　8. 银质带　9. 泥质物　10. 绿松石珠, 黄铜钉　11. 珠子

1.2 厘米。

陶罐盖子：大部分破损缺失，灰褐色、轮制，素面，形制为倒扣的碗。尺寸为高 4～4.5 厘米，口径 12.5 厘米，底径 4.5～5 厘米，口沿处厚 0.6 厘米。

陶罐中发现的遗物：清理陶罐时发现陶罐内用丝织品包裹的食物和瓜果种子等具有象征意义的遗物。

丝织品：多层丝织品相互粘连，折叠成方形的丝织品进行清理时破裂成两大块。这两块丝织品均发现用金丝编织的痕迹。折叠的丝织品共有 20 层，尺寸 14.5 厘米 ×10.5 厘米，另一块从折叠的地方分裂，尺寸 12.5 厘米 ×7 厘米，这些丝织品相互粘连并固化成褶皱状。丝织包裹物与薄木器和银质带一起用线绳进行捆绑。丝织品之间放置了元宝，折叠的丝织品一边口用粗细不同的两种丝织带和用类似动物筋做的线绳缠绕进行捆绑。缠绕物尺寸 11 厘米 ×4 厘米（图五，4）。

元宝形木器：表面有红色涂料和金薄片包裹的痕迹（图五，7）。尺寸：长 8.3 厘米，宽 3～3.5 厘米，厚 0.3 厘米。

银质带：与其他陶器中发现的银质带相同（图五，8）。长 6.3 厘米，把手处宽 0.9 厘米，头端宽 3 厘米，厚 0.2 厘米，重 10.58 克。

银币：重 3.487 克，直径 2.1 厘米，厚 0.1 厘米。一面中部有背对着的山子形图案，同时两面都有阿拉伯文（图五，6）。

金币：重 2.301 克，直径 1.8 厘米，厚 0.1 厘米。两面都有阿拉伯文，一面的边缘处有"吉祥"图案（图五，5）。根据钱币学者的研究这种钱币是成吉思汗于 1221～1224 年在撒马尔罕铸造发行。

黄铜钉：与其他陶器中发现的黄铜钉相同（图五，10-3）。镀金，尖部缺失。长 1.4 厘米，宽 0.2 厘米，头部直径 0.4 厘米，厚 0.3 厘米，总重 0.66 克。

绿松石珠（2 件）：橄榄形，表面光滑，青绿色（图五，10-1、2）。纵身有穿孔，一枚直径 0.7 厘米，长 1.3 厘米。另一枚直径 0.6 厘米，长 1 厘米，总重 0.63 克。

珠子：共 90 枚。骨头和石块制作，个体非常小。有扁长、椭圆、不规则圆形等多种形状，但总体圆形（图五，11）。只有 1 枚为黑灰色，其余的都是白色，石珠均中部有穿孔。最小的石珠直径 0.2 厘米，最大的直径 0.4 厘米，总重 1.12 克。

珍珠（2 枚）：未发现使用过的痕迹。一枚比另一枚稍长，表面光滑（图五，4）。一枚尺寸为 0.8 厘米 ×3.8 厘米，另一枚尺寸 1 厘米 ×1.3 厘米。

白色土质物：丝绸织物之间发现凝固成坚硬的块状的白色物（图五，9）。长方形，一端半卷另一端未卷曲。长 5.2 厘米，宽 2.8 厘米，厚 1.8 厘米，重 17.27 克。

三、结　　语

作为蒙古帝国首府的哈拉和林古城，城内建筑物地基下出土的这些遗物很明显具有一

Mannheim, 08.12.2014

Ergebnis

Das Ergebnis der Datierung ist in der Tabelle aufgeführt. Die Kalibration wurde mit dem Datensatz INTCAL13 (Reimer et al., 2013) und SwissCal 1.0 (L. Wacker, ETH-Zürich) durchgeführt. Die ^{14}C-Alter sind auf δ^{13}C=-25 normiert (Stuiver&Pollach, 1977). Der δ^{13}C Wert stammt aus der Messung der Isotopenverhältnisse im Beschleuniger; sein Fehler beträgt ca. 2‰. Der Wert kann durch Isotopentrennung bei der Aufbereitung und in der Ionenquelle des Beschleunigers gegenüber dem ursprünglichen Wert des Probenmaterials verfälscht sein, und ist daher nicht mit einer Messung in einem Massenspektrometer für stabile Isotope (IRMS) vergleichbar.

Labornr. MAMS	Probenname	Probe Text1	Probe Text2	C14 Alter	±	13C	Cal 1 sigma	Cal 2 sigma
22535	8 - Gefäßdeponierung I Karakorum	HD11 - 35/36/45/46/55/56	Befund 47	822	18	-18,4	cal AD 1213-1251	cal AD 1170-1260
22536	9 - Gefäßdeponierung II Karakorum	HD01 - 45	Befund 6	923	17	-9,5	cal AD 1046-1154	cal AD 1040-1158

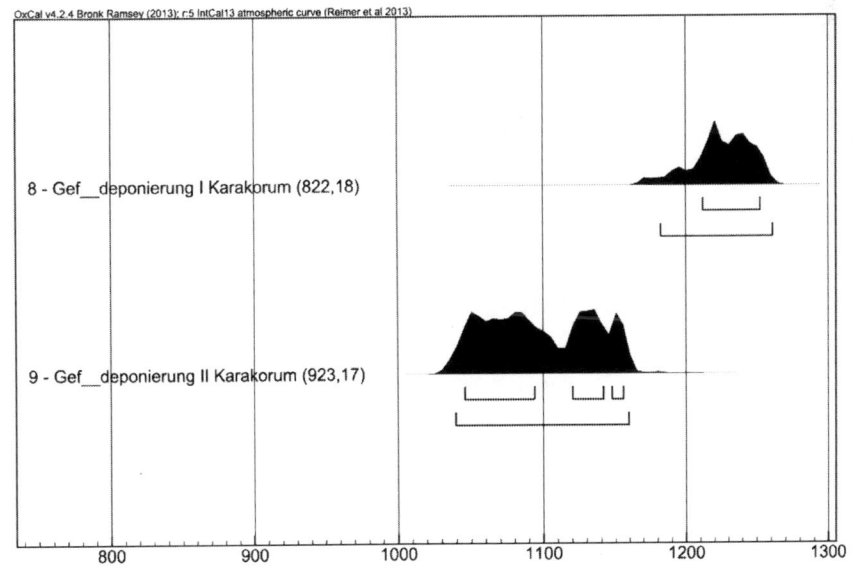

图六
碳十四测年数据表（1~4号装藏遗迹中提取的测年标本）

定的佛教仪轨。首先，该遗址夯土台基之上的废墟清理至原踩踏面时出土遗物的三分之二以上均与佛教相关，由此可推断上述地基下发现的遗物，无可厚非也与佛教仪轨相关。

所有佛教兴起地区自古以来代代相传着建造与佛教相关的寺庙、佛塔等建筑，严格遵循佛教仪轨传统。建造佛教寺庙、佛塔礼仪和仪轨在佛教兴起的地区和国家仍然沿用至今。因此，考古发掘中发现的与佛教有关的塔基下的遗物，可根据当今佛教建筑物的仪轨和文化传统来释读它们所蕴含的意义。

佛教建筑师们，在各历史阶段建造佛教寺庙时均遵循着佛经、佛教传统仪轨以及各僧侣们的建议和指导意见。如建造寺庙之前，详细研究选择建造寺庙的位置，之后根据佛教仪轨对塔基进行"开光"仪式并安置装藏遗物的传统。

关于建造寺庙方面，在与佛教相关文献中详细记载着建造佛塔地基、应遵循哪些仪轨及其需要进行哪些仪式等。如：盛有各类祭祀供品的宝瓶（陶器），应安置于寺庙地基下哪些位置、宝瓶里内应盛满那些遗物等。一本古代西藏佛经中记载了这方面的信息："各宝物须按仪轨，装入特制的容器中，密封其口，如法安置于建筑物地基下。如果严格遵循佛法须按仪轨装入5种宝石、5种药材、5种香料、五谷等9件特制的宝瓶之中。这些宝花瓶基本放置于4个方向、4个方位和正中央等，也可以放置4个方向和正中央等5件宝瓶，（特殊）情况下只需或必须放置正中央位置。与上述稍有区另一种情况为，被称之为'地球之父'的宝瓶应该放置于中央位置的前面。所以宝瓶必须都暗藏于深约膝盖的竖穴土坑之中，之后用土和石块进行回填夯实"等①。这本藏文文献中不仅详细记录了宝花瓶中盛哪类遗物的同时，把这些遗物分门别类的一一进行了记述。第一，五种宝石，即珊瑚、金、银、宝石、钻石等。第二，五种药材，即苦参、蓖麻油、黄果茄、海浮石、悬钩子、佛手参、建菖蒲（пато，хасдева）等。第三，五谷，小麦、大麦、大米。第四，五种香料，檀香、香樟、红花、肉豆蔻、沉香。第五，五种食物，咸盐、白砂糖、油②。

关于兴建佛教寺庙和佛塔仪轨和理论方面的近期佛教书籍中也有记载，不仅记述了兴建前进行开光仪式并按佛法安置"装藏仪轨"或"装藏"，并把该佛教仪轨与古代佛教文献中的记载进行核对。如有关佛塔下安置装藏仪轨的蒙古文、藏文撰写的理论类书籍很多，其中却吉扎勒布（Чойжижалбу）撰写的"装藏仪轨"、扎勒巴恩措（Жалванчо）撰写的"装藏"、"圣物下装藏仪轨明镜佛典"等佛教著作在佛教装藏仪轨中具有一定的分量③。这些佛塔信仰有的书籍中记述了佛塔相关仪轨的传承，尤其详细记述了佛教仪轨下兴建佛塔的相关条例。如以佛塔下安置"装藏仪轨"方面的记述来举

---

① Dorjee 1996 - Pema Dorjee. Stūpa and Its Technology: A Tibeto-Buddhist Perspective. New Delhi: Indira Gandhi National Centrefor the Arts - Motilal Banarsidass, 1996, 40.

② 同①，40，41.

③ Бурханч лам Пүрэвбат – Их Монголын суварга. Онол хийгээд бүтээх ёс. Сөүл, 2005, т.463, 464.

例:"如佛塔塔面为方形基座时在基座下,无方形基座时就在塔面下安置装藏遗物、兵器、衣绸缎、茶叶、斗、宝石等遗物进行无缝隙装入其上放置金刚杵轮、其上放置八吉祥轮、其上朝上放置财神轮、其上母夜叉与罗刹面对面相互叠放交合在一起用黄色丝绸包裹后头朝北放置,其上放置宝瓶时如有 9 件宝瓶,中心 1 件、四个方向 4 件,空余处放置宝石、药物和香料等遗物塞满后封口[①]"。根据这些证据来看,我们发掘出土的遗物为佛教仪轨相关的装藏遗物是毋庸置疑的。

宝花瓶以特定的佛教仪式安置于佛塔台基下是佛法仪轨之一。藏文称之为"gzungs gzung",蒙古语译为"sünsüg"、"togtool tarnii orshuulakh"或"shunshiglekh"。"shunshig"一词以包含有两个意思,"shun" - 咒文,而"shu"供或"筑咒"之意。换句话说,在佛像背面、佛塔底部以佛教开光仪式安置装藏来为佛塔或佛像赋予生命力[②]。

同时在佛教相关词典里也有"宝瓶""仪轨瓶""寿瓶"等多种解释与上述盛有象征意义的陶器或宝花瓶相关的词条。如用于藏传佛教密宗各仪轨,宝瓶里放置五五二十五种物品或物种药、五种香料、五种食物、五种植物种子、五种宝石后封口[③],而"宝瓶"大多用于守护神象征意义。

哈拉和林城内这座寺庙地基下出土的这些陶器遗物,与上述佛教建造寺庙时所完成的仪轨进行了比较,这些陶器中发现的遗物、放置陶器的土坑、坑底石圈和垫石以及他们的方向等特点,确实无误地证明了它们为佛教"装藏"遗物。"宝瓶"中会放置各种宝石、药物、植物种子、香料以及食物和饮品等,我们发现的这些装藏遗物的宝瓶中同样也发现这些遗物,但也有自己特点。例如这些陶器(宝瓶)中发现各类植物种子、药品或香料等遗物的粉墨物、丝绸、用金银制成的遗物、遗迹。蒙古可汗们铸造发行的金银币等。除此之外,还值得一提的是,对其他文化层中出土遗物的质地、形制[④]以及壁画[⑤]、结构[⑥]等方面进行的研究结果也间接的证明宝瓶中发现的遗物功能和性质。

---

① Бурханч лам Пүрэвбат – Их Монголын суварга. Онол хийгээд бүтээх ёс. Сөүл, 2005, т.462.

② О. Сүхбаатар. Монгол хэлний харь үгийн толь. УБ., 1997, т.227.

③ Beer 2003a - Robert Beer. Die Symbole des tibetischen Buddhismus - Der deutschen Ausgabe Heinrich Hugendubel Verlag, Kreuzlingen - Muenchen, 2003, 227-280.

④ Huettel 2004- Hans-Georg Huettel.Im Palast des Ewigen Friedens-Die mongolisch-deutschen Ausgrabungen im Palastbezirk von Karakorum (Mongolei). -Expeditionen in vergessene Welten. 25 Jahre archaeologische Forschungen in Amerika, Afrika und Asien (AVA-Forschungen 10), -Bonn, 2004, pp. 179-208.

⑤ Hoffmann, 2006- Eva Hoffmann. Die Wandmalereifragmente aus dem,, Palastbezirk" von Karakorum. Magisterarbeit. - Bonn, 2006.

⑥ Franken 2015- Christina Franken.Die,, Grosse Halle "von Karakorum.Zur archaeologischen Untersuchung des ersten buddhistischen Tempels der alten mongolischen Hauptstadt. - Forschungen zur Archaeologie Aussereuropaeischer Kulturen- Band 12, Reichert Verlag, Wiesbaden 2015.

哈拉和林古城佛教寺庙"装藏"遗物中发现的金银币，为该遗存兴建的具体年代的断定提供了可能。金币2枚、银币4枚，共6枚钱币，年代最早的1221～1224年成吉思汗铸造的，年代较晚的到蒙哥汗或1254年。寺庙遗址中，从2014年发现的4件宝瓶中的其中2件里提取测年标本送至德国哥廷根大学实验室进行测年，测年数据分别显示1040～1158年、1170～1260年。这些测年数据与文献中所记载的兴建"兴元阁"的年代是相吻合的①。

1346年，在哈拉和林寺庙立的蒙古和汉文碑文里写道："［Ögedei qaɣan . . . türün］sayi ordu-［-ban］bosɣaɣuluɣad tegüneče ulam süm-e-yin ger bosɣaɣulur-un degtü nödügüljü keyed-I bosɣaɣulɣu učir es-e boljuɣu"②/"［窝阔台汗 . . . 出生］刚刚落成宫殿，进而打地基建造庙宇，而欲建寺院之事未成。这一碑文内容以前有些学者理解为1235年窝阔台汗建完万安宫后再建造了寺庙。而碑文中的蒙文明确写道："degtü nödügüljü keyed-i bosɣaɣulɣu učir es-e boljuɣu" / "дэгт нүдүүлж хийдийг босгуулах учир эс болжээ"进而打地基建造庙宇，而欲建寺院之事未成。目前从宝瓶中发现的年代最晚的钱币来看，被称之为"元代万安宫"的佛教寺庙在蒙哥汗时期已建造完工，同时碑文也可证明这一点。通过全面考古发掘来确定的，这座蒙古古代都城哈拉和林城内的佛教寺庙遗址的地基下发现的，装藏遗迹尤其新发现的蒙古可汗铸造的钱币，证明这处遗址到底哪一年建造、这些遗址的功能及相关问题提供了不可再更改的铁证资料。

Deposits Relics of "The Pavilion of the Xing Yuan" in Karakorum

U.Erdenebat　Ch.Franken　T.Batbayar

Abstract: During summer excavations in the years 2013-2014 in the Buddhist monastery ruins in Karakorum, the Mongolian-German Joint Archaeological Expedition discovered foundation deposits. On this location, the fourth Great Khan Möngke erected the Xing yuan Pavilion in the 13th century. The four deposits in questions have an important academic value for the study of the ancient capital of Karakorum.

---

① Franken 2015- Christina Franken.Die,, Grosse Halle "von Karakorum.Zur archaeologischen Untersuchung des ersten buddhistischen Tempels der alten mongolischen Hauptstadt. - Forschungen zur Archaeologie Aussereuropaeischer Kulturen- Band 12, Reichert Verlag, Wiesbaden 2015, 166.

② Cleaves 1952 - Francis Woodman Cleaves. The Sino-Mongolian Inscription of 1346. Harvard Journal of Asiatic Studies.Vol.15. - Cambridge, 1952: pp.69.

Foundation deposits were found under the four corners of the main hall's elevated platform, as well as under the stairs leading to the platform on its west and east sides. Large pottery containers with a lid contained cereals, alongside the so-called "nine precious objects" wrapped in fabrics. The "nine precious objects" are made out of nine different materials considered auspicious. These included gold and silver coins minted in the reign periods of Gengis Khan and Möngke Khan, pearls, and turquoise.

Keywords: Mongol Empire; Karakorum; Xing yuan Pavilion; Mongolian Buddhism; foundation deposits; Karakorum monastery

哈拉和林发现的中国古代瓷器[①]

Л.А.叶弗楚霍娃[1] 著　孙　危[2] 译　郝柯羽[2] 校注

（1.苏联科学院考古研究所田野研究部，莫斯科；
2.郑州大学历史学院考古学系，郑州，450001）

内容摘要：1965年，由苏联著名考古学家C.B.吉谢列夫领衔编著的《古代蒙古城市》一书，由苏联科学出版社出版（中译本已于2016年由商务印书馆出版）。该书的第2部分第7节为"哈拉和林城中出土的瓷器"。在这部分内容中，对哈拉和林考古调查和发掘工作中所发现的瓷器作了基本介绍。在此之前，关于这批瓷器的介绍已发表在《苏联考古》1959年3期上，即《哈拉和林发现的中国古代瓷器》一文。将该文与"哈拉和林城中出土的瓷器"进行对比后发现，前者就一些出土瓷器的细节介绍要更为翔实。故对此文进行翻译与校注，此举或许会有助于我国学界对国外发现的中国古代瓷器的认识。

关键词：叶弗楚霍娃；哈拉和林；瓷器；校注

中国古代的工匠们创造出了卓越的陶瓷制品。

这种制造陶瓷器的技艺是通过几个世纪的积累而形成的，这种积累主要是制作工艺和过程方面的尝试与经验总结。宋代分布在中国各地的瓷窑烧制出了形制和功能多样的瓷器，同时这些瓷窑也形成了专门化的生产，即专门生产某一类器形的瓷器。此时彩釉工艺的发展完善不仅使在瓷器表面进行绘画成为可能，而且也造就了各色斑点及各种颜色的釉彩在瓷器上绽放出独特的光彩。在杯子、瓶子以及其他瓷器上使用单一和多样的釉下彩装饰，并形成了浮雕的效果具有非常高的艺术表现力。

从现代人的角度来看，宋元时期乃至更早生产出来的瓷器都是珍贵的艺术品。世界各国的收藏家和博物馆都以藏有这类器物为荣。

但目前各国收藏的宋元瓷器绝大多数都是后世把它们放在一起的，因此在哈拉和林经过考古发掘出土的大批同一时期的瓷器对于研究宋元时期的瓷器具有非常重要的意义，哈拉和林是成吉思汗于1220年下令建造的一座蒙古国都城。

---

① 原载于《苏联考古》1959年第3期。

哈拉和林位于蒙古国首都乌兰巴托西南 400 千米处,这里地处杭爱山麓的广阔草原地带和鄂尔浑河的右岸。这里还有一座建于 16 世纪的寺庙。哈拉和林的考古发掘工作[①]为研究 13～14 世纪中央亚细亚地区城市居民方方面面的问题提供了很多新材料。同时,这些材料对研究当时手工业和商业的发展有着非常重要的价值(参考文献 1,第 97～101 页)。在哈拉和林遗址中心位置的发掘工作证实,这里集中了很多手工业作坊,而在遗址东门和窝阔台的宫殿的发掘则表明,当年这个城市特别是它的中心区域非常繁荣,那里的文化层厚度超过了 6 米,同时还发现了一些汉式房屋建筑的堆积层。文化层里富含各种遗物,而瓷器就是其中的一种,既发现了瓷片,也出土了完整的器物。从这些瓷器来看,哈拉和林居民最常用的是胎色黑灰的瓷器,并且已广泛使用各种颜色的釉彩在瓷器上进行涂绘。

将哈拉和林发现的带釉瓷器与中国境内出土的同类器物进行比较后发现,宋元时期中国境内各个瓷窑生产出来的瓷器绝大多数都能在哈拉和林找到同类器物。也就是说,哈拉和林出土的这些瓷器具有宋元时期中国所烧造瓷器的一切特点。

在本文中自然不可能列举出在哈拉和林出土的所有中国瓷器及其所具有的价值,这是需要我们今后努力完成的一项工作。本文中仅介绍其中的几类,权且作为从整体上对哈拉和林出土瓷器的一个简短评述。

哈拉和林居民所使用的瓷器差不多包括了宋元时期中国各个瓷窑生产的所有器类。其中钧窑生产的碗钵类器物(图一)较多,这类器物的表面通常施有各种色调的蓝釉,同时还利用青白色的斑点来形成水流痕迹的装饰纹样[②]。除了蓝釉产品以外,还可以看到绿釉、青黄釉等其他釉色的碗钵。这些瓷器均产自今天中国的河南省禹州市附近[③],宋元时期这里名为钧州。

图一　哈拉和林出土的表面施蓝釉的钧窑系瓷碗

我们还可以根据其特征将哈拉和林出土的碗钵类瓷器区分出其生产时代的早晚,这些特征主要是上釉方式的不同。目前的研究结果表明,宋代的碗钵一般在其表面施釉直至圈足部分,而元代的同类器物施釉部分要少得多,大约只有一半的面积施釉。

哈拉和林还发现了很多龙泉窑生产的青瓷制品,这个瓷窑位于今天中国的浙江省境

---

① 哈拉和林的考古发掘工作是由苏联科学院蒙古历史民族考察队和蒙古人民共和国科学委员会共同完成的,领队是苏联科学院院士 C.B. 吉谢列夫。

② 即"蚯蚓走泥纹"。——译者注,参见李媛、苗建民:《古代钧台窑钧釉"蚯蚓走泥纹"的成因探析》,《故宫学刊》2013 年 2 期,226～233 页。

③ 金元时期,钧釉瓷器不仅在禹州市附近烧造,在河南北部的鹤壁、安阳,河北、山西等地区也有烧造。——译者注,参见中国硅酸盐学会编:《中国陶瓷史》,文物出版社,1982 年,332 页。

内。其中在第一次的发掘工作中（发掘地点位于城中心的两条街道的交叉口处）共发现了100多件龙泉窑生产的瓷器。其中的一些仅仅是瓷片，已看不出其器形。能看出器形的有：碗（或钵）、盏、盘、碟、瓶等。这些器物表面都施有各种色调的绿色和浅蓝色的釉，个别的施红釉①。同时还大量使用釉下彩工艺，从而形成了浮雕的效果②。其装饰图案和花纹有：花朵、凤凰、龙、鱼以及几何、植物图案等。有的瓷器上还可以看到由裂缝形成的网格状装饰图案③，这是一种非常难得的在青瓷器表面的装饰工艺。

还有一些碗钵类器物表面施有黑绿色的釉，这种釉色可以确定其起源于北方地区。

釉层致密、厚实是绝大多数宋代青瓷器的重要特征。相对而言，元代的一些瓷器上的釉则更加薄而且透明。

在哈拉和林出土的瓷器中很少见到深腹的碗钵和瓶类器物，这类瓷器的特点是多施色彩柔和的浅蓝色釉，装饰花纹多为白色④。

哈拉和林出土的瓷器中还有定窑生产的白瓷，主要是盘子，其颜色就像象牙或牛奶一样，同时瓷器上还装饰有精美的像浮雕一样的花的图案。另外也发现了定窑生产的浅蓝色、灰蓝色的瓷器。

此外还有一些瓷碗和瓷瓶的碎片，这些碎片上饰有用钴作为原料烧制出来的釉下彩图案。

在哈拉和林下层文化层中出土的瓷器中以中国河南生产的瓷器（以及建窑）为主⑤。大部分瓷器表面施以黑釉、黑褐釉和青绿色釉。这样有的瓷器看上去釉光明亮，有的则显得釉光昏暗，此外瓷器上还带有很多小斑点。这是一种很特别的瓷器装饰方法。有的瓷器内部也同样施釉（但颜色不多，以褐色和青绿色为主）。

这些瓷器的形制多种多样，有碗、钵、瓶和壶。其中壶多为球形腹和长腹，在颈部还带有把手。

使用青釉装饰工艺的碗钵在哈拉和林出土的瓷器中占有特殊的位置，这种工艺是用黑色、黑中带绿或蓝、蓝绿色、浅绿色且带有光泽的釉来烧制出青绿色和褐色的斑点、水流痕迹、纵向装饰条纹等。这种装饰工艺以兔毫或鹧鸪斑而闻名于世。这类碗钵在哈拉和林共出土了39件。它们大小不一，有的表面施以黑绿色的釉，而器物上部靠近口沿处则环绕着白色的圈带⑥。有些黑瓷碗非常美丽，它们是在黑釉上喷绘上很多青黑色

---

① 可能指龙泉窑的点褐彩工艺，而非红釉。——译者注

② 应指印花工艺。——译者注

③ 即开片，其形成原理主要是由于胎与釉的膨胀系数不同所导致。——译者注，参见李家治主编：《中国科学技术史（陶瓷卷）》，科学出版社，1998年，302页。

④ 可能为高丽嵌像青瓷。——译者注，参见〔韩〕郑良谟：《高丽青瓷》，文物出版社，2000年。

⑤ 日文名称为天目盏。

⑥ 即日本称为"白覆轮"的茶盏。——译者注

的、青绿色的或是灰色的圆形斑点[1]。

烧制这种瓷器必须要熟练掌握工艺技法，同时还要有很强的实践经验。就如同其他瓷窑生产的瓷器一样，是在烧制了大量的普通瓷器的基础上逐渐总结出了专门烧制这种瓷器的工艺。

哈拉和林出土的产自中国河南的碗钵类瓷器的内外均施釉，颜色有黑褐色、黑色、浅褐色（巧克力色）、淡绿色等。其特点可以总结为：经常在瓷器的底部和内壁等位置将釉刮去，将胎露出。除了碗钵类瓷器外，其他类的瓷器也有此特点。

总的来看，哈拉和林发现的很多瓷器与产自宋代中国的内地各瓷窑的瓷器非常类似。

有两块瓷片非常漂亮，它们是用被称为"大理石"的淡灰色瓷土烧制的[2]。经过仔细观察发现，这种瓷土其实是用两种不同颜色的瓷土混合而成的。经过混合以后烧制出来的瓷器表面的花纹具有很细的、纤维效果般的纹理。从瓷片的断口处可以看出，这种花纹就如同透过瓷片后形成的。这种工艺最早出现于中国的唐代。A. 斯杰伊尼和 П. К. 科兹洛夫分别在中国新疆的吐鲁番市和中国的哈拉浩特遗址中发现过宋代和元代的这种瓷片。

哈拉和林出土的大罐子可能是为了当时经济上的各种各样需要而生产出来的，这种罐子有的非常大，其中绝大多数表面施有褐色或绿色的釉，只要少数没有施釉。

哈拉和林出土的瓷器中属于磁州窑生产的也很多。这处瓷窑位于今天中国的河北省境内。磁州窑生产的瓷器是用质地非常坚硬的瓷土烧制而成的。在白色瓷胎的表面施以各种色彩的釉，有乳白色、淡黄色、淡灰色和青绿色等。此外，在瓷器上还绘有褐色、黑色或是灰色的单色釉下彩图案。多色釉下彩图案很少能看见（例如绿彩、红彩和黄彩）。使用褐色釉和黑色釉的瓷器多用这些釉来剔、划刻出装饰花纹。

磁州窑生产的各类瓷器几乎都能在哈拉和林找到，从发现数量上看，其仅次于钧窑生产的瓷器。普通的磁州窑白碗在整个内壁上都施釉，而在碗的表面则通常只有一半的面积施釉，有些甚至只有三分之一的面积施釉。碗的圈足均不施釉。

除了碗以外，还有盘、深腹钵、瓶、高脚盘、罐形器、带把壶等。

这些瓷器上最常见的装饰纹样是褐色的弦纹（图二）。

还有一种装饰纹样也很普及，即弦纹配以各种植物图案，主要是在碗的内壁和其他器物的表面绘有花叶（图三）。带把手的器物表面通常施有褐色的斑点。在图四中，表面饰有植物图案的四系壶与中国辽宁省出土的金代瓷器非常相似（参考文献5，图版45）。同时，在中国河北省唐山市附近地区的一座元代墓葬中也发现了这样的器物（参考文献3，图版3，图6左下）。此外，在哈拉和林还发现了带有汉字的白瓷壶残片。

哈拉和林出土的磁州窑生产的白瓷瓶通常腹部都饰有褐色或黑色的大花图案，多为牡丹花。

---

[1] 可能为"油滴"釉茶盏。——译者注

[2] 即绞胎瓷。——译者注

图二 哈拉和林出土的施褐彩的磁州窑系瓷器

图三 哈拉和林出土的施褐彩的磁州窑系瓷器

图四 哈拉和林出土的施褐彩的磁州窑系瓷器

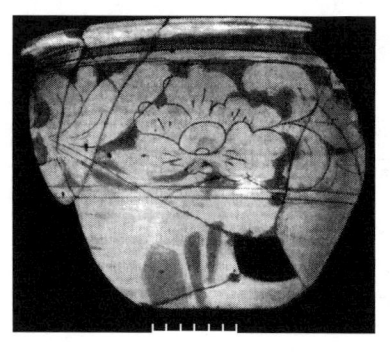
图五 哈拉和林出土的表面带有凹陷的磁州窑系瓷器

在哈拉和林出土的磁州窑生产的瓷器中还有一些在加工时首先在腹部涂上灰绿色的釉作为底子，然后再用白色的釉在上面绘出花的图案。但围绕在图案旁边的白釉早已脱落。用这种方式描绘出来的花多为白牡丹（图五）①。还有的瓷器加工时首先在腹部涂上褐色的釉作为底子，然后在上面绘出花叶的图案。有时图案是直接在潮湿的瓷土上绘制出来的。这些瓷器最后还要在表面施以白色或褐色的釉。

哈拉和林出土的很多瓷瓶都是在白色的底子上绘出灰色的图案。其中一件高约70厘米，在其表面绘有云雾中飞舞的龙。这件瓷瓶在制造时首先在瓷胎上涂上白色的釉，然后进行焙烧，接着在上面绘出灰彩画，最后再一次进行焙烧②（图六）。

哈拉和林发现的一些磁州窑生产的、绘有彩色图案的碗（参考文献8，图23、36）非常具有艺术表现力。其中花的形象多使用红绿两种彩，有时也用黄彩。它们都体现出了同一种画风、色调以及艺术风格。我们以其中的两件为例③：一件上面使用传统中国风格描绘了荷花图案（图七，1）④。

红花绿叶被红色的轮廓所包围。其中花的图案占据了整个碗底部以及两条色彩鲜明

---

① 从图片可知这是剔划花工艺，而非绘画。这种工艺的流程先是在胎上敷一层白色化妆土，待化妆土半干燥状态时划出纹饰，然后剔去除纹饰外的多余部分，最后再施一层透明的釉。——译者注
② 制作工艺是先在胚胎上敷一层白色化妆土，然后用黑色颜料描绘纹饰，再施透明釉入窑烧造而成。——译者注
③ 参见现代的相关研究论文。
④ 碗的直径为：1）15.8厘米；2）15厘米。

图六　哈拉和林城内位于十字交叉路口的房屋内发现的磁州窑系灰彩瓶　　图七　哈拉和林城内位于十字交叉路口的房屋内发现的磁州窑系彩釉碗

的带圈之内。此外，在碗的表面还绘有一些花边。

第二件碗（图七，2）上面描绘的图案是：两朵花瓣为红色的花（看来可能是菊花），花的周围配以绿叶、红色的环圈以及绿色的花纹边饰。当然，整个图案的最外侧仍然是红色的轮廓。所有这些图案都被置于一个三层的、色彩鲜明的带圈之内。沿着这两件碗的带圈都用红彩绘有小花饰。第二件碗表面的白釉直达碗的中部（图八），在釉上描绘的图案为红花和绿叶（图七，3）。

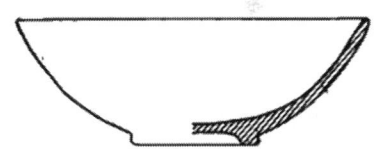

图八　图七 -2 线图

还有两件碗也绘有多重花瓣的花图案（可能也是菊花）[①]，在一些大碗表面绘制的菊花的花瓣大而且多，有的则是用红色的牡丹花来进行装饰[②]。在一些绘有菊花图案的碗上，还使用黄彩来描绘圆形的斑点（像珍珠一样），这些斑点沿着红色的条带环绕在花的周围。

哈拉和林出土的这些绘有彩色图案的碗的时代基本上都为宋代[③]，其证据是，从装

---

① 这两件碗的直径分别为：16.2 厘米和 17 厘米。

② 其中两件碗的直径分别为：23、24 厘米和 22 厘米。除了这些，从发现的瓷片来看，至少还有 8、9 个绘有同样图案的碗。

③ 根据目前考古发现，白地黑花瓷的出现年代不早于北宋末年，红绿彩瓷始烧于金代中、后期。——译者注。参考秦大树：《磁州窑白地黑花装饰的产生与发展》，《文物》1994 年 10 期，48 ~ 55 页。刘涛：《"磁州窑类型"几种瓷器的年代与产地》，《故宫博物院院刊》2003 年 2 期，56 ~ 69 页。

饰图案的角度来看，这些瓷碗与 Г. 艾莫勒弗布洛斯在其图录中所列举的宋代瓷碗基本相同（参考文献 6，图版五一）。

另外，这些瓷碗与《卓越的中国艺术古物图册》（参考文献 9，图版一三，12。）中所展示的宋代瓷碗也非常类似。П. К. 科兹洛夫在发掘哈拉浩特城址时也发现过同样的瓷碗残片[①]。

我们还注意到，哈拉和林出土的磁州窑生产的瓷器绝大多数为宋瓷，但也有少量的属于元代产品。这些瓷器与艾莫勒弗布洛斯藏品等处收藏的瓷器有诸多相似之处[②]（参考文献 6；参考文献 10，第 33 页以及图版。）。在很多瓷碗的底部都发现了小块的黏土，这是瓷碗在烧制时放在支架上的垫片，这样就可以避免瓷碗和支架在烧制的时候粘连在一起。

哈拉和林出土的少量辽瓷也引起了我们极大的关注。这些辽瓷是在下层的文化层中发现的。它们用浅灰色的瓷土烧制而成，上面还有彩绘装饰。其中一件为平底盘，直径约为 15 厘米，盘表面的边缘施浅绿色的釉，釉的宽度为 1 厘米。沿着绿色的边缘往里还有一个黄色的圆圈，黄色圆圈的底色为白色，上面还描绘了一些带绿叶的黄花图案（图九，1）。还有一件与之类似的盘子，底色为黄色，在盘子中央画了一只白色的鸭子（也可能是鹅），鸭子身处于很多尖状的叶子当中（图九，2）。可以看出，这两件瓷盘与辽瓷有很多相似之处。

在这篇文章中作者注意到，在瓷碗上最常见的图案是花，而这些瓷碗所绘的图案为云中飞翔的鸟。正如李文信所言，这种瓷碗是在辽（916～1124 年）的辖境内生产出来的。这种瓷碗主要发现于今天中国的河北省、山西省和内蒙古自治区。需要补充的是，在哈拉浩特也曾发现过这类瓷器[③]。在哈拉和林还出土过一种非常精美的辽瓷盘。瓷盘上描绘了桃子及绿叶的形象（图九，4），在盘子底部还用墨书写了款识。此外，还有一段文字环绕在底部。但遗憾的是，文字已经模糊不

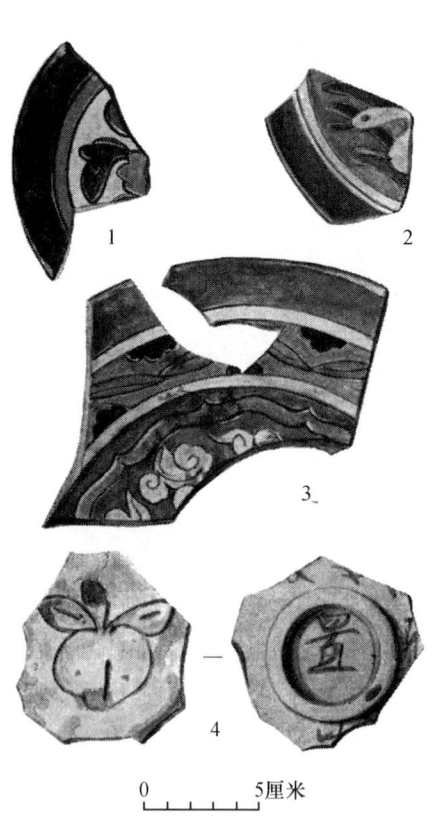

图九 哈拉和林城内位于十字交叉路口的房屋内发现的辽瓷

---

① 这些遗物目前保存在国立艾尔米塔什博物馆中，藏品号分别为 X-1350、X-1357。
② 参见莫斯科东方文化博物馆和国立艾尔米塔什博物馆的藏品。
③ 现藏于国立艾尔米塔什博物馆，藏品号为 X-1867。

清，无法辨识了。

还有一件瓷盘，其直径为 26 厘米，系用灰色瓷土烧制而成，其内部饰有多彩的花纹。此外，在黄色的圆圈中绘有绿色的叶子和褐色的棕榈叶。在盘子的中心位置还有一个模糊的形象，其周围环绕着白云一样的装饰图案（图九，3）。所使用的釉为绿色。在盘子的另一面还有文字。

中国山西省南部的介州窑（或称为蒲州窑）烧制的瓷器也很独特，被称之为琉璃瓷器。哈拉和林也出土了一些这样的瓷器，主要为蓝绿两种釉色，完整器仅有一件。它们的时代应该为宋元时期。

这件基本完整的瓷器带有 3 个矮足，整个器物系用黄玫瑰色的瓷土烧制而成。其腹部有复杂的装饰图案，图案表现的是龙的身体缠绕在花叶丛中。此外，在颈部用浮雕的花来装饰（图一〇，1）。在一块方形的可能是器物把手上也有龙的形象（图一〇，2）。整个器物的表面施有深蓝色的釉，但在内部和底部没有施釉。在器物底部用墨汁写着几个汉字："天長觀長住（图一一）"。

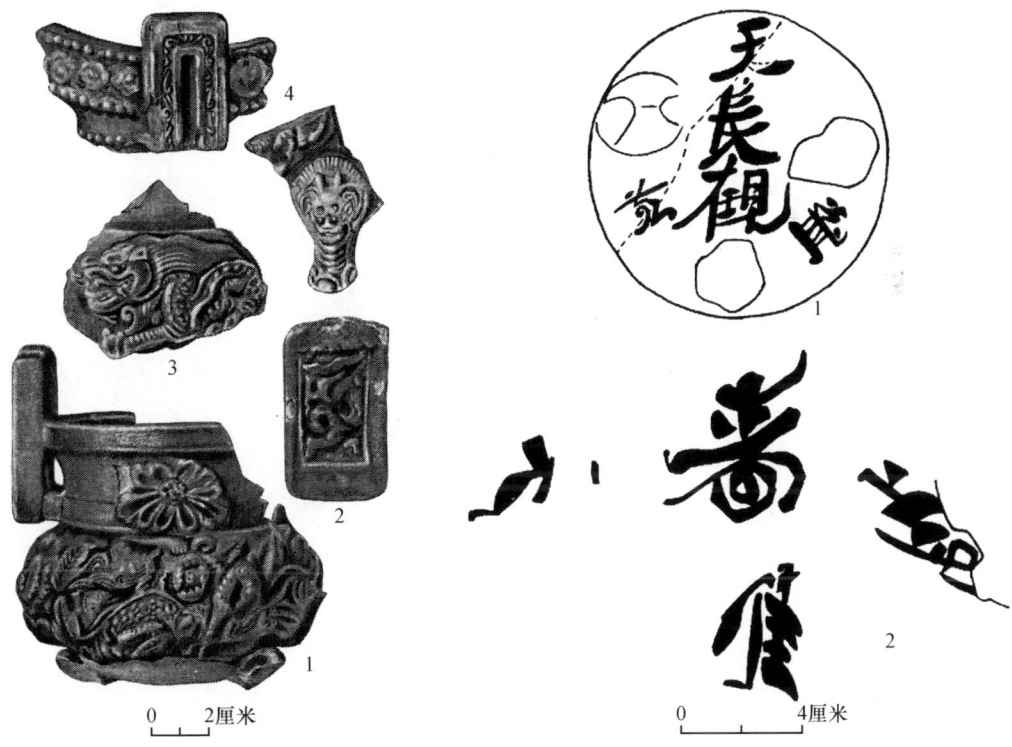

图一〇　哈拉和林城内位于十字交叉路口房屋内发现的介州窑系瓷器

图一一　图一〇-1 瓷器的外底部和内壁墨书文字

还有一块瓷片表面施有深蓝色的釉，上面还有龙的形象（图一〇，3）。有一块瓷片给人印象也非常深刻：其表面有连珠纹和花叶等图案。另外原先这块瓷片所在的器物应该有支脚（可能是 3 个），支脚上绘有狮子的形象（图一〇，4）。还有一件灯与哈拉浩特出土的同类器物①非常相似，这件瓷灯系用鲜红色的瓷土烧制而成，表面施有绿釉并有龙的图案。这种灯很可能并不产自中国，但它的把手与我们前面提到的有些类似②。

除了灯以外，还有3件带有锯齿形边饰的大盘子也是介州窑所产。这3件盘子系用黄玫瑰色的瓷土烧制而成，在盘子中部饰有类似菊花的花叶图案。其中2件的侧壁上还饰有涡旋纹图案③，另一件饰有带状锯齿纹④。3件盘子表面均施有深蓝色的釉。

哈拉和林还出土了一些应属当地烧造的瓷器。这些瓷器系用灰色瓷土烧制而成，表面没有施釉。还有一些用于汲水的大罐子，它们易碎、不适宜运输，因此应该也属于当地所产。哈拉和林出土的另一类瓷器，我们有证据确认是模仿中国样式的瓷器。因为我们发现的残次品中⑤，有模仿钧窑和磁州窑的瓷碗，还有模仿中国河南地方窑口烧造的瓷瓶等。

我们认为，从哈拉和林发现的这些瓷器的特征来看，当时的哈拉和林城中应该有来自中国的烧制瓷器的工匠。这些人是作为俘虏被强制带到这里的。

哈拉和林出土的很多瓷器与П. К. 科兹洛夫在哈拉浩特发现的瓷器也非常相似。但后者多是通过盗掘获得的，缺少地层学上的依据。关于这方面的情况，两者可以做个对比：哈拉和林发现的青花瓷都出土于文化层中，而且这两座城市发现青花瓷的数量也有很大差别。哈拉浩特发现的这类瓷器和青瓷器数量都不多，而且时代偏晚，多为元代。哈拉和林下层文化层中出土的大量青花瓷表明其时代要更早一些。

哈拉浩特出土的瓷器中只有少量的宋代磁州窑生产的褐釉瓷，而哈拉和林出土的这类瓷器则多处于文化层的下层之中。

正如我们所看到的这些材料，古代哈拉和林的居民广泛使用着来自中国的瓷器。这些瓷器的时代绝大多数属于宋代，元代瓷器相对较少⑥。由于这些瓷器出自时代明确的各个文化层，因此就可以将其与一些传世瓷器或收藏品进行对比，从而确定后两类瓷器的具体年代。

哈拉和林出土的这些瓷器对于今后中国宋代瓷器的研究也具有很重要的价值。

将来我们要对这些瓷器进行更加细致深入的研究。其中在对数量众多、各个窑系的瓷器进行分类的基础上，对其生产工艺过程的研究也将会变得更加适宜。因为如果利用

---

① 现藏于国立艾尔米塔什博物馆，藏品号为X-1899。
② 例如，A.H. 伯恩施坦在塔拉斯地区发现的，吉尔吉斯苏维埃加盟共和国；国立艾尔米塔什博物馆所藏，藏品号为CA5776和CA5784。
③ 这两件盘子的直径分别为25和22厘米。
④ 其直径为13.5厘米。
⑤ 这类瓷器的釉料是将碾碎的矿物和碱性成分的其他物质混合在一起制作而成。
⑥ 通过图文介绍和陶瓷考古发现对比可知，哈拉和林出土的瓷器大多数属于金代（南宋）和元代，而非宋代。如红绿彩，磁州窑类型大罐、青花瓷等。——译者注

各个博物馆的瓷器藏品来进行这方面的研究要相对困难一些。

这里还有一个问题：如何解释在蒙古草原地区出现了数量如此庞大的中国瓷器？

我们认为，这些瓷器主要是由于当时蒙古草原地区和中国之间有着活跃的商业联系。但还有一点不容忽视，在蒙古人攻打中国内地时，他们洗劫了很多宫殿和寺院后得到了很多战利品，后来他们把这些东西运到了哈拉和林。这样既可以解释为什么这座城市13~14世纪的文化层中的出土物中时代较早的遗物很多，例如唐代的铜镜。也可以解释城中的普通居民日常使用的瓷器中，辽代早期的瓷器较少，因为辽的存在时间为916~1124年，而哈拉和林始建于1220年。同时还可以解释城中的普通居民所使用的数量巨大而且非常精美的中国瓷器上经常能看到"官"的字样。

哈拉和林发现的瓷器还有一个很有意思的特点：碗钵类的瓷器上面经常有用毛笔书写的汉字和款识。但汉字在其他造型的瓷器上却很少能见到。汉字和款识通常都写在碗钵的底部和圈足的中央。

绝大多数文字都很好辨认，但也有一些瓷器由于保存状况较差，例如破损、磨损等，因而导致上面的文字不能辨识出来。在能辨识出来的碗中，有59件产自钧窑，45件产自磁州窑[①]。很多瓷碗上的文字是中国式的姓名，还有一种情况，同一个姓名写在几件不同的碗上。

比如在10件带有"郭"这个姓的碗上，有8件来自钧窑，2件来自河南系的瓷窑（其中一件表面施有橄榄色的釉，另一件的釉为黑色，且带有褐色斑点。）。还有11件碗也写着"郭"这个姓，其中7件仅有姓，2件则是姓名均有："郭向""郭"还有一件上面写着郭大，这应该是郭家的长子之意。我们还注意到，有4件写有"郭"的碗不仅出自一个地方，而且还是同一个文化层位。其中3件仅有"郭"这一个字，其余的一件则写着"郭□"二字。由此我们可以推断，这4件碗都是属于郭？这个人的。同时，这4件碗出自同一地点可以帮助我们确定碗上面的文字的意思。从生产地来看，这4件碗中有3件出自钧窑，1件为河南系的瓷窑生产。由此我们可以确认，上面的姓名不可能是烧制瓷碗的工匠的姓名。因此这4件碗上的姓名应该就是其所有者的姓名。在对这11件碗进行分析后我们可以得出一个结论：由于它们出自同一文化层，因此这些碗的时代应该大体相同。此外根据其中一件碗上写的"郭大"二字，这个生活在13世纪哈拉和林城中的郭姓家庭至少有兄弟三人。

"王"这个姓在瓷器上共出现过七次。这些写有"王"的瓷碗集中出土于我们第一次发掘的南部区域，这些碗产自不同的窑系。其中有两件分别来自钧窑和磁州窑。其中一件上面除了写有"王"以外还有一个字：福，因此这件碗的主人有可能叫作王福。

[①] 在此我要对故宫博物院的李辉柄、中国历史博物馆的佟柱臣、王冶秋教授、张振鑫等表示诚挚的谢意，他们帮助我释读了瓷器上的汉字。本文中的汉字注音工作是由H.H.杰列霍娃完成的。

这两件碗出土的地层距地表约9米。从出土这件碗的地层向上4米又发现了3件钧窑烧制的瓷碗，上面也写着"王"字，此外在碗的底部还写着"大計利"①3个字。可以推测，这3件碗都属于王福。他有4个孩子，因为有一件碗上面还写有"王四"的字样。此外，这些碗都出自较晚的地层之中。其中一件上面除了写有"王"字以外，还写有"壽""十"等字样。这些字可以这样来理解："壽"字是祝愿碗的主人长生不老的，而数字"十"则表明，第10个碗的所有者。还有一件编号为561号、上面写有"王"字的碗也值得特别注意，这件碗出自第四层，它是河南窑系的产品，碗的表面施以黑釉，而内壁则施以白釉。

在发掘的南部区域里还出土了写着"姬"字样的4件瓷碗残片，而且它们是集中出土于一个地点的。如此看来，这里居住的应该是上文所提到的王家的邻居。其中的一件产自钧窑，上面除了写有"姬"字以外，还有一个"萬"字。

写有"李"这个姓的瓷碗共出土了4件，它们出自不同的地点，同时它们也产自不同的窑系。其中1件为河南窑系生产（黑瓷且带有褐色的斑点）、2件为钧窑生产、1件为磁州窑生产（带有褐色的彩绘）。其中1件上面写有"李茶记"三个字，这表明，这个姓李的是一个茶馆的主人。另外1件上面写着"李興"二字，而且这3件碗出土的地方相距不远，因此可以断定它们有一个共同的主人，即茶馆的主人。

第一次发掘时还出土了2件钧窑生产的瓷碗，上面写着"杨"这个姓。这个姓后来还在第二次发掘中发现过，这个字写在一件用来研墨的石砚台上。

62 还有2件产自钧窑的瓷碗（分别为深蓝色和天青色），它们出自同一层，而且相距很近。此外，在碗的底部都写着"傅记"和"茶"的字样。

在2件磁州窑生产的瓷碗底部写有"趙"字，其中的一件侧面还写着"女昌"二字。

"石"这个姓在钧窑烧造的2件瓷碗上出现过。其中的一件已破碎成很多残片，而且散落在各处，且出自不同的地层。这些情况表明，这件碗被打碎后所处的地层后来被扰乱过。

还有些姓氏和名字仅出现过一次，其中第一次发掘中出现的有：鄁、鲁、平、謝、徐、金、门、趙、天和；第二次发掘中出土的有：方、秦、張。

钧窑瓷碗上写的"记"字可能是姓氏的一个补充。

磁州窑生产的表面绘有黑褐彩图案的碗上面写有"官"字，这个字可能有两种含义。其一，姓氏；其二，这件碗是官办的窑场烧制的。而第二种情况中最著名的就是自1107年开始专门提供给开封宫廷使用的带有"官"字样的青瓷（参考文献2，第27页）。此外在中国唐山郊区发现的一件瓷瓶上也写有"官"的字样，这件瓷瓶出土于一座金代（1115~1264年）墓葬中（参考文献7，图版三，6右）。顺便说一句，在哈拉和林的发掘中也曾出土过这种瓷瓶。

---

① 可能是"大吉利"之意。——译者注

绘有桃状图案的辽代瓷碗的圈足上写有"置"字（图九，4），这有"属于我""我的东西"等意思。哈拉和林出土的瓷器上的所有款识绝对不是制造者所为，而是瓷器所有者的一种证明。

这些体现所有者的款识均用墨汁写就，且均为汉字。我们在有款识的39件瓷碗中发现，只有2件磁州窑生产的碗上面的款识一模一样。这个特征表明，这39件瓷碗是由不同的工匠制造的，但它们属于一个共同的主人。

其中最大的一件是磁州窑生产的瓷碗，碗口直径33厘米，表面绘有褐彩图案，碗底部共写有11个汉字。

此外我们还发现了一些瓷器的底部残片，上面写着款识等内容。其中一件钧窑生产的瓷碗底部残片上的文字是蒙文。还有几处文字表明这些瓷器是当时日常生活中所使用的。例如有一件磁州窑生产的瓷碗，碗表面绘有褐彩图案，底部写着"趙宋""至正四年二月二十一日"的字样。此外，我们还发现了"元和""通和""天和"等年号。

还有一件产自介州或是蒲州的、表面施以黑蓝色釉的瓷灯底座（图一一）上书写的文字也很有意思，共有5个字："天長觀薔住"。意思是天长观寺院的一个老和尚叫蔷住。这件在哈拉和林发现的瓷灯很有可能是作为战利品从中国的一个寺院中抢来的。在瓷灯内部还写着一个"壽"字，在其周围还环绕着写有5个汉字。

还有一件磁州窑生产的碗，在碗内的底部有釉下红彩。碗上还写着5个汉字："風明月室三"。看来这件碗应该是属于某一个宫殿的。众所周知，在中国境内发现的写有这种字样的瓷器都是非常珍贵的。

还有一件磁州窑生产的碗上写着"和店子"3个字，这可能是一个地名。

在哈拉和林出土的瓷器中还有一种体现中国传统的东西，那就是有些磁州窑生产的瓷器底部写着"秀才"两个字。

而有些产自钧窑的瓷器底部写有"會"字，这意味着当时存在着手工业者的组织。

在一件可能是姬氏家族的瓷器上面写着"壽""女昌""大計利"和"萬"表明这些内容应该是祝词的一部分。

钧窑生产的一件瓷器上面写着"靡食兒"3个字，有些钧窑生产的瓷器上则写着"牛""女"等字样。而在磁州窑生产的瓷器上还发现了数字"二"。

这样看来，哈拉和林出土的瓷器上书写的文字为我们揭开了这座城市的居民日常生活的很多秘密。有些带有年号的文字可以帮助我们确定城内其他出土物的年代，有些文字可以帮助我们了解当时的社会经济关系，而那些姓名则可以让当时生活在这座城市里的人栩栩如生地出现在我们眼前。

最后我们还应该注意到，书写在瓷器上的所有文字的笔迹或是字体呈现出五花八门的态势。进而我们推测，在哈拉和林当地生产的瓷器上用墨汁在没有施釉的地方写字已成为当时人们的一种习惯。其证据之一是经过我们仔细地检查，那些从中国输入的瓷器上并没有文字。此外，在艾莫勒弗布洛斯的收藏品中的瓷器上面也没有用墨汁书写的文字。其中仅有的几件带有文字的瓷器均是用压印的方法写出来的，瓷器的时代为宋代及宋代以后。这样我们就可以证实，在瓷器上用墨汁书写文字是哈拉和林当地居民对该瓷器拥有所有权的一种表现。

我们还对 П. К. 科兹洛夫从哈拉浩特采集来的和国立艾尔米塔什博物馆收藏的大量瓷器进行过检查，发现其中有几件瓷器底部带有墨书。可能这种习惯也存在于当时的哈拉浩特。还有一点区别值得注意，哈拉和林城中出土的带有墨书的瓷器基本上都出自较深的文化层中，而哈拉浩特发现的瓷器多位于地表。

参 考 文 献

〔苏〕C.B. 吉谢列夫：《古代蒙古城市》，《苏联考古》1957 年 2 期，91~101 页。

〔苏〕C.M. 科切托娃：《中国的瓷器和造纸工艺》，莫斯科 - 列宁格勒，1956 年。

河北省文物管理委员会：《唐山市陡河水库汉、唐、金、元、明墓发掘简报》，《考古通讯》1958 年 3 期，5~14 页。

李文信：《辽瓷简述》，《文物参考资料》1958 年 2 期，10~22 页。

全国基本建设工程中出土文物展览会工作委员会编：《全国基本建设工程中出土文物展览图录》，中国古典艺术出版社，1954 年。

R.I. 霍布逊：《乔治·爱莫弗普勒斯文集目录》第 3 册，伦敦，1926 年。

R.I. 霍布逊：《乔治·爱莫弗普勒斯文集目录》第 53 册，伦敦，1926 年。

吴仁敬，辛安潮：《中国陶瓷史》，上海商务印书馆，1954 年。

郑振铎：《伟大的艺术传统图录》（下册），上海出版公司，1951 年。

《中华人民共和国艺术展目录》，莫斯科，1950 年。

Ancient Chinese Porcelain Unearthed in Karakorum

Л. А. Evtyukhova

Abstract: In 1965, *Ancient Mongolian Cites* by S.V.Kiselev, a famous Soviet archaeologist, was published by the Soviet Science Press. A Chinese version was published by the Commercial Press in 2016. The seventh section of the second part of the book is entitled "Porcelain Unearthed in Karakorum". In this part, the author introduced the porcelains found in the archaeological survey and excavation of Karakorum. An introduction to this group of ancient Chinese porcelain discovered in Karakorum had been published in *Soviet Archaeology* 1959(3). After comparing this article with "Porcelain Unearthed in Hala and Lincheng", we know that the former introduces the unearthed porcelain in more detail. Therefore, the translated version of this article, with added comments, may help Chinese scholars to learn about ancient Chinese porcelain found abroad.

Keywords: Lidia Evtyukhova; Karakorum; porcelain; translation

世族意识与国家政治视角下的北魏《元显魏墓志》研究

王 萌

(内蒙古大学历史与旅游文化学院，呼和浩特，010070)

内容摘要：《元显魏墓志》，详细记载墓主人文化素养、仕宦经历以及家族谱系与婚姻，鲜明地反映出以元显魏为代表的迁洛北魏宗室，对于华夏社会的自觉文化认同，积极追求汉族士人身份；揭示出北魏后期部分宗室成员仕宦发展与国家宗室政策的关联。本文根据《元显魏墓志》与相关史籍，结合北魏平城与洛阳时代背景，从世族意识与国家政治视角，深入探究元显魏墓志所蕴含的丰富信息。

关键词：北魏；《元显魏墓志》；世族意识；国家政治视角

《元显魏墓志》，1916年出土于洛阳城西北后海资村，志石现藏开封博物馆；志石边长58.5厘米，全文26行，满行28字，楷体书写[1]。《洛阳出土北魏墓志选编》[2]《汉魏南北朝墓志汇编》[3]《汉魏六朝碑刻校注》[4]《全北魏东魏西魏文补遗》[5]《洛阳出土少数民族墓志汇编》[6] 收录该墓志志文；《汉魏南北朝墓志集释》[7]《北京图书馆藏中国历代石刻拓本汇编》[8]《洛阳出土北魏墓志选编》[9]《汉魏六朝碑刻校注》[10] 收录该

---

[1] 洛阳市文物管理局：《洛阳出土少数民族墓志汇编》，河南美术出版社，2011年，61页。

[2] 洛阳市文物局：《洛阳出土北魏墓志选编》，科学出版社，2001年，87页。

[3] 赵超：《汉魏南北朝墓志汇编》，天津古籍出版社，2008年，166、167页。

[4] 毛远明：《汉魏六朝碑刻校注》第五册，线装书局，2009年，340页。

[5] 韩理洲辑校编：《全北魏东魏西魏文补遗》，三秦出版社，2010年，213页。

[6] 洛阳市文物管理局：《洛阳出土少数民族墓志汇编》，河南美术出版社，2011年，60、61页。

[7] 赵万里：《汉魏南北朝墓志集释》(上)，《石刻史料新编》第三辑第三册，新文丰出版公司，1986年，图版一四六。

[8] 北京图书馆金石组：《北京图书馆藏中国历代石刻拓本汇编》第五册，中州古籍出版社，1989年，6页。

[9] 同②，319页。

[10] 毛远明：《汉魏六朝碑刻校注》第五册，线装书局，2009年，339页。

墓志拓片。《元显魏墓志》可补史籍有关元显魏记载甚简的缺失。元显魏生于北魏太和十年（486年），卒于北魏正光六年（525年）；出身天潢贵胄。墓志着重记述元显魏出身、素养、仕宦，映射出北魏洛阳时代，北魏宗室趋同于汉族世族的发展趋向；为探究北魏宗室融入中原社会，提供了翔实而生动的史料。为研读之便利，以《汉魏南北朝墓志汇编》所录志文为准，将《元显魏墓志》抄录如下：

魏故假节辅国将军东豫州刺史元公墓志铭
君讳显魏，字光都，河南洛阳人，景穆皇帝曾孙，镇北将军城阳怀王之子也。大启磐石，花萼本枝，先哲迈而流光，峻极降而为祉。凤成之叹，播美于知音；颖脱之姿，殊异于公族。加以孝友淳深，理怀清要，水镜所鉴，标题自远。虽高翮未举，千里之望俄然。始为散骑侍郎，在员外；寻除给事中，加伏波将军。旦夕苍龙，岁时青琐，列侍推高，侪僚久敬。仍传司徒掾，加宁远将军。始蹈龙门，实赝造士。激水之势未申，天秀之悲忽及。以正光六年二月七日终于宣化里宅，春秋卅，二宫贻伤，有识嗟惜。赠假节辅国将军，东豫州刺史。以孝昌元年十月壬申朔廿六日丁酉葬于金陵。行滋宿草，方积玄霜，高深有变，声烈无忘。其铭曰：
东堵冥贶，南国化行，是惟帝烈，谁克与京。武穆垂彩，周胤擒荣，比龙方玉，腾实飞声。蕴藉礼容，抑扬文史，一概险夷，忘怀忧喜。往蹑丹墀，来毗黄耳，列荣有闻，邦教斯理。沃若方骋，羊角初搏，严风夕紧，飞霜夜攒。恨深落秀，悲甚摧兰，去斯济济，即彼曼曼。九京寂廓，百川浩汤，朱裳晓褰，清笳旦响。萧萧国路，郁郁幽壤，永叹生难，长嗟化往。
孝昌元年十月壬申朔廿一日壬辰刻。
皇考讳鸾，字宣明，镇北将军冀州刺史城阳怀王。太妃河南乙氏，父延，故东宫中庶子。夫人长乐冯氏，父熙，故征东大将军驸马都尉昌黎王，除侍中太傅；转使持节定州刺史，侍中将军如故；迁太师中书监；除使持节车骑大将军都督并雍怀洛秦肆北豫七州诸军事启府洛州刺史，侍中太师如故；改封京兆郡开国公，食邑三千户。薨，谥曰武。息崇智，自道宗，年廿四，左将军府中兵参军。妻河东薛氏。父和，故南青州刺史。息崇朗，年十八。息崇仁，年十四。息崇礼，年十三。息女孟容，年廿一，适长乐冯孝纂。父聿，故给事黄门侍郎信都伯。息女仲容，年廿，适南阳员彦。父标，故兖岐泾三州刺史新安子，谥曰世。息女叔容，年十六。息女季容，年十一。

元显魏生活时段，经历北魏平城后期至洛阳时期，此时间段北魏国家与迁洛胡族面貌发生质的变革。《元显魏墓志》正是刊刻于汉化流风盛行、世族意识全面影响胡族群体的洛阳时代，墓志极力彰显元显魏的门第、学识、仕宦、婚姻，而以上诸方面向来为

图一　北魏《元显魏墓志》拓片
（引自《北京图书馆藏中国历代石刻拓本汇编》第五册）

中古时期世族意识的核心。所以，只有立足世族意识以及影响宗室仕宦发展的国家宗室政策，方可洞悉墓志的价值。

一、《元显魏墓志》刊刻的时代背景与结构

1.《元显魏墓志》刊刻的时代背景

《元显魏墓志》刊刻于北魏孝明帝孝昌元年（525年）。与孝文帝南迁洛阳、实行汉化改革相距不远。太和十八年（494年），孝文帝南迁洛阳，同年十二月"革衣服之制"[①]，禁止鲜卑服饰，推广汉族服饰。太和十九年（495年）六月，孝文帝"诏不得以北俗之语言于朝廷"[②]，推广汉语；同月"（诏）代人南迁者，悉为河南洛阳人"[③]，定迁洛北族籍贯为洛阳、卒后葬地为河南；同年，孝文帝根据南迁北族先祖的仕宦与家世背景，"制定

---

① 《魏书·卷七下·孝文帝纪下》，中华书局，1974年，176页。

② 同①，177页。

③ 同①，178页。

姓族"①，将门阀制度推行于迁洛胡族群体中，缔造出胡族新晋世族。太和二十年（496年），孝文帝"诏改姓为元氏"②，将胡族复姓改为汉族单姓。太和二十三年（499年），孝文帝"复次职令"③，参照江南官制，改革胡汉二元官制。北魏孝文帝实行汉化改革，目的在于将北魏转换为汉族正朔政权，促进迁洛北族融入中原社会，赢得中原世族对自己统治权的认可。

《元显魏墓志》正是在迁洛北族日益汉化、融入中原社会、北魏国家面貌逐渐改变、世族意识全面影响迁洛北族的背景下刊刻的。因此，墓志鲜明地反映出志主元显魏生前的汉化气息。

2.《元显魏墓志》的结构

据《汉魏南北朝墓志汇编》《新出魏晋南北朝墓志疏证》，众多北魏墓志结构为"志文＋志铭"。志文，包含墓主人籍贯、家族背景与世系、仕宦、婚姻、卒年、卒葬地。志铭，为对墓主人显赫家世、墓主人仕宦功绩等的溢美之词。

以《元显魏墓志》为代表的部分北魏洛阳时期墓志，结构为"志文＋志铭＋志文"。《元显魏墓志》结构呈现上述特征，与北魏洛阳时代背景相关。北魏孝文帝将中原门阀制度引入胡族上层，使北方汉族高门与胡族显贵逐渐融合。在门阀制度主导下的北魏中后期社会，胡汉高层特别看重家族谱系、显赫仕宦与门第婚姻。出身显赫的元显魏家族成员，自矜门第、重视联姻对象的选择。因此，才有元显魏墓志将家族世系、所联姻对象之家族背景等讯息详细记录的情况出现。

北魏洛阳时代北族墓志结构为"志文＋志铭＋志文"者屡见不鲜。如《元龙墓志》《元伴墓志》《元倪墓志》《元昭墓志》《元液墓志》《赫连悦墓志》《长孙氏（封君妻）墓志》《长孙季墓志》等，此种情况反映出北族上层，尤其是北魏宗室的世族化发展趋势。

二、《元显魏墓志》所体现的世族意识

作为胡族统治阶层顶级权贵、长期处于华夏文化熏陶、对华夏文明持欣羡态度、意欲与江南争夺正统、意在融入中原世族群体且急欲获得中原世族认同的北魏宗室群体，在语言、服饰、思想等物质和精神层面逐步向中原靠拢，体现出鲜明的汉化趋势。如何理解以北魏宗室为代表的迁洛北族的汉化，仅从文化认同、消除胡汉文化隔阂层面去认识显然不够，还需结合当时社会主流意识形态进行探索。南北朝时期，基于门第、婚

---

① 《魏书·卷一一三·官氏志》，中华书局，1974年，3014页。

② 《魏书·卷七下·孝文帝纪下》，中华书局，1974年，179页。

③ 同①，2993页。

姻、仕宦与学识修养等的世族意识主宰汉族社会中上层的精神世界与言行，成为辨识族群身份的标准。因此，怀有长久立足中原、打造正统形象、驾驭胡汉上层、实现身份认同目标的北魏宗室群体，就不得不按照汉族社会的世族意识来约束自己，遵循汉族世族社会的游戏规则。所以，北魏宗室群体在物质与精神层面的种种汉化表现，亦可谓其世族化发展；也就是说，北魏宗室汉化的核心与最终目的，是实现由尚武民族向中原衣冠的身份转换。对于如何看待北魏宗室汉化问题，日本学者宫崎市定认为鲜卑主动认可华夏文明、自觉融入汉化潮流、打造汉族世族身份，是"保持本民族的自豪感，有意识地推进同化，更属上策"，进而使宗室群体能够强有力驾驭新晋胡族世族与旧有汉族世族[①]；国内学者刘军论述包括北魏宗室群体在内的北族汉化，"把自身由单纯依靠政权武力的北亚草原游牧氏族改造为以婚姻、仕宦、学术为牢固根基，并为中原传统贵族社会认可接纳的名望家族"[②]。对此，本文认为，北魏宗室汉化即世族化发展，是要凭借政权依托，实现原有政治显贵与中原世族身份的结合，进而成为雄踞胡汉贵族之上、与中原衣冠平起平坐的新晋世族。

生前秉持世族理念的北魏宗室，不仅遵守孝文帝制定的魂归邙山的规定；故去后，其墓志刊刻，亦受到洛阳时代汉化风潮影响，志文字里行间透露出浓郁的世族意识。

1. 炫耀家世背景

家世背景向来为中古中原世族夸耀门第所凭借，因此，世族意识浓厚、渴望融入中原世族群体的北魏宗室自然效仿华夏衣冠，以家世自矜。

志文云元显魏曾祖"景穆皇帝"拓跋晃。《魏书》卷四下《太武帝纪下》附景穆帝纪。拓跋晃并未称帝，其故去后，文成帝拓跋濬追尊其景穆帝。

志文云元显魏父元鸾"字宣明，镇北将军冀州刺史城阳怀王"。据《魏书》卷一九下《景穆十二王下·城阳王拓跋长寿传》，拓跋长寿有长子拓跋多侯、次子拓跋鸾（元鸾），元鸾有四子：元显魏、元显恭、元旭、元徽。

志文"大启磐石，花萼本枝，先哲迈而流光，峻极降而为祉"，一方面，对元显魏先祖及家族大加赞誉；另一方面，暗示拓跋晃诸子嗣延绵发展。在北魏所有帝系家族中，景穆帝家族不仅支系繁多，而且多数支系延续至北魏后期。众多景穆帝子嗣墓志均有夸耀家族繁盛的记载。如《元晖墓志》载"穆帝诸子封王者十有二国，莫不政如鲁卫，德励间平，入长百僚，出踰五等，故能积庆流祉，本枝实繁"[③]。魏收在《魏书》中，唯对拓跋晃子嗣，以三卷篇幅记载，足见拓跋晃子嗣在北魏宗室中所占据的比例与拥有的影响。

---

① 宫崎市定：《九品官人法研究——科举前史》，中华书局，2008年，25页。
② 刘军：《二维视角下的北魏元晖墓志考释》，《南京晓庄学院学报》2015年5期，19页。
③ 赵超：《汉魏南北朝墓志汇编》，天津古籍出版社，2008年，368页。

南北朝时期，家族门第高低，往往取决于父亲以上三代仕宦资历。根据《魏书》，拓跋长寿、元鸾所任职官，多为四品以上高官。按照学界关于魏晋南北朝时期父以上三代任官五品以上，即可升为世族的衡量标准。元显魏所属家族在北魏孝文帝实行"改姓氏、定姓族"之后，自然进入世族群体；加以宗室的特殊身份，元显魏家族无愧为名门望族。

在家族荣耀光环下，不能忽视元显魏曾祖拓跋晃的真正死因及其在北魏历史中所处的尴尬地位。《魏书》卷九四《阉官·宗爱传》载"恭宗之监国也，每事精察……（宗爱）行多非法，恭宗每衔之……（宗爱构陷拓跋晃）恭宗遂以忧薨"，若据此，拓跋晃为宗爱所构陷，忧惧而亡。但《宋书》卷九五《索虏传》载"（拓跋晃）谋杀焘，焘乃诈死，使其召晃迎丧，于道执之……寻杀之"与《南齐书》卷五七《魏虏传》载"晃后谋杀佛狸见杀"则明显反映出拓跋晃因谋逆被弑。北魏统治者忌讳鲜卑旧俗及内争被言及；北魏前期汉族文臣有因秉笔直书而被诛杀，《魏书》载崔浩因"国史之狱"而为太武帝所诛；所以，北魏前期官方档案对此不得不有所曲笔，导致魏收在取材、编纂《魏书》时亦受影响。但南朝宋齐记述北魏历史，不存在曲笔。这就产生一个问题，既然拓跋晃因谋逆被诛，其子嗣理应受牵连，从拓跋玉牒中被除名。但实际情况，拓跋晃子嗣不仅在太武帝之后，位列宗室；而且，北魏中后期统治者均出自拓跋晃一系。至此，我们可做如下理解：太武帝去世后，在平城乱局中即位的拓跋濬急于追尊拓跋晃景穆帝、庙号恭宗，供奉其牌位于宗庙，就当时情势来讲，是证明自身权力来源的合法性，稳定时局；就长远考虑，是为了使皇统在自己子孙中延续。即学者所论"拓跋晃恢复了在君统中的地位，其后嗣的宗室名分相应地得到解决"[①]。而志文"大启磐石"，透露出以元显魏为代表的众多拓跋晃子嗣，将拓跋晃视为奠定该帝系家族地位的关键人物；表明拓跋晃后裔极力维护拓跋晃在北魏帝统传承中的地位、隐晦其逆臣形象；折射出出身尴尬的拓跋晃帝系成员为家族长久发展，将拓跋晃作为家族凝聚力的象征。

2. 重视家族谱牒

魏晋南北朝时期，衣冠士族非常重视家族谱牒的撰写以及利用谱牒区分世庶、证明与彰显自己的身份地位。所以，世族意识逐渐浓厚、身份逐渐同于世族的北魏宗室群体，自然对家族谱牒与家族成员世系非常重视。《元显魏墓志》就保存有非常完整的家族谱牒，可以补充史籍关于元显魏一系世系记载的阙失。

志文云元显魏有四子：元崇智、元崇朗、元崇仁、元崇礼；四女：元孟容、元仲容、元叔容、元季容。元显魏四子与四女，以与《魏书》《北史》等无征，故不知其生平。但值得注意的是，元显魏四子取名，是家族中同辈人取同一个字；四女取名，为同

---

① 刘军：《元举墓志与北魏迁洛宗室的士族化》，《史林》2013年3期，29页。

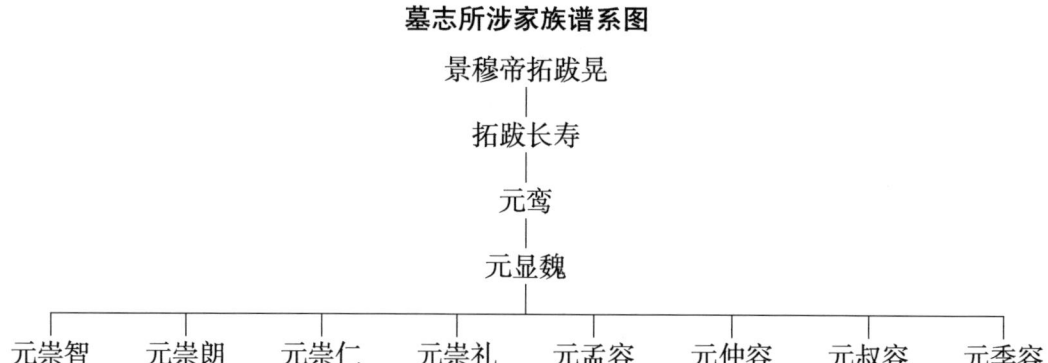

辈人用同一字,另一字以长幼顺序表示。可以说,元显魏子女的模式化命名,亦为其家族认可华夏文化、遵守儒家长幼尊卑礼制的表现。

从《魏书》与目前所见北魏宗室墓志来看,从拓跋珪建立北魏算起,至北魏第三代,已有宗室成员欣羡华风、模仿汉族社会取名、取字之俗,但此种情况属于少数。北魏的第四代至第六代宗室成员中,已有部分人开始接受汉族社会取名、取字之俗,但这部分人多生活至北魏孝文帝汉化改革时代。而汉族社会取名与取字风俗全面影响北魏宗室日常生活,则是从北魏第七代开始。作为北魏第七代的孝文帝,将汉族社会姓氏文化全面推行于南迁洛阳的北魏宗室群体,正是从第七代宗室开始,宗室成员的姓氏、取名、取字,已不能显示其族属。

3. 彰显学识修养

在胡汉文化迥异的背景下,胡族显贵并不能直接转换为衣冠士族。北魏宗室只有在门资与文化素养方面共同努力,方可拥有中原汉族世族身份,获得世族的认可,融入世族群体。正如陈寅恪先生所论"所谓士族者,起初并不专用其先代之高官厚禄为其唯一之表征,而实以家学及礼法等标异于其他诸姓"[①],也就是说,元显魏欲突破族属限制、获得士人身份,除凭借宗室出身、家族背景与孝文帝所实施的定姓族之外,尚需在学识修养方面努力。

志文"蕴藉礼容,抑扬文史",反映出元显魏精通儒教、褒贬文史、谙熟华夏礼制,完全以饱学之士的形象出现在士人面前。

志文"孝友淳深,理怀清要,水镜所鉴,标题自远。虽高翮未举,千里之望俄然"显示出墓志撰写者对道德伦理的关注,称颂元显魏的"孝友"以及元显魏在维系家族和睦、处理家族外部人际关系中的表现,鲜明指出元显魏是由于操守高尚而使个人声望日益显赫,进而为众人尤其是汉族士人所瞩目。中古时期,众多汉族士人墓志对墓主人生

---

① 陈寅恪:《唐代政治史述论稿》,《陈寅恪集》,三联书店,2009年,259页。

前至孝德行大加称赞,这与当时中原社会从门资、素养与德行方面考察世族有关。中古时期亦有"家门孝友,可为士族之法"①的观念。北魏孝文帝实行汉化改革、汉化流风盛行的背景下,以"孝友"为代表的儒家伦常,对于欣羡华夏文明、追求士人身份的北魏宗室来说,即有助于彰显德行,更为重要的是可凭借此博得汉族世族对自己的认可,进而自高声望。

4. 世族化的起家与仕宦

元显魏拥有家族背景与世族身份,谙熟典籍与礼法,符合北魏中后期选官时所看重的门第与贤才主义原则;元显魏与北魏皇帝又为血缘至亲。因此,元显魏的仕途顺利展开。志文关于元显魏仕宦记载虽显简略,但从中仍可看出相关情况:

第一,元显魏按照汉族世族子弟起家入仕的途径进入仕途。员外散骑侍郎,为当时人所看重的起家官,非世族子弟莫属,这恰好反映出元显魏的世族身份。

第二,元显魏升迁迅速。元显魏任七品员外散骑侍郎不久,擢升给事中,参照《魏书》后职令,给事中至少为六品,元显魏同时被授予从五品的伏波将军。据此,元显魏第一次迁转,就经历了越级升迁。元显魏任给事中,侍奉皇帝于殿中,参与评议奏事,成为皇帝亲近的顾问成员,易于进一步拉近和皇帝的关系。之后,元显魏升任从五品的司徒掾,同时被授予五品的宁远将军。

第三,元显魏仕宦,以文官为主,且均为清闲职,这与汉族世族子弟入仕后趋向于担任清望官是相同的。

5. 重视门第婚姻

志文所记载的元显魏家族婚姻对象,均为胡汉上层,双方门第几乎是对等的,进而反映出世族化婚姻特征。

第一,《元显魏墓志》记载元显魏家族成员所联姻家族,均为与北魏宗室共同生活在平城、洛阳之地,且与北魏宗室有利害关系的胡族与汉族上层。

第二,志文对家族成员所连联姻对象,记载甚简,但对联姻对象之父辈仕宦,记载甚详。显示出北魏平城与洛阳时代,宗室对联姻对象的家族背景是非常重视的。中古汉族世族在联姻时,特重门第。这必然影响在身份上趋向于汉族世族的宗室群体,在进行婚媾时,讲求所联姻家族的门第背景。

第三,志文所涉联姻对象,有胡族与汉族两个系统。①汉族系统:长乐冯氏、南阳员氏。志文云元显魏娶冯熙之女为妻,元显魏长女元孟容嫁与冯熙之孙冯孝纂。冯熙,为北魏文成帝至孝文帝朝外戚,据《魏书》,冯熙妹冯氏为文成帝文明皇后,冯熙三女分别为孝文帝幽皇后、废皇后与左昭仪,冯熙子冯诞娶孝文帝妹乐安长公主,

---

① 王谠撰,周勋初校证页:《唐语林》,中华书局,1987年,20页。

冯诞子冯穆娶孝文帝女顺阳长公主。长乐冯氏与北魏皇室累世婚姻,为显赫外戚。长乐冯氏成员累任朝中显官,长乐冯氏可谓集外戚与世族身份于一身。志文云元显魏二女元仲容"适南阳员彦",志文仅记载员彦父员标"兖岐泾三州刺史、新安子",对员氏家世记载甚简略。但是北魏孝文帝实行诸汉化改革后,北魏中后期上层社会在联姻时,极为看重门第,如果门第不相当,则联姻无法进行。如此来考虑,员氏当非庶族。②胡族系统:河南乙氏。《魏书》卷一一三《官氏志》载内入诸姓有乙弗氏;"太和中,有诏诸复姓听从夏音"①,乙弗氏改为乙氏。据此,元鸾夫人乙氏出自乙弗氏。由《魏书》卷一一三《官氏志》所载孝文帝颁布定姓族诏书,北魏中后期,先祖官居六品,是胡族获得世族身份的硬性指标。由此,乙氏家族在仕宦上达到位居姓族的标准。

第四,元显魏家族成员的婚姻对象,均为胡汉世族,甚至汉族世族占据优势。这意味着自北魏孝文帝实行汉化改革,中原门阀制度全面影响北魏国家后,元显魏家族深谙汉族世族社会内涵,以汉族高门与新晋胡族世族为联姻重点,尤其是通过联姻汉族高门自高身价、提升与巩固家族地位,长期立足汉族社会。

元显魏家族婚姻所体现的地缘性、族缘性与族群性特征,与统治者意志的支配相关。孝文帝规定胡族上层婚配对象为"八族及清修之门"②,"八族"为世族化的勋臣八姓,"清修之门"指北方汉族高门与其他汉化胡族,可见孝文帝将胡族上层婚配对象局限于汉族世族与胡族高门。孝文帝对南迁洛阳胡族婚配对象进行严格限制,在于巩固以宗室为代表的北族所获得的世族化成果。

三、元显魏仕宦发展与北魏后期宗室政策的关联

考察北魏洛阳时代宗室成员仕宦显赫标准,不仅要参照传统世族社会的起家官、迁转速度与所任职官是否清要,更要看其所任职官是否有军政实权。以元显魏所任职官是否具有实职来看,其担任给事中,获得侍奉皇帝周围、参与评议政事的权力,可看做给事中尚有部分参政实权;所任司徒掾,只是作为司徒府的僚佐,权力自然不会太大;其担任的员外散骑常侍、伏波将军、宁远将军,均为清闲职,毫无实权。所以,探究元显魏的仕宦履历,不难发现,元显魏虽出身天潢贵胄,仕宦宣武帝与孝明帝两朝,并且一度接近权力核心,但其仕宦整体上来说尚无显赫之迹。这里就产生一个问题,元显魏与宣武帝、孝明帝为皇室血缘至亲、同为景穆之裔,况且元显魏本人在门资、学识素养等方面的表现符合北魏洛阳时期选官所看重的门第与贤才原则,元显魏理应获得宣武帝与孝明帝的青睐,但实际情况却是元显魏仕宦平庸。究其原因,与北魏洛阳时代宗室政策

---

① 周绍良:《唐代墓志汇编》(上),上海古籍出版社,1992年,982页。
② 《魏书·卷二一上·献文六王上·咸阳王禧传》,中华书局,1974年,534页。

的转型有关。

太和十六年，北魏孝文帝规定"诸远属非太祖子孙及异姓为王，皆降为公，公为侯，侯为伯，子男仍旧，皆除将军之号"①，至孝文帝迁洛后，此制全面实行。北魏孝文帝实行此项制度，以血缘亲疏为标准，意在亲近道武之裔、加重道武之裔权力，把道武之裔视为巩固统治所依靠的核心；限制北魏建立前的拓跋诸帝之裔的权力。如元显魏父元鸾，结合墓志与《魏书》，可明晰元鸾深得孝文帝宠信，多次出任地方军政要职、率军出征。另据张金龙在《北魏政治与制度论稿》中统计，"孝文帝时期北魏政治舞台上可见到六十位宗室贵族的政治活动，其中太武帝拓跋焘太子晃之子孙后代最多，占三分之一强"②，若将道武帝、明元帝、太武帝、文成帝、献文帝系宗室统计在内，北魏道武帝之裔即宗室血缘至亲占孝文帝时期政治舞台宗室贵族比例则接近90%。

宣武帝即位后，部分宗室血缘至亲桀骜不驯、总揽军政大权、威胁甚至架空皇帝的现象开始出现。如《魏书》卷三一《于栗磾传附于烈传》载"世宗即位，（于烈）宠任如前。咸阳王禧为宰辅，权重当时，曾遣家僮传言于烈曰：'须旧羽林虎贲执仗出入，领军可为差遣。'烈曰：'天子谅闇，事归宰辅，领军但知典掌宿卫，有诏不敢违，理无私给。'奴憪然而返，传烈言报禧。禧复遣谓烈曰：'我是天子儿，天子叔，元辅之命，与诏何异？'烈厉色而答曰：'向者亦不道王非是天子儿、叔。若是诏，应遣官人，所由遣私奴索官家羽林，烈头可得，羽林不可得！'禧恶烈刚直，遂议出之，乃授使持节、散骑常侍、征北将军、恒州刺史"便透露出元禧干预朝中人事权。《魏书》卷二一上《献文六王上·北海王详传》载"（元）详虽贪侈聚敛，朝野所闻，而世宗礼敬尚隆，凭寄无替，军国大事，总而裁决。每所敷奏，事皆协允"亦反映出元详擅权、甚至干预宣武帝决策。宣武帝时期又发生元愉在冀州谋逆、僭越称帝事件。面对宗室血缘至亲的干政、谋逆，宣武帝不得不对其父孝文帝制定的依靠宗室血缘至亲的政策进行调整；调整的结果就是拉拢宗室疏属，委以疏属一定实权，对宗室血缘至亲进行制衡，即学者所论"利用皇族内部日益严峻的隔阂纠纷，拉拢疏族，打击近属"③，《魏书》与宗室墓志便有大量神元帝、平文帝、昭成帝之裔在宣武帝时期仕宦显赫的记载。所以，在宣武帝拉拢宗室疏属、制衡宗室血缘至亲的背景下，身为血缘至亲的宣武帝叔父元显魏仕宦不显就是很自然的事情。因此，志文"始蹈龙门，实膺造士。激水之势未申，夭秀之悲忽及"，表面上看，是墓志撰写者对适值而立之年而亡的元显魏的叹息，实则隐晦地反映出北魏宣武帝至孝明帝时期宗室政策转型背景下的部分宗室血缘至亲的仕宦境遇。

---

① 《魏书·卷七下·孝文帝纪下》，中华书局，1974年，169页。
② 张金龙：《北魏政治与制度论稿》，甘肃教育出版社，2003年，107页。
③ 刘军：《二维视角下的北魏元晖墓志考释》，《南京晓庄学院学报》2015年5期，23页。

四、元显魏葬地

志文云孝昌元年十月廿六日，元显魏"葬于金陵"。北魏洛阳时代祖陵为孝文帝长陵，长陵有金陵①、东垣之陵与大陵②等别称。也就是说，元显魏葬地位于北魏孝文帝长陵区。

1916年，元显魏墓志出土于洛阳城西北后海资村③。1917年，元显俊墓志出土于洛阳城北后海资村④。1918年，元徽墓志出土于洛阳城北后海资村⑤。又《洛阳出土石刻地记》载元显魏墓在其父元鸷冢之北。⑥进而可见，后海资村存在以元鸷为首的家族族茔。

北魏洛阳时代墓葬，以"今铁谢—上河图—三十里铺—平乐镇"为分界线，该线"以西为北邙山陵墓区，以东为乾脯山、首阳山墓区"⑦。北邙山陵墓区，北魏洛阳时代诸帝陵所在，也是北魏宗室的主要墓区，目前所发现183方北魏宗室成员墓志，有173方出土于北邙山陵区⑧。除北魏宗室，据目前所见北魏墓志，迁洛的其他北族成员及其后裔故去后，均葬于洛阳。此与《魏书》卷二〇《文成五王·广川王略传附元谐传》所载北魏孝文帝规定"迁洛之人，自兹厥后，悉可归骸邙岭，皆不得就茔恒代"有关。孝文帝希望南迁北族卒后，魂归邙山，而不是归葬故里，实际上就是隔绝立足于洛阳的北族与原本故里代郡的联系。

长陵为北魏洛阳时代诸帝陵的祖陵。因此，探讨元鸷家族族茔与长陵的相对位置，亦有助于明晰北魏中后期礼制的汉化问题。长陵位于河南省孟津县朝阳乡官庄村东约0.8千米，地处洛阳北郊邙山，瀍河西岸⑨。而位于长陵核心区的元鸷家族族茔，位于长陵之左。按中原昭穆之制，子侄辈之陵位于祖陵左侧，孙辈之陵位于祖陵右侧。但据北魏洛阳时代宗室墓志，孝文帝子侄辈之陵位于长陵右侧、孝文帝孙辈位于长陵左侧；孝文帝同族兄弟辈之陵如元显魏陵、甚至叔父辈成员之陵如元鸷陵亦分布于长陵之域。据此，北魏洛阳时代宗室之陵的分布，多数并没有遵守中原昭穆之制，可谓北魏在礼制方

---

① 刘连香：《民族史视野下的北魏墓志研究》，文物出版社，2017年，125页。
② 洛阳市文物考古研究院：《邙山陵墓群考古调查与勘测第一阶段考古报告》，文物出版社，2018年，505页。
③ 洛阳市文物管理局：《洛阳出土少数民族墓志汇编》，河南美术出版社，2011年，61页。
④ 同③，33页。
⑤ 同③，122页。
⑥ 郭培育、郭培智：《洛阳出土石刻地记》，大象出版社，2005年，28页。
⑦ 同①，141页。
⑧ 同①，142页。
⑨ 洛阳市第二文物工作队：《北魏孝文帝长陵的调查和钻探》，《文物》2005年7期，51页。

面汉化的不彻底①。此应与以下因素相关：首先，聚族而葬的方式，不可能使宗室成员墓葬按照中原昭穆之制，完整地分布于长陵两侧。其次，北魏孝文帝迁洛之际，曾发生以元恂以及部分宗室、贵族为首的叛乱，一度影响政局稳定；定都洛阳后，虽然大部分宗室、贵族追随汉化流风，但思念故里代郡的情节仍存在于北族中，而思旧情节随时会使部分北族成员再次叛奔代北、破坏迁洛后的稳定局面与汉化成果，所以，北魏孝文帝及以后的统治者不得不对北族成员有所妥协。本文认为，北魏中后期统治者，如果强行按照中原昭穆之制，割裂同一家族的北族成员卒后葬地之分布地域，必然会引起北族成员的不满；所以，北魏中后期统治者没有对北族成员葬地在长陵两侧的分布进行强硬规定。

五、结　语

第一，元显魏墓志的发现与公布，丰富了文献史料对元显魏的生平记载，补充与完善了元显魏家族谱系。

第二，元显魏墓志刊刻于世族意识全面影响迁洛北族的北魏洛阳时代，墓志记载的炫耀家族背景、重视家族谱牒、彰显学识修养、世族化起家与仕宦、重视门第婚姻等，透露出世族意识全面影响北魏宗室的物质与精神世界。

第三，墓志隐晦了元显魏曾祖拓跋晃逆臣的身份。而逆臣之裔的出身，为洞察拓跋晃之裔在所有北魏帝系宗室中为何汉化最深，提供了线索。北魏孝文帝南迁洛阳，实行汉化改革，通常被理解为孝文帝欲将国家转换为汉族正朔政权、融入中原；但从北魏中后期统治者均为拓跋晃之裔这一角度出发，本文认为：北魏孝文帝在实现从北方民族向汉族世族身份转换的基础上，将逆臣之裔这一角色彻底从时人视野中消除。元显魏生前表露出浓郁的世族意识，表层意义，为积极追随北魏洛阳时代汉化流风；但若从深层而论，亦可谓北魏中后期，宗室个人为改变逆臣之裔这一身份而做的努力。

第四，元显魏葬地，为探究元显魏家族族茔、北魏洛阳时期礼制以及北魏中后期统治者在礼制方面与包括宗室在内的北族的妥协，提供了重要启示。

---

① 刘连香：《民族史视野下的北魏墓志研究》，文物出版社，2017年，140页。

Research on *Epitaph of Yuan Xianwei* in the Northern Wei from the Perspective of Influential Families and National Politics

Wang Meng

Abstract: The *Epitaph of Yuan XianWei* records the deceased's cultural achievements, his official career, the history of his lineage and marriage in detail. It reflects how the Northern Wei-period royal clans approved Chinese culture, and viewed the literati ideals positively. It also reveals the relationship between the official careers of royal clans members and their policies in the later period of Northern Wei. The *Epitaph of Yuan Xianwei*, when combined with historical records and some background knowledge about the imperial cities of Pingcheng and Luoyang, delivers the perspective of influential families and shows their awareness of national politics.

Keywords: Northern Wei; *Epitaph of Yuan Xianwei*; influential families; national politics

明大同镇威远路长城本体辖区研究[①]

尚珩[1] 赵杰[2]

（1. 北京市文物研究所，北京，100009；
2. 山西大学历史文化学院考古学系，太原，030006）

内容摘要：2018 年，笔者在今山西省朔州市平鲁区高石庄乡少家堡村西（内蒙古自治区板申沟村东南）板申沟 1 号敌台西南附近长城本体内侧约 50 米处发现一通石碑，为研究明大同镇威远路长城本体的辖区范围提供了直接证据。

关键词：大同镇；明代；威远路；长城

自明朝建立后，北部边防问题始终是关乎着明廷盛衰的关键性问题，因此，明廷沿北部边境设置了一系列军镇。"永乐七年（1409 年）置镇守总兵官，于是大同称镇"[②]。大同镇的战略地位在"九边"中尤为重要，"北捍胡虏，以控带幽燕；南总三关以招徕晋魏；翼卫陵寝屏捍神京，屹然甲九塞焉[③]。"其特殊的地理位置决定了它在以京师防御为中心的北边防御体系中有着重要的政治、军事地位。并随着明蒙实力的此消彼长而不断变化，逐渐成为明蒙对抗的主要地区之一。随着大同镇战略地位的逐渐上升，其防御设施也由少到多，由简单到复杂，逐渐完善，日益科学，最终形成了一整套完整的以长城为中心的防御体系。

我们认为，一套完整的长城防御体系主要由三部分构成：以点状分布的各级军事城堡所组成的抵抗核心；以线性分布的长城墙体作为区域性防御的前沿主体；以烽火台之间相互传烽形成的烽线，连接各级军事单位，从而便于传报、指挥和应援。由此，"点""线"而编织成了一个立体的"面"即面状的区域性防御体系。

现存明代大同镇长城中，以山西省朔州市右玉县、平鲁区的明代威远路长城辖区防

[①] 本文系国家社科基金一般项目：山西长城碑刻文献资料整理与研究（项目编号：18BZS025）阶段性成果。

[②]（明）王士琦撰：《三云筹俎考》，薄音湖、于默颖点校：《明代蒙古汉籍史料汇编》第六辑，内蒙古大学出版社，2009 年，332 页。

[③] 同②。

御体系保存最为完整，最具典型特征，特别是长城本体的空间范围，通过现存石刻加以确定其四至。

一、威远路建置

威远路属大同镇左卫道所辖，该路"原非旧设，其设而裁、裁而复者数矣[①]"。到嘉靖三十九年（1560年），因"云西多故，各城堡虽有辅车之势，猝难应援，复画地置将而设本路于此[②]。"随着边防形势的日益严峻，威远路正式建立，自此之后沿而不废。至万历年间，其防御体系最终确立（表一）[③]。

表一

城堡	创建	重修	分边	边墩	火路墩	市场	极冲地
威远城	正统三年	万历三年	15里3分	16	45	无	大羊坡、双山儿、小羊坡
威胡堡	嘉靖二十三年	万历九年	10里3分	13	10	无	五各烟、徐四岭
云石堡（旧）	嘉靖三十八年	无	无	无	无	无	无
云石堡（新）	万历十年	无	14里3分	21	14	1	镇墙等墩
威平堡	嘉靖四十五年	万历元年	无	无	10	无	无
祁家河堡	嘉靖四十一年	万历元年	无	无	9	无	无
合计			39里9分	50	88	1	6

威远路设路之后，"自左卫而右卫，自右卫而本路，咸边也。"且"今所分之边，西直与平房相接。"从地理和军事防区上看，威远城北临右卫城、东接左卫城、西近平房城，处于三座卫城之间，起到"中继站"的作用，战略地位日益重要。但是"道途阻隔，冈阜崎岖，虏入即中断[④]"。防御颇为不易。

二、威远路长城本体辖区

明廷对边防实行"文武将吏划地守御"策略。为了明确各个防区的边界与职责，要求于防区交界处刊立刻石。宣大山西三镇长城沿线的各个防区交界处刊立刻石始于嘉靖时期翁万达任宣大山西三镇总督期间，他在《集众论酌时宜以图安边疏》中要求"须

---

① （明）杨时宁撰：《宣大山西三镇图说》，薄音湖点校《明代蒙古汉籍史料汇编》第十二辑，内蒙古大学出版社，2015年，144页。
② 同①。
③ 同①。
④ 同①。

责之抚镇督令参守等官，照依地界，遇有墙垣倒塌，壕堑淤浅，即时修补。开浚外边亦然，仍将地界及补浚事宜，刻石于各界地，以便遵守，以严责成，永俾勿坏①。"此举在于保证边防设施的完固。同时刻石也划分出了战时的职责范围。"督同参守多差人役远哨，遇报警急，督率官军尽力堵遏。敢有疏防，致虏侵入，查照分定地界，比依失陷城寨之律，直坐所由②。"

现今，在右玉县铁山堡村正西约 9 千米的十三边 9 号敌台—高家窑 1 号敌台间的长城墙体东侧 20 米处矗立两通石碑，石碑分立于山谷的南、北侧山坡上，隔山谷相望，石碑均为红砂岩质，北侧靠近十三边 9 号敌台的石碑高 236、宽 87、厚 26 厘米，碑阳刻有："大同中路分属西界万历二十七年（1599 年）季秋吉日立"③（高家窑 1 号碑，图一）。南侧靠近高家窑 1 号敌台的石碑尺寸与前者相同，碑阳刻有："大同威远路分属东界万历二十七年（1599 年）季秋吉日立④。"（高家窑 2 号碑，图二）。2018 年，笔者在今山西省朔州市平鲁区高石庄乡少家堡村西（内蒙古自治区板申沟村东南）板申沟 1 号敌台西南附近长城本体内侧约 50 米处发现 1 通石碑，石碑碑身高 135、宽 63、厚 15 厘米，碑阳刻有"大同威远路分属西界"（图三），石碑的质地、行文与字体与"东界"者相近，应刊刻于同一时代。由于石碑均为原始位置，明确了威远路东（北）、西（南）交界点。为我们探讨威远路长城本体辖区范围提供了直接的证据。

边墙作为长城防御辖区的边界，亦是区域性防御的前沿主体，在整个长城防御体系中占有举足轻重的地位。按《宣大山西三镇图说》所载，威远路共辖边墙 39 里 9 分，按照明代 1 里等于 1500 尺，1 分等于 150 尺，1 尺合今 32 厘米⑤计算，明代 1 里合今 480 米，1 分合今 48 米，因此，威远路所辖边墙折合今制共计 19152 米。依据"东界""西界"石碑所处位置实地调查测量显示，该段长城共包含 9 段墙体，累计长度 18393 米，如表⑥。

与文献记载换算长度相差 759 米。造成误差的原因主要有两个因素。首先是古今测量统计和公制换算的误差。其次是现今仅测量长城主线墙体长度，其外侧的支线墙体未纳入统计。

---

① （明）翁万达撰：《翁万达集》卷一〇《集众论酌时宜以图安边疏》，上海古籍出版社，1992 年，302 页。

② 同①，307 页。

③ 内蒙古自治区文化厅（文物局）、内蒙古自治区文物考古研究所编著：《内蒙古自治区长城资源调查报告·明长城卷》，文物出版社，2013 年，428 页。

④ 同③，428 页。

⑤ 丘光明，秋隆，杨平著：《中国科学技术史·度量衡卷》，科学出版社，407 页。

⑥ 同③，133~146 页。

 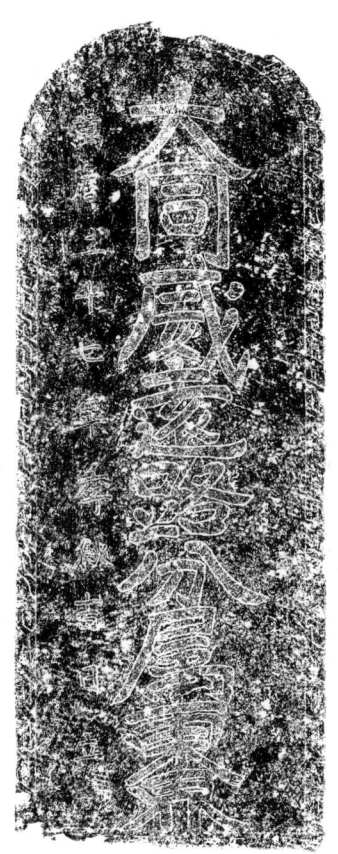 

图一　高家窑1号碑　　　图二　高家窑2号碑　　　图三　"大同威远路分属西界"碑

序号	长城段落名称	长度（米）	敌台（座）	马面（座）
1	高家窑长城	1910	高家窑1~6号敌台	
2	碓臼沟长城	1420	碓臼沟1~4号敌台	
3	韭菜沟长城	1917	韭菜沟1~7号敌台	韭菜沟1~4号马面
4	火盘沟长城	1717	火盘沟1~5号敌台	火盘沟1~2号马面
5	井沟长城	2932	井沟1~8号敌台	井沟1~5号马面
6	大沙口长城	2990	口子沟1~2号敌台 大沙口1~3号敌台 楼沟1~2号敌台	口子沟马面 大沙口1~3号马面 楼沟马面
7	七墩镇长城	2936	七墩镇1~9号敌台	七墩镇1~3号马面
8	新村长城	1745	新村1~3号敌台 新墩1~2号敌台	新村马面 新墩马面
9	板申沟长城（部分）	826	板申沟1号敌台	板申沟1~3号马面
合计		18393	52	24

墩台作为长城墙体——区域性防御的前沿主体上的抵御核心和支柱。在以线性长城

墙体防御模式上具有举足轻重的作用。"（嘉靖）二十五年（1546 年），总督翁万达集都御史詹荣、总兵周尚文议曰：堑可填渡，且不利拒守，故必城长城。长城必有台，利于旁击，台必置屋，以处戍卒①。"敌台逐渐成为长城的标志之一。依据《宣大山西三镇图说》记载，威远路辖区长城共建有边墩 50 座，与现存敌台数量仅有 2 座之差，其原因推测为万历三十年之后即《宣大山西三镇图说》刊印后又增修墩台所致；或是在长城调查过程中，由于敌台保存较差，而误将敌台归为马面统计。

三、结　语

　　杨时宁（1537～1609 年）于万历二十九年（1601 年）出任宣大山西三镇总督，期间，组织所属各级军政官员搜集宣府、大同和山西三镇边防资料编纂成《宣大山西三镇图说》一书并进呈皇帝②，该书基本上反映了万历三十年（1602 年）前后宣大山西三镇的边防情况。依据书中对长城墙体长度、边墩（敌台）数量的记载，与现存万历二十七年（1599 年）刊刻的石碑所在长城区域内调查结果数据相近，当属统一时代产物。由此，我们断定，明代威远路长城的辖区：东（北）起今山西右玉县铁山堡村正西约 9 千米的高家窑 1 号敌台，西至今山西平鲁区高石庄乡少家堡村西（内蒙古自治区清水河县板申沟村东南）板申沟 1 号敌台。同时，"大同威远路分属西界"石碑的发现，为我们研究大同镇西路长城的东起点以及西路长城的辖区提供了线索。

　　在威远路之威胡堡（今少家堡）和西路之败胡堡（今败虎堡）之间有一座大水堡（今大河堡）。"大水堡，在县西北四十里，西北至边墙一里，明崇正（祯）十三年（1640 年）指挥郑一元筑堡，砖包，周一里六十步，高连女墙三丈五尺，东门上有楼，外有东关，内驻扎把总一员③。""大水口堡营分管边墙一道，南自败虎堡头墩边界起，北至威虎堡十六墩边界止。沿长二十里。原设边墩二十五座……内东十八墩、西十九墩两墩对峙，各建砖楼，中有水口，汤溪河及近不诸水皆从此流出口外，西入黄河④。"由于其修建时间较晚，位置介于威远路与西路之间，其军事辖区归属未知。至此，大水堡位于界碑之西南，因此当属于西路管辖。

　　板申沟 1 号敌台，俗称"箭牌楼"，该词不明其意，从晋北、内蒙古地区的语言发

---

① （清）觉罗石麟撰，储大文修：《山西通志》卷一一《关隘》，雍正十二年（1734 年）刻本，9、10 页。
② "宣大总督杨时宁进《宣大山西三镇图说》。上嘉纳之。"（明）叶向高等《明神宗实录》卷三百九十一《万历三十一年十二月丁亥条》，"中央"研究历史语言研究所 1962 年校勘本，7374 页。
③ （清）刘士铭修，王霨纂：《（雍正）朔平府志》卷四《建置志·城池》，三晋出版社，2016 年，373 页。
④ （清）刘士铭修，王霨纂：《（雍正）朔平府志》卷八《武备志·边防》，三晋出版社，2016 年，1014、1015 页。

音上考察，并结合附近出土的石碑，当为"界牌楼"之谐音更为合理。"界牌"一词多见于文献。如"巡抚延绥都御史余子俊奏修筑边墙之数。东自清水营紫城砦，西至宁夏花马池营界牌止……①。"现藏于台湾"国立中央"图书馆成图于明万历三十五年（1607年）前后的《延绥东路地里图本》上亦绘制有墩台旁边贴签注明有"界牌"字样[②]者。北京怀柔慕田峪18号敌台内镶嵌有一通石碑，碑首额题"界牌"二字。碑文共2行16字"迤东系慕田峪地方迤西系贾儿岭地方"，左侧刻"成化七年七月日立"[③]。由此可见，"界牌"一词，当为明长城沿线所立界碑之旧称。

如今，明长城沿线遗存的界碑甚少，目前仅知河北唐山原明蓟镇长城2通，北京怀柔原昌镇长城2通，山西朔州明大同镇长城2通。是故本次新发现的界碑弥足珍贵。

调查：尚　珩、李春宇、于世发、梁　斌、周丽英、赵海燕
拓片：李春宇、张　晨、于世发、梁　斌、曾傲雪

Research on the Ming-Dynasty Great Wall in Weiyuanlu, Datong Town

Shang Heng　Zhao Jie

Abstract: In 2018, the author found a stone tablet about 50 meters away from the inner side of the Great Wall, located southwest of beacon tower No. 1, west of Shaojiapu village, Gaoshizhuang Township, Pinglu District, Shuozhou City, Shanxi Province. The location is southeast of banshengou village, already in the Inner Mongolia Autonomous Region. Its inscription provides direct evidence for the study of the Great Wall in Weiyuanlu, Datong Town, Ming Dynasty.

Keywords: Datong; Ming Dynasty; Weiyuanlu; the Great Wall

---

① （明）刘吉等：《明宪宗实录》卷一三〇《成化十年闰六月条》，"中央"研究院历史语言研究所1962年校勘本，3845页。
② 尚珩：《〈延绥东路地里图本〉研究》，《故宫学刊》2018年1期。
③ 吴元真、吴梦麟：《北京市怀柔县慕田峪关长城调查》，《文物》1990年12期。

征 稿 启 事

《北方民族考古》是由中国人民大学北方民族考古研究所、中国人民大学考古文博系主办的学术刊物。为及时反映最新考古学研究成果及田野考古新材料，本刊从 2018 年起每年出版 2 辑，分别在每年 6 月和 11 月，由科学出版社编辑出版。现征稿件为 2021 年出版的第 11、12 辑。

本刊设置栏目包括：①考古新发现；②研究与探索；③考古新视野；④文博与科技；⑤北域撷英；⑥译介与书评等。稿件内容以北方民族考古学研究为主，同时欢迎其他方面的优秀成果投稿。

本刊实行匿名审稿，刊用意见将在收稿 3 个月内通知作者。

本刊不收取任何版面费用，一经刊用，即奉样刊 2 本。

电子邮件投稿地址：ruckaogu@qq.com

编辑部地址：北京市海淀区中关村大街 59 号中国人民大学北方民族考古研究所（人文楼 301 室），邮编：100872

《北方民族考古》编辑部
2020 年 7 月